任乃强◎著

主编 任新建 副主编 何洁

任乃强全集【第九卷】

川、康、藏农业区划

泛谈我国和四川的黄金

四川人民出版社

图书在版编目（CIP）数据

川、康、藏农业区划·泛谈我国和四川的黄金 / 任乃强著. —成都：四川人民出版社，2021.12
（任乃强全集；第九卷）
ISBN 978-7-220-12479-2

Ⅰ.①川… Ⅱ.①任… Ⅲ.①金矿资源－中国－文集 Ⅳ.①TD982-53

中国版本图书馆CIP数据核字（2021）第249728号

CHUAN KANG ZANG NONGYE QUHUA · FANTAN WO GUO HE SICHUAN DE HUANGJIN

川、康、藏农业区划·泛谈我国和四川的黄金
任乃强　著

主　编	任新建
副主编	何　洁

总 策 划	罗桑道吉
出 版 人	黄立新
组稿统筹	喻　磊
项目执行	邹　近　章　涛
责任编辑	任学敏　魏宏欢
装帧设计	戴雨虹
封面画像	蒋骊霄
责任校对	舒晓利
责任印制	祝　健
出版发行	四川人民出版社（成都三色路238号）
网　　址	http://www.scpph.com
E-mail	scrmcbs@sina.com
新浪微博	@四川人民出版社
微信公众号	四川人民出版社
发行部业务电话	（028）86361653　86361656
防盗版举报电话	（028）86361653
照　　排	四川胜翔数码印务设计有限公司
印　　刷	成都东江印务有限公司
成品尺寸	185mm×260mm
印　　张	22
字　　数	470千
版　　次	2021年12月第1版
印　　次	2021年12月第1次印刷
书　　号	ISBN 978-7-220-12479-2
定　　价	2500.00元（全十五卷）

■版权所有·侵权必究

本书若出现印装质量问题，请与我社发行部联系调换
电话：（028）86361656

目 录

川、康、藏农业区划

划分川、康、藏农业区的初步意见 ·· (003)

第一章 划分农业区的依据 ··· (004)

 一、纬　度 ··· (008)

 二、海拔高度 ·· (009)

 三、地　形 ··· (010)

 四、气　温 ··· (013)

 五、气　流 ··· (014)

 六、降　水 ··· (017)

 七、湿度和日照 ··· (018)

 八、地质和土壤 ··· (020)

 九、植物分布 ·· (023)

 十、民族分布 ·· (027)

 十一、农业人口 ··· (031)

 十二、农业技术 ··· (040)

 十三、交　通 ·· (044)

 十四、工矿业 ·· (049)

 十五、行政区域 ··· (050)

 十六、土地分级 ··· (052)

第二章 川、康、藏农业区的划分 ·· (061)

 一、四川盆地 ·· (061)

 二、大渡河谷与建南高原 ··· (063)

三、康藏高原 ·· (063)

第三章　川、康、藏农业分区的说明 ······································ (068)

　　一、四川盆地 ·· (068)

　　二、大渡河谷与建南高原 ··· (142)

　　三、康藏高原 ·· (169)

泛谈我国和四川的黄金

| 上篇 |　泛谈我国的黄金

第一章　概　论 ·· (228)

　　一、从黄金的特性说起 ·· (228)

　　二、产金的地质条件 ··· (230)

　　三、寻找我国金矿的一个航标 ··· (231)

第二章　我国黄金的地理分布 ··· (233)

　　一、康青藏高原金区 ··· (233)

　　二、康南、滇、桂产金区 ··· (236)

　　三、陇西、秦、晋的古金矿 ·· (239)

　　四、川陕鄂皖间的古金矿 ··· (240)

　　五、江南六省古金矿 ··· (241)

　　六、岭海、东海古金区 ·· (244)

　　七、东北、西北产金区 ·· (245)

　　八、砂金与脉金比较 ··· (246)

　　九、我国金矿的历史分区 ··· (248)

第三章　我国采用黄金的历史 ··· (251)

　　一、从最先使用黄金的人说起 ··· (251)

　　二、金玉不分的时代 ··· (252)

　　三、金铜不分的时代 ··· (255)

　　四、黄金作货币的年代 ·· (258)

　　五、铜钱专行时代 ·· (265)

　　六、银本位时代 ··· (272)

| **下篇** | 泛谈四川的黄金

第一章 四川采金的历史 …………………………………………………… (276)
  一、四川为什么叫天府之国 ……………………………………………… (276)
  二、四川（梁州）是我国出产黄金最早的地区 ………………………… (277)
  三、四川是历史上出产黄金最多的一省 ………………………………… (278)
  四、四川产金地点最早的记载 …………………………………………… (280)
  五、唐代四川产金史料的分析 …………………………………………… (282)
  六、宋代四川产金的资料 ………………………………………………… (285)
  七、四川产金衰退的年代 ………………………………………………… (288)
  八、银本位时代黄金外流 ………………………………………………… (291)
  九、20世纪初的采金科学化高潮 ………………………………………… (293)
  十、川边采金业务的开展 ………………………………………………… (295)
  十一、黄金大王刘文辉 …………………………………………………… (300)
  十二、两个兵的故事 ……………………………………………………… (303)
  十三、新中国成立前后四川的采金情况 ………………………………… (307)
  十四、四川采金历史发展的脉络 ………………………………………… (311)

第二章 四川采金的地理条件 …………………………………………… (313)
  一、四川的金源地区 ……………………………………………………… (313)
  二、川边北部金源生成的理论 …………………………………………… (315)
  三、漳腊金矿的成因和采取的方法 ……………………………………… (318)
  四、色尔巴与二楷地区的金矿 …………………………………………… (321)
  五、雅砻江上游金矿区 …………………………………………………… (323)
  六、康北大断层海迹地带的金矿 ………………………………………… (324)
  七、川边南部金源的理论 ………………………………………………… (330)
  八、隆达金厂的金源 ……………………………………………………… (333)
  九、康东地区的金源（伴生金的典型） ………………………………… (334)
  十、雅砻江下游与金沙江河谷金矿 ……………………………………… (338)

第三章 四川金矿地理的小结 …………………………………………… (340)
  一、四川的金矿地理分区 ………………………………………………… (340)
  二、四川当前尚难以开采的金区 ………………………………………… (341)
  三、四川采金的特点 ……………………………………………………… (342)
  四、两点建议 ……………………………………………………………… (343)

任乃强全集·第九卷

川、康、藏农业区划

划分川、康、藏农业区的初步意见

　　划分农业区,是编制农业发展计划的基础和分区进行农业教育计划的依据。这乃当前祖国农业近阶级上一个极其重要的问题,原不是一二地区的问题,也不是一二人或少数人埋头研究就能适当解决的问题,但像我们这样庞大的国家,对这问题的全面解决,却不能不从少数人对一二地区的专力研究开始。集多数的一二人对一二地区的专门研究,综合折衷成为一个全国性的初步规划,再分发给各区群众去研究讨论,修改成一个统一的、全国性的初步规划,再分发给各区群众去研究讨论,修改成一个统一的、正确的规划,才是解决这一问题的切实办法。因此我提供我个人对川、康、藏划分农业区的初步意见。

第一章　划分农业区的依据

过去有些学者常用各地方主要农作物的分布情况来划分农业区，他们用一二种主要作物来代表各区而命名其为某某作物区。例如：卜凯把中国农业地带划为春麦区、冬麦小米区、冬麦高粱区、扬子水稻区、水稻茶区、四川水稻区、水稻两获区和西南水稻区；① 吴传钧把全国分为东北杂粮外销区、塞外农作边缘区、西北干地水田区、黄河下游冬麦区、黄土高原杂作区、康藏高原青稞区、浙闽沿海稻作区、长江稻米输出区、两广洋米内销区、四川盆地交作区和西南高地稻作区；② 周立三等的《四川经济地图集》把四川分为水稻小麦油菜区、玉蜀黍茶区、稻麦玉蜀黍区、水稻甘蔗区、水稻甘薯棉花区、稻麦柑橘区、水稻玉蜀黍桐油区、水稻杂作区、玉蜀黍小麦区和农牧区。③

他们的错误，不仅是把农业的任务偏重在粮食生产上，更严重的乃是否认农业不断发展变化的社会规律，而把各地区农业生产固定在当前情况下来对待划分农业区的问题。这乃是反辩证唯物主义的方法，是由卜凯倡导来替殖民主义者愚弄殖民地、次殖民地人民的一种恶毒手段；它隐蔽着自然因素支配一切的理论，是一种反动的地理宿命论；它仿佛说：在这样自然情况下就只能是这样的农业；虽然它的分区说明里也列有几点社会条件，很显然地它是把自然因素作为具有决定意义的条件。

祖国有丰富历史资料告诉我们：农业是不断地发展变化的，推动农业发展的力量，是人而不是自然条件；农业生产的配置决定于社会因素，社会在不断发展变化着，生产配置也在发展变化着，无论是变好变坏，总之是变动不居的。故就一个时间的农产配布来划分农业区，直可说是荒谬的方法。

例如：水稻栽培，早在三千年前就已发展到黄河流域。④ 这原是高产量作物，

---

① 金陵大学：《中国土地利用》，成都：自印，1941。
② 中国土地图表编纂社编印：《中国地理教科图》，上海：亚光舆地学社，1938。
③ 中国地理研究所编印：《四川经济地图集》和说明，重庆：自印，1946。
④ 殷墟甲骨文已有"稻"字。《诗经·豳风》"十月获稻"足见周初水稻已盛种于泾渭盆地了。

应该是劳动农民所欢迎的，但坐收田租的贵族们，狃于以麦黍稷为食粮的习惯，不重视它，摈其于"五谷"之外，①更经南北朝和隋、唐、五代的散乱，中原和关中的水稻栽培便绝迹了。便如不需水田的陆稻，在后魏时还盛种于中州，《齐民要术》曾详述其种植过程，经"五代"后，亦在中州绝迹；宋真宗时再从福建输种到江淮间，逐渐转过淮北，再种于北方的高原地区；②明清两代，为了补救漕运的不逮，尽力提倡北方种稻，水稻又才回到了定、易、太原和京津地区。新中国成立后，北方水稻劳模创造的单位面积产量，往往高于南方，远如松江、宁夏、新疆皆然，现在北方水稻正向低湿区和新兴的灌溉区大量发展，方兴未艾。从这黄河流域几千年来水稻、旱稻兴衰起灭的变化，便可说明：农作物在一个地区的分布，不是受自然条件支配而是决定于社会条件的了。这还只说的政治方面的影响。若从技术方面说：宋代以前，我国农民都是直播水稻，未知育苗，这就妨碍了复种指数的提高和增加了有些地区幼苗期的风险。约在南宋末期，江南农民才创造了育苗移栽的方法，③使水稻占用田亩的时间比它的生长期缩短，再加上劳动农民自己创造出来的许多早熟、中熟、晚熟的品种，于是岭南亦如日南一样可以一岁三获，江南也有了再生稻、间作稻以至于连作稻一岁再获了。再生稻原是晋代就已有了的，④到明末，江南农民已培育出来了十三个以上的良种；⑤同时已育成了许多适于间作、连作的早熟种，但直到清末，还未能在江南普遍推行这种制度。这是何故呢？主要是肥料不足。在封建生产关系的高压下，使用自然肥料的农民，虽明知道种绿肥植物可以保证水稻两获皆丰，也是不可能栽培它的。直到清代，江南有了拥有少量土地的自耕农，间作和连作才随紫云英的栽培而发展起来。⑥新中国成立后，党和政府领导农民发掘肥源和提高复种指数，仅在1952年以来两三年中，江西、安徽、湖南、湖北、四川等省皆已追踪江浙，推行间作连作，使稻田大大增产。现在双季稻在全国早已是"突破淮河封锁线"了。⑦江南这个地区几千年来双季稻发展的历史，又说明农产配

---

① 《礼记·月令·天官书》和郑玄的《周礼注》皆以黍、稷、菽、麦、麻为五谷。直到后魏的贾思勰著《齐民要术》尚把稻列于谷类之末。
② 《农政全书》卷二十五，引"徐报忠曰"云云。
③ （元）王祯《农书·稻论》："又有作为畦埂……掷种于内，候苗生五六寸，拔校而秧之。今江南皆用此法。"应是宋时江南农民已创水稻育苗法也。
④ （晋）郭义恭《广志》、吕忱《字林》，皆已说有再生稻，但称为"劣稻"，应是产量还低的。
⑤ 见《农政全书》卷二十五引《字林》的案语。
⑥ 清代以前的农书未曾说到水稻的间作与连作，也无紫云英及其他绿肥植物的记载。清初写成的《沈氏农书》（学海类编收）初有"一亩草可壅三亩田"的绿肥记载，当时称为"花草"。道光年间，吴其濬著《植物名实图考》，始著翘摇，谓"江西种以肥田，谓之红花菜"，盖即紫云英也。
⑦ 《中国农报》1956年第4期许春远《双季稻在安徽》。

置不是决定于自然因素而是决定于技术和领导这些社会因素的了。

工业和交通的发展，与农业生产配置的关系尤为巨大。这可以棉花为例来说：新疆吐鲁番盆地生产棉花，是一千五百年前就为中原人民所知道、所羡慕的。① 但一直经过隋、唐、五代、两宋，没有人把它引种进来。这是为什么呢？因为必要通过的河西走廊，气温低，不能栽种棉花，农村便不能用村户转介的方法介绍到中原来，而政府中人更推说风土不宜，莫肯远道去引种，直到蒙古人横扫亚洲，才打破风土不宜之说，从高昌输种到陕西；试种成功，不久便成为家家都种的主要农作物了。② 在脱离科学文化的劳动农民手里，种棉既久，次第退化；但另一方面，他们亦于暗中摸索中培育出许多适于地方栽培的品种来；在手纺工艺的条件下，那种短绒棉花是足够使用的。帝国资本主义侵入以来，土布被摧毁了；有些爱国人士从海外输入美棉，并自己筹办纺织工厂；帝国主义资本家们为了要摧毁这些民族工业，也来办些纺织工厂和它们竞争，这乃是近六七十年的事。这时全国的棉花产地，都围绕着上海及与上海车船联系的地方，即长江中下游各地。就气候说，这些地方并没有适合棉花要求的最好气候，最好的气候乃在黄河流域；但资本主义的棉花研究机构和推广机构，却不愿向这运途较远的地区去推广，而只向长江流域用力；起码有五十年的时间美棉都是在这样违反自然的条件下发展着的。现在华北和西北纺织工厂勃兴，黄河大平原、山西河东区和陕西的渭水平原，便成了我国棉花的府库，长江流域瞠乎不能与它比拟。这不仅说明了农产配置的变化与自然条件的关系不大，也说明了资本主义与社会主义生产配置的变化根本不同。现在棉花栽培已广泛地向东北、向内蒙、向西北地面推进，尤其以把棉花栽培到老家新疆的成绩最好；但这些地方还没有纺织工厂，它们纵有最好的气温条件和栽培技术，也不可能就充分地发展起来。必须要甘新和甘宁绥铁路修通，沿线纺织工厂建立，才能够是那些地方的棉花扬眉吐气的时候。

这类的事例，多如牧场蹄迹，不可胜举。在广大的祖国里，在世界上，所有农作物的分布，都可以说全是由社会条件支配的。这就说明自然决定论的毫无价值。

人，是征服自然的动物。随着社会发展，科学进步，农业技术提高，人对农作物的栽培利用不断地在向前发展着。在社会发展的一定阶段里，农业亦必然会有一

---

① 《南史》《隋书》及两《唐书》的《高昌传》对此物皆有记载，称为"白叠"。
② 元世祖至元年间刊行的《农桑辑要》卷二"论苎麻木棉"云："苎麻本南方之物，木棉亦西域所产，近岁以来，苎麻艺于河南，木棉种于陕右，滋茂繁盛与本土无异，二方之民深荷其利，遂即已试之效，令所在种之。"当时称白叠为木棉。近世始称多年生者为木棉，一年生者为草棉。

定的发展变化；这种变化如果仅仅是自发的，可能受自然条件的限制大些，因而发展得缓慢些，如其在政治领导健康并积极推动之下，则推毁自然制约的力量就会特别大些。农业生产的配置，会随着国民经济发展的速度而激剧地变化起来。农业区划工作，不应该仅仅是现有农业生产情况的总结工作，应该是结合整个社会发展阶段里可能变化的各种经济条件来决定农业发展阶段中的生产配置与整个国民经济相配合的工作。即是说：依据当前生产情况来划分农业区是最无意义的；依据封建落后社会恶势力搅乱摧毁下的生产情况来划分农业区是更荒谬的；用自然决定论来文饰这些荒谬方法以隐蔽帝国主义者侵害毒计，愚弄人民，那便更恶毒可恨了。

但这不等于就说农业分区不须考虑自然条件。农业原是利用自然的科学事业，也就是结合许多利用自然的技术而创造出来的社会业务，它必然要受到一定的自然条件的制约。譬如：双季稻现虽在祖国的主要稻作区内（历史悠久的稻作区内）蓬勃发展着，但在华北、东北和西北的一部分地区，日气温平均15℃全年不到二百天的地方，在当前的技术条件下，便不能栽培了。米丘林创造了若干的耐寒品种，把许多南方果树向北推进了一千公里，但在今天的苏联还不能在北极圈内生长出谷物来。农作物和其他生物一样，它的生长发育，是它内部的新陈代谢和外界环境条件的综合现象。育种技术是帮助生物打破自然限制的主要力量，在育种技术发展的一定阶段里，各种农作物就各自受到了它应有的自然条件的约束。

农业在现阶段，还是一种企业，经营计划必须考虑到经济效果；许多克服自然和改造自然的工作，虽然在科学技术上已经可能，但如在经济核算上还不适合，也就不能勉强做去。自然条件上的缺陷，往往便是构成经济核算上主要矛盾的原因。

这些都说明自然条件对农业生产的制约性，虽随着社会发展与科学进步而退缩，但在一定时间内仍自显其一定的制约的作用。

全面考虑各地区的自然条件和社会条件，来决定一个社会发展阶段里的生产配置，是决定国民经济建设计划的主要方法，也就是划分农业区的主要方法。

有些部门派地理学者，善于推究统计资料，分析出各个地区生产上应有的合理配置出来。在苏联革命的初期，许多的控制数字便是依靠这类技巧订出来的，但这一方法的缺点便是不能掌握各地区的特性，因而所订计划不能与各个地区的实际情况符合，不能获得美满的增产胜利。他们自1934年以来，得到了区域派地理学者的协作，生产遂有更大的进展。本篇主旨，在于陈列川、康、藏地区的地理特性，借备统计部门的参考。内容是以自然条件为基础，按社会经济发展的规律，推究过渡时期整个国民经济对这区域农业生产的要求来拟定的。我未曾掌握有足够的统计资料，因而数字引用很感空虚，这是无法弥补的缺憾，即就自然地理和社会情况方面说，亦只能有些感性认识，理解力是不够的。

本篇划分农业区的依据，是按后列各因素的次序，逐步分析、推究，综合拟订的。这些因素是：

一、纬　度

纬度，是决定日照长短、日射角大小的基础，即是说决定气温高低的基本条件。川、康、藏地区，同在北纬26°至36°之间，其农业中心的四川盆地，则在28.5°至32.5°之间；康藏高原的主要河谷区亦在此纬度内。只西昌专区（宁远高原）突出到28°以南，楔入云贵高原里。夏至日，北纬36°的日照时数为14.56小时；26°的日照约为13.73小时，较36°短0.83小时（即49分48秒）；28.5°的日照为13.92小时，较26°短0.64小时（即38分24秒）。秋分、春分日，则28°只较36°短0.01小时（即36秒）。冬至日，则36°比28°短0.67小时（即38分12秒）。① 这说明川、康、藏地区适宜于短日照植物的生长，不适于亚麻、麦类等长日照作物；但不是说绝对不能栽培它们，只说会延长它们的发育期，不如栽培短日照作物能提高复种面积。

由日射角造成的气温差，一般的概念是：纬度每增高1°，气温要下降1℃。这就四川盆地内各地历年平均气温来说，大体是符合的，例如同在嘉陵江河谷区的四个测候站1943年和1945年的年平均气温（单位：℃）：

站名与纬度	广元（32°26′）	南充（30°48′）	合川（30°02′）	重庆沙坪坝（29°30′）
1943年平均气温	16.8	18.9	18.4	18.1
1945年平均气温	16.8	18.2	18.7	18.7

南充比广元纬度低1°38′，1943年气温高2.1℃，1945年高1.4℃。合川比广元纬度低2°24′，1943年气温高1.6℃，1945年高1.9℃。沙坪坝纬度较广元低2°56′，1943年气温高1.3℃，1945年高1.9℃。大体说来距平均每纬度1°，相差气温1℃，这概数都不甚远。若把海拔高度、地形、气流（季风、寒潮、气旋等因素）等关系除开，单论日射角的关系，则会更一致了。

北纬30°这条线，恰恰贯穿了川、康、藏地区的中心部分，它与日喀则（29°20′）、

---

① 依气象常用表第三号《各纬度各月日照时间表》推算。

拉萨（29°48′）、巴塘（30°01′）、康定（30°03′）、雅安（30°00′）、巴山（30°03′）、仁寿（30°00′）、合川（30°02′）、酆都（29°57′）和忠县（30°19′）切近，距成都（30°40′）、重庆（29°33′）也不远。就全国来说，它靠近沙市（30°18′）、蕲春（30°01′）、杭州（30°16′）、绍兴（30°00′）和定海（30°02′），几乎成了暖温带和温带的界线。在四川盆地，它几乎成了划分北部和南部的线条，在康藏高原，它几乎成了划分农牧两部的主要界线。它是具有代表川、康、藏地区意义的一条纬度线。

二、海拔高度

在纬度相差很微的地方，海拔高度是决定气温差的主要条件。北碚与缙云山两测候站，高度相差 512.9 米，1940—1948 年各月平均气温相差恒在 4℃ 左右。峨眉县城与峨眉山顶两测候站，高度相差 2615 米。1939 和 1950 两年各月平均气温相差恒在 14℃ 左右。[①] 这两处同样是平均海拔每高 100 米气温降低 0.64℃，这可以作为北纬 30°左右地面气温随高度下降的常值，在四川盆地内一般可以适用，在康藏高原个别的河谷里也将适用。这对在气象测量记录缺乏的地方，估计农作物发展的高限是有用的，例如：已知康定 3 月平均气温为 4.9℃，平均最低气温为 0℃，即已入于一般作物的安全生长期内；并已知其海拔为 2558 米，则再高于它 400 米的跑马山和子耳坡以上的山地，3 月平均最低温便可能下降到 −2.56℃ 左右，便非安全了。若还再上升，便会更危险，再上 1000 米，则 3 月平均气温也该在 −2℃ 左右，应尚积雪未消，冰冻未解，事实上亦恰是如此。

又如巴塘，海拔 2700 米，1940—1942 年记录：3 月平均气温为 10.1℃，平均最低温为 1.9℃，夏季 3 个月平均气温皆在 20℃ 以上，平均 15℃ 以上有 7 个月。故巴塘虽从不种稻，仍可判为应该种稻并且能种双季稻之地；其附近更高 200 米以上的山地，亦可能有 2 个月平均气温在 20℃ 以上，5 个月在 15℃ 以上，若还水利修举，尚可种稻；唯更 500 米以上的山地，则每年只可能有 3 个月平均气温在 15℃ 以上，虽有水利，也不能稻作。

这种估计方法，只适用于盆地内部的山地，若非这样地形而为他种地形，尤其是距离较远的不同地形，便不适用。例如泰宁（乾宁）纬度只高于康定 0°50′，海拔高于康定 938 米，它 1940 年 3 月平均气温为 0.6℃，1941 年为 0℃，比之康定只低

---

① 据人民革命军事委员会气象局编印的《中国气象资料第二册》里的记录计算。

4℃左右，若按纬度高50′减低气温0.82℃和海拔高100米减低气温0.64℃计算，它应比康定低6.4℃左右，其降低较少的原因虽有多种，地形不同一项却是最主要的，因为泰宁在高原的项部，是平原的地形，康定是雪山围绕下的深狭盆地，日照情形是悬殊的。

三、地　形

纬度、高度、地形都是影响气温的重要因素，比较起来高度更重要于纬度而地形更重要于高度。兹举松潘、平武、成都沙河堡三个测候站1941年的各月平均气温来作说明[①]：

测候站	纬度	高度（米）	各月平均气温（℃）											
			1	2	3	4	5	6	7	8	9	10	11	12
松　潘	32°39′	2882.6	−2.7	0.6	3.4	7.8	10.1	12.5	16.4	15.0	11.3	7.4	1.4	−1.0
平　武	32°25′	780.0	4.2	7.0	10.1	16.2	18.4	23.6	27.4	25.6	20.5	17.9		
与松潘相差数	0°14′	2102.6	6.9	6.4	6.7	8.4	8.3	11.1	11.0	10.6	9.2	10.5		
成　都	30°40′	553.4	7.9	9.5	13.6	19.5	22.0	25.6	27.7	25.5	21.7	18.8	11.9	8.9
与松潘相差数	1°59′	2329.2	10.6	8.9	10.2	11.7	11.9	13.1	11.3	10.5	10.4	11.4	10.5	9.9
与平武相差数	1°45′	226.6	3.7	2.5	3.5	3.3	3.6	2.0	0.3	−0.1	1.2	0.9		

例如按每纬度低一度气温高1℃和每海拔高100米气温低0.64℃来机械地计算，则平武各月气温都应高于松潘13℃以上；成都应高于松潘15℃左右，高于平武1.5℃左右。但这只可说是一种理论的差度，实际差度如表中所示各月相差数，并不如此。平武比松潘各月平均气温差，是围绕9.9℃变化的，比较理论的13.6℃小了将近4℃，尤以冬季更为悬殊；成都与松潘各月平均气温差是围绕10.8℃变化的，比15℃也少了4℃多；成都比平武，冬春月平均气温要高3℃左右，夏秋有时还低。

这三地气温差不能符合上列理论的原因有多种，其最主要的一个原因便是三处地形不同。松潘在高原边际上南向的浅阔河谷里，它的气层薄、日照长，能得较多的日射热量，而又比其他高原部分较能少受寒潮多受暖气流的影响。平武在深狭而

---

① 据《中国气象资料》第一册和第二册。

蟠曲的涪江河谷底部，得到太阳的直辐射少，散辐射多，冬季凝重的寒气流坠入后常停滞不易散逸。成都在大盆地底部的平原上，情形又复不同：它比松潘气层厚、云量多，日照时间也较短，但空气容易扩散，与日辐射和气流等关系一切都比平武正常些，故它冬春比平武暖些，夏秋却不一定；它同平武与松潘的关系，除冬季不同外，大体都是与理论差度一致的。若还说松潘地形上应比平武和成都提高气温4℃左右，则上列纬度、高度与地形三因素作用于气温的关系就完全可以说通了。

多种多样的复杂地形，构成了多种多样的复杂的气候。现在所有气象测候站都设在城市附近，而城市又大都在河谷附近，因而所有记录不利于分析地形变化所构成的气象规律，不便于小气候的研究，但随着地形变化的气温规律，是大体可以凭感触知道的。这对划分农业区的利用上也有帮助，其规律大抵是下面这些：

日辐射在山岭的两侧面上，直射时短，斜射时多，低角度的斜射时间尤长，而热的放散面宽，无甚干扰，故同纬度、同高度的山地比平原气温要低些，高差较大，温度只会低很多。

河谷接受日辐射的时间较迟，故每日午前气温上升较平地放慢，较山地尤慢，但河谷有较厚而富于水分、二氧化碳和微尘的气层，放热困难，地辐射与气层含有物相干涉，反复投报，故午后气温上升很高。往往有些极其深狭的河谷，彻夜放散昼间的热量不尽，逐日积累，造成大大高过平地的气温。川、康、滇间许多南向的河谷都是如此。例如：泸定一段的大渡河谷，雅江以南的雅砻江河谷，木里一段的无量河谷，巴安以南的金沙江河谷，云南境内的澜沧江河谷，察隅门空以南的怒江河谷，与波密以南的雅鲁藏布江峡谷都是。巴塘海拔2700米而平均最高温度在20℃以上的，每年有七个月（1940至1942年的平均值）；平均最低温在0℃以下的，每年又有四个月，几乎与同纬度的杭州相当。

巴塘与杭州逐月平均气温比较表（单位：℃）

	月份 地名	1	2	3	4	5	6	7	8	9	10	11	12
平均 气温	巴安	3.5	7.8	10.1	15.5	19.4	20.2	22.8	22.0	19.6	15.8	9.3	5.6
	杭州	4.0	5.3	9.7	15.3	20.5	24.7	28.3	28.0	23.8	17.7	12.1	7.0
平均 最高 气温	巴安	13.1	16.5	18.4	23.0	25.9	25.8	28.5	28.2	25.8	23.2	18.6	15.5
	杭州	7.4	8.9	14.6	20.2	25.5	29.4	34.1	33.5	28.2	23.5	17.2	10.6
平均 最低 气温	巴安	−5.4	−1.3	1.9	6.6	10.0	13.0	15.7	14.4	11.8	6.3	−1.3	−4.9
	杭州	−0.3	1.3	5.2	11.2	16.4	21.4	25.2	24.7	19.7	13.1	7.6	3.0

续表

	月份 地名	1	2	3	4	5	6	7	8	9	10	11	12
绝对最高气温	巴安	20.8	24.5	27.3	30.4	34.5	36.3	36.8	34.6	35.1	32.7	23.5	22.0
	杭州	24.4	27.2	31.6	36.3	36.2	39.5	42.0	42.1	37.0	32.3	30.5	22.1
绝对最低气温	巴安	−10.5	−8.9	−4.7	−1.1	4.9	6.2	7.8	7.2	3.1	0.0	−6.5	−13.0
	杭州	−10.1	−7.5	−4.0	1.7	6.7	13.2	18.5	18.5	10.8	3.0	−3.8	−10.5

巴安：30°01′N，98°56′E，海拔 2700 米，1940—1942 年记录。杭州：30°16′N，120°10′E，海拔 10 米，1928—1937 年记录。①

这一类的深狭河谷，其两岸海拔，大都是从千多米的河面起一直斜上到三四千米以至于五千米以上的雪山去，具备热、温、寒带的气候。

有些与季风方向正交的河谷，由于从高处降落向低深河谷的空气，逐渐增温，逐渐提高水分的饱和点而逐渐干燥，会在谷里造成干热的沙漠性气候，并且在局部地方产生沙漠（例如拉萨南边，仁蚌宗到日喀则的雅鲁藏布江南岸，便有长达几十里的断续沙漠）。其不成为沙漠者，即成为一条线的亚热带气候。例如西昌区南边的金沙江河谷，多年生的木棉和许多比较喜欢干燥的热带植物皆能舒适地成长。

在有些平坦地区，岸山比较低浅的河谷，则在安静的夜间很易发生气层的逆温现象，河谷底部的温度反较两岸山麓部为低。康藏高原里，许多地方的农民放弃河谷底部的冲积平原不耕，只种山麓坡土（例如康藏公路经过的拔桑河谷，和许多海拔在 3500 米左右的河谷耕地都是如此），便是谷底霜害较大的缘故。

高原顶部，大体平坦，一般只有低山浅谷；海拔愈高，则云层愈薄，日照愈良好，地面吸热放热皆颇爽快，故昼夜温差很大，霜期很长，虽在盛夏，亦有低于平原冬季之低温（如泰宁 1939 年 7 月 31 日夜曾有 −4.1℃的低温，成都十多年记录中亦只 1949 年 1 月 8 日才有一次 −4.0℃的低温），虽在冬季，亦有高于山地夏季之高温（例如泰宁，1 月平均最高温度 18.8℃，峨眉山顶比泰宁低 350 米，而 7 月平均最高温度才 16.1℃）。

高原顶部之山地，南向斜面（阳山）与北向斜面（阴山）的气温迥然不同，生物亦随之而异，善于观察者不必借助于指南针亦可辨其方向。河谷和盆地里的山阳、山阴，便无如此显著之差别，尤其是深狭的河谷里，阳山与阴山但高度相当即能生长同样的植物，仅因光照不同，作物生长的强弱和产量不能相同耳。

---

① 据《中国气象资料》第一册和第二册。

4月，盆地里的山脉几乎全是与季风方向正交，向南一面比北面要湿润、温暖些，故它的水分线适合于作划分小区域的界线。

四、气 温

气温是决定农业生产的主要因素之一，而纬度、高度、地形又是决定气温的主要因素。在气温资料尚非常不够的今天，划分农业区就必须从了解地形去着手。仅从几个测候站的记录划分气候区，必不适于农业分区的采用。例如张宝堃先生的《四川气候区域》[①]，把南充县境及其以下的嘉陵江作为"川中区"和"川东区"的分界线，又把彭山到青神一段岷江作为"川中区"与"川西区"的分界，以及另外有些线条的决定，都是不适当的。因为他未十分了解四川的地形，而且所根据的测候站记录太少了（可能只有20个），而这些站又都是设在河谷里的城市附近的。若还依据四川省气象测候所编印的《气象年报》，便有一百多站的记录，应该合理些；但还是：各站多在河谷的城市附近，是不能代表四川广大耕地的。本篇从《四川陆地测量局十万分一地形图》来估定四川各地气温分布情形，用自己编绘的《百万分一康藏地形图》来估定康藏各地气温分布情形，但只把川、康、藏各测候站的记录作为估定标准依据，参以自己脚践日验的经历。这样估定，虽不能十分正确，却可以代表大多数地面上的气温情况，作为划分农业区的依据，是要合理些。

例如南充虽是川北方山区里一座重要城市，但南充站测的气温只能代表这段具有川东气候的嘉陵江河谷里的气温，不能代表川北方山区广大面积的耕地。足以代表这块方山区农业气候的，乃是西充、岳池、营山、仪陇这些比较高平宽敞地点的测候站记录。但南充下至合川，都应划入川北方山区，只嘉陵江这段河谷是北方山区里的高温带罢了。

我反对把河流作为气候的分界线，因为任何一个河谷里气候总会是一致的，断不可能是一条水所能划开的。尤其像张宝堃先生那样把四川盆地里两条南向河水作为分界线，是非常错误的。我主张用分水线或山脉作为自然区域或经济区域的分界线。

关于区域的划分和分区的气温概况，留待第三章里谈述。

[①] 收入科学出版社1955年出版的《中国近代科学论著丛刊·气象学》。

五、气　流

气温变化除了直接影响到农业生产外，又为构成气压变化的主要因素，而气压变化又为形成大气流动的主要原因，大气流动又是直接影响到农业生产的，气压不直接影响农业生产，不是划分农业区所当考虑的条件。

气流现象，一般叫作风。川、康、藏是无台风的地区，亦是无沙暴的地区，历史上未曾有过风灾的记录，一般农民对风这一自然因素不甚注意，实则川、康、藏农业生产的命运，几完全取决于气流这一条件。

"夏季风"与"冬季风"到来的早迟、来势的强弱、所挟温度和水分的多少与其他的许多相关事项，决定了整个川、康、藏的气候和农作收成。

西藏区所受夏季风，主要是从印度洋通过印度逾喜马拉雅山脉而来，势力强大，能逾高达五千米的山口入于高原；更能以其余势北逾念青唐古拉山脉入于羌塘，远达青海和新疆。念青唐古拉雪山脉被拉萨河侵蚀成一大缺口，地势在此作南向的扇形展开，接于黑河（藏名那曲卡，属怒江上游）。这一缺口地区，引导雅鲁藏布江河谷郁积的夏季风由黑河穿过唐古拉山脉到通天河区大草原，更北入于柴达木盆地，使这一辽阔的高原地带成为水草丰盛的牧场，而且还能有许多高原耕作区，夏季风在西藏也随着雅鲁藏布江东西横流着，因以构成西藏的农业带。假如有一年季风衰弱，不能大量到达西区高原，那便是高原的大荒年，牧场也会变成苔原了。但是，这种荒年，西藏历史也还未曾著录过。

四川盆地的夏季风，主要是从太平洋通过两广、湘、黔流入的，沿途受山岭阻碍，势力较小，高仅千米左右，恰够充分流入四川；再逾巴山、秦岭流入陕、甘便消失了。嘉陵江上游各支谷，自昭化以上作扇形展开，甚适于川中郁结的夏季风的北上取道，故甘肃的阶、成一带气候与四川近似，农作情况亦同。陕西的汉中亦然。夏季风流入川境的时候，正是四川麦子黄熟，小春结束、大春开始的时候，而它秋日退出川境的时候，便是四川大春结束，开始播种小春的时候。这不仅适应了它带来的温热，还适应了它所支配的降水。如果它来得早、势力强，四川便是满载满插的大丰年。相反的话，便会闹荒年。

西康区的夏季风，主要是从南洋经中南半岛、云南高原和缅北流入的。从缅北流入的，属印度洋季风，被大雪山脉（伯舒拉岭）阻抑于怒江以下，仅一部分逾山北进。从中南半岛来的，陆行已久，其势不强；但康南诸河谷恰都南向，足以诱导它北进，于以构成西康区的农业地带。

川、康、藏区冬季风的来源在蒙古、新疆和西伯利亚这一广阔地区。随各地气压变化而定流向，可称为北风。它进入康藏高原时，迅速地赶走了夏季风留存的温润空气，代替以自己的冷而干燥的空气，使草原景色突然转变。当下降到深陷的河谷里时，它的温度和干燥程度同时增长了，但河谷原来含蓄的空气温度很高，故有些能耐干燥的植物，并不为它所动，要继续生长很久才凋谢，显得秋季长很多。它到四川盆地以后，一时排除不了夏季风留存在盆地里的温湿空气，须经几度的冲突、摩荡、混合和降雨才逐步改变成干爽的冬季。

季风是有后续的和缓气流，其接近地面的风力，罕能达到蒲氏三级（3.4—5.4米/秒）；遇山岭横阻，则迫而上升，逾越而过；在上升中滤出一部分水分，形成云雾和雨。四川盆地的山脉和西藏的几条主要山脉，皆恰与夏季风来向成正交，故经常是一侧多雨，一侧干燥。四川盆地西北侧的山区，晴日很少，雨量特大，昔人曾有"蜀犬吠日"的谣言。

与冬季风相似的寒潮，是北极区内追逐低气压流转前来的冷气团，它很凝重，易为山岭所阻；后方无有后续部分，前方有冷锋，劈开阻扰它的暖气，导引气团前进；每过一方，上方或他方暖气复来填补其原处位置，故只能造成地区暂时性的寒冷。这是它与冬季风不同之处。

寒朝挟极大的低温和干燥，每使所过之地气温下降10℃或至20℃以上。其侵入四川盆地者，势力都不很大，一般也要使气温下降4℃—5℃。四川之霜与雪，悉由寒潮所致。寒潮以冷锋抬高地面原有暖气上升，每每造成气旋、风暴和阵雨。如本年[1]四月和六月川东北两度大雨皆是。

寒潮进行速度，随其前方导致之低气压的程度而异，如其前后间气压坡度甚大，则寒潮急剧驶进，势盛猛骤，虽遇山岳，亦能强迫上升，逾越而过。从新疆南来的寒潮，每能逾昆仑山脉上入西藏高原。例如：1928年10月23日有北冰洋冷气团向南转进，由于10月24日贝加尔湖东北方发生低气压的导致，使此寒潮于25日侵入我国新疆，当日即布满新疆全境，在25—26日的夜间已越过昆仑山北支入于西藏高原。虽经过重岭的阻滞，仍于29日自喜马拉雅山东端的缺口进入孟加拉湾的阿恰布（A Kyab）附近，使阿恰布气温降至1.1℃，并再循马六甲海峡侵入印度尼西亚境，

---

[1] 本书稿完稿于1956年9月30日。

31日到达巴达维亚,才渐次消灭了。①

自蒙古西部南来之寒潮,每为祁连山脉所阻,斜向甘肃、陕西,而不进入青海和康藏;唯亦每由河湟河谷的导引,自甘肃向西南侵入康藏高原。四川盆地的寒潮,主要是由昭化以北的嘉陵江上游区侵入的,也有自东北来的寒潮从湖北进入四川的,例如本年春末一次的寒潮便是。② 此外也还有自松潘草地和西康流入的(例如下述的1943年的寒潮)。凡侵入四川盆地的寒潮,都易于即时扩散到全部盆地,只川东褶曲地带为例外,侵向川东褶曲地带的寒潮,为山脉所滞,不易前进。许多势力微弱的寒潮在四川境内消灭,其势力强大者则更南逾贵州高原而去,入云南者甚少。

寒潮是四季都有的,据卢鋈先生的统计③:1931—1935年中,平均每年寒潮有29次,最多达31次,最少亦25次,仅7月无有,1、6、8、9月较少,11、12月最多;时间的间隔不一,有时半月不见,有时相继而至。这是就全国而言,川、康、藏也应包括在内。

4月和10月的寒潮,是造成早霜与晚霜的原因,对农业最为有害。1943年4月7、8两日,发生了弥漫全川远达贵州的寒潮,川西平原曾结霜两夜,其时小麦油菜尚未成熟,因遭寒害而减产;川西平原以外的地方,极端最低温亦多降到1℃以下,早播谷种大都冻死。

寒潮对于农业,不是完全有害的,川、康区内大多数的降雨,都是由北来冷气团抬高了暖气团而形成的。寒潮,就是北来冷气团的代称。即如冬、夏两季风转换时季的春雨和秋雨,也常在兼有寒潮侵入时,其雨量才会很大,在这方面,寒潮是有益的。

就川、康、藏的纬度位置说,冬半年应是西风盛行的地带,但由于康藏高原屏障了四川盆地,而帕米尔高原又屏障了康藏高原,故自中亚和西部亚细亚那些干燥地区吹来的西风不容易到达川、康、藏区,绝大部分是从新疆而来,受到昆仑山脉和祁连山脉的制约吹入甘肃、宁夏以东的黄河流域去了,只少量地吹入藏北的羌塘和青海的柴达木盆地。四川盆地和康藏高原河谷地区,不曾蒙受它的影响,而只受到季风的影响,这是川、康、藏雨量和湿度比其他同纬度和高度地方都特别丰富的原因,也就是农牧地面很广阔的一个原因。

川、康、藏的山岭很多、很大,山风谷风自很发达,但它与农业无大关系,可

---

① 李宪之:《东亚寒潮侵袭的研究》,《中国近代科学论著丛刊·气象学》第40—44页。
② 《四川日报》1956年,《天气预报》。
③ 卢鋈:《中国之寒潮》。《中国近代科学论著丛刊·气象学》,第151页。

以不论。康藏高原上，每日午后地温升高时，常因局部的气压变化而有风起，为旅行者所憎恶。有时大风怒号、天地变色，风力高达五、六、七级，则由大型的寒暖气团移动所致，不必即由冰洋寒潮袭来，高原本身自能形成此种气团造成绝大的气压坡度故也。海拔较高的河谷农地，秋季每有如此类型的急促气旋，发为冰雹，毁损行将收获的粮食。故康藏高原顶部的农业，所受气流的伤害比低温的伤害更大（寒流造成的低温包括在内）。

六、降 水

川、康、藏在全国里算得雨量适中的地区，本来这是与地中海南部纬度相当的地方，夏季正在地球的回归线无风带下降气流的直下，应该很干燥，只由于夏季风从海洋带来许多湿气，遂使地面非常湿热，丝毫不显得干燥。由季风构成的雨，大体有个规律，已如上节所述。但夏季风之来，有强弱，有早迟，有容易成雨和不容易成雨的一些条件存在；因而逐年雨量很不一致，又不一定恰与农事要求相配合，即是说：降雨的方法有规律可循，降雨的早迟和分量却无一定的规律，这乃是季风气候一般的缺点。譬如四川盆地的春雨，如其及时，而且足够，便可满载满插，庆大有年；如其秧苗已将上节，春雨尚未到来，便有许多两作田和乏水田不能栽插，山地甘蔗插栽亦将失时，纵然夏秋多雨，亦被称为旱年。而季风雨恰就不能保证及时。这便是四川需要灌溉建设，因而水利事业发达也最早的原因，也是陈水田（冬水田）特别多的原因。

一般说来，四川盆地中央部分，年雨量为 800 毫米左右；接近山地之部则可高达 1000 毫米；山地的迎风面恒为 1500－2000 毫米，或其以上。相反的背风一面则雨量特小。例如大竹与渠县，隔华蓥山脉，大竹年雨量恒在 800 毫米以上，渠县则仅 600 毫米左右。绵竹与茂县隔九顶山脉，绵竹年雨量恒在 900 毫米以上，茂县则仅 400 毫米左右。雅安与荥经，同为四川盆地西南的浅狭山谷，因隔一龙观山脉，雅安平均年雨量接近 1800 毫米，荥经则不到 1200 毫米；雨量最大的 1945 年，雅安为 2510.4 毫米，荥经才 1421.4 毫米。故俗谚谓"清风雅雨旱荥经"（汉原旧称清溪县，县治位于大相岭南麓，山谷风终日奔流不息，故云）。

就逐年雨量变化说：大约每 5－7 年有一度高峰，例如 1937 年和 1944 年，四川一般的雨量都很大，1938、1945 和 1949 雨量也都很大。1943 年，则一般雨量都很小。最小年与最大年相差有到三倍以上的。例如：成都，1907—1950 间 44 年的记录,最大到1820.7毫米(1937),最小到588.0毫米(1924);重庆1922—1950年29年的记录,最大到1410.8毫米(1937),最小到455.5毫米(1933);西藏高原的雨量更不稳定,拉萨1935年为448.1毫米,1936年竟到5034.6毫米,超过了前一年的10倍。这一年它单只7月—1月的雨量就有2049.6毫米,超过四川任何地方全年的雨量,是它自己前一年年雨量4倍以上。在下一年,1937年,是四川盆地雨量最大的一年,拉萨雨量反下降到372.1毫米。这就是说:季风气候的雨量极不稳定,但四川盆地与康藏高原相比还算是比较稳定的。康藏高原虽有可以种稻的气温,假如没有水利作保证还是不能种稻,不仅种稻,即如在康藏种麦,亦极其需要水利。藏人已曾在许多地方创造出灌溉麦田、保证丰收的水利建设来。

季风气候的农业,就应该是与水利结合的农业。

四川盆地极少降雪。康藏高原冬季亦少降雪,雪降于春秋雨季季风交替的时候,比较以春季为多。超过5000米的高山大都终年积雪,南部积雪尤易,雪线亦较低;北部雪线较高,积雪亦较难。平地虽为寒漠,亦罕积雪,由于日光强、空气干燥、蒸发易故也(日照难到处积雪较久)。高山积雪的面积约可占高原全部面积的2%—3%,故藏人自称其地为"雪国"。其雪皆由湿空气缘山上升凝结而成,非由降雪。有时日光热融解积雪的一部,化为烟云,绕山徬徨,旋复还而为雪,终不着地。仅雪山下部融化为水,随季节升降其融化带。故康藏河水终年稳定,无甚涨落。这对农业甚为有利,对水利建设亦很有利。在喜马拉雅山区,由于积雪太厚,山势太陡,冰河与冰隙的现象是常有的,冰隙每为人民带来灾害。

四川盆地极少有雹,仅盛夏大风暴时偶有,亦不成灾。康藏高原顶部,去雪线不远,地面复全裸露无覆蔽,云层薄,日光强,夏秋经常有雹。尤以临秋收时雹灾为害最大。有许多山口和丘陵地区,亘古不见滴雨,雨即为雹,是故许多山口的名字都是"色拉"(雹山)。

康藏高原的粮食生产问题,一般人只注意温度的原因,其实温度是足够它生产粮食的,问题只在于雹害、霜害、旱害,这些都属于降水。

七、湿度和日照

湿度和日照,也是一般人所易于忽视的条件,但它们却是农作物增产最重要的条件。川、康、藏由于季风的关系,雨量充足,土壤含水丰富,地表空气中绝对湿度,除冬季外,都相当的大。康藏高原的顶部比较干燥些,内地来的人在此旅行,与原野空气接触几天，脸和手脚的露出部分就要整整地脱去一层皮，日晒下更为严重，这就是因为表皮的水分被空气掠夺去了所致。这就可见：栽培在这里的植物，如不是赋有防止蒸发过盛能力的品种，是难于培育的。高原的河谷里，绝对湿度自然要高些，但它的温度高，相对湿度不会很大，植物的蒸发作用应该要更大一些。在许多的温暖的河谷里，本地农民也只喜欢种青稞，不喜种蔬菜、水稻、玉蜀黍等需要水分多的植物。也曾有人多次输入茶种，迄无有栽培成功的。汉人在这区做菜园，都要选有水灌溉之地，外作围墙以阻遏地面气流，显然是为的保障湿度和水分的供给。可惜这区关于湿度的记录非常缺乏，只知道拉萨平均相对湿度，8月份最高，为65%；1月份最低，为22%；全年平均为42%（1935—1936年合成一整年的记载）。这比四川盆地就差多了。四川盆地内的各月平均相对湿度，皆在80%左右，盆地四周的山地，更要高些；在一定的高度上，全年都是云雾弥漫，近于超饱和的湿度。

高层空气的湿度决定了云量的大小，同时影响了太阳传达到地上的光热量，四川境内各种中层云是常见的，大约在距地面1000—2500米的空气层里经常有阻抑日光的云存在。成都全年日照仅1145.8小时（1934—1940年，7年的记录平均值），有晴天24.9日，昙天98.2日，阴天242.1日（1933—1940年，8年的平均值）。雅安更只有晴天21.5日，昙天80.5日，阴天多至263.3日（1940—1943年的平均值），山地更阴晦了。但如超过2500米则晴爽天气便多了，例如松潘，晴天33.3日，昙天159.7日，阴天只172日（1941—1943年的平均值），这还是高原边缘的河谷部分；若到了高原顶部接近4000米的部分，那便晴爽得多了。昌都1941—1942年平均晴天80日，阴天109.5日；泰宁1940年晴天75日，阴天146日。这样的高原上，从来看不见叠绵状的积云，一般只有卷云和暂时起灭的卷积云和雨云。

在川康间的深狭河谷里，我还未见有过层云，只曾见到高坡上有层积云。故虽在深狭的河谷里，有时日射也是很强的，也有小型旋风，也有小型暴雨。在这些高温河谷里，只种青稞或作水地种小麦，显然是浪费。我以为除了兴水利种水稻外，还应在旱地里栽培粟、黍、高粱等耐旱作物，较高地方可种糜子。这样就可以解决康藏区的食粮问题。

农作物的适当配置，是川康藏一项经济革命工作，必须要从自然条件全面分析来考虑，打破旧时单纯而错误的只计较温度的看法。

八、地质和土壤

地质,是构成地形、矿产和土壤的基本因素。它于农业经营无直接的影响,它对农业的影响体现在土壤方面。它也从矿产方面和地形方面间接影响到农业,故农业分区也须要考虑到地质条件。

四川盆地在三叠纪以前还是古地中海之一部,沉积有很厚的石灰岩和煤。在三叠纪时,中国中部已逐渐变为大陆,留下四川盆地是个内湖。这湖里最先沉积下侏罗纪时代的砂岩、页岩、煤层、盐层和石膏。[1] 那时四川湖内还只有大陆送来的停积物,未有形成石灰岩的海底生物。地质学家把四川盆地叫作侏罗系盆地,但是侏罗系地层露出在今天的四川省里极其少,它只构成了四川盆地的一副躯壳,正如甃成一个池子的砖瓦一样。

今天分布在四川盆地里最为广泛的地层是白垩系地层。它的特点是只有凝结得很脆弱的砂岩和页岩,但都含有丰富的石灰质,分子胶着很紧;迨与大气和雨水接触后,灰质溶去,自然风解成土。由砂岩分解的成角棱锋锐的砂土,由页岩分解成的,初为黏土团粒,逐渐变为黏土,但砂岩与页岩,往往是以薄层相互重叠的,在一个蚀余的山丘里,往往露见互叠四五层(尤其是川北方山区最显著),这样风化下来的土壤,便易于天然地混合成壤土。这样的土壤,一般含有丰富的石灰质(尤其是表土里),故虽在多雨的四川,仍保持其中性或微碱性,除一些水浸土外少有具酸性的。它们又都富于氧化铁质,尤其是页岩,特称为红页岩,农人或呼为"石骨子",我习称它作软页岩,风化的土作紫红色,特称为紫色土[2]或紫棕土[3],含有相当丰富的钾和一定量的氮与磷。它所分布地全是浅丘浅谷,似平非平的盆地中心部分,从山顶到水边全是良好的耕土。白垩系上层的砂岩多作白色,层理如压积纸,甚易劈为石板与石条,成为廉便的建筑材料,在方山区里它是砌造梯田的基本材料。下层的砂岩多具赤色,质较坚硬,但仍风化甚易。

在整个白垩纪时代里,四川湖不是安静的,从砂岩层理推断,湖底各方的高低升降,是经常地在变化着,故岩石层理厚薄不匀,每作楔锋状重叠。川北的白色砂岩较厚较多,盆地中心部分的砂岩较少较薄。川北的盐层较浅较薄,川南的盐层较

---

[1] 李四光:《中国地势变迁小史》,万有文库本。
[2] 侯学煜:《指示植物》,中国科学院,1954年10月版。
[3] 地质调查所土壤研究室:《土壤分布图》。

深较厚，这也说明白垩系中湖底各部深浅的变化。

在白垩纪的末期，四川湖已经是很浅了，在靠近边缘的地带沉积了许多红色黏土，或与红色砂砾相结合而成砂岩与砾岩，或仅仅成为致密的土堆。今天川西、川南的许多丘陵地，和川北广元、剑阁到三台间一个地带，即保存得很多。这些土壤，作深红色，具酸性，但还肥沃。由于土性黏重，且多有石砾，比较盆地中部的紫色土，耕作就要麻烦些。

到新生代中期，大约是"次新"（Miocene）的时代，世界又发生了地势大革命，中国出现了喜马拉雅山脉和南岭、北岭两大山脉，[①] 四川湖底也发生了许多条褶皱，尤其是东南部分褶皱程度最高，有些褶皱把石炭系以下的古生代岩层都抬出水平面上来了。深陷的向斜部分，把湖水泄向两湖盆地，使四川成了大陆，康藏也变成了出海几千米的高原。从这时起，四川湖缩小到今天的川西平原这一地区（包括绵阳、江油、安县地带），涪江与嘉陵江成为旧四川湖残水汇流的两道水漕。大约在冰期时代，四川西北部的冰河搬运来夹有石砾的黄土，覆盖在川西湖和涪江、嘉陵等水漕上。在不久便形成为陆地的地方，完全保存这种地层，这便是今日成都到龙泉驿间，邛崃、蒲江与名山间，眉山、青神与丹棱间和涪江、嘉陵沿岸的许多黄土浅丘。这种黄色土，黏重而贫瘠，具高度的酸性，是四川盆地内最劣等的耕土。

大冰期后，川西湖底和各河沿岸沉淀的土壤，全是中性的砂质壤土。这便是最新（Pleistocene）或全新时代的冲积土，是今天最优良的耕土。号称"天府"的川西大平原，全是此种土壤构成的。川西湖之成为陆地，最早不会超过二万年。川人对于这块土地利用的传说始于治水。[②] 成都筑城，始于秦代，距今不过 2000 多年。再经过李冰、文翁等的治水，川西平原的农业才发展起来。

四川盆地四周山地，大都是侏罗系、三叠系、二叠系和志留系的岩层，地质复杂，土壤情况也就随处不同，大体上可分作两部来说：盆地的西北边缘，广元与峨眉之间，主要是侏罗系砂岩、页岩，志留系页岩，和花岗岩、片麻岩、石英岩等酸性岩石风化的土壤；再加上迎受夏季风的来向，雨量高，淋余作用大，故一般都是

---

① 《华阳国志·蜀志》所载鳖灵治水的故事，系据扬雄的《蜀王本纪》，那是四川最古的传说记录。它说蜀王先居瞿上，后居郫。故瞿上，就是今日彭县的海窝子地方，曾经被称为"天彭阙"。由于成都平地治过了水，他才得迁居下来，所以最初迁下的居地叫作郫，郫者，卑邑也，今天成都近郊羊子山，发掘出西周土台的遗迹和石器与战国时的铜器（1956 年 7 月 23 日《四川日报》），足见三千年前，这块靠近第四纪黄土浅丘的成都附近，已有封建统治者居住，那可能就是"郫"的所在。但这也只能说明这块黄土浅丘地带已有农业人民居住，不能说明冲积平原上普遍发展了农业。秦筑成都城，李冰治水后，冲积平原才得到高度的利用。汉景帝时，蜀守文翁才开繁田（新繁），也见《华阳国志》。
② 参看地质调查所《中国地质图》的重庆幅、昆明幅和常隆庆、刘之远的宁远地质考察报告（常氏报告由宁远调查委员会印行。刘氏报告由西昌技专校印行）。

酸性土壤，成为四川主要的产茶地带。广元与峨眉以东的四川盆地边缘山地，主要由三叠系、二叠系、志留系、奥陶系和寒武系的石灰岩构成，加以面向盆地这一方多与夏季风来向相背，雨量不大，故其土壤以碱性、微碱性者为多。但这也不能一概而论，有些山地也能取得夏季风迎面流来的机会，有些低地积滞的土壤，年久也会成为淋余的酸性土，不过不似碱土和微中性碱土那样分布得广阔罢了。故四川盆地的东、北、南三面的山地产茶量少，且不普遍。

四川盆地内部的褶曲山脉，在川东、川南的，照例是最下部分露出侏罗系地层，最上部分露出三叠系石灰岩（例如锅罗山），有些更露出二叠系及更古的岩层（如华蓥山），也是一面多雨、一面少雨，故它们的土壤分布也可依如上的规律去推寻。在川西和川南局部地方山地，主要是白垩系红砂岩、页岩与黏土构成的，它们也产茶，并盛产油茶树、马尾松等喜欢酸性土的植物。

康藏高原顶部，大体也是侏罗系和三叠系地层，由于海拔高、气温低，草根盘结于土壤内，与土粒紧密胶着，新陈相代，分解迟缓。因其如此，所以表土一般呈深黑色或暗棕色，含水分多，具强度的酸性。这便是一般称为的高山草原土，康藏牧场的分布土带皆是。在西藏西北的羌塘区，是广阔的内陆湖地带，其中有几乎到一半的地面是湖泊或已经干涸的湖床。这些干涸的湖床作盆盂状分布着，或是湖泊的周围的平地。这些土壤，全是高度的盐碱土。有些是岩石状的盐块，有些是岩石状的硼砂块和其他盐类的岩状结块，许多是不长草类的石质土，有些沿湖地方得到多年的淡水洗涤，水草也很好。这样地方牧民很稀，但它是著名的硼砂、食盐和曹达的产地。

康藏高原的河谷地带，地质非常复杂。一般的耕地，由于气温高和进行耕作已很悠久的关系，土中腐殖质和酸度都消减或消失了，大都是中性土，也是很肥沃的。河谷区也就是山岳区，各河谷的两侧必然就是山岳。这些山岳的土壤随高度而异：最下部是良好的耕土；海拔渐高，而量渐大，逐步变成了灰化的酸性土，森林也逐渐发达；再上，雨量又逐渐减少，温度也逐渐低降，土壤内腐殖质大增，酸性更为显著，这便是一般喊作的"高山草原土"；在一定温度条件内仍为森林分布地；森林之上，往往有小片的高山牧场；再上便是冰雪世界了。

在川康之间的大渡河中下游（康定鱼通以南），和其南方的西昌专区的县，地质上的特点是：太古代地层很发达，花岗岩、片麻岩的分布很广，但也多有白垩系、侏罗系和二叠系的地层①，煤、铁、铜、银、金和石棉、石墨等矿产丰富，又是个地震频发的地区。这说明它的地壳变动很大，使地层露出得很复杂，因而土壤分布也是复杂的，大体说来：沿安宁河、越巂河、盐源河和会通河的冲积平原都是微酸性的棕色壤土，其附近山地，则为酸性强的灰棕壤或灰壤土。唯其东侧的大小凉山地区，即凉山彝族自治州的昭觉县及其与峨边、马边、雷波之间则为白垩系地层的中性土，与四川盆地相似。盐源、盐边两盆地里也多有白垩系的地层与紫色土。

九、植物分布

植物的自然分布，必然与自然环境一致。川、康、藏各地的自然条件，随高度和地形的不同，而有很大的变化，是上述各条所已经说过了的。若再简括地重述，那便是：气候和土壤随高度与地形而不同。因此植物的自然分布，也就会随高度与地形而不同。

四川盆地的植物分布，虽已受到几千年的人工改变，但迄今还保存有各地区原始分布的代表植物。这些具有区域性的代表植物，代表了一定地区的气候和土壤，所以它们应该成为划分农业区的依据。例如：

黄葛树（黄角树，实即一种榕树）、棕榈、橘、柚、荔枝、龙眼、楠竹和许多亚热带生长的蕨类，在四川盆地的长江河谷里，和蓬安以下的嘉陵江河谷里，三台以下的涪江河谷里，简阳以下的沱江和嘉定以下的岷江河谷里，是常见的，而且生长良好。在河谷以外的山地和丘陵地，虽亦可能生长，但长得不好。黄葛树常被人栽到山垭旁作行人憩息的荫树，但是这样的黄葛树，长得不甚浓密，气根完全不见，遇霜雪易枯萎。黄葛树也有栽到川西平原和盆地北部的，那就限于城市烟户之间，野外就不易生长。棕榈亦然。橘、柚被引种到川西平原和盆地北部的，品味变酸、果实变小。这都说明四川盆地南部的几条河谷里是亚热带气候，黄葛树、棕榈、橘、柚便是它的代表植物。这一亚热带气候分布地面，不限于上述的几条河谷，而是约近于海拔400米以下的地方；纵是这几条河谷两岸，超过400米的地方也不会是亚热带气候，天然植物的群类会有不同；反之，纵是丘陵地区，只要海拔在400米以下，它也会是与河谷相同的气候，也会良好地生长这些植物。

四川盆地内海拔400米以上的地方，都算得暖温带气候，可以勉强地生长亚热

---

① 侯学煜：《指示植物》，第133—139、241—246页。

带植物，因而经过育种改进的许多亚热带农作物能在此部生长良好。

综合四川盆地言之，随着土壤不同，天然分布的植物亦异。黄葛树和棕榈，生长在酸性土上，故在阴湿多雨处较为繁荣。白垩系地层上，土壤富于钙质，它的代表植物是花柏和蜈蚣草（蕨类）①。棕榈、青杠、油桐、油茶皆生长于这区的阴湿山坡；黄葛树可栽于山地砂质土和砂岩之上，在紫页岩和紫色土上便难生长；松、杉和楠木不易在此区发现。川西平原冲积土上的代表植物是楠，黄土丘陵的代表植物是赤松和青冈栎。花柏在此区难于发现，只能有千枝柏和侧柏，亦俱限于冲积土内。

四川盆地四周的山地，与同川康之间的狭谷地带，天然植物的分布随高度而不同。英人威尔斯于1915年前后来四川西部采集，走过岷江上游和整个的大渡河地区，它把川康间的植物分布，划分为7个垂直的气候带②：

2000英尺（相当609米）以下为暖温带，产稻、竹、蔗、桐，农业最盛。

2000—5000英尺间（609—1523米）为温带，产玉蜀黍、茶，与阔叶林。

5000—10000英尺间（1523—3047米）为冷温带，产小麦、玉蜀黍、马铃薯、漆树、胡桃、杜鹃花，阔叶林与针叶林交错于此。

10000—11500英尺间（3047—3505米）为亚寒带，盛产针叶树林，麦类栽培至此而止。

11500—16000英尺间（3505—4876米）为寒带，弥望草原，为藏族游牧极盛之区，产大黄等药材。树木最高限度达12000英尺（3657米）而止。

16000—17500英尺间（4876—5181公尺）为高寒带，冰川积石，荒凉异常。

17500英尺以上，（5181米以上）为极带，四时积雪，绝无生物。

我们应该称颂他首先指出川康间垂直气候带与其植物分布这一贡献。但他这一简表所指示的，还只是个概念，实际上各小地区的植物分布，与此多有出入。例如峨眉山，海拔2000米以上，便成了枞树独占的地带，它代表的亚寒带气候，却又是非农业区；华严顶以下才是杉类与阔叶树的混交林，属冷温带气候，却亦不能栽培禾谷类作物，只有人垦地栽培黄连和马铃薯；天门石以上，还不到3000米的山顶部分，便已入于寒带，只有草地，无乔木了；杜鹃花有几百种，分布全山，随高度而品种变异，不限于冷温带才多。③ 这就说明此简表不能完全适用于四川盆地四周的山地。又如康藏高原上的玉树、称都（现写作称多），海拔皆在3600米以上，仍产

---

① 威尔斯：《中国西部植物采集记》。（仓促用《康藏史地》旧稿引用文，尚待查对原书）
② 关于峨眉山植物分布，方文培教授将有论文发表。
③ 参看1956年7月28日《四川日报》。

青稞；康定附近海子山、雅加埂等处，海拔4000米左右，仍盛生着铁杉、落叶松（红杉）等茂林；理化帽盒山，高近5000米处，曾见红杉大树矗立。这又说明此表不够适用于康藏高原。虽然如此，我们仍应承认此表的一定价值。盖峨眉是孤立的山峰，云层薄、日照强，在背北风之部，气温应当高些，故阳性耐寒树的红杉仍能发展到最高之处，青稞也可超过3500米。这张表主要是适合于岷江上游和大渡河中上游山谷地区的一般情形，参考地形、纬度和其他的自然条件为之伸缩，才能善于灵活运用这一规律。

例如：大渡河谷、泸定县的得妥，约当北纬29°30′左右，海拔1200米左右，已经栽培有橘树，品味甚好。从此以上直到1500米的鱼通河岸皆是全年无霜雪的暖温带气候。富林（新汉源）北纬29°21′，海拔850米，已栽培有亚热带生长的龙眼树。这说明富林至得妥，已具有亚热带气候的条件，起码当列为暖温带。而威尔斯氏仅以600米以下为暖温带是不合的。又如金沙江河谷，在北纬31°30′左右的德格县境，海拔3500米左右的岸上长有野生的桃子，毛厚而味香，深秋成熟；这是冬季亦无霜雪，多阔叶树，应该算是温带气候；但如此地带很狭窄，稍上一些，气候突变了。巴塘在北纬30°01′的金沙江支谷上，海拔2700米，平均气温每年有3个月在20℃以上，极端最高温12个月都能过20℃，极端最低温只6个月到过零下，这可以列入温带。其最近的金沙江边，海拔2200米至3400米，则异常炎热，全年无霜，显然是暖温带气候，不过也是很狭窄的一带。会理县南境的金沙江河边，纬度在26°左右，海拔1000米左右，炎热到使人难耐，能产咖啡、剑麻、木棉树，这是十足的亚热带气候。其支流安宁河谷里的西昌。纬度29°21′，海拔2000米，平均气温全年有4个月在28℃以上，极端最高有9个月在30℃以上，极端最低只3个月到过零下，（1938—1950年记录）城内有棵缅树（热带的巨型榕树）生长茂盛，这说明它是可以勉强栽培热带植物的暖温带气候。若依威尔斯的规定高度，它便该作冷温带，显然是不合的。

综上说明：川、康、藏地区植物的垂直分布，与气候带的垂直分布，是有一定规律性的，不过随地形和纬度的不同，其高度配置不很一致。大体地说：比较平坦的地方随高度不同的气温变化，比较正常；在山峰部分则各气候带恒较正常的高度减缩；在深狭的河谷里，则各气候带恒较正常的高度提高，这种提高的程度，在愈深陷的狭谷里愈为突出。自然，纬度关系也是重要的。用这规律来衡量川、康、藏地区的植物分布情况，作为划分农业区的依据，会能正确。

栽培植物的分布，由于受到许多社会条件的制约，不适用上举规律。

植物分布的密度，即是地面覆蔽物的密度问题，与农业关系极大，亦当论及。四川盆地以内，由于农耕业的过于发达，残毁森林已尽，进一步已将到摧毁草皮略尽，水土保持已与西北一样，呈危殆现象。但农人善作梯田，石材丰富，也便于梯田的建筑，这一优胜点曾补救了千余年来森林残破之害。这是与西北不同之处。现在盆地四周的山区，森林正在继续被摧毁，又无梯田抑制水土，这是四川农田水利上一个最严重的问题。

康藏高原，牧业重于农业，又采游行放牧制而不耕种牧草，故其牧场内，全是草根与土壤固结着，绝少戈壁和赤土的现象。就牧业说是落后的，就水土保持说是好的。高原边际的河谷，山岭交错区，虽已多有耕地，其与天然植物覆蔽的面积相较，还不到百一之比；森林虽有破坏，林迹地灌木、竹箭、野草、蕨类丛生，罕有赤露之处，这样形成了水土保持最良好现象，其效果是：（1）虽山崖壁立，鲜有流砂飞石、崩塌崖壁的患害；（2）河流水量稳定，夏无盛涨，冬不枯落；（3）河水清澈，少含泥沙砾石，破坏力不大。

但这仅就人口稀少的藏传佛教区说，大凡汉族人民居住的地区便不如此。例如：汉源县，明代还是采办皇木的地方（今有皇木厂，清代设有县丞），清代改流设县，叫作清溪，可见当时水不浑浊。两百年来森林伐尽，山体坡度既大，巨石流砂随山洪崩转入溪，随溪水崩转入大渡河，长度不过百余公里的汉源河床，全为巨石粗砂所填积，阔展到一二公里，每发山洪一次，堆叠砂石一层。每有小溪入汇处，汇口砂石逐年堆积，由三角扇至三角堆，逐年加高加阔，占覆良田，在城镇附近则毁灭街道。故凡市街居民，皆合力于受水方砌高厚石墙拒阻砂水。不过数年，墙外砂石高与墙平，又须于其上筑墙拒水。富林、汉源街这些大镇的北面，可见如此石墙四五层，考其历史亦不过近五六十年内所砌，水害之严重可以想见。这条河旧名汉水，又叫牦牛河，又叫清溪，其被称为流沙河不过百年，水害严重的时间，其短可知。该县西境在1930年时还有崩砂塌岩掩覆整个村落之事，成昆铁路通过此河，架桥工程将成巨大问题。故地上蔽覆植物的摧毁，不仅严重地影响农业，亦且影响到整个的经济建设。

汉源县，固然是最突出的例，它如石棉、泸定、西昌专区各县，和雅安专区与茂县专区的部分地方亦正在向这一情况发展中，这是大大值得注意的事。

以上是本篇划分农业区所依据的自然条件方面的一些概况。这些自然因素，都不可以孤立地看它，它们彼此间相互联系、相互制约着，综合起来找寻其影响农业的规律性，是以上9节的主旨。由最后的地蔽问题，更可看出自然因素也是不能孤立看的,它与各种社会因素又相互联系着、制约着。以下略论关于社会因素的依据。

十、民族分布

一个民族的形成,不必由于血缘关系的一致;经济生活、文化生活和社会组织的一致,才是最主要的因素。有些文化较高或组织力较强的民族,在过去时代里,对其他文化较低、组织力较弱的民族,发出一种高压力量,征服它、奴役它、同化它,使自己这民族扩大,别的民族消亡。川、康、藏原是多民族地区,由于几千年历史上民族的发展,到今天最多的是汉、藏、彝这三个民族。汉族以四川盆地为中心,彝族以西昌专区的山地为中心(一般叫作大小凉山)。它们在历史上各自融合了许多弱小的少数民族,在它们这三个中心区的边际,保存了少量的其他民族的村落。

既然一个民族经济生活是一致的,它的文化和社会组织必然在其经济基础上建立起来,成为特殊的民族形式的上层建筑;同时,又由这些上层建筑传统的影响,加强了它的民族形式的经济基础。农业经营的方式,便是其经济形式的一种,而且是落后民族经济形式最主要的一种。是故农业分区,必须考虑到民族分布问题,而且必须把它作为社会因素中最基本的因素。

例如:汉族在几千年传统的封建统治个体小农经济陶冶下,养成专务生产粮食和家庭日用生活资料的习惯;他们善于经营小块土地,缺乏远大发展的志趣;憎恶森林,肆意地摧毁;不解畜牧,不能利用草原;长于自力奋斗,缺乏组织力和团体互助精神;故虽积世创造有许多良好的经验,却不能很好地推广出去。他们虽曾随着政治和军事的力量把垦地向远处展拓,却仍拘守固定的经营方式,不能广泛地利用新居地方的资源。

藏族,是从草原地区发展起来的民族。他们赋有利用草原的能力,虽已进入农业时代,习惯上仍是牧重于农,其农业技术远不如牧业技术的高明。例如他们依照他们的需要创造了许多牲畜的品种、管理方法和牧业用具;对农作物则老守着青稞一种,几千年来很少引进外地良种,即葱、蒜、萝卜和许多可以栽培的果蔬,都是近年来由一些汉族劳动者携带去的;耕种方法也非常地粗放,虽说是由于生产关系限制了它,亦不能否认藏族知识分子对改进农业的漠视和农业劳动者的兴趣不高的影响。他们又因深受藏传佛教的影响,禁忌过多,使生产力受了严重的束缚;有些地方,春播和秋获的日期,也恰适藏传佛寺院卜定的时刻,因而往往受到不应得的雹灾和霜害;有些良好耕地被指为神地(一般叫作神山,不必就是山陵,有时也指河原），禁止动土，因而只能放牧，不得开垦；藏传佛教反对杀生，但又不能克服牧区必须以肉类为主要食粮的矛盾，于是倡为只能屠杀大牲畜不能杀害小生命的教义，① 于是，一般只养牛马，而不愿养羊豕，鸡鸭更不利用，养鸡只为产卵，鸡肉退化至韧如皮革不可嚼食；河湖鱼类群游，可以手掬而不取；林中鸟兽充斥，与行人相厮磨，忘机无畏，莫肯捉杀；虫害、兽害，听其自然，不求防治；如此之例，多不可胜举。由他们的社会制度所产生的生产关系，紧密地束缚了生产力，加上工业和交通的落后，和独特的婚姻制度限制了人口的增长，致缺乏充分的劳动力来开发这一地区的生产等问题，都与他们的宗教信仰相为配合以加强其生产方式的固定性，使农业沉滞于落后状态中。这一切，自然不是整个藏族住区都是如此，有些宗教信仰较薄的地区和已经接受科学理论的藏胞，尤其是解放以后的许多藏胞，他们已有崭新的科学头脑和勇决的改革精神。但就目前情况来说，这样先进的藏胞们究竟还居少数，说到整个藏族聚居区的农业建设问题，到底还是很复杂的，它关联着整个的社会改革、经济建设和文化问题；因此在农业区域的划分上，注意民族分布这一条件是必要的。

彝族，从来就是经营农业的民族，② 在生产方面，他们原是亦步亦趋跟着汉族先进经验学习的。但他们有几个特点：第一是只乐于利用山地，不愿居住到平原上来。③ 这一特点，造成几千年来大渡河以南地区汉彝民族分布的规律：平原住汉族，山地住彝族。现在，由于正确的民族政策已经扫除了历史遗留下来的民族合作的障碍，彝汉融洽如一家，使平原区的农、矿、工业、交通都能在安定中突飞猛进的发展，山地彝胞也有了更为接近的科学建设的新榜样作启导，将来农牧生产事业的发展速度，是会比四川盆地更为突出些的，因为什么？因为它的生产潜力特别大些。彝族第二个特点，是他们特别地憎恶森林。西昌专区和凉山彝族自治州的广泛山地，古来原是森林密蔽着的，④ 现在殆已找不出一株大树了。由于他们的生活物资不曾

---

① 英人查理·贝尔曾根据喇嘛的解释，说明这一教义，是：杀一条牛可以救得多人的饥饿，屠杀小生命多条才抵得一条牛，故杀牛是为了解救饥饿，罪小；屠杀小生命来满足个人口腹之欲则杀业重，佛不能原，又马虽亦大牲畜，它于人类有服役之功，不可食其肉，故藏人只食牛肉，少数人亦食羊肉，绝不食马及鸡、鱼之类的小动物。
② 《史记·西南夷列传》："自滇以北，君长以十数，邛都最大；此皆魋结、耕田、有邑聚。"今彝族沿保存椎髻之俗。
③ 有人说：是彝族信奉的巫师坚持平原多厉鬼所致。有人说：是历代居住平原的汉人压迫彝族到山地去的。这些问题在本文范围外，暂不论。
④ 当前虽还找不出历史文献记录作证，但有三个情况可资判断。1. 就凉山的气候、土质和地形说，应该是森林茂密地区；在同一情况的彝族尚未移居他方，例如湾坝、洪坝和马边、峨边这些地方都是密蔽的森林或丛箐。2. 越嶲、西昌等县汉人保护得好的庙宇附近常有森林，例如西昌的泸山；甚至有千年的大树，例如越嶲县的神朴树。3. 彝族住居的山地，虽竭力毁灭森林，而矮树柴薪仍随地长出。

倚重于树材,[①] 而山地农业,最怕森林藏伏野兽为害,故对森林只觉其害,不见其利。由于这一特点所造成的后果,是广大山区内水文起落的摆幅非常巨大,洪水漂石为害与上述汉源县的流沙河尽同,水土保持问题的严重性为西南首屈。造林工作是与这区的农业发展问题分不开的。第三个特点,是彝族过去保持着奴隶经济的制度,有袭掳和掠卖他民族来做奴隶的习惯。这乃是破坏他民族生产和束缚着本民族生产力的极坏的因素,在过去是很严重的;现在虽已停止了,但这一落后的社会制度还未彻底消灭以前,还是值得注意的一个现象。第四个特点,是彝族还没有固住的习惯,他们的住宅和耕地全是临时性的,三年两年又在迁徙,有时一迁便是数十、百里,一代两代已迁徙千里内外;所至垦地为田,旋复放弃,同于游耕制度。他们的社会组织,虽以氏族支系相联络,各支却非聚居一地,而是散布千里、百里以外,又复是所在错居,故其支系间发生的纠纷特别多,随时发生"打冤家"的事故。这也是对农业发展的绝大障碍。

彝族也还有些特点是有利于发展农业的,比如:他们赤脚的习惯,是极有利于农业操作的;赤脚奔走山地,如履坦途,尤属可贵。他们吃苦耐劳和克服困难的精神,皆远胜于藏族、汉族以及其他民族,一旦接受科学知识,运用到山地生产上去,那将会是无坚不摧的力量。

综括说来:一个民族的生产方式,是一定与其民族的社会制度和生产关系相适应的。社会发展向前一步,生产发展也就会相应地提高一步。汉族过去对农业经营的偏嗜和其他种种生产的习惯,是几千年封建社会所陶铸成功的,一旦推翻了封建残余的生产关系,农业生产力获得了全面的解放,生产情况便大大地改变了。现在正由土改后的个体小农,由组织起来的路线,直向集体生产的社会主义生产迈步前进,其速度之大可适用"一日千里"这句话,有把握地要在十来年内把停滞在封建社会里三千多年所应当有的社会发展进程补偿起来。

若夫藏族,便不同了。藏族在解放前,无可讳言地还停滞在神权支配下的前期封建社会里,有些偏僻地区,且保存原始公社制度的形式,[②] 有些贵族的庄园,一直保存着原始的农奴、工巧奴和经商奴隶的制度。有些土司辖地和西藏地方政府辖

[①] 彝族住宅例用竹片编壁,小木作架,依习惯要一天建成,超日即为不吉,往往弃而另建。家里无箱柜,仅用麻袋、土窖贮食粮和什物,器用设备一切简单。
[②] 例如羌塘、俄洛等处的牧部,只算得具有联社性质的原始公社。

地,则保存"庄房式"的农奴制度。① 这样的生产关系,自必然地束缚了生产力,使它无由发展。西藏和平解放后,藏族的宗教领袖达赖、班禅和许多社会地位很高的大德、世胄、土官、头人先后到腹地先进地区长期参观,俱已认识到中国共产党领导下建设新中国的伟大成就,结合到解放军和党政工作人员历年在藏族聚居区协助人民建设、忘我无私的伟大表现,可说是都已心悦诚服地拥护党和人民政府的领导了。至于藏族聚居区一般的基层人民,其切盼党和政府快速给他们以翻身的机会,那是更不待说的了。虽然如此,即不可说藏族聚居区就可以彻底进行社会改革,要求它与汉族地区同样组织起来,向社会主义生产关系过渡。这是因为:(1)他们的宗教信仰太深厚了。唯心的神权文化与唯物的马列主义是不可克服的根本矛盾,他们虽在客观现实面前有了初步的认识,却不可能一时就转变"积重难返"的传统思想,每当有某一运动或某项措施触犯到私利时,他是会抗拒的。(2)汉藏两族语文扞格的程度太严重了。虽世界上有不少先例证明:一些民族,在融洽的先进民族诱导下,能越过早期阶级社会的经济状态和生产关系而跃进到新时代里;但那必然是两民族间都有相互通情达意的使用语文的方便才行。今天藏族能从汉文汉语了解到党的科学理论者不过十万分之一二,能从藏文译品刊物了解到党义一部分的亦不到万分之一二,汉族工作人员能用藏语进行教育的更属难得。如此,要望藏族社会抛弃其千年积习而跃进到新时代里,是断不可能的。还可以提出(3)(4)等项理由,但那都不是主要的,主要的便只是上两项。结论是:今天如要解决西藏农业生产的发展问题,尚宜参考苏联解决落后地区生产关系的方法,慎重地、稳健地结合藏族聚居区社会特点地逐步改进,不宜要求他们太急,而应该急于准备解决这一问题的条件。

彝族比之藏族又不同了。彝族社会虽然比较藏族更不发达,但在生产改革上,它是更容易跃进到新时代的。理由,首先是:它与藏族相比,没有独立的、传统的、深入人心的、唯心的神权文化来冻结着自己的社会心理;它只有原始巫教和对鬼魂的说教,那是易于用物质真实现象来转变它的。它近于一张白纸,对唯物的科学,不会有"先入为主"的成见,接受理论较易。其次是:彝族多数能解汉语,并且是绝大多数,对党和政府的措施,在适当的宣传和解释下,易于接受;在帮助他们完成健全的文字后,可望他们直接理解到科学的理论,彻底而迅速地提高他们的思想

---

① 把土地划为若干份,每份建一住宅,配上牧场,交与农民耕种,不许增辟和放荒,亦不许转租、典当和买卖;每份庄房缴纳一定数量的粮赋,负担无定额的差徭、力役。牧场则分区交与牧民放牧,区、村各有地界,冬季牧场、夏季牧场皆已配搭固定,亦各有定额的租赋和无定额的差徭、力役;亦须历世相承守牧其地,不许逃亡、弃牧与转附他村。

和认识,直接跃进到社会主义社会。第三是:彝族保有的奴隶经济形态,只能在深闭固拒的秘密地区里才可能延续下去,在贪污狼藉、横征暴敛的反动统治包围下,相形得它们的奴隶主待人比较宽厚,也可保存得下去;今天彝族已与汉族同在党和人民政府煦和爱护之下,奴隶制度是不可能维持下去的了。必然会有些开明的奴隶主自觉地改革起来,纵有些顽固的奴隶主,亦将没有力量来阻遏奴隶阶层的自行解放。从来奴隶社会的解体,都是时机到时,自行溃散的。当前的奴隶制生产关系解体后,决不可能再走上封建和资本主义生产关系,其直接由个体小农过渡到社会主义是无疑的了。现在彝族住区已顺利地完成了民主改革,有些彝区并已产生了高级农业社和汉彝联合组成的农业社,普遍地推展了互助组。[①] 但这也不能过分乐观。向来养尊处优的统治阶级,不可能全都是开明的,正如1951年前后的地主阶层一样,他们可能还企图复辟剥削,若干年内,此区还未能保证安平无事。即是说:彝区还不能如汉族住区顺利地一直过渡到社会主义去,只不过可能比藏族聚居区进步得快些而已。

至于其他的少数民族,则大多与汉族或藏族的生活习惯和生产方式相近,便可不更论列了。

十一、农业人口

在尚未实现机械操作以前,从事农业者的劳动力,几乎可以完全代表农业的生产力。故就当前情况说,研究农业分区,必须注意关于农业人口的各项条件,主要是:农业人口的密度[②]和文化程度、政治思想水平、劳动力强弱等条件。

农业人口的密度,与一般所谓"人口密度"不同。一般所谓"人口密度"指的一个地区的总人口与其土地面积的比例;它包括有流动性极大的工、商业人口和非常住人口在内,也包括耕地、非耕地和其他任何土地在内。它所体现的,是一个地区整部生产力的强弱,经济和文化发达的程度;由于有很多人的流动性大,能够自然地适应地区经济的要求,所以它所构成的密度一般都是自然合理的。农业人口的密度,指的是一个地区农业人口与耕地面积的比例。它所体现的,应该是:(1)地区内耕地生产力的大小;(2)地区内农业劳动力的过剩或不足的程度;(3)精耕细

---

① 1956年9月4日《四川日报》报道:宁南全县已经建立了9个彝族农业社,1个彝汉两族联合的农业社,互助组已发展到300多个,组织面积已达少数民族地区的70%以上。
② 我暂时使用这名词,可能是不适当的,故特于下文作了较多的解释来表达我使用它的意义。

作和土地利用的程度；（4）若还与气候、土壤等一切自然条件，社会条件综合起来分析研究，更可发现各地区内农业建设上的若干问题，例如组织起来的问题、移民垦荒问题、发展交通问题、提高生产技术和开展副业生产等问题。

　　农业人口与一般人口不同，它具有经营土地的固着性，也有安土重迁的习惯。他们的分布，常被家庭关系胶固着，不易向更有利于他们自己和国家的地区流动。因此，在任何地区内，农业人口的密度，总会是不平衡的，也不会是与其耕地生产力大小作正比例的；即是说：任何地区内，农业劳动力总会有或多或少的，过剩或不足的问题存在。在农业劳动力过剩的地区，最初，还可以精耕细作，尽他们的力量发掘所有土地的生产潜力来解决他们的生活，但到达一定程度后，问题发展到十分严重，他们自己解决不了，便非得由政府来设法帮助他们解决不可。同样，在劳动力不足的地区，必然是放弃了许多可以利用的土地，甚至于用粗放经营、广种薄收的方法来节约劳力，因而产生许多不合理的现象，造成整个国民经济的损失；但他们自己设法增补劳动力，也须得统筹规划的政府来设法帮助他们解决。这些问题的解决办法，那便是上面所指第四项的若干措施了。是故，农业人口密度配置问题，应该是制订农业生产计划者必须注意的问题，同样是划分农业区所应注意的问题。

　　笔者根据自己脚迹所到地的感觉和四川省统计局钞示的数字，① 计算出四川省各县区平均每一农业人口所得的耕地面积，参核各县区农业生产条件的一些因素，感觉到川、康、藏区当前正存在着农业人口密度过于不平衡的严重问题。兹先将我计算出的14个专区所辖152县的平均每一农民摊得耕地面积排队列为下表，再作说明。

---

① 原题：《四川省1955年农业户数、人口、耕地面积分县统计表》，批注有"该资料是1955年6月30日情况"字样。因是尚未正式发表的密件，故未将原表数字录入，只用我计算的百分数。

四川省各县区农业人口密度表

耕地面积(亩)平均每农人所得	遂宁专区(9县)	南充专区(11县)	泸州专区(8县)	达县专区(11县)	内江专区(7县)	万县专区(9县)	江津专区(10县)	温江专区(17县)	涪陵专区(11县)	乐山专区(15县)	宜宾专区(9县)	雅安专区(9县)	西昌专区(11县)	绵阳专区(15县)
各专区总平均数	1.474	1.542	1.742	1.750	1.812	1.820	1.837	1.911	2.013	2.125	2.106	2.449	2.480	2.210
1.3	蓬溪 中江		合江 隆昌 泸县											
1.4	乐至 三台	武胜 广安 仪陇 阆中		开江		万县								
1.5	遂宁	岳池 南部 西充 南充			威远 内江	云阳								
1.6	潼南 安岳 射洪	苍溪		渠县 巴中 宣汉 达县		开县		新都						
1.7	盐亭		富顺	平昌	荣县 资中	忠县 梁平	巴县 璧山 大足 江津 合川	崇庆 华阳	长寿	夹江				
1.8				通江	简阳	奉节	江北 铜梁		秀山	马边* 井研	江安			
1.9			纳溪	大竹 邻水	资阳 仁寿		荣昌 永川	新津 新繁 双流 温江 彭县 大邑 广汉 灌县 郫县 什邡 金堂 邛崃	酆都 垫江	彭山 洪雅 青神	宜宾 南溪	雅安	米易 会理	

各县平均数(专区辖市井附近原辖县计算)

续表

耕地面积(亩)平均每农人所得	遂宁专区 (9县)	南充专区 (11县)	泸州专区 (8县)	达县专区 (11县)	内江专区 (7县)	万县专区 (9县)	江津专区 (10县)	温江专区 (17县)	涪陵专区 (11县)	乐山专区 (15县)	宜宾专区 (9县)	雅安专区 (9县)	西昌专区 (11县)	绵阳专区 (15县)
2.0									石柱	眉山 犍为		芦山	会东 德昌 盐边	绵竹
2.1				万源					酉阳	乐山	庆符	天全 荥经	宁南	绵阳 德阳
2.2									南川					
2.3			古蔺			巫山			武隆 彭水	屏山	长宁 高县		西昌	江油 彰明 安县
2.4			古宋					蒲江	黔江		珙县	汉源		罗江
2.5										丹棱 沐川				梓潼
2.6										峨眉				
2.7			叙永											
2.8										峨边*	兴文	名山		
2.9						巫溪								
3.0										雷波*	筠连		冕宁	
3.1														昭化 旺苍
3.2						城口						石棉 宝兴		
3.5												泸定		剑阁
3.7														广元
3.8													盐源金矿	
4.7														青川
4.9														北川
5.8														平武
6.0													木里	
续各县平均数														

表下有必须附加说明的是：（1）附有星点的马边、峨边、雷波三县，一切自然条件和社会条件都几乎是相同的；乃其农业人口密度，马边竟与新都、长寿、泸县这些肥沃而繁荣的腹里县份相当，显然是有错误的。又这三县已经划属凉山彝族自治区，应从乐山专区里删除出去。原资料是1955年的情况，所以仍列有这三县。（2）木里的情形与甘孜藏族自治州大体相似。依统计局资料计算，甘孜藏族自治州每一农业人口所得耕地为2795市亩，依民政厅资料计算为2628市亩；木里则同为6000市亩，其中田共3182市亩，土为269650市亩。这显然是木里县报道者把荒地算在耕地里面所致，并且还不可能是精确的调查数字。（3）其他还有些四川盆地外的边远县份，耕地亩数也是难令人相信的。例如：平武、青川、北川三县，一切情况约略与雅安专区的芦山、宝兴两县相似；芦山、宝兴每一农民平均得耕地2亩多点，是很近情理的；平武、青川、北川三县便平均每人到了5亩左右，甚至多到5.873亩，这显然也是把荒地或把暂耕即弃的"火地"计算在内所致。（4）至于四川盆地内部的100多个县和雅安、西昌两区的一部地方，已经过土改和组织起来的多次丈量及人口普查，则所计算数字是完全可靠，最大的误差也不过是百分之几至百分之二十左右而已。

　　从上表，首先可以看出各专区间农业人口不平衡的状态。拿遂宁、南充、达县、绵阳四专区来比较：遂宁专区9县，南充专区11县，和达县专区的渠县、巴中、宣汉、达县、通江、南江、万源7县，与绵阳专区的梓潼、昭化、旺苍、剑阁、广元5县，都是所谓川北方山区，地文上是一致的，土地生产力也是相当一致的。绵阳专区更包括有绵竹、绵阳、德阳、彰明、江油、安县、罗江这7个川西平原型的自流灌溉区在内；虽然也有平武、青川、北川3个山区边县在内，综合计算起来，这一专区的农业生产条件，还应比遂宁、南充两专区为优，更胜过达县专区很远。但就全专区农业人口与耕地面积的比例说来，绵阳区占了四川省14个专区的首位，遂宁、南充2区却相反地占到末位，达县区也接近末位。这说明：在14个专区中，遂宁、南充、达县3区有严重的农业劳动过剩问题存在，而绵阳专区应当有劳动力不足的问题，并且是比较地旷人稀、劳力不足的雅安、西昌2专区还更为突出的问题。再从川北农民一些流动情形来看，也足以证明这一统计数字和这推断方法是正确的：新中国成立前的绵阳专区曾特别遭受过一批贪暴军阀的残酷压榨，逼逃了大量的农民。记得二十八军"驻防"这一地区时，师、团、营、连部都可以自由筹款，形式上虽只问富户地主要钱，实际上是层层压榨劳动农民。农民大部逃徙后，地主土地没人耕种，曾经大量贱卖过土地。西充和南充两县，便有一些依傍官吏赚了钱的人，苦于在本乡买不到田，受了经纪人欺骗，跑到绵区买田的，买后不到两月，便依然把红契贴在新庄门上，悄悄地逃了回来。这说明今天绵区的劳力不足，不是偶然，而是长期军阀统治历史所造成的。另方面是遂宁专区里，如安岳、遂宁、乐至等县的农民，在新中国成立前，经常有大批大群走向成都市和川西少数民族地区经营小贩谋生的，或数年一归宁，或就地领垦入籍；我在西康旅行中随时随地所撞到的四川人，百分九十以上都是这带的农民；至所遇到的垦民，则百分之百皆是。新中国成立后行将土改时，我又见着一批一批的川北人，从成都和少数民族地区，取道简阳回家乡去，也有携儿带女，全眷搬回的。这就说明遂宁区农业劳动力的过剩，也是历史早已具有的事实。

南充和达县两专区的大部地方都是交通不便的高山深谷地区，其农民具有高度的吃苦耐劳的精神和安土重迁的习性，精耕细作的程度，比其他各区都要高些。这种地方特色，正是长期的农业人口密度过大的体现。我可以拿这带农民营造梯田的情况来说明这一问题：方山区的砂岩，甚容易截裂成四方的石块，这带农民利用它砌造梯田，常把倾斜而狭窄的谷间坡地，砌上丈来高以至几丈高的陡壁，填入土壤，造成狭长的弯曲的梯田，蓄水种稻；至于几尺高坎的梯田，那更触眼皆是了。在个体小农时代，老农常世代更替地教导子孙说："无力买田，有力也无从买得，但把坡地砌成高坎梯田，蓄得冬水种稻，便甚于买得稻田了。"这在50年前，乃是川北逐户流行的传家宝诰。故他们经常用愚公移山的精神改造他们的耕地，有些艰巨的梯田，祖孙累世才得完成，他们也不畏怯地慢慢砌填下去。外地人走入这区，若还留心川北山谷梯田的普遍和工程的艰巨，定会发出惊叹的。由于农民世代投入土地加工的劳力很大，所以他们也赋有"死守祖业"的特性，任何艰难环境下也不愿出卖土地，故虽经历反动统治若干年，直到土改时，这两区仍是个体小农占多数，极少有像川西南那样的大地主。这也是川北山谷区的一项特色。也就是南充、达县两专区与遂宁专区，同属农业人口过密而历史情况各自不同的说明。

无论他们的历史情况如何，总之遂宁、南充、达县三区农业人口密度过大问题是客观存在的事实。目前这三区的农民，基本上已是全面组织起来了。组织起来后，固然可以更好地调配劳动力，提高生产技术，增加生产，丰富农民的生活，但劳动力的过剩也必然会更突出地显露出来。安顿这三个专区过剩的劳动力问题，乃是当前农业行政上一个极其重要的问题。

用上面这样比较分析的方法，来比较其他各专区以及各县，便可以把那些区、县存在有农业劳动力过剩或不足的问题，全面分析出来。

譬如说：在目前还凭手工操作的农业技术条件下，平均每一农人只好经营一亩八分土地的话，则江津、万县、内江三专区和泸州、涪陵二专区的沿江各县，农业人口密度便是适中的。因为这些县都在四川最温暖地带，栽种双季稻无问题，复种指数大，土地也更肥沃，正常的一亩八分土地产量，足够维持一个农民的生活；这又是全川水运发达、工矿业发达、正在兴建铁路的地区，将来增生的农村人口，只够工矿、运输事业的吸收，不会发生劳动力过剩的病象。到了工、矿业高度发展，需要吸收大批后备军的时候，机耕也会同时发展起来，也不至于闹劳动力不足。

同样推论：温江专区，包围着成都这一新兴的工业城市和交通中心，又是都江灌溉区，也将是全川最先发展机耕的地区。比较起来，现在已经是农业劳动力的数量赶不上客观要求的数量了，将来更会是一天一天加重这一问题。

绵阳、宜宾、西昌几个专区，都各有大片荒地（乐山区划出雷、马、峨边后，荒地不多），显然是因为农业劳动力的不足，绵阳、西昌二区尤为严重。这问题必须随着铁路和公路的发展，设法促进遂宁、南充、达县专区农民的流动来图解决；组织起来后，农民对于土地私有的观念已有所改变，正好是促成这一合理流动的机会。

可以肯定，雅安、涪陵两专区也正感到劳动力不足。但它们各县所感到的，只怕还仅是经营农副业和从事工、商、运输的劳动力不足，不是农业劳动力的缺乏，因为这些山区的产量相当低，平均每人得不到 2 亩地也难维持生活。若还误会了比较数字，移入农业人口，便会增垦土地，造成水土保持上的严重伤害。

嘉定和泸州两专区，情形又各不同。它们内部各县同农业人口很不平衡，亦各有其特殊原因。嘉定区总平均数虽然每人超过 2 亩，却有四县在 1.8 亩以内（马边除外），只眉山、犍为、乐山、丹棱四县平均亩数大了些。丹棱以黄土山田为多，眉山、青神亦多有黄土山田；只乐山、犍为都是盐场所在，显然是劳动力不足的。泸州专区除叙、蔺、宋外，全是亚热带两季稻区，虽排在南充、达县二专区间，却不能与南充、达县二区相提并论。

四川省合并西康以后的今天，除 14 个专区 149 县（雷、马、峨边 3 县并入凉山彝族自治州）外，还有 3 个民族自治州，与其所辖的 46 县。即：

阿坝藏族自治州，即旧茂县专区辖地，现为汶川、茂县、理县、小金、大金、松潘、南平、若尔盖、阿坝、马尔康、黑水、绰斯甲 12 县。

凉山彝族自治州，即旧雷波、马边、峨边、昭觉 4 县和越巂、西昌县的一部，现设雷波、马边、峨边、昭觉、越巂、普雄、甘洛、喜德、普格、布拖、金阳、瓦岗、美姑、洪溪 14 县。

甘孜藏族自治州，即旧西康省关外各县，现为康定、雅江、九龙、丹巴、乾宁、道孚、炉霍、甘孜、新龙、理塘、稻城、乡城、义敦、巴塘、得荣、德格、白玉、邓柯、石渠、色达20县。

据统计局钞示资料计算，这三个自治州平均每一农业人口所得的耕地为：阿坝藏族自治州为17504亩，其中稻田占4.45%；凉山彝族自治州为18977亩，其中稻田占11.26%；甘孜藏族自治州为27957亩，其中稻田占0.25%。这数字，除稻田面积外，耕地和农业人口的数字都显然不很正确。在那样高寒而粗放的农作情况下，每农人若只摊得这点土地，竟比一般的腹里县份为少，那是难于生活的。原表未有分县数字，无从校订。大体可以判断：原作统计调查时，未将已荒和半荒的土地计算在内，也未将兼营畜牧的农民剔除开，即把一部分牧民算作农民所致。这三区域内荒地很多，且大都是由于民族习惯所放弃的河原平坝，适于机耕，例如现已辟为国营农场的龙日坝、唐昆坝子这些地方，在康区和凉山里也很不少。四川盆地农业人口的局部过密问题，在民族合作的新情况下，出路是很广阔的。

究竟四川省总共还有多少可以开发的荒地，现在尚无可靠的统计。这里就所获资料算出其大概数字如下：

最近省统计局资料指出合并西康后的耕地总面积为114164423市亩，全川省土地总面积为855000000市亩（当然是个概数）。以每平方公里合1500市亩计算，855000000亩为57万平方公里。

再按1946年中国地理研究所印行的《四川经济地图集说明》附表一①里四川盆地内部各县面积计算，则现在四川的遂宁、南充、泸州、达县、内江、万县、江津、温江、涪陵、乐山、宜宾、绵阳12个专区各县都在盆地以内，除雷波、马边、峨边3县已划归凉山彝族自治州外，共为132县，加上原属四川省，且亦在盆地以内的名山县则为133县。这133县的面积，合成都、重庆、自贡市计共为256503平方公里，合384754500市亩，这133县和成都、重庆、自贡三市的耕地面积为105100531市亩，只占得土地面积的27.3%，还有72.6%以上的土地是非耕地，假如说没有荒地的话，便是为城邑、建筑物、森林、河湖、道路、园林、墓地、石滩、陡坡和田埂、沙坝等所占领了。这就说：虽在腹地耕作很盛的地方，耕地也可能占土地总面积的三分之一以内。

---

① 原说资料来源为根据《四川经季月刊》二卷二期《四川省土地面积》，一时未得原刊核对。我仿佛记得，那是根据陆地测量局十万分一地图量计出的，是比较正确的面积数字。

照样计算雅安、西昌2专区和3个自治州的土地总面积，除开名山县的45县共为313477平方公里（570000－256503），合470245500市亩，而这45县的耕地面积共9062894市亩，只占得土地总面积的19.27%，即不到2%。自然这些地方有一些雪山和近于雪线的高寒山地，许多只适于牧畜的草原，也有许多陡壁悬崖和坡度太大的森林地，以及一些沼池、沙漠，同样也有建筑地、道路、河湖、土埂等非耕地，综合起来也不会就占到土地总面积的90%。纵使占到90%，也还该有8%以上的荒地是可供耕作的，也该是3779640市亩，相当于绵阳专区耕地总面积（9085759市亩）的4倍了。

农业人口的文化程度，是与提高生产技术有密切关系的。他们的政治思想水平又决定了组织起来、过渡到社会主义的速度。农业劳动力的强弱，一般表现在农业人口的年龄、经验、性格、品质、健康情况和性别等方面，都与地域性农业发展的速度有关。这些资料，当前尚属贫乏，暂时还不能使用到划分农业区域上来。只能有些不完整的概念可供参考。例如说：四川盆地以内各县关于这些方面，大体是一致的；而康藏高原区，又是另一个大体一致的；高原与盆地间的中间地带，情形便不很一致。譬如说：阿坝藏族自治州的多数人民具有政治的敏感，很快地要求自己适应客观现实的环境，随流转进，进步很快。康南的乡城、稻城和有些山谷人民，便相当保守顽固，直到今天还有抗拒改造。有些地方，男女劳动毫无差别，有些且是以妇女劳动为主（例如宝兴、鱼通），有些地方恰与之相反。有些地方农民普遍健康，高龄人胜任青年劳动（如天全），有些地方农民都不健康、多病、早夭（例如雨洒坪）。这些分歧的产生，自有它一定的地理原因，主要是交通闭塞的关系。

金沙江以西的昌都自治区和西藏自治区，目前还没有人口调查和耕地调查的资料。我的估计：昌都区与甘孜藏族自治州的情形相似，西藏区则耕地的比率更小，因为广阔的非农业地区——羌塘，面积超过了河谷区的2倍。① 至于西藏的河谷区，农业生产情形，也大体与甘孜自治州相似。它们都是西藏式的农业经营方式，世耕作封建统治历史规定的庄田，人口增殖率很小，耕地亦无法展拓，大约每人耕地平均在3亩左右，兼有供畜牧的一部草场。耕地占土地总面积的百分率比甘孜自治州更小，大约在0.5%至1.0%之间，荒地随处都有。即如拉萨郊外的大河原，便是大

---

① 我自己曾用精致的五百万分一康藏分区地图，计算过康藏各区面积。算得丹达山以东，昌都、三十九族、桑昂、察隅到金沙江这一地区（新中国成立初的昌都自治区），是241061平方公里；丹达山以西，波密、卫、藏、阿里、羌塘，即前、后藏各部是941342平方公里，其中羌塘和阿里就占了三分之二，即623825平方公里。这虽不算精确的，就当前资料说来还是比较有依据的。

半在历史年代里长期荒弃着的。甘孜自治州,解放前已有许多汉人来此开垦"庄田"以外的荒地。金沙江以西,则除现有人民解放军试垦的农场外,从无人去垦耕"庄田"以外的土地。

西藏可耕地少而偏是荒弃得多的原因,由于人口过少;人口过少的原因,是社会制度特殊和小儿死亡率大。今后,社会风气转变,卫生设备健全,人口自会激增,同时耕地也必然地展拓起来。

十二、农业技术

农业技术,是劳动农民积累经验所逐步创造和提高起来的。它不是农业科学的产物,相反地由于总结农业技术的经验才产生了农业科学,不过科学比农业技术成长得快,能够随时回头转来帮助农业技术的提高而已。

农业技术表现在:掌握时令,掌握生物发生和成长的规律和适应自然条件的规律变化,创造和引进高产量的品种,运用并逐步改进新的农具,整理土地,发展农田水利和改造大自然;也表现在:组织劳动力,组织耕作制度,组织农产品流通和加工利用等方面。它的向上发展,有赖于文化的帮助,但它却不是文化的产物而是产生文化的母体。

川与康藏一样,在尚无文字以前已经有了突出的农业技术。例如:稷,便是四川劳动人民创造的品种,故稷又名蜀黍;养蚕缫丝,也是四川原始劳动人民的发明,经嫘祖引进到中原去的。[①] 西藏也是未有文字前已有很突出的农业技术,他们早已驯扰了牦牛,并且用异种交配的方法创造了犏牛这一驯顺、耐劳、肉美、乳量也大

---

① 关于这些问题,各地文化人的看法不同。有人说:《尔雅》"鸡大者蜀"。蜀有大义;蜀黍就是大黍,不必从蜀地输入。我觉:动植物名冠有巴、蜀字的皆训释为大,如蜀鸡、蜀黍、蜀葵、巴蛇、巴豆、巴戟、巴蕉之类,多显然为巴、蜀原户。巴蕉初见于《南方草木状》,作甘蕉,即香蕉,汉武时引种入中原,未能成功。今长江流域里,独重庆附近种蕉已成功数年,但果实已退化。巴蕉便是香蕉早已退化的作物,甚为明显,则中国巴蕉系由巴地最先向岭南引种成功,果实退化后才由巴郡传种入中原普遍栽作观赏植物,可以肯定。蜀葵并不大,远不如蒲葵之大,今蜀中易生,北方则不常见,其蜀字不当训大甚明。《尔雅·释诂》,并未以蜀训大,"鸡大者蜀",乃当时方言,谓大鸡为蜀,实"蜀鸡"之省称。郭璞注"今蜀鸡"。蜀字不当训大又甚明。蜀黍之蜀何独可以训大?蜀中最古的部落叫蜀山氏,与黄帝儿子联姻。蜀山氏又号"蚕丛",由其随蚕市理民得名,见扬雄《蜀纪》。《淮南子》"蚕与蜀相似而爱憎异也",这"蜀"字即是"蠋"字。今人指牵牛花叶底巨虫为蠋(猪儿子虫),实则蛾类幼虫皆得称蜀,不容为猪儿子虫所独占。而蛾类幼虫皆被称为蜀,正由人类先注意到蚕,后乃把似蚕之虫皆呼为蜀,亦犹把似牛之物皆呼为牛,这是很自然的。今四川桑树上,常常有野蚕附集,全似家蚕,但形小;结茧亦相似,较小而硬,色灰黄,亦可缫丝,只类节较多,我曾在南充拾得六升多来试缫。这可说明蚕的原始种出在四川,原称为蜀,后乃分别称家养者为蚕,野生者为蜀,故到汉代就有"蚕与蜀相似而爱憎异"的话。中原蚕种,恰是与蜀山氏联姻的黄帝元妃嫘祖推广出去的,说她是从蜀地引种到中原去,岂不比山东起源的话更合理?宋人《茅亭客话》也记有马头娘的传说,说是四川人。

的优良品种，和善于保卫牧群的獒犬。青稞的产量也相当高。这都说明，在没有文化、没有科学的帮助下的劳动农民也能够有伟大的创造。这些创造是随着劳动经验积累和生活要求而陆续滋生的，徒因没有文化人去总结推广它，许多是湮没不彰，或滞留在一个小区域里，以至于随社会骚乱而同地区人民同归泯灭。新中国成立前十多年，笔者到芦山县去，发现当地农民普遍在玉蜀黍行间种下大豆，玉蜀黍成熟时，大豆刚将开花，初收割玉蜀黍，豆苗还很纤长少叶，数日后，骤然油然蔽地，赓即结实，两得丰收；不知谁人创造这一耕作制度，极得科学窍要；农民措置娴熟，应是行之已久了，而雅安近在紧邻，却未推行此一良好方式。又雅安在红军过境前，早已有变工互助的方法，称为"换工"，他处亦不曾见。这是农民创造未能被人推广的例子。蒟酱是巴蜀很早创造成功的农产制造品，汉代曾被商人远贸到千里外的广东去，获得珍视；经汉魏丧乱，与人俱绝，后世竟无由知其形制，至于妄作曲解。① 这是农民创造，随丧乱亡失的例子。

既然农民有创造发明的成绩而又不易推广远引，则农业技术往往具有地域特色是必然的了。即如1952年发见的"三百棒"稻种，经过广汉县农业科的鉴定、示范、推广，迄今年仍只盛行于广汉一县。② 1954年，马尔康农民格那希西·格木基从甘肃拉卜楞地区引进的高产量分枝小麦，经过两年，还只在马尔康县内造成丰收。③ 这说明：虽在今天，农业技术的区域特性都还是或多或少存在着的。

自流灌溉，自以都江堰开办得最早、最好、成效最大。由于有它的启导，整个川西和上川南各县的农民都历世相承地汲汲于开发水利。试从绵阳葫芦溪沿龙泉山脉向乐山引一斜线，则此线以西北，如绵阳、彰明、江油、安县、绵竹、罗江、德阳、什邡、彭山、眉山、青神、乐山、夹江等县，皆有规模巨大、历史悠久的灌溉工程，而且是新兴不已的。甚至如雅安、汉源、泸定这些山谷地区，灌溉建设也很可称。相反地，在这斜线以东南便极少见到灌溉设备，虽然是精耕细作、常苦旱灾的地区，或是容易建造水堰的地区。这自然也有些地理和历史的原因存在着，主要的还是一般农民缺这种经验和兴趣，也就不肯去积极地争取它了。近年川省大力提倡修建山湾塘，在这一斜线以东南的广阔地面才开始谈到小型水利，但亦是有些县

---

① 晋郭义恭《广志》以热带植物扶留藤为蒟酱。李时珍号称博物，只曾入蜀，亦缘之成误，后人更不敢作别解。尝不想：扶留既是炎热带植物，广东所产，何必汉代反须从蜀中运入牂牁，从牂牁江远贩而来？
② 分见1956年9月1日与14日《四川日报》。
③ 分见1956年9月1日与14日《四川日报》。

区开展得很好,有些县区只是敷衍号召,成绩不良。① 其中成绩最好的便是遂宁专区。早在1955年3月7日《四川日报》已报道:"到2月25日止,四川已完成山湾塘4061口,占计划数的33.8%;正在兴修的7583口,占计划的63.2%。其中以江津、遂宁等专区开展较快。"这报道表扬江津专区领导有方,并未谈到遂宁专区的情况。由1956年9月15日《四川日报》发表新华社记者刘宗棠《丘陵地区新兴的鱼米之乡》一文看来,遂宁区的水利发展才是非常突出的。文里叙说遂宁县西眉乡原"是一个水源非常缺乏年年干旱的地方""1954年这里第一批牧业生产合作社出现后,在四川省水利厅直接领导下,兴修了全省第一批示范山湾塘""去冬今春,这里农业合作化运动进入高潮时,同时出现了兴修水利的热潮""边建社边修塘""合作社一建成就全力转入兴修水利。全区去冬今春一口气修了138口山湾塘""加扩建改建的平塘和原有的水利设施,总计有1385口塘和270座堰,灌溉面积由过去的16000多亩扩大为57000多亩""今年这里曾遇到严重的干旱,但全区稻田却做到了满栽满插,并有还有2000多亩干田改为水田""已收割的稻田平均在600斤左右,而在全面兴修水利之前,只有500斤上下"。这里值得注意的是:西眉区的水利建设成就,虽由于省水利厅倡导,却亦由农民的热情响应所致。文里"农民欢欣鼓舞地说这是第二次解放"这句话,很可以表达当时群情迎接水利厅领导的心情。这种热烈心情不是偶然的,也不会是其他许多县农民所能同程度具有的;此其原因,回顾上节所讲农业人口密度问题便可以直接找出来。这就说:农民对于提高农业生产量的愿望,是一致的,对如何提高生产得技术方面,则各地区有各地区的要求,不会全盘一致。这就是划分农业区所要注意的问题。

也还有些有关农业技术改进问题必然要受到地区自然条件的限制。例如农具的改进问题:手工农具,在藏族聚居的康藏高原和阿坝藏族自治州里,由于缺乏铁料,大都以木质为之,用铁铧的,亦只戴个短小的尖帽,不用全铧;因为全须由汉商由腹地贩卖,道远价昂,只好买个铧帽护着犁尖。解放以来虽由国营公司廉价供应他们以大批铁犁和铁农具,那也只能是公路沿线农民才得使用,距公路站较远的农民仍将有长时期停滞在木犁生产上。马拉农具和许多力省效宏的中小型农具,人民政府为各省农民大量制造,廉价供应或无偿给予,已若干年,全国有些地方的农业生产大得其力,却亦有些地方搁而不用,称为"挂犁"。这不仅是农民不惯使用的问

---

① 1940年6月26日四川水利厅发出的紧急通知说:"全省水库已完工的207座,但滑坡、裂缝、泥陷的有21座,涵管漏水及折断的16座,湃缺小的4座,其他不合标准的16个。"

题，的确另有若干客观存在的现实问题阻碍着它。譬如四川，土壤性质与华北不同，由天津运来的新农具，是否即适合于川内使用，还待试验。即使适合使用，农村无修理厂、修理技工和零件可配，一旦损败仍成废物。这些问题便是技术改进必须具有地域性的显著举例。至于机械化的农业技术，那便受地域限制更大了，许多山地，自然是机械化最晚的地区，要直到工业发展到能特为山地创造拖拉机时才得开始，即如四川盆地以内，川北方山区的高埂梯田地带，机械化也是很难设施的，盆地中央部分，浅丘浅谷的紫色土地区，到全盘合作化后，土地经过整理，便可进行机械化。一般说来，成都平原和川西南若干冲积平原是最适于机械化的，但这也不能看得过于简单、过于乐观。首先，都江堰的水渠系统的配布便是进行全面机耕的障碍，何时改造水道系统为堪与机耕配合的主渠、干渠、支渠、分渠，才是川西平原正式开展机耕的时候。目前只不过是试验、示范的临性机耕而已。其次，机耕开始，便节约出大批的劳动力来，在农业人口密度特大的川西平原区，若无适当的出路，会有如何问题？必待川中工矿业发达，农村大部人口为城市吸收去后，才可以开展机耕。

一般人或者不易想到，川、康、藏间最先发展机耕的地方，不是四川盆地，而是康藏高原。高原顶部海拔3500—4000米的地面，有很多很多的辽阔平坝，由于寒冷期长、风大、雹害和霜害大、草皮结得很紧等原因，藏胞不能克服它，放为牧场供牧民扎冬帐房用，利用率非常的低。例如理塘、昌泰、玉隆、竹庆、石渠、色达、大塘坝、玉科、罗科马、麦科和金沙江西的贡觉、纳夺、类乌齐、黑河、江孜，还有雅鲁藏布江沿岸的沙漠地带，后藏上部及阿里的河谷，羌塘东部的通天河地区等部分，大体都与阿坝区的龙日、唐昆相去不远。气候情况与黑龙江省北部垦区和内蒙古北境相当，夏季相当的长，昼间温度很高，可以栽培须根作物、蔬菜，最低限度亦可栽培牧草来繁荣当地牧场，有些部分且可栽培谷物。这些地方，土地完全是自然的状态，极易进行机耕规划；人口稀疏，劳力奇乏，也非机耕不能开垦。只有牧民地权问题，须待说服。如能把耕牧的范围划清楚，并为牧民耕种牧草，那是他们所必然乐意的。还有一个重要意义是：历史遗存的藏族社会制度在当前情况下是不宜强行改革的，唯有从这落后的荒原上，直接建设起社会主义型的近代生产的示范组织来，吸收当地的受压迫劳动者来从集体生活中提高觉悟，才能迅速地使这一落后地区的人民很自然地改革自己的社会，迅速而顺利地直接过渡到社会主义。因此，国家投资在这些地区建设广泛的机耕农场乃是非常必要的。

关于各地区使用农具的情况和农具改革的可能性，许多问题之应考虑到划分农业区域来的理由，便是如此。

关于劳动组织、生产组织、农业流通组织这些方面，也是有显然的地区差殊的，但这些地区差别都只是暂时现象，除民族习惯的特殊障碍外，在党的正确领导下，都可以很快就转变过来形成一致，故不算得划分农业区的重要条件。

十三、交　通

交通对农业的关系最大，表现在生产资料的供应和农业产品流通上；其次也表现在农民生活与文化的提高和劳动力的平衡上。

天兰铁路通车后，从来就缺乏铁质农具的甘谷县，一个"铁锨"的价格，由7500元降低到1900元；一把铁锄，由10000元降低到3000元；甘谷县的辣椒，原来滞销，通车后畅销河南、陕西、山西、兰州和西宁，价格从每百斤22万元提高到27万元。陇西的当归，从前用马车运到天水运费要80万元，现在火车运费只要73000元，从兰州运一吨盐到天水，汽车运费763000元，火车只要153000元。[①] 由于天兰铁路的通车，集积在兰州市的土特产、皮毛和药材，运往西安时能降低一半到三分之二的运费，因此得以畅销全国，大大增加了西北人民的经济收入。由于运费的大量减低，布匹、生猪大批从华东、河南等处运到西北，甚至从未到过的甘蔗、橘子也与西北人民见面了。[②] 从前西北的100斤羊毛，只换得汉口来的3块砖茶，现在可换到30多块。[③] 成都铁路通车前，川西农民要卖568斤米才能换回100斤盐，通车后只卖254斤米就行了；通车前要1100斤米才能值100斤白糖，通车后，只要700斤米了。通车前，1斤烟叶只抵1斤盐价，15斤烟叶才能换回1个竹壳温水瓶；通车后1斤烟叶可换回3斤盐，6斤烟叶就值1个温水瓶。川西平原的大麻，从未外销过，成渝通车后，马上就销天津18000担，销上海6000担。火车又从川江水道接运来大批的豆饼和化学肥料，大量杀虫药剂和器械，又及时地供应新的品种与其他生产资料，使川西农村顿然地活跃起来。宝成铁路刚将接轨，四川农产品与其加工品就已大量集聚在沿线各堆栈里，等候出口，大量物资已集聚在宝鸡一带等候供应到四川盆地来，这一紧张情形很足说明民殷物阜的四川农村是如何期待铁路来解决它经济上一切问题的。

---

① 分见1953年12月4、5、7三日《人民日报》。
② 分见1953年12月4、5、7三日《人民日报》。
③ 分见1953年12月4、5、7三日《人民日报》。

四川未有铁路以前，只有水道运输才是比较廉的，因而只有沿江地方农村的经济比较活跃，许多交换土特产的都市、场镇都缘水道发育起来。其不通水道的地区，便保存着生产自给的状态，说不上社会性的经济活动，造成了几千年连续下来的风气闭塞和经济的落后。川江通轮后，盆地内才开始有了出口丝，才有大量山货、药材、猪鬃、桐油和其他土特产出国；同时也被帝国资本主义商品吸去了大量的农民膏血，再加上残暴军阀与其贪污走狗的剥削，使农村人民更加贫困。

军阀统治时期，虽然建造了许多公路，分析它的目的和效果，不过是：（1）为了装饰门面，浪费人民许多土地和劳力，根本就未准备通车。例如顺庆（南充）曾在两三年间修造了五条辐射的公路，但有四条从来就未通车。（2）为了统治者一撮个人往来的方便，根本就未从开发经济方面着眼，例如顺庆到成都的公路，虽然通车较早，却只能是载运剥削阶级往来的车，毫无土产交流的价值；因为这条路线的布置根本就没有适于可用汽车运输的土特产的交流线与它配合。（3）为了官僚资本主义发展的专用线，例如乐西公路便是他们长期保证通车的鸦片给源线和滇货过道线，还有是如像华西兴业公司提出的"开发西南经济"的一切活动干线。我曾见一个参加过修路的彝胞摩抚停在路上的汽车叹息地说"我们修了这路，却从未坐过这车，也未见汽车给我们带来任何有用的东西。"（4）有些为了特种目的而赶工修成的较大工程线，偶然统治者目的转变，便又听其败坏下去了，白费了工程；例如川康公路和康青公路，是蒋匪帮忽然梦想征服西藏时费了大力修成的，为此而病死在工程中的民工约有五万，工费浩大可知，但草率修通时，他又认清梦想是不可能实现的了，听随全线塌败下去，从试车的小车烂在玉树未能回老家起，一直是条死寂的公路残骸倒卧着，只康定以东适合官僚资本的要求，断断续续维持着行车。总而言之，新中国成立前的公路，只大大作了农村的病害，丝毫无裨于农业经济的发展，新中国成立后的公路才开始帮助了农村。

新中国成立前四川的农产品和农民生活用品的运输主要是靠农村劳动人民自己肩臂力量。例如川北的"盐贩子"，他们各自从自己的农村家庭，凑集一二两银子的"本钱"向川北盐场购盐一批，携带米、柴、沙罐，在沿途息憩时，支锅煮饭，非遇雨不进宿店，这样地运盐回家，才按期挑向赶集市场分卖于本区农户。像这样自发地利用农村剩余劳动力流通土产的形式很多，有些竟深入到少数民族地区去了。农村"三天一场"的市集，随地皆是，亦有许多附设在县城里；市场的大小随"乡脚"的广狭决定。场上很少有固定性的商店，主要是临时市场占领了，米市、猪市、牛市、鸡市、柴市、猪草市、狗屎市和许多不以类聚的日用品小摊、担贩都是按期而集、即日散去的农民，在肩挑、背负、手提下，做了交易。成都平原才有用车运的。这样的"赶集"制度是西南农村社会的特色，在四川盆地里组织得最为普遍，也最较完善，它能够满足长时期里个体农户的生活要求。若还要分析它何以独成其为西南区尤其是四川省的特色的原因，那就可能只有一个，农村内部交通不便，只好如此。近年来，交通较便之地，才逐渐有较大规模的商店出现在农村里，最先是民族资本主义型的商店，现在是合作经济性质的商店；但在交通不便的地方，农村过剩劳动力还很多的地方，虽如合作商店，亦必须使用肩挑、背负的劳动来维持这山路崎岖的农村运输。

在川边地区，很早就有"驮帮"的组织，这乃是比较进步的利用农村剩劳动力的一种运输组织。例如雅安经汉源到西昌、会理、盐源各地，和富林经泥头、泸定到康定，以及灌县到威州、茂县、松潘，和威州到理县、杂谷脑各地，都有这种组织。他们完全由农村劳动者组织起来，各自凑出骡马和鞍具，向沿途这些雇脚的商人、旅客和其他须用搬运者承运人、货、土特产。他们自己毫无其他资金与货品，只对运输、交货负责，而取得运费。人畜的食、宿、草料、水槽有经营"脚店"的人供应。脚店大都是沿途的农户作为副业经营的一种特殊的客店，各自发展，相互竞争地满足"驮帮"的要求，驮帮所到，它就自然地产生出来。在未有公路以前，这乃是川边地区唯一的、最好的交通组织，不可以被摧毁的农民组织，虽在若干年的军阀、贪吏压迫下，他们遭到了许多痛苦，但到底不敢摧毁它，而不敢不，有必要的维持它；因为这些压迫阶层要在这区域里活动来往，亦是不能不依靠它的。近年公路逐渐发展起来，代替了驮帮这一运输形式。但我感到这一运输形式仍当维持，应该引导他们向公路以外的地区发展，把偏僻地区的土特产运输到汽车节点和火车节点上来，而运回去工业产品。

川边地区之所以能够很早地就发育着这一运输形式，是有充分的客观原因的。这些山谷地区，从来就生产一种体小而善于驰走山地的马，古时叫着莋马，近人叫它着建马；土著农民几乎是家家养着这种马来代步和运输，早在人们已经发明用马、驴来生产骡子时，这些地区的农民也就育成了体小而善于在山地担任运输的"建骡"。在汉源、越嶲、石棉、冕宁、西昌等县的农民，对于育成建骡和训练骡马的技术很娴习，成了他们耕种以外的主要生活，成了他们的看家本领，所以他们很自然地很早就形成了这种组织形式来适应这一地区商旅们的需要，作出了发展了这一带的土特产交流的伟大贡献，活动了这一区的社会经济。西昌区廉价的米、腊肉和藏胞需用的茶、布、烟叶，藏胞输出的药材、羊毛、皮革的驮子经常出入于康定东关，奠定了这一市场繁荣的基础；宁区的土特产和过道商品，如食粮、花椒、石棉和其他矿产，和运入宁远区的布匹、杂货、纸张等手工业品不断流动在雅安—西昌路上，构成了一个繁荣市邑集中的线条。这一历史的功勋，是讨论川边地区经济开发的人所绝对不可忽视的。

康定以西的康藏高原，习惯把它叫作"关外"，因为不可能有满足驮帮需要的"脚店"，所以这一运输形式没法推进，却有另种形式的"驮帮"来代替它。那些驮帮每天只行进20～40里，趁水草充足地方露宿，即以放牧牲畜，不需"脚店"，是一种社会所许可的半游牧半运输的组织形式。这些驮帮可以分为两类：一类是农牧人民的临时组织，正如川边的"骡帮"一样，由分散的农牧户，利用闲时把他们过多的牲畜拼凑起来，赶向都市去承运客货，他们大都只有牦牛和少量的马，数量也不大，运途也不很长，一切规模都很小，运费很廉。这些人被称为"驮脚娃"（藏文娃音，原是一般人的人身名称字，不含侮辱性，但习呼久了的汉人，对它加上了侮辱性的含义）。另一类是由寺院或贵族世家经营的资本主义型的驮队，他们从西宁或康定购来骡子，编成几十头或几百头的驮运队，往来于拉萨—康定、拉萨—西宁、拉萨—噶林邦间或其他大城市与大城市间，运输自己需要的商品，偶然因为脱货，剩有部分畜力，才肯为他人顺带运输，以博弥补空耗的运费，决不专为他人雇运。他们每一上路总是搬运价值巨亿的商品，或从印度运入呢绒、毡毯、洋货、干果，并转运到高原各大城市销售；有时搬运大批的金块、银砖（1926年以前）到康定来兑茶，有时把许多英国货品运到康定来兑茶，配上些土产的羊毛、盐巴、药材（主要是麝香、鹿茸、藏香之类）；也把羊毛、盐巴、皮件大批运销印度；远如苏联、伊朗、巴基斯坦的土产他们也贸迁到来。他们每队都配备了相当的武力保护，加以各自的背景势力，安行在整个高原里无敢触犯；每队还配备有良獒若干头护卫牲畜和货品，以保证露宿的安全。这些人被称为"骡帮"或"充本"（商业官）。无论哪一类的驮队的驮运组织，对于高原经济都是有很大贡献的。由于他们都是以就地放牧来维持牲畜的健康，行动非常濡迟，康定与拉萨间来回便是一年，不能适应现代社会的要求，故他们必然受到现代交通的排斥。但是，在辽阔134万方公里的康藏高原内，要完全用汽车和火车来进行交通，是百年内才能办到的事；这些畜运形式，终究还有长时间的辽阔地盘作活动；与川边的驮帮一样，只有培护推广，断不可能设想到消灭的。

康藏高原空气稀薄，人的肺量有限，不可能在跋涉长途中兼任负荷，畜运在农村里也是必要的。恰好地多牧场，农民家家都养牲畜，畜运力量非常丰富。但历史给他们遗留下一个"乌拉制度",凡统治阶层上路,就要人民无条件、无报偿、无限制地为他们供应牛马运输;不肖胥吏缘以为奸,滥支滥罚,百弊丛集;每逢行军,更属变本加厉,蹂躏备至。藏民念之心伤,言之切齿,因而逃差远徙,流浪不归者逐年皆有。大道附近往往整村整谷荒弃。军阀统治时期,虽屡言废除乌拉制度,或竟已刊行法令,但由于无有代替它的运力,临需要时,仍不免于勒逼地方头人强行征派,名曰派雇,实即勒征,徒滞新弊,迄无实惠及民。有人曾经企图在差运频繁的康定、道孚、甘孜间建立政府经营的牧站,来代替"脚店",政府管理的畜运来代替"驮帮",称为"牧站联运",冀收废除乌拉的实效,但是失败了。迄今尚无人敢再弹此调。① 平情说来:不从组织人民运输力量着手,而妄冀官府来包办这种事业,便是这一设计的根本错误,在那浊乱的反动统治时代,固然不可能成功;即在人民政权的今天,亦是不适宜的。如何把藏族农牧人民的运输力量用合作方式组织起来,在人民法律的保障下承办一切运输,才是一面维持高原交通,一面发展农民经济的有效办法,解放以后的康藏,由于解放军知行政工作人员的赤忱、体恤藏胞疾苦,乌拉制才算真正废除了。但在积极方面,如何在建修公路以外更组织人民运输力量来发展地方经济,则由于语言的扞格,一时尚难推动;这就有待于培养出大批具有组织力量而兼通藏族语文的干部来了以后,才得全面开展了。

目前川康藏交通事业已有了突飞猛进的发展:成渝、宝成两铁路已通车,川黔、内昆两铁路已动工,成昆、兰成两路已开测;川江水道已作了根本的疏导,水运范围和运量逐日在提高;四川盆地内的旧有公路已全部修复,行车工程最艰巨的康藏、青藏、成阿公路和拉萨—日喀则—江孜—帕里公路都出人意想地迅速完成,安全畅通;贯穿大小凉山的公路亦已完成了大段;还有纵贯西藏高原的青藏铁路,和昌都—察隅、昌都—丁青、丁青—黑河、拉萨—山南、日喀则—定日的 5 条公路线,年内就开始勘测。② 这些都是闭塞已久的劳动人民未曾梦想得到的望外之喜,同时也是改变川、康、藏区农业生产配置的新条件。

改变川、康、藏农业配置的新条件,首先是:康藏、成阿等公路通车以来,沿线的荒地突然出现了许多机械化的社会主义性质的农场,马拉农具、铁质农具也逐步推展进了自治地区;新品种和新的生产方式在公路沿线次第出现,并带动了附近农民;土特产与工业品交流畅快,农村经济活跃起来,构成了沉寂高原里的一个先

---

① 开办于1937年,结束于1939年。失败原因,初由于缺乏管理牲畜的技工和未储备有足够的草料。最后由国民党反动机关强迫接收去,管理无状,贪污狼藉,不到两个月就全部搞垮了。
② 最后列举的 5 条公路线,据陈毅副总理《中央代表团访问西藏的总结报告》。

进生产的繁荣地带,为高原社会示范。通过凉山的公路完成,自同样有此效果。其次是:宝成铁路通车后,从四川供应西北的糖、粮、植物油、果类及其他副食品、手工业日用品,即将常年地大批运往,使这些生产愈益向铁路沿线集中发展起来;移向西北的劳动力也会日有增加;同时华北的棉花、布匹、烟草、农业机械、化学肥料和豆饼,以及西北的石油和其他特产廉价运济四川,使川中农业经济发生根本变化,苏联和东欧民主国家的工业品也更容易供应到四川来,使农业技术有条件提高一步;川中将有许多农业品加工性质的工厂在铁路沿线新兴,以吸引其所需的原料生产集中,同时也可能有一部分农作物和工厂逐渐消亡。再次便是:成昆线完成后,大渡河区、西昌专区和云南的农业经济会突跃一步,将会有许多熟练的劳动力增到那里去发掘土地的生产潜力,为川中轻工业生产新的原料,并在那里发展他们自己的农产品加工事业;粮食调剂的范围也得到了扩大。川黔、内昆两路完成后,自亦有同样的效果。又其次是:在铁路和水运发展后,与之相衔接的公路也得到了帮助,使广大的偏僻地区增加了繁荣;地区的经济建设划,可以在全国范围规划的指标下,分区分工,调整了农作物的配布。

农业区的划分,固应该考虑到当前和行将发展的交通情况,尤宜考虑到交通给予农业发展的影响。

十四、工矿业

工矿与农业同为国民经济的主体部分,犹血肉与骨之不可能各自孤立发展的。就矿产说:磷酸盐矿、硝石矿、泥炭,固然是专为农业服务的生产资料,煤、铁、石油,亦是生产高级农具和推动农业机械的资源,大抵农业愈是高度发展,也就愈是紧密地依靠这些矿产的。缺乏铁的地方,农业会在长期原始生产状态;缺乏石油的国度,农业机械化也只能是自欺欺人的口号。就工业说:许多轻工业都可以说是农产品加工性质的企业,在农业高度发展以后,它就只能算作农业生产部门的事,因为它的生产进行完全取决于农产原料的数量,它的发展又规定了农产品的规格和给源的远近,所以在正确的社会主义生产配置中,它必然是建立在原料生产的主要地区,这是极易转变成为巨型农场生产部门之一的。重工业中,钢、铁、石油和电气工业,也都是现代农业生产力的来源,而且任何工业部门,也离不开农业供应,它的粮食、劳动力的补充,还需要农村销纳它的生产品,工业的密度总是与农业人口的密度成正比例的。

农业生产，是利用温度、水和土壤里的养分来结合日光能以取得日光能产品的化学工作。在一定的温度和水的条件下，若再能适当地陆续供应土壤养分的补充，就可能不断地提高产量。四川盆地农业增产的最大缺陷，在于肥料不足。一般说来四川土壤里含氮和磷不足，有机质也少些，在精耕细作的经营下，复种指数还可提高，其障碍只在肥料的不足。例如近年推行双季稻，就是显著的例子。许多田的双季产量都不如沿海一带的双季稻的高，而与一季中稻、晚稻相去不远，可能有一部分是技术或自然条件有问题，更主要的原因，还可能是土壤养分条件跟不上。成都平原土壤最称肥沃，郫县田土又是成都平原中历史上著名的沃壤，郫县种烟草的历史不过200多年，由于烟草消耗地力很大，现在郫县已有部分地方不能继续栽培烟草，栽下就多病减收，烟田正在向西移动了。其他农作物虽然是消耗地力较小的，但如要一年两获三获，以至如蔬菜园艺的七获，这土壤肥力也是必然跟不上的。现在四川盆地是全国许多缺乏粮食地区的食粮供应区，自然条件与社会条件也适于充当这一任务；但肥源已竭，地力有限，增产速度亦将易受阻抑，现在所指望的一方面是宝成铁路源源供应肥田粉、豆饼等氮质肥料，一方面是本省磷肥厂的普遍供给磷矿粉。未来的希望，还在于本省内能够建立肥料工厂生产大量的肥田粉、过磷酸钙等化学肥料来供应广大农田的需求。至于有机肥料，那是勤劳的川省农民所能自己设法来满足的。

四川盆地周围的山谷地区，是人口较稀、草肥丰富的地区，当前肥料问题不严重，未来可随四川肥料工业的开展而附带解决。康藏高原的农民，过去竟不知使用肥料，这虽是农业落后的一种表现，亦是见高原土壤本是肥沃的。虽然高原土壤本来肥沃，由于有些地方气温太低，土壤养分分解得慢，赶不上逐年生产粮食的要求，当地人采取间年栽种的制度来适应它，叫着"三年两头收，三年两不收"。这如有速效性的化学肥料补助生产，则是可以逐年收获的。故康藏高原的农业发展，也期待着化学肥料工业的帮助。

十五、行政区域

划分农业区，是否应该与行政区一致，是当前一个重大问题。苏联专家都主张两者要求一致，我的思想上不能赞同。如像河南省与两湖和两广农业生产情况判然不同，而同属中南区，固是不能划为一个农业区；江苏省，淮北与江北、江南的情况也不相同，也不能作为一个农业区；合并西康后的四川省之不可划为一个农业区更不用论了。即小如一县之地，亦有应该分属于两个农业区的。例如简阳县，由龙泉山脉划分为南北两部；北部龙泉驿、洛带镇、大安场、黄土场等地面，一切情形皆与华阳县一致，属于成都平原的黄土地带；南部沱江流域包括县城在内的大面积土地，又完全为紫色土的盆地中心区的景观，社会经济、农业生产一切又与资阳、资中、内江和乐至、仁寿等县一致；这就不可不分划入两个农业区。金堂、仁寿、中江、三台也有相似的情形。设置专区的达县，县境便被通过三汇峡的黄瓜梁子山脉划为两大部：北部巴江流域完全一致的川北方山区景色，南部渠河流域完全一致的川东褶皱区的景色，如何可以因是一县就划入一区？如此之例还多，只举这两个较为突出的便够了。

世界上有许多先进的国家，行政区划基本上与自然区划一致，例如法国。苏联的行政区域，随时都在修正，经历年修正的结果，现在已是完全与其自然区划一致的了。故苏联的经济区划完全可以行政区的名称指点出来：如云远东区，便指的沿海州、伯力区和库页岛；东部西伯利亚，便指的克拉诺雅斯克、伊尔库茨克、赤塔三省和布利雅特与雅库特两自治共和国；西部西伯利亚，便指的新西伯利亚、托木斯克、凯麦洛大、鄂木斯克、俫曼五省和阿尔泰边区；乌拉尔，便指的莫洛托夫、斯维得尔洛夫、车里雅宾斯克、契卡洛夫四省和巴什克尔（乌发）、乌特摩得两自治共和国。① 苏联专家指示的要与行政区域一致，是可以体会的。

许多落后的朝代行政区划，都是迁就暂时的人事关系，或沿袭前代的错误，划得与自然区域大相悖谬。例如元代把雅州（雅安区）同康区划属陕西行省，也开始把宋代的许多自然条件不同的县合并为一县，今天的简阳、仁寿、金堂、中江等县不合理的县界就是那时造成的，明代、清代和近代一直未曾加以改正。国民党反动统治时期划分的行政专区，也多有与自然区不相适合的现象。

当前的祖国，正由一切落后的阶段向最前进的阶段开始作划时代的过渡，也正如1930年以前的苏联一样，开始逐步地调整行政区域；在四川省已经调整了行政专区和建立了各级的民族自治区，添设了一批新县，如像石棉、米易、会东、金矿等县和许多民族自治县；把石棉与泸定两个大渡河区的县同汉源一道划属雅安行政专区；都是逐渐使行政区与自然区一致的开端，为农业区与行政区符合建立了条件。但是也还有些应该改划的县界，尤其是四川盆地内部的老县界，还未变动。因此，

---

① 关于苏联的经济区与行政区，参考中华书局出版的薛蛰生译《苏联自然地理》和大中国图书局发行的《苏联新图志》。

现在拟定的农业区颇有分割县区的地方。

行政区与经济区或农业区都不可能是长久固定的，而是须与时代发展的客观情况相适合的：行政区，必须符合一定时间内行政的方便；经济区，须符合区域分工的经济建设计划执行的方便；其中的农业区，则须符合农业的区域特性和发展要求的方便与同农业领导的方便。就农业领导说，是以与行政区完全一致才有利的；就区域特性说，则是须与自然区域一致的。简括言之，即是：行政区的划定，偏重在一个时代的社会条件；农业区的划定，偏重在自然条件的影响。社会条件，常是变化得很快的，自然条件则是变化得比较慢的；同时，行政区改划的机动性很大，农业区则固定性较大；这样的情况，就决定了二者间变化关系的规律，是在农业经济为主的地方，农业区不必完全与行政区一致，而是行政区逐步改变到与农业区一致。

农业区之必须要求与行政区相当一致，主要是为了农业领导问题。在过渡时期，农业生产的国家领导固是发展农业生产、改善农民生活最有力的保证；过渡到社会主义以后，还更将加强这种保证。国家领导的分工体系，正是由省而区而县到最基层的乡。无论组织起来的速度，农业计划的制订、实施和检查，农民负担的核定，农产品收购价格的检定，农贷和其他国家帮助的推行，农业增产、农产流通、农村救灾、农民教育等一切措施的推行和总结工作，都是以县为单位比较便利。由于我们当前可能分出正确掌握政策的干部还不多，县区尤其是领导不很困难的腹地县区面积不妨仍旧辽阔，县境改革还不是很紧要的事。

但必须提出：当前的四川县界，即就农业领导方便来说，也是宜逐步地适当加以调整的。例如上述的简阳、仁寿、金堂、中江、达县和其他后面分划农业区时所涉及的县份。

十六、土地分级

农业区域的划分，应参考土地分级的资料，要求各个区域内土地条件相当一致，才便于订立分区的农业计划。目前我国还未进行土地分级，只有不完全的地区平均产量的资料。兹为分区说明的方便，妄用个人意见提出川、康、藏土地分级的概念出来供专家们的讨论和行政上的参考。

第一级，主要有4类土地：

1. 双季稻区自流灌溉田，例如仁寿狮子滩附近即将出现的田。
2. 川西灌溉区的冲积壤土田，例如都江堰灌溉的田。

3. 川北紫色土区的自流灌溉田，例如遂宁西眉乡的一些田。

4. 大城市郊区的园艺土，例如成都、重庆市郊的茶园土，虽不种稻，收益比稻尤高。

这些都是耕种历史很悠久，土地已获得高度加工改造，天然肥沃，生产力很大，消耗劳动力和肥料不很大的特优级稻田及园艺土。种双季稻或单季中稻、晚稻兼收一至二季的冬作物；在当前水平下每亩田的全年收获可折合稻谷600－800斤。高级的园艺土，虽不种稻，由于复种指数更高，收益价值更大于双季稻田。但消耗劳力与肥料也更大。全面地进行经济核算亦只与双季稻田相当。

第二级，主要有3类土地：

1. 山湾塘灌溉田，如川中紫色土丘陵区的许多稻田。

2. 高地灌溉的黄土田，例如德阳东山的一些稻田。

3. 紫色土区冬水田，例如川东褶皱区的槽田（冲田）和川北、川南的冬水田。

这些也是耕作历史悠久，获得高度加工保证常年栽插的稻田，种双季稻或单季中稻，平均每亩收获450－600斤，加上冬季作物100－200斤，与第一级田已很接近。冬水田虽无冬季作物，但大春的收成稳定，也相当高，又耗费劳力和肥料最少，就农业经济全面核算起来应当列入这级。

第三级，主要有4类土地：

1. 小城市郊区的园艺土，例如各专区辖市郊的菜园土，虽不种稻，复种指数高，又有优越的粪肥给源和近便的市场，农民收益比稻田有时更高。虽支出的劳动和生产资料大，平均实际收益，也接近于高产的冬水田。

2. 非灌溉区的保栽两季田，例如冬水田区的有些"膀田"有长远沟道接受大面积春雨的和有大量积蓄的冬水接济的，非大旱年就能保证栽插的田，种单季稻和冬作物，由于它的历史较短，土地加工的条件还不够，产量往往低于冬水田，耗费劳力与肥料也特多。

3. 滥泥田、硝田，虽亦是冬水田，缺点甚多，产量恒低，但可以改良。

4. 石炭岩基地的高原稻田，例如重庆锅罗山和酉阳、彭水的一些稻田。

5. 康藏高原狭谷里的"水地"，即有灌溉水的高产小麦地，滇北、康南间的温暖河谷里常有，亦见于泸定的磨西面和康北的道孚县。这乃是可以改作稻田的土地，只缘土地加工不够，农民以接近稻田收益为满足不肯改造。

这五类，都是：土质和地位条件优越，产量比较高而加工不够的稻田或相当于稻田收益的旱地；需要高度的劳动力才能保证增产；技术改进的前途很宽，非稻田皆可改为稻田，低产田可变为高产田，耗劳力多的田可变为耗常年劳动力少的田，但必须先行投入很多的劳力。它们的产量，大约平均每亩全年收获可以折合稻谷400—600斤。

第四级，主要有3类土地：

1. 水源缺乏的"望天田"，主要是方山区高处由旱地建造成的两季田，和川西区黄土丘陵的梯级田；它们还没有完善的田坎，也没广阔的受水面，不能利用一般的春雨栽插，或田里渗水也厉害；须得雷鸣的暴雨才能种稻，夏季也须多次雷雨才能免于旱灾，故叫"望天田"（云南人叫作"雷响田"），有些地方叫它作"黄昏田"；在旱年往往不得栽插，或补栽一季旱作物，或竟抛荒；但冬季种麦或油菜常可得较好的收获。在良好的天年里，极入为重的劳动力和肥料，可望两季丰产。

2. 农民自留的菜园地，一般都是土较腴厚，生产力较高的旱地。

3. 比较宽平的紫色土旱地，这是与白垩系地层区域内常见的旱地；农人一般把它作为棉花地、高粱地、蔗田和丰产甘薯地。由于土质好而厚，生产力颇大。

这些都是土质良好，阳光充足的低级稻田和优级旱地，易于改造成稻田的旱地。生产中需要劳力很多而生产总值恒远逊于稻田，故农民常有把它改造成稻田的愿望。就目前情况说，它们是水稻栽培极界线上的土地，一般每亩全年收获的总值约可抵得300—500斤稻谷。

第五级：主要有4类土地：

1. 四川盆地内的缓坡旱地，即还未经人工改造成平坦梯级的旱地，例如：紫色土丘陵区未砌地坎的高粱地、红薯地，方山区梯级山坡上的倾斜不平的红薯地，川边许多的山坡苞谷地，一般说来土质是好的，水土保持却很坏。

2. 沿河冲积的白沙土和低下的沙洲。即是江、沱、嘉、涪等大河水道摆幅以内的一些低下的、纯砂质的新成土壤洲渚，一般用作苞谷、高粱地，冬季种麦或豌豆；大水年则夏季无收，故多有作芦荻栽培的。

3. 西昌专区久荒复垦的河原地，是土壤菌类不发达、缺乏胶质的暂时低产地。

4. 康藏和川边温暖河谷里的旱地，一般是小块、倾斜、无灌溉的小麦地。

这些都是经营很粗放的低产土地，主要是生产杂粮和薯类，在天年顺适、肥料不乏和劳力多的条件下，亦可得相当高的产量，平均每亩可收小麦100—200斤，或苞谷200—500斤；在肥料缺乏处则种甘薯。冬季或种豌豆或间休。

第六级，主要有4类土地：

1. 阴山、狭谷里的狭小田块，例如川北山区里的一些日照不足的梯田，川东南山岭北侧的狭长旱地和林荫地。

2. 河谷林箐边缘的山坡地，例如雷、马、峨边、屏等县林箐附近的山坡旱地，是日照不足和兽害严重的肥沃土地。

3. 石灰岩质山区的坡地，例如华蓥山上和酉、秀、黔、彭多高山坡地，大都是从林箐中垦出不久的土地，土壤富石灰质而淋失作用很大，日照也常不足。

4. 康藏高原里温暖河谷上部的山坡地，主要是种青稞、圆根、荞麦的土地。

这些都是经营更粗放、自然条件缺陷很多的低产土地。最大缺点在于日照不足和坡度太大，加以生产资料搬运的不便，耗费劳动力特别多，土质虽好，收益不能很多，平均每亩收获所值只合得苞谷150－400斤。

第七级，主要有3类土地：

1. 黏重含砾石的黄土和砾土，例如：嘉陵江、涪江沿岸断续出现的黄土岗陵，广元南方的砾岩分解土，和灌县、青城这带的砾土，耕作甚为艰难。

2. 方山区的山顶薄土，指砂岩磐石上薄到5厘米左右、很不耐旱的土地。

3. 四川盆地边缘的高山斜坡土，指坡度在0.5°以上、海拔1000米以上的新垦土地。

这些都是原来的森林地，垦出不久，是土地加工程度很低的低户地。农民为的耕地不足才把它开垦出来，经营它是相当精细的。它们已不可能种植苞谷，只种红薯、洋芋、荞麦、豌豆和麦类。平均每亩收获所值相当于100－300斤苞谷。

第八级，主要是2类土地：

1. 康藏高原3000米左右河谷的青稞土，大都是浅阔河谷里土层厚、含腐殖多的冲积型壤土，由于有霜害、雹害，藏族农民或弃而不耕，或仅于旁侧山麓部分耕种，很少有全面耕种的，耕作得非常粗放，大都是全年只收一季青稞。

2. 川边区高山顶部的耕土，例如唐王坝垦场的耕地，大凉山里有些很高寒的荞麦地，和一些高山寺院侧近的小块园地，由于山顶放热很快，又多雨雾，虫害和病害也严重，生产一般不良。但这大都是耕地历史太浅的必然现象，耕种久了，自然会创造出一些经验来克服困难、提高产量的。

这2类，都是自然条件原有缺陷，但仍具有足够的耕种条件，只缘耕种历史很浅，土地加工完全说不上，也未知引进最适当的品种和缺乏其他一切技术经验所致，是可以适当改良、获得一定提高的。这些都不是苞谷可以生长的土地，种小麦亦尚待适合的品种，只合种青稞、洋芋、油麦、荞麦，平均每亩收获所值约为青稞100－200斤。

第九级，只提出下面2类土地：

1. 高原顶部新垦地，例如唐昆、龙日这些垦场的土地，本与第八级的青稞土有相当的自然条件，但由于当地的牧民没有能力耕种它，从来就荒弃着，直到今天才得用拖拉机和现代机械农具把它开垦出来，把沮洳的沼地开沟排水，把土地上硬结的草盖翻转去，种下比较耐寒的作物，逐步地创造这一新世界的生产经验。在这毫无经验的垦种初期，生产是难于全面胜利的，可能随时遭到意外而减产，以至于局部的无收，也可能局部的获得丰收。这些保证增产的各项经验，不可能三五年内全部创造出来，只能是逐年得到一些，逐年积累，直到百年以后都还是有新经验陆续增益的。当前的产量也就不可能很高，必待逐年积累经验来改进生产，才可以逐年提高的；但必须有可能提高到"七级"以上去。这种特殊情况的土地，当前还难于做到平均每亩收获青稞100—200斤，可能还有100斤左右，故列为九级。

2. 林间"火地"，川边陋习，常年烧山一次，观火势以10年，火后土地肥沃，种稞麦或油菜一季可得丰收，但放火处皆系高山急坡，进行下种甚为艰难；种植一年，水土流刷大半，不可再种。也有人在藏族聚居区森林放火，焚林而种一季以至两三季的。这种地称为"火地"，从未有人统计过产量，大约每亩在青稞100—200斤。这原是应该禁止的行为，以其旧时农人曾把它看成是一种生产粮食的土地，故附于此级。

第十级，为非耕地的牧场，又提出下面2类土地：

1. 康藏高原的冬季牧场，即可以进行耕种而尚未进行耕种的土地。这在高原里所占面积很广阔，一般都在高原顶部或为辽阔的坝子，有条小河流过其间，情形正与龙日、唐昆两垦场一样。但尚未开垦，还不是粮食生产地。由于水草都好，冬季气温也较高，风较小，牧民冬季扎帐房于此。例如理塘坝子、毛垭坝子、石渠县的若干河谷、甘孜县的大塘坝、德格县的王龙坝子等，西藏更多了。这些地方，可以种植生长期短的耐寒作物洋芋、荞麦、蔬菜和牧草。海拔较低的，背北风的部分亦可种青稞、燕麦。耕种便可提高利用价值，也是帮助牧业的发展，可以断言它是未来的耕地。

2. 干燥峡谷的沙漠地，如常起焚风的峡谷里常有的小块沙荒地、干荒地，以至如后藏日喀则到仁蚌宗中间沿雅鲁藏布江两岸的大面积沙漠、干荒混合地，也是目前未能进行耕种的可耕土地。只要解决了灌溉水的问题，且可改造成为高产量的稻田或麦地。当前，只偶然有人在沙漠边缘试种豆麦，罕见有成功的，但如能改种茇茇草、柽柳或苜蓿等沙漠植物，亦可作为生产地看。

第十一级，为低级牧场，主要是3种牧地：

1. 康藏高原的夏季牧场，即是占有广大面积的高原上丘陵牧场和山地牧场，是不可能进行耕种的高寒地带，只夏季野草旺盛，兼以气候凉爽，甚适于牧区夏季生活。若无这种牧场，这区牧业就不会有当前的发展。它还盛产大黄、秦艽等药材。

2. 羌塘的盐碱土牧场，即是藏北、藏南，4500—5000米高度湖泊地带的牧场。这些地方随处都是碱水湖或半干涸的、全干涸的湖底小盆地，也偶有淡水湖与河流，土壤内含盐质很重，生长稀疏的草类，可称为羌塘贫草原。只偶有一块河谷及湖滨土水草较好，便成为羌塘人口比较集中之处。

3. 冰川土与苔原，即雪山上部夏季冰雪融化可以长出草或苔藓供牧民利用之地。有些古老的冰川，构成河道形的斜坡，砾石夹土，长有野草，成了高山牧民最喜爱的游牧干线。且又是虫草等药材的采集地。

第十二级，为森林土地，可分为下面2类：

1. 温暖河谷的阔叶林地，这些地带稍宽平的地方已经垦为耕地了，残存森林不多，都在陡坡、绝壁处或寺庙、住宅附近，且以果树为主，经济价值相当高。

2. 阔叶树与针叶树混交林地，一般在耕地上方的山腹部分，大多已被采伐得非常零乱，许多部分只留下灌木丛草的林迹地，蕨类极其发达。许多野生药材，如黄连、羌活、牛膝等便生产于这带，当地人民常利用野草、蕨类来烧碱。采药、伐木、烧碱、打猎成了这带农民的副业。

3. 河谷上部的针叶林地，全是端正、高大的松柏科管状纤维软木，是采办商品木材的对象。（关于木材的垂直分布详见第九节）

第十三级，为灌木林与丛箐分布的土地：

1. 丛箐，即竹类丛生的山地，海拔大都很低，是可以开垦的土地。历史上已经开垦了的箐地很多，现在川边山地仍保存一部分，例如峨边、马边的山地，每年有大批人入箐采笋，烘干来行销各县，采取箭竹与篱竹（白甲竹）亦皆成为商品，故仍可算得是具有生产意义的土地。

2. 暖谷灌木林，多为酸性黄土山丘上的松林和青杠林，或残毁森林后所成的灌木荒林（以桦类、石楠、柳、藤蔓和各类阔叶矮树为多），仅供采薪、烧炭利用。

3. 高原上耐寒的灌木林，大都生长于海拔3000米以上的阳山及森林与草原的过渡线上，主要生产耐寒的常绿柞、石楠、柳类、罗汉松类，不克成为建筑材料的阳性树木。耐寒柞是一种叶缘有刺、叶面有黄绒的青冈，为高原上所常见，与杉类分据山的阴阳两面，是很好的烧炭原料。

这些都是经济价值较低的森林地，也都是可以由于合理经营利用而提高其生产价值的土地。

森林的土地利用价值，不能高于牧场。但它所分布的地方是坡度太大的山谷，不能利用为牧场，也不宜改造成耕地。它对农业的生产价值在于保持水土和开展副业。它对工业的贡献更大。

第十四级，湖沼，如其河湖沼泽也当称作农业方面的生产地，则可分为3类：

1. 园艺性的鱼塘与水利用的塘堰，这是生产价值最高的一类，利用管理得当，它的效益将与第一级田相同。例如成都郊区的一亩茭田（茈笋田）收益与水稻相当；乐山近郊农民亦多有用稻田种藕的。草鱼养殖为利亦大。

2. 大面积的湖泊，例如雷波县的马湖、西昌的邛海和盐源在所的泸湖皆纵横数十里，为渔业相当发达的地方。康藏高原里大湖甚多，鱼尤丰富，由于藏传佛教禁渔猎，未曾开采，但这是暂时的，现在许多喇嘛已经吃鱼了，终不能听任这些资源埋藏在湖水里。还有一些湖泊富有硼砂、硵砂、曹达与盐，那是矿产，不在这里说它。

3. 江河，河水亦是有渔利的，但都只成为农民副业。江河对农业的主要帮助，在于灌溉、农业流通和发电。如其也认为它是一类土地的话。

四川渔业不盛，多只成为农家副业，康藏更无渔业，故关于渔业利用的土地附此。

上列土地分级，非常简单而不精细，只是没有统计材料依据的一个概念。甚盼土壤学者、统计工作者、农业经济学者和各地方农业领导者结合起来，由点到面逐步把各地土地分级工作开展起来，逐步制出正确的统计数字，以作为确定各级计划指标的依据。

这里还必须补充个耕作历史的说明。原想把它作为一个社会条件看待，嗣嫌分节过多，便把它并入土地分级里提出，因为它是土地生产力构成级差的历史基础，它牵涉到各地区农业发展的历史。

四川盆地，是西南区（应可以说是长江流域与其以南地区）农业发展最早的地区，并且是一直发展下来的。但其中各部分亦不是平衡的。川西平原区发展最早，速度亦较大。最早的首推灌县到成都这一线，特称为"郫繁沃壤"。沃壤不是天然生成的，同样的成都平原，为什么这里独先成为"沃壤"？固由于李冰先从此带头兴修了水利，也由于人口集中而提高了精耕。精耕便是造成沃壤的主要条件。精耕便是高度合理地保护土地，增施肥料尤其是有机质肥料，管理土壤保持水分适当和空气流通，就足以增加土壤里的有益细菌和胶质，改良土壤结构，这便成就了沃土。试看郫、繁的土色与他县不同，组织结构也与他县不同，便可见耕作历史的关系不小了。同样，整个成都平原又与其他地区不同，除它的土质已获得改进外，农具、耕作制度，以至于搬运工具都比较进步些。这不是偶然的现象，也不仅是都江堰和冲积平原的关系。试看成都平原附近的黄土地区，土壤生产力亦提高得很多，可以说比任何其他地方的酸性黄土的生产力为高，许多冬水田和园艺区都建立其上，耕作制度也是很巧妙合理的。它们的影响，早已传达了盆地边缘的青衣江流域和大渡河流域，现在这些地区都已有较为惊人的水利建设和精耕制度。汶江河谷也曾受到影响，有些时代（例如宋代）汶川、威州、理、茂等县曾很殷富，不过遭逢离乱又败下了。彭县海窝子和安江以北的平武、北川等山区农业发展较早，显然是先进的成都平原的带头所致。

次于成都平原的是绵州区和川北地方，它们是汉初起就与成都区鼎脚并称的农业经济中心，行政上有特色的巴、蜀、广汉三郡。绵州区（广汉）很快就学成了成都区（蜀）的一套经验，有了自流灌溉，并把一些旱地农业的方法转介到川北区（巴）来。川北区的梯田制度便次第建立了。那时川东区还只沿江繁盛，此外是少数民族住地，生产落后得多。这一情况一直到宋代才改变了的。所以到今天川东许多地方还呈现着土地加工不够的缺点，而川北，虽如大巴山区，农业技术遗产也是可观的。

彭山以南的岷江流域，在四川却要算建置郡县较迟的地方，只乐山以北受成都区影响，农业发展较早、较快；乐山以南的宜宾区，汉初还全是落后的少数民族住区、刀耕火种的夜郎部落，汉武帝才开置郡县，后汉时才繁荣起来，但一直到唐代还未闻这区有甚出色的农产；宋代以来，才开始精耕的，但它进步得很快。泸州区也是如此。它们与川东区在当前农业技术上成了全川的先进区；若就土地整理和改良的程度来说，今天还是比较落后的。

雅安区和西昌区，由于是秦汉时西南最大一条商业路线，当时虽为少数民族区，而蒙受川西区影响最快，农业发达已相当得早；有些地方，如芦山、雅安、西昌，在汉末与魏晋时曾一时繁荣与川西相似，但屡经乱离，稳固不下去。大渡河区亦然，汉源在宋、元、明、清朝代里，始终是兴、衰、张、弛，不稳定的，故其土地加工的遗迹很复杂，难为判断。泸定是清代开始改流的藏族和氏族争夺地区，清末才兴水利、有稻田，它与石棉、汉源两县，农业发展得很快，就土地改良说，则是异常落后的。

康藏高原除两金川是乾隆时移民开垦外，只近三四十年内才有汉族农民流徙到此地进行极小规模的耕垦，传导入内地小农经济方式的耕作法，故其土地多还在原始状态下停滞着。[1]

试把这些历史与上列分级表勘对，是很有意义的事。若还得各区的生产统计数字，参合各抽样田土的其他生产条件来研究，可以证明"没有不良的土地，只有不良的耕作法"这一真理。

以上是本篇划分农业区所依据的社会条件方面的一些情况。这些社会因素，也都不是可孤立起来看的，它们之间互相联系、互相制约着，并且也与各项自然因素有着错综复杂的关系，正如血、肉、神经、骨骼与皮毛的各为体系而又相互错综的关系一样。必须对它们个别的情况都明了，同时，它们相互间的关系也都明了，再加以科学统计资料的参核，才可以正确地解决农业分区问题。我对于这几点，全是掌握太少，所以只能提出划分农业区的初步意见。

---

[1] 关于川、康、藏农业发展的区域历史，将另文专述。这里只粗陈概略，亦即不列举那些依据的文献。

第二章 川、康、藏农业区的划分

这里所称的川、康、藏区，指解放初的四川、西康两省和西藏地区，也就是合并西康后的四川省和西藏自治筹备委员会管理地区。为什么要把西藏结合到四川省来划分农业区呢？因为西藏的农业生产情形和社会经济情形都与旧西康省，即现四川省的甘孜藏族自治州以及阿坝藏族自治州大体一致；现在，贯穿川、康、藏的公路正源源不绝地把内地先进技术灌输到康藏去，以促进其农业的发展；即西藏自治区正式成立以后，其领导农业生产的机构仍将与四川取得特别紧密的联系，而不可能独自发展；此后在西藏区创造成功的农业生产经验，也将回转来带动甘孜、阿坝两自治州农业的发展；就农业上的相互帮助说，西藏区与其他邻接的省区之间，例如新疆、青海、甘肃、云南之间的联系都不可能获得很大的帮助，唯独与四川间具有悠久的历史关系和重大的现实意义；故把西藏与四川结合为一体来划分农业区是适当的。

现在的四川面积约有 57 万平方公里，西藏区面积 113 万多平方公里，合计将近 170 万平方公里，可分为四川盆地、康藏高原和这二者的中间地带建南高原三大部分。综合地分析上篇所举各地方的自然条件与社会条件，我拟议把这三大区域划分为 15 个农业区，更分为 43 个亚区，每区包括若干整县、整部和从别区属县划过来的一部分农村，其目有如下。①

一、四川盆地

（一）川西自流灌溉区

1. 成都亚区（成都平原区）——成都市与温江、双流、华阳、新都、新繁、郫

---

① 非全县划入区内，而县境主要部分连县治在内划归本区者，于县名右角上附星点（*），县治不在区内者不加。

县、崇宁、灌县、彭县、广汉、德阳、什邡、绵阳、崇庆、大邑、邛崃、蒲江、新津、名山 19 县和金堂*、简阳*的北部。

2. 安绵亚区（涪江平原区）——安县、彰明、江油*、绵阳*、罗江 5 县和中江*、三台*的北部。

3. 嘉眉亚区（上川南平原区）——彭山、眉山、青神、乐山、夹江、峨眉、洪雅、丹棱 8 县和仁寿*、峨边*的北部。

（二）川中紫土浅丘区

1. 资内亚区（沱江中游区）——内江市与内江、资中*、资阳、简阳*、仁寿* 5 县和金堂*的南部。

2. 遂宁亚区（涪江下游区）——遂宁、蓬溪、潼南、安岳、乐至、射洪 6 县和三台*、中江*的南部。

（三）川北紫土方山区

1. 南充亚区（宕渠方山区）——南充市、合川市与南充、西充、盐亭、南部、阆中、蓬安、仪陇、营山、渠县、广安、岳池、武胜、合川 13 县和铜梁*的一部。

2. 广元亚区（剑门方山区）——广元、昭化、苍溪、剑阁、梓潼、旺苍、青川 7 县和江油*、绵阳*的一部。

3. 巴州亚区（通南巴山区）——巴中、平昌、南江、通江、万源* 5 县和达县*的一部。

（四）川南浅褶紫土区

1. 犍威亚区（穹窿构造区）——自贡市、五通桥市，与威远、荣县、犍为、井研、沐川 5 县及仁寿*、资中*的一部。

2. 宜宾亚区（宜宾暖谷区）——宜宾市与宜宾、南溪、屏山、庆符、高县、筠连、珙县、长宁、兴文 9 县。

3. 泸州亚区（泸州暖谷区）——泸州市与泸县、富顺、纳溪、合江、江安、叙永、古宋、古蔺 8 县。

（五）川东剧褶暖谷区

1. 渝西亚区（峡西扇褶区）——重庆市与巴县、綦江、江津、隆昌、荣昌、大足、永川、璧山、铜梁*、南川 10 县和南桐矿区。

2. 渝东亚区（峡东骈褶区）——江北、长寿、邻水、垫江、梁平、大竹、达县*、开江、宣汉 9 县。

3. 涪万亚区（川东狭谷区）——涪陵、酆都、忠县、万县、云阳、奉节*、开县、石砫 8 县。

（六）川东石灰岩地区

1. 巫山亚区（巴东三峡区）——巫山、巫溪、城口 3 县和万源*、奉节* 的一部。附鄂西南区。

2. 黔中亚区（酉秀黔彭区）——武隆、彭水、黔江、酉阳、秀山 5 县。附鄂湘黔间石灰岩地区。

（七）川西北副盆地区

1. 雅州亚区（青衣江上游区）——雅安市与雅安、荥经、天全、芦山、宝兴 5 县。
2. 茂汶亚区（岷江上游区）——汶川、茂县、理县、松潘、黑水 5 县。①
3. 平北亚区（涪江上游区）——平武、北川 2 县。

二、大渡河谷与建南高原

（一）若水盆地区（大渡河中游地区）

1. 铜河亚区（河道七场地区）——汉源、石棉、泸定 3 县与康定*、九龙* 之一部。
2. 金川亚区（金川五屯地区）——丹巴、大金、小金 3 县及康定* 之一部。

（二）建南高原区

1. 中心平原亚区（西昌亚区）——西昌、冕宁、德昌 3 县和会理县* 的北部。
2. 南部暖谷亚区（会理亚区）——会理南境与会东、宁南、盐边、米易 4 县。附巧家、仁和等县。
3. 西部高地亚区（盐源亚区）——盐源、金矿、木里、九龙 4 县。
4. 东部高地亚区（凉山亚区）——越巂、普雄、甘洛、喜德、昭觉、普格、布拖、洪溪、金阳、瓦岗、美姑、雷波*、马边*、峨边* 14 县。

三、康藏高原

（一）阿坝区（阿坝藏族自治州区）

1. 阿北高原亚区——阿坝、若尔盖 2 县与俄洛草地。
2. 阿南河谷亚区——松潘、南坪、黑水、理县、马尔康、绰斯甲 6 县。

---

① 这一亚区，作者只拟把茂、汶两县和理县一小部分划为一区。余归阿坝区的阿南河谷亚区。详后说明。

(二) 甘孜区 (甘孜藏族自治州区)

1. 康北高原亚区——康定西部与乾宁、道孚、炉霍、甘孜、德格、邓柯、石渠、色达、新龙9县。

2. 康南狭谷亚区——雅江、理塘、稻城、乡城、义敦、巴塘、得荣7县与三岩（武成）之一部。

(三) 昌都区 (三大狭谷地区)

1. 察东高原亚区——昌都（察木多）、察雅（乍丫）、宁静（麻康）、贡觉、同普与纳夺等部。

2. 察西高地亚区——恩达、硕达洛松（硕督）、类乌齐（九集）、三十九族（甲得）、黑河（那曲卡）等部。

3. 察南暖谷亚区——盐井（察卡龙）、察龙、冷卡、门空、桑昂（科麦）、察隅、八宿等部。

(四) 前藏 (雅鲁藏布中游地区)

1. 中央阔谷亚区——卫部（拉萨河流域）、工布（太昭）、拉里（嘉黎）三大部。

2. 山南狭谷亚区——山南（洛区）、达部、娘布（雅鲁藏布河谷的中段）。

3. 波部狭谷亚区——上波密部、下波密部、绒部与白马岗（波曲河谷与雅鲁藏布江套）。

4. 山南高原亚区——羊卓、罗札、卡域与南羌塘（喜马拉雅山北草原区）。

(五) 后藏 (雅鲁藏布上游地区)

1. 藏布燥谷亚区——日喀则、绒区、无尤区、尚区、吉区、萨加区。

2. 年曲阔谷亚区——葱堆、仁岗、江孜、谷洗、热龙、康马、门扎等处。

3. 卓摩斜面亚区。

4. 涌汝山谷亚区——干坝、定结、协噶尔、定日、聂拉木等处。

5. 藏对寒农亚区——昂忍宗、萨噶宗等处。

(六) 阿里羌塘区

1. 阿里亚区——冈底斯、布绒、象雄、噶大克、罗多克（日多宗）等处。

2. 羌塘区——念青唐古拉山脉以北的贫草原区。

上文已把四川省现有的市、县、自治州与其辖县，西藏地区的各部分，全部列名包括在内。并都依照上篇的举各项自然条件、社会条件，作过全面性的比较分析，审慎地反复修改，要求做到各区和亚区内各项条件大体都能一致。由于自己考察过的地面有限，过去研究的资料已陈腐不适用，而新的资料又非常缺乏，其中仍当修改之处必然很多，但大部分可以说是适当的。

曾看到过一些关于划分四川农业区的草图和分区意见，我觉得它们都带有部门派地理学者的毛病，不合于促进农业发展的实际要求。举例言之，则如：

新中国成立前中国地理研究所的《四川农业区域图》①，实在只是一幅四川耕种情况分类图，完全没有考虑到农业生产的发展前途和国家领导问题，甚至于未曾参考到任何一条社会因素。即在自然条件中，也是与地质、土壤区域、地形和气候区域是不相应的。它完全打破了行政区划，以至于不管县、区、乡界，硬性地划出若干条带来。例如，它把西从懋功（小金）起，通过理县、茂县、平武、青川、广元、旺苍、南江、万源、城口、巫溪等县一直到巫山县止的一条狭长地带划为"玉蜀黍小麦区"，长达800公里，宽仅20多公里，一般又占得上举各县的一半或大半。同样又从平武、北川向西南缘边划到雷波县的一狭长地带叫作"玉蜀黍茶区"。试问这样分区有何意义？然而这种分区法，旧时甚为流行。苏联专家教导我们：农业区要与行政区相适应，大约就是为了针对这些荒唐的农业分区法下的药。

四川省农业厅1954年拟制的（未发表的）农业区域草图②，大体上已纠正了过去划分农业区方法上的错误，但也还保留了些。例如把青川、昭化、广元、旺苍、南江、通江、万源、城口、巫溪、巫山、奉节、云阳、万县、石砫、武隆、南川、綦江和酉、秀、黔、彭，划为一个第四区，这是很难理解的。还有它过于迁就县界，竟因金堂大部是紫土丘陵而把全县连都江灌溉区一并划归第三区（川北区）。这显然是只凭统计数字，未能参考地理条件，脱离实际的错误。此外还有一种划分平原、丘陵、山地三区的方法③，更难同意。

---

① 周立三、侯学焘、陈泗桥等编纂，北碚中国地理研究所1946年10月出版《四川经济地图集》（石印）、《四川经济地图集说明》（铅印）各一册。其农业区域图在第46幅，在作物分布图后；又后是牲畜、矿产、工业、交通、金融等图表，已可见其"农业分区"的意义。
② 仅获见其单图，未见说明。亦未经发表，这里引到只说明那一时期厅里有人作此主张。
③ 曾见民政厅统计册中有这样划分法："平坝区，一般田多土少，田占70%以上，农作物一年两熟到三熟，土地利用率在50%以上，水稻每亩平均产500斤以上，每亩耕地平均出产粮食约450斤，每一农业人口平均产粮700—800斤。山区田少土多，田占40%左右，土地贫瘠，气候变化较大，农作物一年一熟或两熟，主产杂粮，每亩耕地平均产粮不到300斤，水稻每亩产额在400斤以下。丘陵介乎其间。高原气候寒冷，多草原，一年一熟，每亩户粮不到100斤。"这是为了"便于资料运用"而"以县为单位进行划类"的一种统计方法，不是农业分区。依它把12个专区辖分划出来的是：平坝区为成都市、温江专区17县，绵阳专区的绵阳、绵竹、德阳、安县4县，乐山专区的眉山、彭山、夹江3县，此外为川东的长寿、垫江、梁平、开江4县和西昌县；山地为巫溪、巫山、酉阳、彭水、秀山、石砫、武隆、黔江、古蔺、叙永、珙县、高县、兴文、筠连、沐川、屏山、北川、青川、广元、南江、通江、万源、宣汉、阆中、芦山、宝兴、天全、汉源、盐源、盐边、石棉、木里、金矿、会东等34县和凉山彝族自治州。高原为阿坝、甘孜2藏族自治州。其余县市为丘陵区，这显然是离开地理实际情况，单凭统计的划分法，而这些统计数字，主要是生产量的统计数字，是经常在变动、不可资以分区。

上文的划分方法，是一种为发展农业生产而奋斗的组织方法。为了领导的方便，注意于与行政区相适应，但亦不拘守行政区的约束，而寓有促进改革行政区划的要求。它与整个的国民经济建设计划要求相适应。

这样划分，把川、康、藏农业区组织成为一个三级领导的体系，虽与当前省、专、县三级行政区划有很大出入，却对制订农业计划和加强农业领导上有很大方便。盖各亚区内自然条件与社会条件皆颇一致，而旧有各县界内这些条件反不一致，则很可裁并一些县级农业领导组织，把力量更集中地改组为亚区农业领导机构，直接指导各乡村，使县级任务轻省得多，而农业领导更易于正确、有效；也更易于解决亚区各县所共同存在的现实问题，例如双季稻栽种面积的决定与其种子、肥料和技术指导等连带的实际问题，兴修水利问题，开展副业问题，水土保持问题等科学性较强和需要技术人员较多的问题，就现阶段情形说，都不是分散到各县所能解决得好的问题。由亚区组成的区，已相当于一个行政专区的地面，它代表亚区各县所共具的特点，如能设立一个农业领导机构，便易于掌握各县的共同需要，建立工业重心，制订正确有效的工作计划；也易于看出各县各亚区发展不平衡的情况，纠正偏差，随时调整，使其互相协调、互相推动。这些"区"，也是与综合性的工、矿、商运经济区一致的，如其说行政专署对县级领导工作主要在于经济发展方面，则屡改未定的行政专区就好参考农业领导的方便再来一次修改。当前四川就有 12 个行政专区和 3 个自治州，依上文方法所划，四川省境共总只有 11 个农业区和 29 个亚区，若还把地面过大的亚区（如嘉眉亚区）作为一个专区，太大的亚区（如成都亚区）更分成 2 个专区，把沿边一些小亚区（如平北亚区、巫山亚区）合并于另一亚区（如平北区合并安绵区，巫山、黔中 2 区与涪万区改组为涪陵、万县两个专区），则专区并无增减，而区域便更调和合理了。

此 3 个大区，系为全国性分区而作，在川、康、藏应即由省和西藏自治筹备委员会来分别进行大区领导工作，由于有了亚区的工作基础，省级机构更易于了解全面情况，统筹规划，合理布置，深入领导，使广大地面的一切计划、一切措施、一切号召都更能切合区域性的实际情况，不致有隔靴搔痒、凿枘不合和白走枉路的错误。农业教育、研究、试验、推广等机构亦可资为合理配布，俾各能掌握区域特性，面向重点、集力专攻，收到钱不虚费、人不徒劳、事无枉动的实效。

马列主义科学教导我们：自然界的物质存在和社会物质生活条件，是社会发展的决定力量。也就是说，客观现实的物质存在是一切变化的主体，是生产改革和社会改革的客观对象。农业分区的作用，主要是分析这些物质存在的情况，揭出各个不同地区的特性,和它在发展前途中应有的要求,来制订分区领导的计划。它不能仅仅是铺叙农业生产情形的图片,也不能单从发展农业的观点规划出来,它必须与一个农业发展时代以内整个国民经济的发展步调相配合。

上表的农业区划分方法,主要是把各地区内相互联系、相互制约的物质条件反映出来,借以反映各地区农业发展中所需要的东西,为领导农业生产发展前途打下初步的基础,帮助农业工作者掌握客观发展的规律以促进过渡时期农业的发展。虽然我个人的学识不够和掌握的资料不够,不能把它划分得很适当,但这一提出应该是对人民事业有裨益的。所以不惜辞费,更依各级分区的界至、区内一般情况与农业发展中的重大问题作下篇更为烦琐的说明。

第三章 川、康、藏农业分区的说明

现在，依上节排列川、康、藏农业分区表的次序，把四川盆地、建南高原、康藏高原三大自然区域所包括的 15 个农业区和其 43 个亚区的四至界线、区域特性、土地利用情况与其农业发展中存在的主要问题分别作出说明。

一、四川盆地

现在四川省所管的 3 个市、14 个专区与 3 个自治州中，就有 13 个专区和部分的自治州地方连同省辖市区的地面被称为"四川盆地"，地理学者、经济学者、自然科学者与一般的文化人都习用这个名字。

它是世界上最标准的、最完整的、最富庶的和最富于科学趣味的盆地之一，就兼备这几个条件来说，全世界没有任何一个"盆地"能比得上它，所以自从这名称创立后，转瞬间就被一切科学工作者所遵用。① 它是一个完整内海的遗体；大部分地层都依时代重叠着，未被造山力搅乱：中央是广阔的白垩系紫色土覆蔽，只现有局部的背斜褶皱；四周由侏罗系、三叠系、二叠系三重地层重叠卷绕，也都完整未乱；外接到志留系、奥陶系等古老的地层。白垩系层分布的内部，除局部河谷和山岭外，海拔皆在 300 米到 500 米之间，绝大部分在 400 米左右；四周山地则概在 1000 米左右，北、东、南三面皆以山岳与其他盆地相隔，西侧则依靠着康藏高原和建南高原。全盆地只有由长江刻削成的一线裂缝浅水，那便是巴东三峡。全盆地面积 245000 多平方公里，人口 6198 万余，去整个日本国面积人口不远，与欧洲的英国面积相当，而人口过之。② 住民密度 253 人/公里^2。耕地面积 100002500 余市亩，

---

① 德国地质、地理学者李希霍芬（Richthofon Ferdinand）最先使用这名词，为时约在 1870 年前后，去今不到 100 年。
② 日本面积 369859 平方公里，人口 8590 万；英国（欧洲本国）面积 244200 平方公里，人口 5053 万多。（据《世界知识年鉴》）

占土地面积的34%①，物产丰富，号为"陆海"②。部分河谷具有亚热带气候，部分边缘的山地具备寒、温、热各带气候，生物种类复杂，矿产丰富，故为科学家所乐道。

虽然"四川盆地"这一名词早为人们所习用，究竟它的范围应如何划，则一般都只有"从广元、雅安、叙永、万州四点联缀成个梯形"的概念，没明确的界线可指。兹面临着划分农业区这一现实问题，就不能不确切地描绘出符合实际的线条来。据我所知，一般使用的有3根线条。

第一根线条是海拔1000米高线。这是用地形判断盆地范围的适当线条，一看具有同高线的地形图，就可把整个大盆地的全貌看出：它的边际从海拔500米左右起突然急升到1000米左右。这样海拔500—1000米的斜面地，完整地分布在盆地四周作为一环，所占面积不到全盆地的50%。超过千米便是川西北边区、川东边和大巴山与大凉山地方，在四川盆地内的川东褶曲山顶部也偶有，却共占不到1‰。这一条1000米等高线，恰好代表着四川盆地边缘的极限；再高过它的，便不算得四川盆地面只算得是另一高原。它还代表着四川农耕地的极限。接近它的山地已有大部分都是原始森林与林迹荒坡，过了此线便更难于见到耕地了。在四川盆地以外的其他地区，海拔1000米正是很好的耕作地带，甚至还是非常温暖的无霜地区（例如大渡河谷与金沙江谷），独四川盆地内部是不然的，其原因端在于地质、地形、降水和日照的条件不同，上章已先论及。四川农业主要地区，全在海拔600米以下，600米以上都只算得盆地周边（盆舷）的森林地带。这是四川盆地的特色。③

在地质调查尚未全面以前，只好如此来分析四川盆地。但四川盆地生成的原因是地质引起的，它的界限应该依据地质条件判断。

第二条线，是侏罗系地层露出地面的环形地带。这一地带纡萦着蟠绕于四川境内，一般宽度不到2公里，长达2000多公里，露头断绝有三四处，合计亦只缺断得百多公里。它这样明确地指示出四川红盆地的界线：正如一块淡红色的金属盆，微皱着嵌合在暗灰色的石灰岩上，装满着一盆紫色土，更在局部地方撒上一些黄土和灰白色的冲积土。但这块盆不但周边是萦曲嵌上的，盆底亦有多处褶皱露出到土面以上来；并且有些褶皱隆起的顶部磨穿了，露出盆下紧嵌着的古老岩石，那便是川

---

① 未将川东边区计入。
② "陆海"出常璩《华阳国志》，言无所不包、丰富如海。
③ 关于四川各地的同高线，参考前四川陆地测量局绘制的十万分一四川地图，原因以龙泉驿金轮寺正殿前台阶定为500米，比实际的海拔数字为低。一般坊间地图，大都已标有200、400、1000米的等高线，例如地图出版社的《中华人民共和国分省地图》亦可以供参考。

东、川南的褶曲山脉和穹窿构造了。

这一侏罗系环形蟠绕带，也恰与 1000 米等高线分布地带约略相当，同时它标志着四川主要耕作地的界限，尤主要是稻田分布的界限。试与上篇第八节和十六节参核，其原因是易于指出的。这一侏罗系的环形地带，原不能看作一条线。本节所称的第二条线，是指的它与白垩系接触面的一条线。这线以外的侏罗系岩层较硬，是四川盆地四周山岳的起点，以外的三叠系、二叠系及比它们更古老的岩层更硬，便成了更高的山和高原。侏罗系岩层虽薄，却含有质好量丰的煤、铁矿，此外更古老的地层含矿更多，尤重要的是二叠系煤、铁矿，是可以建立重工业的基地。侏罗系内的白垩系地层，则只便耕种，全不含矿、盐和石油、煤气，都须向地底掘取。是故这条线，正好成为农业和林、矿、牧业分布的界线，也就是农产品和工矿、林、牧交换的市场线。四川有许多自发的市镇和随市镇而建立起来的县城，除一部分集附于沿河码头外，就以产生于这条线上的为多（大都在线内）。

因此，这条线在农业分区上具有极其重大的意义，除附"四川侏罗系地层分布"的地图[①]外，兹更作下列地名上的确指。从川北方山区向西说起：

竹峪关，约在东经 107°45′处，正当万源与通江交界，也恰在侏罗系地层的内侧线附近，它是川陕界上一个很著名的大镇。侏罗系地层自此向西北，微曲露出，经过铁门河、平溪坝，绕过南江城北大黑滩、双石桥与三江口和旺苍县治之北的楼门，构成东河水运的终点。自此折向西北，经广元县城北的徐家河渡嘉陵江，昭化县治（新治宝轮院）北的石罐子渡白龙江，与宝成铁路并行 45 公里，由下寺场渡青川河，为屋子山，更进到马角坝与黄江口（新属江油）之间，被古老地层褶皱挤压下地底去了，但仍在 10 多公里以外的重华堰与江油城附近作了两次露出，表示它并未消灭，而是依着方向在地下发展。从竹峪关至此共长 300 公里，始终只保持得 1 公里多的宽度。

自此以西，只能以 1000 米等高线来表达红盆地的边际。但只经过 100 公里，伏行地下的侏罗系地层又在安县沸水场附近露出来了，仍照原方向直线发展，经过雎水关和绵竹的汉王场、高景关，彭县海窝子的关口（古天彭阙）和磁峰场、灌县的杨柳坪、县城、大安场（青城山北），崇庆州（怀远镇）西边的万家坪，到大邑双河场，才因断层关系暂时断绝了。在此长达 140 多公里直行线的外方，侏罗系地层开

[①] 依据陆地测量局十万分一四川地图的县界与河道，缩绘为二百万分一的分县图，并依 1956 年四川省民政厅编印的《四川省行政区域图》调整县界，再依据中央地质调查所 1954 年编绘的百万分一《中国地质图》填绘侏罗系地层，工作中保持一定的精度。

展到几公里至十几公里的宽度,包括整个海窝子盆地和灵岩山、赵公山在内,并构成岷江自漩口到二王庙的长峡,划出岷江上游的界限。

双河场位于一个槽形下陷的断层长谷里(长达50公里,其西南端为唐王坝高原),横过约2公里宽的紫色土槽地,侏罗系地层再露出来,依着槽地再向西南,过大川场(现属芦山县)曾被一段火成岩割断。旋复依原方向露出经过灵关镇(现属宝兴县),直向天全县治西侧的沙坪。由沙坪作直角转向东南,过荥经峡包绕麂子冈(雅安与荥经界山)和麻柳场(福星场)并围绕荥经县城露出很宽,构成荥经县的矿产基地。由大拐上作直角转折,指向雅安县的孔坪,又作相反的直角,循沙坪河的西侧到炳灵祠(属洪雅县),再转向东,通过洪雅南界,指向夹江;在夹峨交界的麻子石附近,再作直角转向东南,过峨眉县治西,又转西南到龙池、大为,构成峨眉山的山麓部分。从双河场至龙池,纡萦250公里,这段特色在于直角转折很多,露出面也较宽。

在大为附近,又暂因大渡河的刻蚀而断绝了,替代它的是三叠系和二叠系的地层,到峨边县治(旧治,地名大堡子)附近再露出侏罗系地层来从此通过大凉山。调查资料还不完备,概括地说,分布很宽。可以确指为红盆地边缘线的,则从屏山西宁沟的上游山地出现,随西宁沟出石角营(东彝场)渡金沙江,缘江至云南绥江县的桧溪,复回转到绥江县治和屏山县治之间。这段露出于大凉山与红盆地间的侏罗系线条,大约长达200公里;它的内方,现出许多大大小小的穹窿构造,露出大面积的侏罗系地层。例如:从犍为五通桥、石板溪间,南过黄丹(属沐川),北到沙堡(乐山的大渡河岸)的露出;更著名的是荣县、威远与资中罗泉井、仁寿汪家场、犍为金石井之间的露出;还有沐川、马边间,犍为九井坳与沐川舟坝间,沐川底堡与宜宾的蕨溪间这些小型露出;屏山与安边(横江口、宜昆铁路所经)间,和屏山与绥江之间,亦是一个很大的露出面。它也把云南绥江县明白地划归四川盆地以内。

从绥江县境向东南,在盐津县北的普洱渡附近,再入四川省境。自此以东的侏罗系地层分布,另是一种特色。首先,是它再收缩成为宽度仅1公里多不到2公里的条带;其次,是它纡曲度大,很少是直线;再次,是它的内方,骈列作许多褶皱山脉,都露出了直条或环形的侏罗系地层,也都是1公里多的宽度,而且有时这些侏罗系褶皱线条与标示盆地边界的线条结合为一,特显出长距离萦回的远征姿态。从普洱渡起,便是直向东北方射出的一条褶曲条带,侏罗系地层一直奔赴过庆符北境的月江口(约口),再返向西南,经过庆符县治,回到普洱渡南的横江西岸,再转向东;经筠连城北,作一小拗曲;再经高县南境的平寨,到珙县南境的上罗附近,作大转折，转北，又向西；包高县城再转北，复东；经巡司（属珙县）、洞底、漕口（俱属长宁），梅桥（属江安），古宋，斜达叙永城附近又折回向西，到上罗与建武（属兴文）之间，再包绕建武折回叙永城南和古蔺南郊，由太平渡、九溪口渡赤水河，入贵州境。它从綦江南境重入四川，把贵州的赤水、鳛水两县的紫色土区，用地质线条划归四川盆地以内。

这一侏罗系的长带，从綦江县的赶水坝渡东溪，蒲河场度綦水入于南桐矿区，在石莲场北作了小挫；由巴县极南的莲花场折入南川境，与南川河并行过南川治北，由鸣玉镇直北，与鄨都、涪陵间的大佛顶褶曲山脉衔接；自涪陵的李渡渡长江，包绕一狭长的背斜层，复由黄溪口回渡过江南。包绕涪陵城转东，至南沱附近转南再与鄨、忠、万、涪、夔与石砫县间的方斗山褶曲山脉结合。这次是两端都结合着，使石砫县境、万县南境和湖北利川县鱼泉口以北的地方另成一个白垩系紫土盆地，其实它仍是正规的四川盆地的一部。

包绕石砫和利川鱼泉口以北的侏罗系带状地层，在云阳南境曾更与一短小的褶曲结合：它是先向东北进，已到云阳南境的地宝滩，又折向西南；已过万县南境的龙驹坝，又复折回东北；至云阳南境泥溪口西，才与西南来的方斗山背斜褶曲南面的侏罗系带合并了。

方斗山背斜褶曲的北面侏罗系地层，经长滩井南，并长滩河过垏口与故陵镇南，入奉节界。从安坪（二塘南）渡长江，作一短褶，包绕奉节的郊区，又与梁、万间的"四十八槽"巨长背斜褶皱衔接；侏罗系带状地层直西至垫江县的龙凤场（龙溪河上游），再折回奉节县的三道河，远射200多公里。自三道河折向西北，经云阳的桑坪与江口之北，过中坝场，再折回；到沙沱寺附近又折向西北，到开县灯草坝临江又折回；将近温汤井，又折西北；在樊哙店（属万源）附近，更作了来复的三折，才到万源的县城附近。再作三骈的褶露，才在竹峪关与大巴山的侏罗系层作单一条带状衔接。总计自普洱渡至竹峪关，侏罗系的内缘线长达2300华里，除去因衔接背斜褶曲的射出部分，亦尚有1300多华里，它代表四川盆地的东南边缘[①]。

川东南还有不与盆地边缘相连接的背斜褶曲，其被侏罗系地层作条带围绕的15条，与上举的与盆地边缘连接的5条，合成个褶曲山汇，都是自东北向西南的走向，也都是以侏罗系环绕三叠系以下的地质构造。其中最大、最高、最长的一条叫华鎣

---

① 关于以上侏罗系地层分布的叙述，是依黄汲清等的《秦岭地质图》（百万分一缩尺），谭锡畴、李春昱的《川康地质图》（二十万分一缩尺），和中央地质调查所的百万分一《中国地质图》参对十万分一《四川地图》记述的。

山脉，东北跨渠县的三汇峡（达州河下峡）与渠河并行，至合川、江北间歧为3支：北支过沥鼻峡（牛鼻峡）经铜、璧界尽于永川；中支过温汤峡（二岩）为巴县、璧山界，终于江津的油溪；南支过观音峡和铜罐驿，终于江津县境。此外尚有一小支入江北县境。华蓥山的最高处号称"宝顶"，海拔1560米，邻水、岳池、江北交界处宝顶外高过1000米的部分亦长达100余公里，算得是四川盆地内部最高的山脉，是川东与川北区的自然分界。

次于华蓥的，为构成铜锣峡的断金坪褶皱，东北抵宣汉，南达江津，高不过华蓥而长则过之（长过300公里）。其在重庆市东称为南山，在江北县有玉峰山，在邻水有幺滩场的峡道。再次为构成明月峡的木鱼山褶皱，在江北东境，邻水流过处有排花洞峡道。还有涪陵西境构成黄草峡的褶皱和其他小褶皱，都在重庆以东。重庆以西，除华蓥三支外，还有永川三支，铜、大界上的褶皱和荣、隆昌间的褶皱，都可说是华蓥北支的余势作扇形扩展的部分。在川南的只富顺童家寺到宜宾城北这一条，跨越岷、沱二江长达70公里，与华蓥山气势遥接，构成历史上巴与蜀的自然界标。

以上这些地质线条，自然都是决定四川红盆地范围和盆地内部划分农业区的科学依据。但如果就真的机械地用侏罗系地质环来作四川盆地的界线，也是不适当的。譬如说川北侏罗系地质带外的大巴山区，地面很狭，又未有恰符合这区地理界限的县级行政单位，就不可能单划一区。再如说白垩系紫土区的许多河谷，早已侵刻过侏罗系，深入到三叠系、二叠系，以至于志留系的地层很远了，其谷内农业完全与盆地内部一样，梯田、冬水稻田、旱地耕作方式都仿紫土区，只多了高山森林，就说明它的一切条件都没有独立区的特性，应该合并在川北方山区内。川西北像这情况的地方很不少，且有面积非常辽阔足够单独成区的地方（例如岷江上游地区），但它对四川盆地来说，自然条件、社会条件都有或多或少的附属性，只算得四川盆地的副盆地；更有些部分，在行政上具有不能与盆地分离的现实意义。是故地质线的依据虽然是科学的，却不是完全合理的。合理的现实的依据，还有第三条线。

第三条线是接近侏罗系圈的适当的分水线。这里，"接近侏罗系圈"一条，易于确定；"适当的"一语，就难作断案。就流入四川盆地的水系来说：金沙江、大渡河、乌江（黔江）都是，但我们不能把分水线延扩到包有这些河流的康藏、云、贵境去，是人人可以肯定的。陕甘的嘉陵江和白龙江流域，即所谓徽成盆地、武都盆地，都可以算作四川盆地的副盆地。历史上，它与汉中盆地也曾长久地划为梁益地区，但在今天说却不可算作四川盆地的一部分。岷江上游盆地，即松、理、茂、汶等县历史上都是四川省境，自然条件更是四川类型，社会情形各县很不一致，现在是全都划入阿坝藏族自治州了，这样就难说它怎样划分才是适合。已经划归凉山彝族自治州的雷、马、峨三县，亦有相同的问题存在。其他类似这样的各县小问题还多，都须待得一定时间经广泛人员的研究讨论方能决定。这里不能等待尽善尽美的决定，只能根据我个人的见解，尽先地提出划定四川盆地分水线的初步意见来。

我的意见是：东、南、北三面都暂依四川省界不动，只在当前四川省辖地内斟酌划出这条四川盆地的分水线。但同时也在分区说明中把东、南、北三面四川盆地合理的境界线提出来，表达我对修改行政区界来适合自然区域的意愿。

标示四川盆地西部界限的分水线，就广义的四川盆地言之，应从平武与甘肃省的界线，西接松潘北的弓杠岭、羊膊岭（浪架岭），循若尔盖草原的边缘，自上漩口折向西南，包绕黄胜关、毛儿盖，接黑水县西界，达于刷经寺南之鹧鸪山。此线以外为3000米以上的高原，以内为3000米以下的河谷。鹧鸪山为此段分水线集中最低之山口，犹高3400米。自此而南，为虹桥山、黄土梁、梭罗梁子、粮台山、中梁子接巴朗山（斑斓山）；其内为岷江上游盆地，其外为金川盆地。巴朗山为灌县、金川间唯一通道：山口高4000米，其旁山峰高4360米。① 自巴朗山向西南，为夹金山，为穆坪（宝兴）河与小金川的分水岭，也是青衣江盆地与金川盆地往来的唯一有路的山口；海拔虽仅3000多米，两侧河谷却低到1000米以下，故较鹧鸪、巴朗等山更为险峻。自夹金山向西折南，为大渡河与青衣江的大分水岭，经过大梁子、岩州梁子、马鞍山、二郎山、蒲麦地，海拔全在3000米以上；即上举各山口，亦没有低过3000米的。自蒲麦地转东循荥经、汉源县界到大相岭，又循汉源、峨边界到东瓦山，逼临大渡河，亦皆高在3000米，最低之蓑衣岭亦有2600米，逼临大渡河之瓦山，亦达3000米，与峨眉山可以清楚地互相望见。

自瓦山越大渡河为大凉山，当前尚乏周详的调查资料，未能确定分水线的部位。从此到金沙江边亦不应再以分水线为四川盆地的界线，只能用民族分布的线文来标志它。因为这带所谓"大小凉山"，并非确指的哪一座山，或哪条山脉，实际指的是彝族居住的山地。这些山地现已建为凉山彝族自治州。其分水脊，即峨边、马边、西宁、西苏角诸河与越嶲河、昭觉河、美姑河的分水脊，已成了大小凉山的中心地，自成一个农业区域；即如峨边、马边、西宁等河的上游部分，亦皆彝族住地，非四川盆地农业区所宜包括。只这三条河的下游或中游以下是四川盆地的景色，是四川农业的耕作方式，住的四川盆地的人民。

---

① 关于四川盆地的许多海拔数字，均依照十万分一《四川省地图》。

这里的民族住居地界线，在沙坪（峨边新县治）以上，可以大渡河为界；沙坪以下至乐山的沙塆，可以大渡河南侧山地的林箐为界，沿河两岸村落，如沙坪、分茅、老鸦滩、龙嘴、五渡溪、刺竹坪，均属四川盆地。自刺竹坪向南入马边河谷，亦只以西岸林箐为界，沿河如黄丹、舟坝、利店、荣丁、夏溪、马边县城，皆全属汉民耕地，兼为四川盆地的林矿运输的血脉地带。马边观善坊以上河谷上游，应属凉山。自马边喻山入西宁沟，中间大谷溪、玛瑙、夏溪、斯栗沱到西宁，皆屏山县地，当划为四川盆地。西宁以上的河谷与山地都应划为凉山区。由西宁沟林箐带转入金沙江谷，如石角营、冒水孔、巴蕉滩、沙湾、黄螂、马湖、海脑坝、牛吃水、雷波县城等沿江耕地俱属四川盆地，其北高山彝族耕地即属凉山。这种划分法，把许多河谷与山坡拦腰截断，只顾到民族分布，与自然区划不合，又未适应当前的行政区划，这些都可能是有人反对的。为了解除这些怀疑，更作两条补充说明：

　　在这一特殊地区里，划分任何区域，都只该考虑分民族分布，因为这就是民族自治区。依民族政策的指示和苏联的先进经验，民族区都不要求与自然区一致，只以少数民族实际居住地域为界。若还有其他民族杂居在某一个少数民族地区里，而占的少数或很小的地面，皆可一并划入区内，再于区内酌设备自的自治县、区、村或联合县、区、村。若还是多数民族住居在自己的区域里，仅仅与其结邻，那便没有也被划归自治区的理由。如像越嶲县，虽已是历史悠久的汉民族聚居区，但现实情况是彝族住区包绕着一块民族飞地，把它划入彝族自治州是很适当的。但原越嶲管的河道七场是与汉民族住区全面结合着的，已经析置了石棉县，并不随同越嶲县一并划入凉山自治州；并且连大渡河南岸旧越嶲县辖的大树堡、河南站等汉民族住地也改划成汉源县；这一措施是非常适当的。峨边、马边、雷波三县的汉民族住区，与内方广大汉民族区有全面的紧密联系，与山地的彝族住区则截然分离，极少有何联系，且中间大都隔开了一条真空的竹箐地带。其所以把两个民族住区划为一县，乃是封建统治者"征服"彝族后，要设官管理他们而又无力量管理他们，特把官吏设在有汉民族支持的边界点上，并划一区汉民族给他以便于作威作福的意思，名为"保护汉民"而设官，其实是借重汉民"以备非常"。新中国成立以来，由于民族政策的推行，汉彝间已团结一致，同在党和人民政府领导下、向社会主义过渡的一致要求下改变自己的生活；但由于历史留下来经济和文化上的差别，决定了一定时间内进步的程度。因此便早已有把这三县各自分析为彝、汉住区的两个县区的必要，比如越嶲那样。如果要分，则必然是采用上面那样划分的线条。故与其说这样划分不适应当前的行政区划，毋宁说是正确地适应当前的行政区划。

拦腰截断一条河谷或一个山坡，在行政区划里是经常有的；在自然区划里也往往有此必要。例如嘉陵江上游被截割于陕、甘、川三省；金沙江被截割于川、滇、藏三部；大巴山脉的南坡（分水脊以南）分属于陕西、四川两省，喜马拉雅山南坡被分割于我国西藏、尼泊尔、印度和另一些民族区；这都是很久很远的历史事实，并且有它不可更改的特性。最具体而切近，明显的例子，是川东的城口县。城口县面积4307平方公里，有3600平方公里属太平河（大竹河）流域。太平河从陕西的紫阳县入汉，其与四川盆地的分水线即大红山脉，即是大巴山脉东南的一支。就分水说，太平河位于大巴山的北坡。它的上游即四川的部分，地质上属三叠系与二叠系，即四川盆地周边一般的地层；它的下游，即陕西部分，地质上则为更古老的石炭系到志留系的地层。①地形上，上游是海拔1000米以上的山区高原，下游是1000米以下的河谷盆地。因而，气候和土质上都截然不同，农业生产上，也有陕西式与四川式之别；社会一切情况也就有所差殊。所以历史上，整条河谷从来就分属于川、陕两省。如果有人单凭大巴山分水线来划分自然区域，便会把它划出四川盆地以外而造成错误。

便说到自然区划，也不是永远不变的，人类社会的发展也会使自然条件改变起来，因而自然区划也得改变。四川盆地里有许多地方在历史年代里密被着森林；农村逐渐展拓，森林次第退缩，社会在改变，自然区域也就次第改更了。青衣江流域，秦以前原是羌民族住区。汉魏时，汉、羌、氐民族和平混居。唐以来受压迫的少数民族逐渐退却、逐渐消减，到了清代便只宝兴（穆坪）还留为他们的住地。农业在这一地区，过去是随着大汉族主义的汉民族势力在发展；到了清代，穆坪保守藏族的经营方式，余都是与西川平原区一致的经营方式。现在，穆坪的少数民族得到解放，与汉民族同心协力地接受党的领导发展地方农业，一切情况与川西平原一致了。若在30年前，有人因穆坪河是青衣江上游，便把它与雅、荥、天、芦划作一个自然区域，那是错误的（那时它应划在四川盆地以外）；到了今天，若有人因为这里是有少数民族的山区，而把它划在四川盆地以外，也是错误。这说明：凉山区的自然区划，现在还须注重民族分布的理由；也提出了四川盆地的西南界线，将来仍会搬上分水线去的可能性。尽管民族分布区不变，但只要它社会经济、文化和民族生活方式转变以后，即有此可能。

在阿坝藏族自治州里，民族、社会经济和一般的农业经营方式，有由南到北逐渐有不同程度的变化。在这样的社会情况下，自然区划是很难标绘的。例如：汶、

---

① 参看《中国地质图》西安幅。

茂、理3县，已经是组织起来了的地区，黑水、松潘、马尔康3县就差一些；而自然地理，则黑水与马尔康判为2区；社会条件，松潘与黑水又复不同。还有南坪县，社会情况颇似松潘，而自然地理则属白龙江盆地。这4县，都是汉式农业与藏式农业的过渡地带，农业区域可合为一，但自然区域则析而为三。这里虽把松潘、黑水两县（岷江流域）划归四川盆地，却又想把两县划归阿坝亚区，这一矛盾很难解决。最后是暂把这两县划为西北副盆地的茂汶区。

在三个区域中，四川盆地各县的共同特点是：气候温暖，耕地百分比最大，农业人中最稠密，耕作精细，建造梯级田地，使用多种肥料，栽培多种作物，争取水稻、玉蜀黍等高产作物面积的展拓和多种经营的开展，交通与城乡交易都发展，社会经济比较的活跃。随着工矿业和社会文化的发展，带动农业的发展速度，它将是可以肯定为西南农业先进区的。

由于这样大面积的地区内各部分地理条件和历史发展的未能平衡，彼此间又自有其不同程度的差别。故尚待分为7个亚区来研究。

（一）川西自流灌溉区

这一亚区的特点是：（1）地势为平原及宽展的河谷盆地，在全川冲积平原的面积最大，且为第四纪黄土集中的地区。山岳皆在侏罗系圈外的水源部分，占地不宽。（2）引江水灌溉田亩的水利事业发展普遍，全省著名的大堰渠集中在此区，许多都有千年以上的历史。小堰、塘堰、穿山工程，笕水灌溉和自转水车灌溉的工程，也都是这区农民最早就已有了的创作，几千年来一直在不断地向前发展。（3）气候温和、湿润、绝大部分地方罕遇霜、雪、风、雹的灾害，四时皆得安全生产。但在全川中有多雨日、快晴天气很少的缺点。（4）是四川文化开发最早，历史上永恒的政治、经济中心区，交通比较便利，市坊比较繁荣，经济比较活跃；农民很早就建立了多种经营的制度，经济作物与粮食作物并重，大都有一定的副业经营，农业经济活跃。（5）在过去农民分化得特别快，产生特别多的大地主和无产农民；社会上经常有些骚乱。土改后虽组织起来得很快，但一般仍有或多或少的倾慕城市的心理，在全川中农业劳动的强度不是最大的。

这区的界线，主要是由九顶山脉与龙泉山脉来确定。

九顶山脉，是横卧在岷江上游与侏罗系红盆地间的一条最高最大的山脉，东北连于松潘的雪宝顶、贡嘎岭（弓杠岭），西南终于岷江漩口大转折处的娘子岭（羊子岭）；主峰鍪华顶，在茂县南，海拔3241米，共有平列的9个峰顶，皆在3000米以上，故称九顶山或九峰山。它阻遏大盆地的温湿气流，本身经常为云雾包围着，对成都平原与茂县河谷气候的悬殊，起了主要的作用。它在娘子关西南，与蟠龙寺来的牛头山脉共同扼着岷江，明白地划出岷江上游与中游的分界。

过岷江，由碓窝亭、蟠龙寺、寒风岭（韩凤岭）过牛头山，向西南接连巴朗山，为牛头山脉分水线，平均高度在2000米左右，最高在崇庆县极西界的贝母山（3845米）。牛头山算较低的山口，与巴朗山口均为灌县金川间的孔道。

自巴朗山东部的贝母山起，接青衣江盆地东界的分水线，包绕青衣江盆地到东瓦山渡大渡河，依南岸林箐至沐川、乐山界上的刺竹坪。

自刺竹坪向东北，循大渡河与黄丹河的分水线接乐山犍为界，由牛华溪渡岷江，循乐山井研界北上到童家场附近接于龙泉山脉。这一段，是一条地实界线：其北为嘉眉区所常见的上白垩系地层（嘉定系）与冲积平原；其南为盆地中央区习见的紫色山丘陵。在这里构成了划分岷江中下游的理由。

龙泉山脉，是横斜于成都平原与紫色丘陵间的一条浅褶皱背斜地层，起童家场，向东北逐渐升高，成为成、眉与仁、简间的分水岭。最高部在简阳、华阳两县之间，平均在海拔700米左右。它并未露出侏罗系地层，只把下部白垩系地层抬出地面。现在森林虽已残毁尽了，仍然是分别成都盆地与沱江中游地区的气候界线。它东北从金堂县赵家渡与怀州（淮州）间的怀州峡渡沱江，为山王庙梁子，入中江界，把金堂县划为南北两部：南部沱江河谷是温暖的橘、橙、蔗、烤烟产区，和紫土丘陵地；北部是川西水利灌溉区，橘、蔗等亚热带作物，虽曾有人竭力繁殖到怀峡以北来，亦只限于峡口的赵家渡地区，且品质极易劣化。这乃是由于成都人民需要沱江橘、蔗，而苦龙泉山脉阻断了车运的时代，农民勉强引种过峡来供应的，交通形势改变后，不久就会退缩过峡去。由这一点可以说明这条虽然不高的山脉在农业分区上的意义。

龙泉山脉过峡后，逐渐偃伏下沉，到罗江县界，与划分绵、洛二水的紫土丘陵分水线合一。这段紫土丘陵把成都平原与安绵平原分割开来，中有白马关（鹿头山）为历史上的交通要地，故被人称为鹿头山脉；其实不成其为山脉，只算得紫土丘陵在川西平原的偶然保存部分。由于这一带没有真正的山脉，也没有显著的与县界约略一致的地质线条，其他参考资料也很缺乏，对这带川西灌溉区与川北紫土区的界划迄无依据。我主张把中江县北部和三台县葫芦溪以北划作川西灌溉区。因为据《四川通志》说①：中江县很早就有六堰，皆在北部罗江流域；而三台的惠泽堰为绵

---

① 嘉庆《四川通志》卷二十三《渠堰志》。

阳三台所共有，灌两县田 16500 亩。而《中国地质图》指明：自三台刘家坝以北葫芦溪一带地质与刘家坝以南不同。假使照这样划，则由刘家坝斜划一线，南接中江县界，北至柳池井接绵阳界，循绵阳涪江与梓潼河的分水（割出魏城驿等绵阳东部于梓潼县）到江油茧市坝附近与江油平武界相接。

在这条拟议的界划上，仁寿、简阳、金堂、中江、三台、绵阳、江油都被分割成两部，分属于两个亚区了。我觉得这是有必要的。表面看来它与现在的县行政区划不合，实则只是过去县行政区划的不合理、不合自然条件。应该参考自然条件与历史沿革进行调整。

现在的仁寿县境，在唐宋皆为仁寿、籍、贵平三县。明代因元末离乱、户口凋残、孑遗之民不多，合并起来，相沿至今 600 年，人口已超过 100 万了，还未复分。考籍县故治，即今籍田铺，原辖正是龙泉山北一带，包括有黄龙溪这些成昆铁路即将通过的地方，应该复置籍县，属嘉眉区。现在简阳县境为唐宋时的阳安、平泉、灵池三县地；宋改灵池为灵泉，故治即今龙泉驿，所辖亦为龙泉山以北的地方；今天简阳县人口已接近 120 万了，复置龙泉县，把华阳县北的大面、鸿门、石板滩等处划归它作为川西黄土区的一县，是很便于农业领导的。金堂县境在汉、魏、隋、唐、宋代都是两个不相隶属的行政区。北部隶属成都，为金堂县，峡南隶属简州，为金渊或金水县；宋于金水县置怀安军，相当一个直隶州；也是明代才省并为一个金堂县的；现在金堂县已有人口 67 万多，由于县境的特殊情况，划属任何一个专区都不适合，复为两县，分属两区是很自然的。中江县在唐宋为玄武、飞鸟两县，罗江河流域为玄武，宋代改称中江，其南有盐井分布的紫土丘陵区为飞鸟，并曾更析置过铜山县（唐代）；也是明代合并为一县的；它的南境要走 180 里才到胖子店（飞鸟故治），还有更远的地；今天中江县人口已接近 100 万了，管理这样弯远的狭长地带，其应复置飞鸟县，理由是肯定的。三台县从汉代起，便是郪与涪两县，南部为郪，县治即今三台，北部为涪县，即绵州，唐析置涪城县，县治即今葫芦溪；也是明代才合并的；今三台已有人口 112 万多，应该复析为两县。绵阳东境魏城驿一带，本是魏、隋、唐、宋的魏城县地，元明两代省并入绵州，清代还曾经改属梓潼县，后又回属绵阳；就地理条件说，这区划归梓潼是适合的，也有条件复为一县。江油县的东境，历史沿革上非常紊乱，有时属利州，有时属剑州，有时属龙州，有时属梓潼，清代虽划归江油县，却于其间保留各县飞地很多，直到近年才把飞地问题解决了；自神龙河以北，地形已与涪江区迥然不同；过去认为僻地，没人注意它，现在这是宝成路经过的要地了，从昭化到江油（新治中坝）将近千公里地方还没有一个县治，大部分都仍为江油县地，实有析置一县的必要。

隋、唐、五代、两宋的州县建置，大都能与农业区划的要求符合，这不是偶然的。那时财政收入主要依靠田赋，农村管理成了州县第一要政，管理既然细密，了解就易清楚，在统一政权的领导下，行政区与农业区自能调适一致。明清两代把四川当作边区，行政区的划分只注意于官缺大小的配合和驿运管理的方便，全未考虑到农业生产这方面来：把飞鸟划归中江，是为了划割川北盐坊的剥削来挹注中江；把涪城划归潼川（三台），是为了升郪县为州，必须扩大它的辖户，并且须配搭些肥美的灌溉田，弄得一条惠泽堰分在不同府、道的两县使用，经常打官司①迄未宁息；魏城划归绵州、龙泉划归简州，也都是为了调济官缺的肥瘠，并顾到驿运的方便。总之，全是不合理的。当时还说户口稀少，必须合并，今天户口已经很殷盛了，如何还可以因仍错误不加改革呢？② 如其要作县区改划，则唐宋时代的旧建置是必须参考的。

从江油茧市坝以西，乃到九顶山脉，都可暂用江油、安县、绵竹的北界。不过仍有应该小作修改的地方。例如：九顶山脉东边有块茂县管地，即大石坝、大坝场这两个谷地，乃是安县睢水关和绵竹汉王场这两大灌溉用水的上源地区，与茂县相距 180 多里，且隔有半年雪封的大山老林无人之地约 100 里，这是必须划归安、绵两县的。故本亚区的东北界县，应从安县、北川交界的千佛山直西接于九顶山，以分水为界。

这样划出的川西自流灌溉区，共有面积 31600 多平方公里，人口 777 万余，与比利时一个二等大国相等，大过我们的台湾一省了。就中各部分情况又微不同，故再分为 3 个亚区。

1. 成都亚区（成都平原区）

包括整个成都平原及与其相错杂的浅丘陵和边缘的山坡地带。共有面积 11131.32 平方公里，人口 6370441，平均 572.3 人/公里^2。其中耕地面积 9771414 市亩，农业人口 5083621 人，平均每一农人得耕地将近 2 市亩。其中最主要部分是

---

① 林儁《惠泽堰记》："若官为经理，势不暇而资亦不继，不得不听民自为之；然合力少而坐享者多，此讼端所由起也……盖绵之受水田地倍于潼之三台，出资者既按亩而抽田，取水者亦当计亩而分灌，乃绵民欲按地而分配，潼民又以齐水而适均，而两造之讼成矣。案牍之繁，积数载。"这仅是一次讼案的记载。

② 元代四川省最繁盛的成都路，领 9 县又 7 州和 12 个州辖县，包括仁寿、安州、威州、简州在内，共才 32912 户，215888 口。明初（洪武二十六年即 1393 年）四川全省（包括遵义在内）才 215719 户，1466778 口；至万历年间渐增为 262694 户，3102073 口。今天四川盆地人口已在 6000 万以上：简阳 1 县 1183000 多人口，三台 1121508，中江 985761，金堂 672825，仁寿 1130730，都超过元代成都路人口的几倍了。

成都平原。

成都平原是整个大西南区最大、最肥沃的冲积土平原,也是历史上全国灌溉工程最大、最完善,灌溉面积最广阔的一个地区。除都江堰外,凡是流入这一平原的河水也都被用来建成大堰,分渠灌田,从来就号称"水利甲天下",所谓"沃野千里"的"天府"① 已成了这一平原的专称。本区各县土地利用情况如下表②:

市县	土地总面积 平方公里	土地总面积 折合市亩	耕地面积（市亩）	耕地对总面积的百分比（%）	稻田面积（市亩）	其中两季田面积（市亩）	旱地面积（市亩）	总人口（人）	农业人口（人）	平均每农人所得耕地（市亩）
成都市③	269.15	403725	207656	51.4	160460	141413	47168	843526	143324	1.45
华阳县	933.91	1400865	614955	43.9	447371	323840	167584	389804	351621	1.75
双流	287.65	431475	314616	72.9	290979	267368	23637	189756	169893	1.85
温江	250.54	375810	343961	91.5	333001	324805	10860	199370	180488	1.91
郫县	273.34	410010	400297	97.6	395871	393025	4426	234226	207076	1.93
新都	243.54	365310	326040	89.3	276069	251712	49971	222707	198723	1.64
广汉	499.15	748725	559654	74.7	435498	423442	124156	338698	290934	1.92
新繁	158.55	237825	217939	91.6	219936	208989	7976	135127	120325	1.81
崇宁	178.35	267525	195443	73.1	149594	142052	45849	103674	92710	2.11
德阳	600.30	900450	496299	55.1	310189	223083	186110	255996	224470	2.21
绵竹④	775.00	1162500	584834	50.3	446083	405895	138751	340671	282064	2.07
什邡⑤	705.55	1058325	451137	42.6	348268	348268	102869	298119	230068	1.96
彭县	1692.17	2538255	705684	27.8	485272	474439	220412	416471	370076	1.91
灌县	1165.00	1747500	599214	34.3	424124	376510	175090	356921	310143	1.93
崇庆	1116.25	1674375	702346	41.9	586113	572547	116233	442554	411077	1.71
大邑	1081.42	1622130	581327	35.8	381732	343107	199595	316774	302961	1.92

---

① 初见于《战国策》苏秦说秦王话里。
② 土地总面积,依《中国经济季刊》2卷2期发表的数字,以平方公里计。这数字原非精确,因所根据的十万分一《四川地图》就有许多边区部分是不精确的。加以历年调整县界、划拨飞地,县区面积已多改变,而这图还是清末的旧界,更会不同。唯除此以外,更无可靠的数字可用。民政厅曾有个以市亩为单位的分县面积数字,厅里同志也说它是不很可靠的,未许抄用。每平方公里合1500市亩。表中耕地对总面积的百分比,系先将平方公里为单位的面积改算为市亩单位再算出来的。由于笔算太花时间,故只进行了一部分必要的搜算。其余数字,依统计局钞示数字,据闻是由民政厅供给它的。
③ 成都市区,解放区的面积只42.93平方公里;其时成都县面积是226.22平方公里。现在市区已占了成都县的全部,兼华阳县的一部。这里找不出成都市与华阳县的现实面积,只把旧时成都县和市的面积合起来为成都市区,华阳县仍原数字。这当然不精当,但就它们合拢的数字说,是无所增减的。
④ 统计局钞示数字,绵竹的田446083亩,"其中两季田"数仅45895亩,显然有误。我疑是405895或450895之误。尚待查对。
⑤ 又原钞什邡县田亩数与"其中两季田"数字全同,亦当有误。

续表

市县	土地总面积		耕地面积（市亩）	耕地对总面积的百分比（%）	稻田面积（市亩）	其中两季田（市亩）	旱地面积（市亩）	总人口（人）	农业人口（人）	平均每农人所得耕地（市亩）
	平方公里	折合市亩								
新津	315.47	473205	284758	60.2	223835	185954	60923	178312	157562	1.81
蒲江	501.25	751875	338088	45.0	265044	72310	73044	140786	136081	2.48
邛崃	1503.26	2254890	786808	34.9	487715	235610	299093	430815	398329	1.98
名山	622.17	933255	388878	41.7	288659	—	100219	144276	141562	2.75
金堂*①	423.48	635220	373230	58.8	200000	190521	173230	240000	198000	1.89
简阳*	293.10	439650	298250	67.8	71889	12475	226361	151858	166134	1.80
合计	11131.32	16696980	9771414	58.5	7227702	5917365	2553557	6370441	5083621	1.92

金堂县全县统计数字为面积 1411.6 平方公里，人口 672852 人，耕地面积 1244103 市亩，稻田 382170 市亩，其中两季田 190521 亩；农业人口 632830 人。兹以淮州峡口以北划归本区，依法地测量局十万分一地图估计，面积为全县的 3/10 计算，耕地亦当为 3/10。这面积约略与新都相当，实际考查这两县的平原部分土地利用情况也相当一致，则其两季田面积应都是指的堰水田。依此方法估计出金堂这部分的水旱田面积概数和人口概数。至于简阳，则无都江堰水的灌溉田，其两季田数字，当指的紫土和黄土丘陵的望天田，故各栏数字一律以全县总数的 1/7 计算。

成都平原的自流灌溉田，除简阳县境外都是两季田，把简阳、名山两县以外的 20 市县两季田数字加起来，为 5904890 市亩，就是本区自流灌溉田的总面积。它可以作为推算成都平原面积的基数，加上 7%的非灌溉田面积即是，盖成都冲积土大平原内，还有菜园土、城市和住宅区、道路和江河。假如依郫县的标准算，两季田几乎要占全县面积的 96%；假如依温江、新繁的标准算，两季田占不到全县总面积的 90%。这 3 县都是完全在冲积平原上，没有夹杂丝毫他种土壤的县份；3 县平均起来，作 93%算是适合的。便依这标准在所有本区成都平原的两季田总估计数上加入 7%的面积，便当是成都大平原冲积土的总面积数字的近似值了。这样算出成都冲积土平原的总面积是 6349344 市亩；以 1500 市亩合 1 平方公里计算，为 4233 平方公里。

但这还是仅就本区各县说，其实绵阳区的安县、罗江两县的冲积土两季田是与

---

① 本区只占得县境的一部者，于县名上加星点。金堂以全县面积 3/10 计算，其余各项的分别作过估计。简阳各栏概以全县总数的 1/7 计算，这都只能是大概数量。

本区绵竹的冲积平原衔接成一块的，只灌溉水道不同；又本区内有些黄土分布地，例如华阳县和龙泉驿这带的黄土浅丘，实际也与冲积土部分连合为一平原。若把这些再加在内，算作 3000 平方公里也是不夸大的。

这里标题的"成都平原亚区"，并不仅限于一平如砥的成都平原，还包括有成都平原附近广阔的黄土浅丘和局部的紫土浅丘陵与其边际上的一部分山坡地。黄土丘陵最大分布地在邛崃、蒲江与名山之间和华阳与金堂间，都作平原的姿态，但微有些高低不平。紫土区分布在西北缘山一带和龙泉山脉附近，都作浅山浅谷的姿态；过此入侏罗系及比它更古老的地层，便是陡峻的山坡了，但在本区所占面积最小；它们都属于流入平原各小河的上源部分。这些非冲积土部分，就全区说，大约有 8600 多平方公里。

成都平原区是四川农业的领袖地区，在上节所述本区的各项特点上，它都充分具备。这也是整个大西南农业区中最幸运的地区，便在全国里所有农业地来说，农业条件全面良好的也得推它占第一位。它比较黄河大三角洲来说，日照和高温刺激差了一筹，但水利和冬季生产上优越了；与长江三角洲比，就当前说，农村经济的活跃还跟不上三角洲，但土壤却不似那样卑湿；与广东的珠江三角洲比，气温条件差些，土质却胜过了，人力方面似也较胜；与新疆的灌溉区比，生产力不及，但社会条件好过；与东北的松辽平原相比，由于冬季气温高，生产力就大多了。成都平原区生产上最大的缺憾，是过去没有工业来促进它的发展。但今后，这问题已有保证地会逐步得到解决。

成都平原区在农业发展上，当前便面临着许多问题：

第一个，是机耕的准备工作问题。

颇有人很冒失地认为机耕准备问题就是拖拉机的供应问题，或再加上个机耕试验工作，和拖拉机手与农具手的培养工作就行了；对于土地整理工作，则认为像成都这样大平原，毫无问题，可以说干就干的。其实这一问题的重心，正在于土地整理工作上。首先当注意的是：成都平原的机耕是生产水稻的机耕，比不得东北、华北和苏联黑土带那样旱地作物的机耕。生产水稻的机耕田，必须要做到绝对的、与水平线一致的，而且土壤密度也一致的平土田；否则会发生一块偏旱，一块偏涝的灾害。河北宁河县的芦台农场，是沦陷期中就已经日本人建立起来的科学方法整理土地的水稻农场，是在平原上作出几何图画的长方田块，经过接收后历年整理，还未做到绝对的水平，还须在机耕后于一块田区内扎许多小土埂来保证水平，随扎、随毁、毁后又扎，消耗劳力很多；听说逐年加工，直到最近才做到各块田内大体平整，产量也就提高起来。

若仅单说平土，在有推土机的条件下，还易解决。这里所需特别提出的，乃是配合田块规划的灌溉水沟问题。成都平原内，大小数百条弯弯曲曲、纷如乱丝的河流和水沟，在千年以前说来，它是最科学的配置；对机耕说来，除几条大河可保留外，90%的渠道都须经过改造才行。像这样寸土寸金的地方，断不能因保存这些旧式沟渠来划成若干不便机耕的多角形田块；必须全面规划成若干适合现代农业机器耕作区宽长度的长方田块以配置干渠、支渠、分渠、毛渠和排水渠。这一准备工作，就还有待于全区进行细致地测量，根据测量资料来进行规划；规划经过若干层级和若干机构的反复讨论，得到决定后，才随着农业社的提高和合并的发展，把各社土地分配导向这一规划的条件方面来，并逐步地帮助各社改造社内的水道使之与规划适合；这样逐步有计划地进行着，一个、两个以至于三个五年计划期内才可能稳妥地改造过来。这乃是比生产拖拉机更困难的工作，因为拖拉机工厂是可以发挥人力加快、增多的，而这土地改造，是在需要不断生产农作物的条件下进行改造的，断不能停止两年农业生产来改造土地。

由于成都区的灌溉渠多已有一千年到两千多年的历史，它们已经协同雨水的搬运把沿河地方的泥土多多少少扫去了一大部分，所以在这本来是很平的平原上造成了若干条低陷部分，河谷亦已弯曲得很凶，沿河更造成许多的空废沙地。改造期中，新开沟的积土也会增加地面的不平。故要使成都平原成为一个生产水稻的机耕区，推压土壤的工程也是很大的。准备工作中，就需要随时为这工程留出地步。若还听任各农业社或农场无组织、无计划地自行平土，是会为将来的推土工程增加更多麻烦的。

其次，当注意无霜区的水稻机耕，与苏联、华北和新疆的水稻机械都应该有不同的栽培制度，即是说冬季作物的配合问题。就气温说，成都平原不适于双季稻。与其种双季稻，还莫如种产量较高的晚熟种单季稻，加上一季小麦。在有充分的水利、充分的化学肥料和机耕相配合的情况下，每年双收稻、麦外，还可以种上一季短期作物，如荞麦、洋芋、烟草、蔬菜或饲料作物。1956年试种双季稻的效果不好，再生稻亦产量很低，这虽还可以随技术改良与经验积累而提高起来，但总不如培养种晚稻、中稻和小麦生产的技术与经验为更可靠。除都市和工矿区附近的蔬菜生产区外，油菜是否宜在成都平原发展，也是准备机耕中的一个问题。四川原是个最适于发展植物油的地区，成都区尤有栽培油菜的丰富经验与成果。但我以为在机耕成都平原的时期，油菜栽培可以转移到紫土区去，让成都平原来多生产粮食（小麦）以满足本省工矿区和全国缺粮地区的需要（主要是西北）。因为粮食运费大，而植物油的生产比较而言输出运费小些，可以配置在交通还未畅便的地区；并且油菜是可以在非机耕的情况下提高产量的；若借化学肥料增加油菜生产，而把油粕留下来，这是增加紫土区的有机质肥料来改良土壤的好途径，榨油也是适于小规模经营的农村副业。若还在成都区进行油菜的机器耕种，恐怕还要制造一些适于移栽和收割它的机器，这也是个问题。

这一问题的提出，是说：建立成都区机耕生产的作物轮作的配合问题很多，还有待于试验研究机构的探讨、研究与决定，也不是可以说干就干的。

第二个，是农业劳动力平衡问题。

平均每个农民分配耕地 2 市亩，本不算多；实行机制耕后将会过少。但是在机耕实施的年度里，城市和工矿业都已很发达，吸收去的农民亦将不少。同时又将增加大面积的非机耕的园艺区来供应副食品。成都园艺是靠套作进行的多获制，不可以机耕进行，而是需要大量劳动力的；在实施机耕前的准备工作中，整理土地和改造沟渠方面，更需要很多的劳动力。以现在客观发展的速度看，靠生养小孩来补充是来不及了。同时，川北许多地方正苦于农村劳动力过剩，也应该给他们找到出路。1956 年，是四川农民解脱土地私有旧观念的大转变一年，在其半年的发展中，高级社的户数已占了全省农户的 1/5。① 这一条件给了调整农业劳动人口以很大的方便。我以为宜在川西和川北地区党政机构的协议下，计划川北农民迁徙川西逐年逐月的数量和迁徙的办法，作一号召；并在两区个别农业社或农场的同意下，协助搬迁户进行搬迁。这样逐步地把各地区的劳动力量与生产需要的数量作比例地平衡起来，也是发挥生产力的必要措施。这些迁移的倾向角，就首先该集中在川西的成都平原区。

关于成都平原区，还有一些小问题，如副业问题、防护林问题、工农业的配合问题等，都是随机耕问题而严重起来的，包括农业人口的平衡问题，都可以合并为一个机耕的准备工作问题。

第三个，是黄土的改良问题。

广阔的黄土浅丘浅谷，在本区约占有接近 1000 平方公里的面积，约合 1400 万亩；从来被人认为瘠土，利用得很晚，直到今天还有委弃为松林、青杠林，作为薪材给源的。其实这种土质之所以瘠瘦，只缘它过于细密，空气流通不良，又乏于有

---

① 1956 年 10 月 4 日《四川日报》。

机质，有益细菌不易在土中活动，并非这种土壤本身不含植物需要的养分。相反地，它储备有更多的养分，只被不良的耕作制度冻结着而已。威廉士说"没有不良的土壤，只有不良的耕作制度"，正好为发掘这样土壤的潜力指出方向。拿名山县来说：从金鸡关起，经县城、百丈驿、黑竹关、大塘铺，直到邛崃城外的南河坎，约50公里内，全是这种土壤；但这带，从隋唐起，农村便是富足的，唐、宋、元皆分设名山和百丈两县，明初才行合并。直到今天，名山、百丈的米粮还是大量外销的，雅安、康定的城市居民便依靠着它。这就可以肯定：名山县农民早已为祖国创造了改良黄土的经验，制定出先进耕作法出来，只可惜还没有人去总结它、发展它。由成都市东郊牛市口起，直到龙泉驿，也是横经20多公里的黄土带；这里的农民也创造了许多利用黄土的郊区耕作制度，使它们的单位面积产量较冲积平原不很太远；也是还没有人去总结它、发展它。我虽然也是未曾去研究和总结过它的人，但已曾在过路时候看出一些端倪来。

我感觉名山农民把黄土作成冬水田是很正确的，冬水田外的高埂部分，他们照例用来植造黑森森的松林、建住宅区，便成了天然的防护林带。尤重要的是，他们在田里地里增加了腐殖质，使表土由黄褐色变成了黑褐色，这样，耕作便容易得多，产量也高得多了。另外，他们也很讲究水利，尽量利用那平缓河谷里的水作山堰来保证一些田的冬水和春耕。他们在平滑无石材的黄土丘谷间建造土埂梯田，精耕细作。成都到龙泉这带的农民也是造梯田、蓄冬水的。塘堰很多，甚至还曾经创造了"大观堰"这样大规模的储水库。大观堰附近稻田的产量并不亚于都江堰田。这带黄土田的冬季小麦、蚕豆，也是很有成绩的。接近成都市郊的农民，善于利用黄土坡田来种花、植果树；水塘种茭、种藕、养鱼，很成功的是茉莉花、柠檬和草鱼这些满足城市需要的东西。这带似由于耕种得比名山、百丈晚，土色还是枯黄燥结的，也可能是由于耕作制度未善所致。总之增加有机质量是很重要的。双流牧马山黄土地的地瓜（菊薯），品质特别好，但近如此区，也还未见推广（可能是由于它产量还不高，但那亦是可以改良的缺点）。

综括言之，营造梯田、保证足够的水作冬水田、增加土里有机质、配合一套独特的耕作制度，是使黄土区产量提高的条件。现在这些黄土浅谷里的生产已很好了，唯有较高的冈陵部分还存在有农民无法克服的困难。大概高地灌溉工程最重要，从前已经有人见到过、并曾说动反动的国民党政府举办过狮子山高地灌水。可惜水渠刚挖出了便停废了。自然，在那时代，一切条件都不可能实现这一理想的。现在这些客观条件是逐渐成熟了，德阳东山已经办起了①，可望近期内在各县次第举办起来。水利问题解决，余可迎刃而解。

川西平原的缘山紫土，也多与黄土相杂，黏性颇大，或有石姜、石砾。它的利用问题似可与黄土区合并研究。

第四是，山地利用问题。

这区山地，主要是分布在西北侧侏罗系地层左右，是安、绵、什、彭、崇、大、邛、蒲各县灌溉用水的上源部分。在反动统治时代，农民无法从质的方面提高土地产量，便迫而从量的方面向山区扩展耕地，许多急坡森林残毁，变成耕地了，无意中造成了下游灌溉区的灾害。例如什邡、绵竹两县高景关、汉王场附近的灌溉河，经常有很宽的河道充满着沙砾，可见其已经成了水害严重的地区。这样发展下去，便是沙砾河道加宽、灌溉面积缩小、逐年增长，永无已时。在从前个体农民土地私有时代，对这样的水土保持问题，不可能有什么有效的办法。现在却不同了。我以为：应把山地农民适当地逐步迁移下平原来，只留一部分改营林业生产为主的山区农户，协同政府恢复这带的森林，在粮食生产足够自给的情况下，另行开展种茶、药材栽培、森林养植这些副业生产来提高他们的生活。或尚还有其他关于水土保持的更好的方法。总之这是值得研究的一个大问题。

可能还有其他一些问题，本文不更搜索了。

2. 安绵亚区（涪江平原区）

涪江从平武的白石铺入江油界，两岸地势突然开展了，这乃是上游和中游的分界点。自此以南，不但沿岸有很开阔的冲积平原，即冲积土外，亦是相当平坦的紫土大坝。冲积平原从江油城起，经过中坝（江油新县治）、彰明到绵阳城南才断绝了；但又从支流的安县河谷西折上去直接包绕了安县城，成为一个大"V"形的冲积平原。安县西南，虽非冲积土，却也是一望平坦的，从桑枣园、秀水场、河坝场一路到绵竹全是平地；秀水场以南又是平阔的堰水灌溉区与成都平原合而为一，并包括罗江县郊在内。绵阳县郊以南的涪江两岸，仍有断断续续的冲积土坝子，或在右岸，或在左岸；其在丰谷镇与葫芦溪一带也是大堰灌溉区；唯两岸以外的地形复杂化了，不再是平坦的面貌而是山谷迂回的川北景象。罗江南经中江一带亦然，不过就灌溉水利的情况说，它们仍误划归安绵亚区②。

---

① 1956年10月4日《四川日报》。
② 仅据十万分一地形图判断，尚待实地调查证实。

这区只算得成都平原的延续部分，只缘它们俩分居在涪江与岷、沱流域，历史上也是经常与成都划为两区的，故也划为两个亚区。两亚区间，一切情况很少差别。其差别仅在于这区地势较高、气温较低、土壤肥沃度较小而已，农业发展中的问题是相同的。

这区各县土地利用情况如下表：

市县	土地总面积		耕地面积（市亩）	耕地对总面积的百分比（%）	稻田（市亩）	两季田（市亩）	旱地（市亩）	总人口（人）	农业人口（人）	平均每农人所得耕地（市亩）
	平方公里	折合市亩								
安县	1580.00	2370000	598917	25.3	344724	205833	254191	268243	240162	2.49
罗江	531.10	796650	448720	56.3	233299	113660	215421	188147	174055	2.58
彰明	345.00	517500	286590	55.4	219005	118399	67585	132306	118777	2.41
江油*	850.40	1275600	271701	21.3	184872	103268	86829	122698	109032	2.49
绵阳*	2593.25	3889875	666564	17.1	362985	177000	303579	254250	308052	2.16
三台*	683.22	1024830	346038	33.8	96744	15377	299294	280377	264707	1.31
中江*	819.37	1229055	419388	34.1	138165	49869	281223	328587	307693	1.36
合计	7402.34	11103510	3037918	27.4	1579794	783406	1508122	1574608	1522478	2.00

上表系以江油全县面积的 2/5、绵阳的 3/4、三台的 1/4、中江的 1/3 划入本区计算。在各县中划入本区部分与划出本区部分的各项耕地面积与两项人口数字来比，决不能亦是与面积相同的比例，但亦无资料可以把那些项目应该作任何比例指示出来，只好一律仍照面积比例计算（以后各县仿此）。所以记有星点的各县数字，全只是概数，只要求它划入划出两部分合计的总数能与统计数字相符而已。

这区的两季田，应与成都亚区的两季田不同。成都亚区的两季田，即是都江水利灌溉田；这区两季田，只一部分为自流灌溉田，另一部分塘堰灌溉的田和望天田，而且它们都是紫色土的平坝田或浅丘田。这区的冲积土平原，在安、罗两县的，与成都平原衔接，在涪江沿岸的，则另成一区。两部冲积平原合计，还不及成都亚区冲积土面积的 1/10；但如合其间的紫土平原计，也将近成都亚区的 1/5。

3. 嘉眉亚区（上川南平原区）

与成都平原相衔接的冲积平原，还有一个比安绵平原更大的、宽狭不等的"V"字形平原，就是嘉眉平原。它与安绵平原恰似成都平原伸出双臂一样。

这平原从新津沿岷江南下，初时很狭，随即宽展到 20 多公里宽，继后又复逐渐狭小，通过青神，进到岷江回曲处（汉阳场附近），西岸几乎断绝了，只东岸还保存一块沙坝。入乐山境内，又稍开展，随岷江过乐山城到达五通桥市才结束。但另一方面，却从嘉定缘大渡河与青衣江扩展开来，包括峨眉、夹江两县城在内。自夹江以上，只在青衣江两岸或东或西、若断若续地延伸上去，抵洪雅和雅安交界的竹箐关，才算断了。

这平原的西侧也拥抱有大片的黄土浅丘和面积更大的紫土丘陵。其面南侧是一带高山，东南是龙泉山脉。西北面，由总冈山脉清楚地把它和成都平原区分开来。

总冈山脉，起青衣江岸的竹箐关水口峡，其南接周公山脉，其北初段颇高，平均1000米，在名山与洪雅界上。到名、洪、蒲三交界的白岩场，折向东北，为蒲江与丹棱、眉山的界山，海拔更降到700米以下。再东北为彭山与新津、邛崃的界山，海拔更降到了500米左右；到新津宝子山，逼南河与岷江的会口而绝。其余势还从岷江东侧显露出来，成为双流县南牧马山的主体。它与龙泉山脉相似，只由白垩系地层构成；但它不是背斜褶曲，只像个向北昂起的断层，北侧陡峻，南侧和缓。它与龙泉山不是平行，而是一端很接近的斜线。牧马山与龙泉山相望，中间留块平谷放成都的锦江（府河），从这平谷流出去，在彭山县的江口与岷江相会。故成都平原与嘉眉平原相连接的部分，除新津外，还有府河的一个狭长地带。

牧马山有条山爪，在华阳永安场附近，下抵府河。沿府河上溯至苏码头，转向东南接于龙泉山脉，为华阳、仁寿县界。便以总冈山脉及此段县界为本区北界，包括府河下游黄龙溪、籍田铺、大林场等仁寿县北境在内。这才循龙泉山脉折向西南；循彭山、青神、嘉定东界到五通桥市，斜接黄丹河与大渡河的分水岭，到刺竹坪后大山林箐的四川盆地边缘，这就是本区的轮廓线。

总括说来：本区是总冈山脉从成都平原里划割出来的一个三角形地区，只两道很狭窄的缺口与成都平原衔接。总冈山脉虽不很高，对气候的影响却相当大；由于它北侧陡峻，故更能遏抑北来的寒气流，使南侧的一区比北侧一区冬季更为温暖，尤其是在山脉较高的西部地区。即在东部缺口附近南北气流较畅的地方，彭山县也比新津、双流等县气温高些；彭山能种蔗熬糖，新津、双流就还未能。

1940年成都、嘉眉两区各县各月平均气温（单位：℃）

站名	纬度	海拔（米）	1	2	3	4	5	6	7	8	9	10	11	12	全年平均
什邡	31°08′	—	8.4	9.4	13.5	16.5	21.8	25.9	26.8	25.8	21.5	18.9	12.7	10.2	17.6
新繁	30°53′	—	7.5	9.1	10.8	15.8	20.9	25.0	26.6	25.6	21.9	18.2	12.2	9.4	16.9

续表

站名	纬度	海拔(米)	1	2	3	4	5	6	7	8	9	10	11	12	全年平均
郫县	30°43′	—	8.1	9.3	12.5	18.3	21.8	26.2	26.9	26.0	22.4	20.2	13.9	11.4	18.1
温江	30°42′	—	7.3	8.2	10.8	15.9	20.5	25.0	26.3	25.2	21.6	18.7	12.6	10.7	16.9
成都（川大）	30°41′	503.1	11.4	12.4	15.4	22.0	25.9	30.7	29.9	28.1	24.6	21.9	15.6	12.9	20.9
成都	30°40′	553.4	12.1	12.5	15.1	22.3	26.1	30.7	30.5	28.7	25.2	23.1	15.8	13.3	21.3
崇庆	30°39′	—	9.2	10.8	12.8	17.6	22.4	25.8	26.1	24.9	21.2	18.8	12.7	10.9	17.8
大邑	30°36′	—	7.5	8.6	10.9	16.1	20.6	25.3	26.9	25.7	21.9	19.1	12.9	10.5	17.2
双流	30°35′	518	7.5	9.3	11.9	18.8	24.1	28.0	29.2	27.4	23.6	20.4	14.2	14.3	19.1
新津	30°25′	—	7.9	8.1	11.3	17.1	22.2	26.8	26.9	25.6	21.9	19.6	—	—	18.7
名山	30°05′	344	7.4	8.1	10.8	15.9	20.5	24.6	26.4	24.8	21.7	18.9	11.9	11.2	16.9
彭山	30°15′	—	9.6	9.9	12.2	17.0	21.9	26.2	26.6	25.5	22.4	19.1	13.6	11.2	17.9
洪雅	29°48′	—	8.6	9.1	11.7	16.4	20.9	26.2	27.0	25.9	22.2	18.9	13.1	10.4	17.5
峨眉	29°46′	524	8.2	9.8	12.1	17.3	21.7	25.7	26.9	25.7	22.2	19.0	13.1	10.4	56.6
乐山	29°34′	377	8.7	10.0	12.3	17.6	21.5	25.9	26.4	25.3	21.9	19.0	13.3	11.6	17.8

1940年成都、嘉眉两区各县平均最高气温（单位：℃）

站名	纬度（N）	海拔(米)	1	2	3	4	5	6	7	8	9	10	11	12	全年平均
成都（川大）	30°41′	503.1	11.4	12.4	15.4	22.0	25.9	30.7	29.9	28.1	24.6	21.9	15.6	12.9	20.9
成都	30°40′	553.4	12.1	12.5	15.1	22.3	26.1	30.7	30.5	28.7	25.2	23.1	15.8	13.3	21.3
崇庆	30°39′	—	11.7	13.7	15.2	20.0	25.3	29.5	28.5	27.2	22.9	21.1	15.2	13.0	20.3
大邑	30°36′	—	12.7	13.0	15.5	22.5	26.5	31.3	31.1	30.1	25.8	23.7	17.0	14.7	22.0
双流	30°35′	518.0	12.7	14.2	16.0	27.0	31.0	35.6	35.1	32.2	27.4	24.5	18.0	19.4	24.4
名山	30°05′	344.0	11.7	12.1	15.1	21.8	25.6	31.6	30.2	29.9	25.7	22.3	16.7	13.5	21.4
彭山	30°15′	—	13.4	13.3	15.7	22.1	26.9	33.0	31.2	29.5	26.1	23.3	17.5	14.6	22.2
洪雅	29°48′	—	11.7	12.5	14.8	21.7	25.2	32.0	31.1	29.6	25.3	22.4	16.5	13.8	21.4
峨眉	29°46′	524.0	10.9	12.4	14.9	21.8	25.9	30.6	30.9	29.4	25.1	22.1	15.8	13.5	21.1
乐山	29°34′	377.0	12.3	13.9	16.4	23.1	26.8	31.3	30.7	29.3	24.9	22.5	16.9	15.1	21.9

1940年成都、嘉眉两区各县平均最低气温（单位：℃）

站名	纬度(N)	海拔(米)	1	2	3	4	5	6	7	8	9	10	11	12	全年平均
成都(川大)	30°41′	503.1	3.6	5.3	7.4	11.6	16.8	21.6	23.2	22.1	19.1	15.6	9.6	7.2	13.6
成都	30°40′	553.4	4.1	5.1	7.1	11.3	16.2	20.6	22.3	21.2	18.3	15.1	9.2	6.2	13.1
崇庆	30°39′	—	6.6	7.9	10.3	15.1	19.5	22.0	23.6	22.6	19.4	16.1	10.2	8.8	15.2
大邑	30°36′	—	3.5	5.0	7.2	10.9	16.1	20.2	23.6	22.7	19.1	15.8	9.7	7.3	13.4
双流	30°35′	518.0	2.3	4.4	7.7	10.5	17.1	20.3	23.3	22.6	19.7	16.3	10.4	9.1	13.6
名山	30°05′	344.0	3.9	5.0	7.4	11.4	16.7	19.7	22.6	21.1	18.1	15.8	9.3	9.6	13.4
彭山	30°15′	—	4.1	3.9	8.5	12.2	17.2	21.2	22.5	19.3	16.0	10.1	7.5	13.8	
洪雅	29°48′	—	4.9	5.9	8.4	12.0	17.2	21.4	23.2	22.8	19.6	16.0	10.6	7.3	14.1
峨眉	29°46′	524.0	5.0	6.5	8.8	12.3	17.4	21.1	23.6	23.0	20.0	16.3	10.5	8.8	14.4
乐山	29°34′	377.0	4.9	6.4	8.8	12.2	16.6	20.8	22.7	22.0	19.1	16.0	10.1	8.7	14.0

这都是依据中央气象局《中国气象资料第二册》摘下的。其中成都、名山、峨眉、乐山四处，依据的中央测侯站的记录中，比较精确；余站依据地方测侯站的记录，精确度可能差些。又各站皆设在城市里，城市气温一般比野外高些，尤其是大城市；表中成都记录特别高些是可以理解的。

从这表可以大概地看出：冬季，北方有山脉的地方要暖些；夏季，平原中心部分温度要高些。也可看出总冈山的作用。其西北的名山县，纬度虽然比彭山低些，温度却反转要低1℃左右，冬季低过2℃；又它与洪雅连界，经度相近，纬度只高17′，温度却经常要低1℃左右。嘉眉区除高山处，从来就不见霜雪，冬季平均最低温未见低于4℃，成都区则一般在3℃左右。

本亚区农业，在气候上一切都比成都亚区较优，在交通上却大大差了。不仅平原每被山河割断，不相连属，与别区都有山岭隔住，交通困难，还由于新津、江口这些水道不易过渡。它在经济上、文化上比较成都区有将近600年的落后。这不是夸大而是有充分的史料证明的。

这区在汉代，只曾设置武阳、南安两县（同时成都区和安绵区已设有十二三县）。汉武帝开夜郎地置犍为郡，管今泸州以上岷江流域广大地区，郡治设在武阳（今彭山），恰似近年的西康省治设在雅安一样。其时新津渡还闭塞着，成都与此区往来取道江口。成都与临邛（邛崃）往来，亦取道江源县（今崇庆），直到诸葛亮南征时都是如此。到了隋唐之世，本区才繁荣起来，设县较多。设县较多，便是农业已较发达，农户较密，赋税已增长了的反映。到宋代，这区文化便有很突出的表现，也反映出那时社会经济的发展。今天四川省里还流行着"走尽天下路，难过新津渡"的歌谣。清代虽把新津规定为"南大路"的要站，但县治仍设在岷江渡口的北岸。渡口南的邛、蒲、大、名各县与本区同县建昌道（上川南道），不属成都府，就是因为这一渡口是交通上的障碍。同样江口渡与黄龙溪那带河谷，道路也是不好走的，主要是它不适于通行成都平原所惯用的车子。这是本区历史发展落后于成都平原几百年的原因。

现在这区土地加工的程度一般都还很浅，梯田不多，且都还是简陋的规模。这区水利事业，是唐代才打开的，现也还未曾足够地利用了可以利用的水利。虽然地势相当平坦，可以省力的车运在本区仍不发达。这些都是耕种历史还浅的征象（比较成都区和安绵区说的话）。也就说明：这区的农业生产潜力还是很大的。

成嘉公路通车后这区曾有一定的进步。当前成昆铁路就要通过此区，峨眉又是丰富的磷肥产地，有这些条件来促进农业之发展，其进步可能比其他任何四川地方都要快些。因为自然条件本是好的。

仁寿县的龙泉山脉以北，即古佛洞、黄龙溪、籍田铺、煎茶溪、秦皇寺、大林场、视高铺、老君场、清水铺等处，约占其全县 2/10 地面，与峨边县大渡河谷以北约 1000 平方公里地面，均应划入本区。如此的本区各县土地利用情形如下：

市县	土地总面积		耕地面积（市亩）	耕地对总面积的百分比（％）	稻田面积（市亩）	其中两季田（市亩）	旱地面积（市亩）	总人口（人）	农业人口（人）	平均每农人所得耕地（市亩）
	平方公里	折合市亩								
彭山	425.51	638265	332652	52.1	205005	98348	127647	197317	182157	1.83
眉山	1034.24	1551360	881995	56.9	699074	196669	182921	463504	429110	2.06
青神	409.24	613860	245857	40.1	172569	63045	73288	136979	125946	1.95
乐山	1866.58	2799870	841941	30.1	507355	130559	334588	489163	383362	2.20
夹江	419.54	629310	261396	41.5	172581	67695	88815	192932	170729	1.53
峨眉	1271.70	1907550	396989	20.8	182409	85130	214580	171992	149946	2.65
洪雅	1523.25	2284875	387781	17.0	293468	55780	94313	218010	202651	1.91
丹棱	725.57	1088355	238828	21.9	147842	47134	90986	99261	94064	2.54
仁寿*	503.27	754905	434735	57.6	187645	21437	247090	226146	219645	1.98
峨边*	1200.00	1800000	337924	18.8	12776	2713	225148	90000	82301	4.11
合计	9378.90	14068350	4360098	31.0	2580724	768510	1679376	2285304	2039911	2.14

客观条件决定了这区农业必然要迅速发展，它将与成都平原和安绵平原两区同为西南农业生产的示范区。在发展中必然要解决几个当前还存在的问题。那些问题大体也与成都平原一致，但还得特别加强土地加工的问题；灌溉水还当广泛地利用，梯田建造还得加好、加快。此外，这乃是接邻生产还落后的凉山彝族自治州的一区，还更当创造出许多具有示范意义的成绩来带动邻州农业前进。

以上是川西自流灌溉亚区里 3 个小区的分划方法，和所以要这样分划的意义。这里须得补充说明几句。农业分区的界线，不能是一根几何学的线，只能是个地带的表示；它也不能像行政区划那样可以用界牌标识出来。在无适当山脉可以利用的部分，两区之间必然是有更辽阔的中间型过渡地带，在打破县界来划分农业区的时候，对中间地带的面积、人口就无法确定数目，只能估计个大概。本节各表的"合计"数，都只是表内各栏的合计总数，不是分区的各项的正确总数。过渡性地带的农业领导问题，应该由农民按照自己的需要去选择，因而这些地方的分区线，也将随时变动。

（二）川中紫土浅丘区

这一区共 14 个县境，除简阳、金堂、中江、三台和仁寿、资中有一部分该划属别亚区外，全都可以外缘的县界作为区界。它的位置，恰在四川盆地的正中，跨有沱、涪两江流域；过去习惯把涪江流域各县叫作川北，沱江流域各县叫作川南；近年来渐有人使用"川中"这个名词，这是很适当的称呼。

这一区的特点是：(1) 地面完全为很软的白垩系紫色页岩（红石骨子）所覆被，很少有白色粗松的白垩系砂岩夹杂，即有也很薄，或在较深的地底下；非溪河刻蚀最深处不见着较厚的砂质岩石。因此，就没有石岩构成的方山。更没有露出下白垩系较硬的红砂岩或其他岩石。(2) 地势大体平坦，但不是平原，多少有些浅丘浅谷；在河水侵蚀不到的地方，如岷、沱、涪的分水部分，简直就像平原；在沱、涪沿江与其主要支流的下部，又有行回的浅谷；如其他不是在盆地中心，叫作高原是最适合的。(3) 海拔全在 400 米左右，没有高过 500 米的山，也没有低过 300 米的谷；气候比川西温暖、亢爽，并且几乎是全区一致的，可以说是四川盆地中心的最标准的中和气候。年平均气温都在 17.5～18.5℃ 之间，月平均温在 15℃ 以上的都有 7 个月，几十年内难得遇着一次霜灾；年雨量都在 800～900 毫米之间，极少有过 1000 毫米的雨年，亦少有 700 毫米以下的旱年。(4) 在过去，是一完全没有水利建设的地区，稻田不很多，经济作物颇发达，现在才逐渐有举办灌溉事业的；玉蜀黍在这亚区也不发达，最主要的粮食作物是甘薯、稻和小麦；最主要的经济作物是蔗、棉、烤烟、柑橘、高粱；这区无茶，也极其缺乏树木，油菜栽培也不多，但是很可发展的。（5）农业人口颇密，除沱、涪沿江地方外，一般的农村经济都不活跃。但生产潜力是相当大的，只待国家帮助和科学家的帮助，来把这些优越的自然条件和丰富的劳动，加以合理的使用。

这亚区内各部分地区情形也还有许多差别，细致地分，可为涪江谷地、涪沱间台地、沱江谷地、沱岷间台地四区；但那便又要打破许多县界；兹只分作涪、沱两区。

1. 资内亚区（沱江中游区）

沱江出金堂县的怀峡，情形突变了：河身的弯曲度大而频数，把沿河的冲积土划割为东岸一块半月形、西岸一块半月形的断续状态。一直到内江的龙门镇，才不再见冲积平原了。从怀峡到龙门这段，恰好称作沱江的中游，在本亚区里，是一条气温最高、土质最好的棉、蔗栽培区。过去还有很发达的柑橘园子，是军阀混乱时期才废坏了的。它当过去的东大路，近世的成渝公路和最近修成的成渝铁路沿线，地方经济一贯是相当活跃的，所以能带动多种经济作物的集中生产，因而农业经济在全省也是比较活泼的，同时受资本家剥削也最深刻。现在这一带是全省糖厂集中地，也就是蔗农集中区，算得是全川一个最特殊的专业生产区，蔗田面积已由河坝向紫色土山坡发展上丘陵高处了。

沱江的东侧是相当陡的坡度，便好用金堂、简阳、资阳、资中、内江五县的东界作亚区界。其西侧比较平缓地上升到仁寿台地和荣威穹窿地区，球溪、资溪与简阳的赤水河从高平的仁寿坝子流入沱江，也刻削出一些迂回的紫土谷地。过了蔗区，便成了水稻、棉花与杂粮、薯类的栽培地带，过去还盛行过烤烟栽培。仁寿县有7/10的地面属于本亚区，那里以棉花与水稻为主要作物。

本区各县土地利用情形如下表：

市县	土地总面积		耕地面积（市亩）	耕地对总面积的百分比（%）	稻田面积（市亩）	其中两季田（市亩）	旱地面积（市亩）	总人口（人）	农业人口（人）	平均每农人所得耕地（市亩）
	平方公里	折合市亩								
内江市	并入县算		124442	↓	37410	2626	87052	187291	87927	1.42
内江县	1599.01	2398515	881343	36.7	447219	51080	454124	571817	555531	1.59
资中*	1714.69	2572035	1293877	50.3	454098	42069	759779	789942	723971	1.79
资阳	1733.25	2599875	1355209	52.1	319159	5660	1056050	715042	683998	1.98
简阳*	1758.72	2638080	1789496	67.8	431333	74852	1358163	1031201	973601	1.84
金堂*	988.12	1482180	870873	58.8	182170	—	688703	732825	434830	2.00

续表

市县	土地总面积		耕地面积（市亩）	耕地对总面积的百分比（%）	稻田面积（市亩）	其中两季田（市亩）	旱地面积（市亩）	总人口（人）	农业人口（人）	平均每农人所得耕地（市亩）
	平方公里	折合市亩								
仁寿*	1761.64	2642460	1521574	57.6	656760	75032	864815	791511	768754	1.98
合计	9555.43	14333145	7836814	54.7	2528149	—	5268686	4819629	4228612	1.85

表中各项数字是依下列比例结算出来的：内江县、市和资阳和全部，资中的 9/10，简阳的 6/7，金堂的 7/10，仁寿的 7/10；这自然是概数。其中"两季田"，已除去金堂的峡北一部分，皆当不是灌溉水田，可能绝大多数都是望天田。

这区农业发展中所应有的问题，也可从这表中看出一些。首先当提出来：似这样条件优良的双季稻作区，稻田面积太小，这对急切需要增产粮食的祖国，是一项损失。如像资阳、简阳旱地皆是稻田的 3 倍多，只仁寿水田较多。这就可以看出，由于仁寿平坦，易于作田。仁寿的"两季田"也有很多原因，由于无水可资灌溉，亦不得有足够的雨量来蓄这么多田的冬水，只好拿将近 1/10 的田来凭天年好坏种稻。这也就反映出这区内的春雨不很贫乏，可以大体保证望天栽种，并且还有足够的雨量来作冬水田。仁寿以外各县雨量相当，而少稻田的原因，只是由于地势还不很平。如能建造梯田，必可以作冬水田或望天田来种稻，至少有一部分可以如此。断不应该让高产的稻作如此其少。试从内江到简阳的公路和铁路沿线看，有许多或说是全部的沿河冲积平原皆是旱地，这就很不合理；也还有些河沟两旁的旱地。过去四川人都把资阳、简阳的人看同川北农民一样贫穷，说他们都是以红薯为主要食粮的。就这表看，资阳农民每人平均可以有 2 亩地，比川北人多拥有生产面积，又是自然条件相当好的土地，这就不应该太穷。其所以穷，正是旧社会遗留下来的罪恶。小土地私有制和官吏、地主、资本家们重重剥削下，他们莫有力量把这些优越的自然条件利用得成。他们无力作冬水田，更无力兴举水利，只将现成地利用这紫色土种薯来维持食粮。今天，在整个国民经济计划的领导下，在组织起来的劳动力充足的条件下，在这区发展稻田是很重要的。

自然，还有更多的紫色山土是不可能作稻田的，它们必须进行红薯与豌豆及麦类的耕种。红薯终将是这区的主要作物之一，但不能让它成为农民的主要食粮。在食粮有代替品时，应该有适当的工业来利用这些甘薯；酿酒、制粉或作其他原料，抑或作发展养猪业的饲料。

消灭斜坡，是这区农业发展上的重要方向。做到满区皆是梯级的平田块，虽不必种水稻，但使土壤不再流失，保持得一定厚度，用以种棉、麦、玉蜀黍、油菜及其他高产作物，也是提高产量的有效办法。在这方面，可以向川北方山区学习。

这区缔造梯田的条件比不得方山区处，是缺乏砂岩石材，但不是绝对无有。在溪谷部分更可尽量利用下层岩石。在山地，还可扎土埂、植巴茅或短树来巩固它；这又是遂宁区已经创造成功的经验。

梯田的高坎，需有树木固护。而本区恰是森林早已砍尽的真正赤土童山，亟当种树；它正好与梯田建造相结合。总括言之，这区农业发展中的第一个中心问题便是营造梯田（梯级的平土田）。

蔗糖生产虽然是本区工农相结合的最伟大一项成就，但就发展前途看，也还存在问题。蔗糖业在这区，原是在省内外交通不便和广大腹地需要食糖的条件下，自发地发展起来，历千多年，对祖国人民贡献很大。即在今天，它仍是祖国人民生活中的一颗明星。问题在于气温条件未能满足蔗的最高要求，比回归线南各地产量低，含糖率也比较小，且蔗田分散在一条狭长的河谷里，并不很集中，这就不利于现代化的糖业生产。到了东北甜菜糖生产发达和台湾收复、海南岛开发、闽广糖业兴盛后，这里的蔗糖可能逐渐萎缩，正如烤烟一样，被认为不适宜而代替以他种作物。即如现在的糖、蔗两业之间，也还有些不调适的现象，农民还不免在种粮与种蔗之间徘徊。如何使农民乐于种蔗，也是亟待解决的问题。

这区种棉，也是还不能及黄河流域适宜的，但还有改进的余地。如何培育成本区适宜的品种，在运入高级棉配合下，维持本省固有纱厂的生产，专用供应西南劳动人民和少数民族所喜欢的粗纱，供给广大人民作絮的棉花，也有必要。

2. 遂宁亚区（涪江下游地区）

涪江从平武过旧州，到平油铺以上，为上游；流过江、彰、绵平原到三台附近为中游；三台以南到合川为下游。本亚区便在涪江的下游之部，包括三台、射洪、遂宁、潼南，东近蓬溪，西包安岳、乐至，皆依县界为区界，只中江、三台两县分割。

这样划出来的亚区，自然条件完全与沱江亚区一致；由于社会条件不同，农业生产上也就有它的特异之点。

这区比沱江区稻田更少，棉花、甘薯、小麦栽培面更大；特别是玉蜀黍、高粱、小米、荞麦、绿豆这些旱作物在沱江区是很不经见的，蚕桑也是这区所独具的。蔗业这区都远不如沱江区，但就历史发展起来，则是这区更早；白糖的制作，便是这区首先创造的①。此外还有许多特产，例如乐至种的藕、蓬溪种的柚等，总括一句话：这乃是个多方面发展的旱地作物区。其所以如此，依我看来，就只一个原因：地狭人稠的小私有者生产，亟于要解决他一家生活的现实问题，无力举办较大规模的、集体利益的、提高产量的事业，只能就自己小块土地上用尽方法去引进品种，配合自己的精耕细作，以求提高生产；一经成功便为了留恋自己的劳动果实，不忍抛弃，仍在大环境转变下尽量地利用。这乃是过去时代没有统一领导和国家扶助的小农经济自然发展的现象。这也不是可以忽视的，在其中，他们已经创造的生产经验非常丰富，在今天、在未来的若干年代，也还值得研讨、学习它。

例如：遂宁、蓬溪等处，遍地都是浅丘、斜坡，在个体小农时代，由于缺乏石材，未能建成梯田。软页岩虽然风化得快，水土流失也来得快；因而一般地土壤很薄，有表土、无底土，底土便是红石骨子，这样的土地，随时都有旱灾。高粱、小米等在这带普遍栽培，可以理解。由于栽培高粱的成功，酿酒手工业便随之发展起来，过去这带农户几乎是家家酿酒，以家庭为批发市场，招致省内许多县的小贩来此贩运。高粱需氮肥很多，是掠夺地力的作物；卖酒是卖出了碳水化物部分，留下糟粕养猪，再从猪粪把氮、磷、钾归还到土地里，附加上些有机质。这套小农经济，是很科学的。因是这样，他们家庭经济就活跃了，对高粱种植更感兴趣，一套一套的精耕工作加强起来。精耕程度显著地表现在整地工作上，他们叫作"盘（搬）高粱土"，把土壤榜来糯去，恰像清点过土粒一样；远到地外，不见存在一苗草；任何一粒土也是搬进地内的。其他的许多方法，已可想见。这种园艺式的耕作，也用到红薯、棉花和别的作物方面。我又感到这区农民最善于引进新品种。随时更换薯的新种，足以提高产量。我的家乡南充，在50年内变换了六七次薯种，都是从遂、蓬一带学来的。其他好经验似尚多，惜我只曾有"走马看花"的了解。

红盆地内、非梯田区，高度精耕细作，乃是本区农民的特色。

也如沱江区一样，涪江西侧面地面宽些、平些，多有类似平原的地方，稻田较多。飞鸟水（蓬莱河）、安居河（关箭河）的河谷里，田亦不少。

本亚区各县土地利用情形如下表：

---

① 宋洪迈《糖霜谱》和遂宁王灼的《糖霜谱》，传唐大历中邹和尚传造霜法，"宋时所产益奇"。

市县	土地总面积		耕地面积（市亩）	耕地对总面积的百分比（%）	稻田面积（市亩）	其中两季田（市亩）	旱地面积（市亩）	总人口（人）	农业人口（人）	平均每农人所得耕地（市亩）
	平方公里	折合市亩								
遂宁	1841.28	2761920	1204502	43.6	509538	52592	694964	861701	791801	1.52
蓬溪	1973.73	2960595	1087596	36.7	427346	100988	660250	853246	809086	1.34
潼南	1750.71	2626065	801475	30.5	549787	104124	251686	505046	485806	1.65
射洪	1399.30	2098950	732537	34.9	164668	18794	567869	679892	630101	1.16
安岳	2768.56	4152840	1515479	36.5	814239	25116	701240	929565	897885	1.69
乐至	1157.74	1736610	984809	56.7	363072	61183	621737	683431	665693	1.48
中江*	1638.74	2458110	838775	34.1	280330	99738	558445	657174	615387	1.36
三台*	2049.66	3074490	1188112	38.6	290231	—	—	851131	794122	1.50
合计	14579.72	21869580	8353285	38.2	3399211			6021186	5689881	1.47

以中江的 2/3，三台的 3/4 划入本区计算，则本区约有面积 14000 余平方公里，耕地 8353000 多亩，农业人口 569 万人，平均每一农业人口所得耕地不到一亩半，且稻田不到耕地的一半，又多望天田。这就说：它是全省农业人口密度最大的一区。

农业人口密度的不同，也是本区内沱涪两亚区分别划开的理由之一。此外，这两亚区还有一些不同之点，例如：涪江流域多第四纪黄土，沱江流域没有；沱江流域的交通比较方便，涪江区则相形落后。总括说来：涪江区多有类似川北方山区的社会特性。

关于这区农业发展中应有的问题，大体与沱江亚区一致。应该特别提出的，就是加强国家领导、国家帮助，一洗过去小私有单干农户的陋习，组织他们优越的劳动力来发掘这一天然腴沃地区的潜藏生产力的问题。党和政府对这一问题是早已掌握着了，在实际行动中已经获得伟大效果。如在遂宁、西宁乡试办小型水利和水土保持工程；在幸福二社把山王庙星罗棋布的荒坡改成生产甘薯、棉花的"大梯土"（梯田）；在杨柳沟有 235 亩水田的山谷里，为大小 280 条汇入的水道修造一条排洪渠，消灭了长期的水害；把红石骨子山坡植造树林变为青山；把历史遗留的"懒慌土"控制起来增加了耕地 20 多亩；把螃蟹坡改成整个的螺旋形大土，植造上盘旋的树木与巴茅带。这些就使粮食增产了 71%。全乡建成蓄水池 273 个，浇灌面积 682 亩；排洪渠 11 条，排洪面积 803 亩；改坡土为梯田，小土为大土计 324 亩；面土（挑土加厚）5151 亩；开沿山沟、背沟 110 条；绿化荒山 36.5 亩。单就改土、面土和排洪三方面增加收益计算，全乡就增产黄谷 16000 多斤和红薯杂粮 130 多万斤。①

---

① 记者王达武《秋收时节访西宁》，载 1956 年 10 月 6 日《四川日报》。

这一重点试办乡的成绩推广开来，便是本区和本亚区普遍增产的左券。

交通问题，也是本区生产落后的大原因。本来是很平坦的地区，在国家帮助下要建设车运的农村道路，甚属容易。现在产品交流还主要依靠于人力挑运。军阀统治时代修了几条公路，其实只是军阀和官僚资本专用的私路，对农业毫无好处。今天公路线已有4条大干线和5条支线结网，都成了流通土特产的血脉。涪江水运畅通外，又正在疏导安居河（关箭河、关溅河），把它改造成一个运河式的梯级河，使载重16吨的木船可以自由航行。① 这也是改造紫土区各小河试点的开始。现在这区所缺的，只是铁路。但可以相信，不久便可建修。

（三）川北紫土方山区

这是华蓥山脉以北包括嘉陵江与渠河流域一个广大地区，在川西自流灌溉区与川中紫土丘陵区之西，以合川、岳池、广安的南界为区南界。循华蓥山脉通过三汇峡，划割达县的一部，接万源县南界。更依万源河与大竹河（太平河）的分水接陕西界和甘肃界，转川西界接江油界。这便是本区的四至界线。中间包括29个县地，面积60263.51平方公里，农业人口约1288600余，耕地面积2752万多市亩，平均每一农民有耕地1.80亩。

这区的特色，在于地形上具有白垩系地层的方山。方山就是由较厚的砂岩绝壁与相间的紫色软页岩平斜坡耕地相叠积的蚀余山，一般在山上修有石城、石砦，例如合川的钓鱼城、南充的青居山，以及本区内的所有称为"山"的都是。白垩系地层的下部，砂岩较多、较厚、较硬，难于风化；上部，紫土页岩较多、最软，极易风化，偶有砂岩相间，也很薄软；中部，则是二者各半的中等厚度互叠为若干层。可能是在大巴山造成的时代，盆地的东北角上升起来，雨水、河水把上部白垩系洗去，江河又把下部白垩系刻削成为深谷、层层递缩的迂回河谷，因此也就留下了这些逐层扩展、有似积木的梯级山地。从侧面看去，山的各层作正长方形，级级上缩，直上山顶的最后一层平顶。耕地便在各级砂岩层支持面上的紫土层开展起来。

这区农业经济上的特点，便是：（1）山高坡陡，河谷迂回而深狭，交通极其不便。（2）紫土与砂岩风化的砂土作比例不同的混合，相当肥腴，气候条件亦好。农民安于其土、乐于其业，不因贫困而颓废，劳动力很强。（3）石材方便，利于建造梯田。在这方面农民创造了伟大的成绩，所有紫土层内，无论水田、旱地，大都是经过高度加工的，基本上已消灭了斜坡。

---

① 记者张集良《今日的四川内河》，载1956年10月8日《四川日报》。

这区由于偏僻险远,历史上常为贪官污吏进行高度剥削的对象,农民革命往往在此暴发。那许多的山寨,便是历代政府军对农民军实施"坚壁清野"战略时陆续修建的,同时也被农民军利用来作抵抗政府军的根据地。

这区农民,是在长期地与自然、与反动势力作斗争中延续成长出来的。今天农民们已掌握着自己的命运,生产热情非常高。这也可以说是红军老根据地区农民的通性。

由于方山区内各部分情况仍有大小不同的差异,另分为3个亚区。

1. 南充亚区(宕渠方山区)

这部分在方山区内海拔较低,一般都在750米以下,许多地方山顶在500米以下,故可称为低方山区。又这带在汉魏晋时为宕渠郡地,并曾分置过东、西、南、北等许许多多的宕渠郡,宕渠这两字正象征着方山地形①,故又可称为宕渠方山区。

这亚区在本区中最为温暖,河谷气温正与内江区河谷相似,为蔗、橙及其他亚热带植物可以生长之地。谷底至山顶皆四时耕种,无霜害。稻田集中于方山下部复杂分歧的溪谷里,最低处为梯级冬水田,专种水稻;两侧稍高处为梯级两季田(滂田、干田),种稻及小麦或油菜;再上是山岩疏林,岩石以上为梯级山地。有水可蓄处亦作为田,无水可利用处乃作旱地;夏季种棉、薯、玉米,冬季种豌豆、麦类。这几乎成了一定的形式。

全区的河,深陷在狭窄的谷地里,迂回曲折于盘石岩层上,浅而多滩。自嘉、渠外,罕通舟楫,亦从来没有过灌溉工程。陆地交通全靠人力担、抬、负运,即在今日公路亦不甚发达。

全区不产煤铁,水力资源颇多,但未开发,暂时也还没有开发的条件。这乃是个没有重工业的地区,轻工业当前也还不发达。农民习惯于自给自足,养猪、养鸡极其普遍,养蚕业亦极发达。过去一般只作季节性的家庭副业,由妇女经营;现在已在试养多季蚕,可能成为终年的副业。在这基础上收集蚕茧丝线,是这区首屈的工业。棉花栽培也有成效:1956年射洪前锋农业社的棉花,在2455亩的大面积里,平均收到皮棉一亩72斤,其中有223亩到百斤以上。(10月14日《四川日报》)此外则普遍利用山坡种桐。各场镇多有油榨房,桐油集中于城市,改装木桶、竹篓,

---

① 许慎《说文》,释"宕"为"洞屋",段玉裁解为洞穿的房屋,是不对的。洞、峒通,石穴也。宕既以石为义,则洞屋便是岩穴可栖处。这在方山石壁下非常多。也有经人工判凿成深洞的,俗呼"蛮洞",皆汉魏以来就有。宕渠二字就是形容的方山岩壁多洞屋的山沟耕地。初只用于渠河流域,作为郡名,后随郡析置,便使用到很广的地面了,但仍未出方山区。

由水道输出汉口，为国际商品。这区世代相传的民谣是"栽桑种桐，衣食不穷"。在交通闭塞的地方，赖此农村经济。

这区农产品，市价很低，一般比成渝要廉一半。新中国成立前资本主义经营的猪鬃、肠衣、鸡鸭毛工厂，即已注意到，层层地派人到此下乡零收，往往是由敲零的"麻糖匠"收换起去，等于个钱不值。近年，大城市肉常断市，这区乡村的猪肉则苦无销路，鸡鸭和蛋类也是如此（1956年才开始提价）。

这区土地利用情况如下表①：

市县	土地总面积 平方公里	土地总面积 折合市亩	耕地面积（市亩）	耕地对总面积的百分比（%）	稻田面积（市亩）	其中两季田（市亩）	旱地面积（市亩）	总人口（人）	农业人口（人）	平均每农人所得耕地（市亩）
南充市	↓	↓	98352	↓	51749	22572	46603	190829	69664	1.41
南充县	2637.20	3955800	1386837	35.1	681113	197873	705724	883411	859172	1.61
西充	998.90	1498350	695852	46.4	225613	24955	470239	448607	435510	1.60
盐亭	1236.60	1854900	796162	42.9	146701	8219	469461	472289	461686	1.72
南部	2922.10	4383150	1211971	27.7	371282	102544	840689	825680	793425	1.53
阆中	1481.40	2222100	777767	35.0	556562	104373	421205	552694	523232	1.49
蓬安	1638.80	2458200	708887	28.8	375349	126851	333538	424930	411155	1.72
仪陇	1577.60	2366400	733371	31.0	432439	143591	300932	521098	516670	1.42
营山	1764.40	2646600	961032	36.3	644191	206646	316841	575637	560112	1.72
岳池	1859.40	2789100	1011201	36.3	771583	226852	239618	702899	665521	1.52
武胜	1079.30	1618950	630413	38.9	457942	116140	172471	453316	450117	1.40
合川市	↓	↓	1887	↓	228	↓	1659	57515	1677	1.13
合川县	2839.61	4259415	1558483	36.6	969335	187157	589148	944221	868565	1.79
广安	1707.30	2560950	1135352	44.3	730998	23597	404354	825084	799671	1.42
渠县	1657.00	2485500	1343834	54.1	726925	206043	616909	881323	837321	1.60
铜梁*	1478.50	2217750	934173	42.1	708457	149913	225716	536447	501147	1.86
合计	24878.11	37317165	13985574	37.5	7850467	1847326	6155107	9295980	8754645	1.60

依此计算各类田地对耕地总面积之比：冬水田占43%，两季田占13%，旱地占44%，本区的两季田皆望天田。故农民平均每人得地1.60亩中，每年可望种稻之田只得一半，这情形与遂宁区甚为相似。

---

① 铜梁县以1/3地面划属本区，各栏数字皆为全县总数的1/3。余2/3属川东区，其分界线，用涪江与铜梁河的分水线。

这区农业发展中的问题，首先当在于加强土产运销工作的组织。应该发动国营公司的采购组织深入农村与各农业社，订合同预购农副业产品，如生猪、腊肉、家禽、鲜蛋、猪鬃、肠衣、鸡鸭毛、果品之属，提高副业生产的收益以刺激农民多方发展经营面的兴趣。这不仅可以改善这区农民的生活，促进生产的发展，亦缓和了城市副食品的紧张情况。

农产输销品，尤其是粮食之类，不可能依靠于公路运输，亦不可长期停滞在人力搬运的情况下。萦回多滩的小河，或有可以疏导的，但工程很大而效果不高。主要是山洪涨时，洪水可以骤高数丈，一日半日又骤落到断续乏水，筑坝炸滩皆少意义。因此，铁路建筑甚为必要。从简阳或绵阳，经遂宁、南充、渠县，通过老根据地区入陕、入鄂，连接京汉路，工程远较川东的川汉线容易。川北区的平坦地势、平整而稳定的地质和丰富的劳动力，均为筑路的有利条件。路修成后，才能有充分的煤、铁、机械供应遂宁、南充、老根据地等亚区，开展工业建设来改变农业生产的落后状态。这直是整个川北地区的问题，不仅是本区农业发展问题了。

这区还有个不被人注意的小问题，关系颇大。那就是山顶种树的问题。在从前，这区的各个山顶都造有发状的森林，作为一村的公共财产（大多数都是柏树林，还有座庙子），耕地在林下的山坡里，这似乎是历史上固定下来的一种社会制度。本来山顶土薄、亢燥，耕种之利颇微，栽树的利益更较大，也不妨害主要耕地的日照。另外的好处却很多：除增加风景、调节气候、储备建筑材料外，更重要的是涵濡水源，保持泉水的丰赡，使山居农户有足够的饮用水，有时还帮助开辟水田。往时虽在山顶，亦大都有池可汲，一般称作天池或仙女池。林木茂盛的，其池可供数百人至千人食用。许多山顶树林是军阀统治的末期才被砍光的，林木未尽，天池先干了，次第是缘山泉水也涸绝了。山居户迫于无水向谷地迁徙；于是耕作山地要增加上下往来的时间，劳动中的饮水亦须带去，一种一收之中，消耗劳动力2至3倍，耕作不能不趋于粗放，常年减产，旱年即至无收。水土保持更难于进行，山地逐年增其瘠薄，无形中逐年缩小了耕地面积。就四五十年来的一般情况，大抵如此。今如深入乡村踏看各山，可以发现旧时农民宅基、泉凼。现在农户全聚在谷里了。恢复方山顶上的森林，恢复山泉，恢复高山耕地劳动者的住宅，让他们就地储备肥料、照料作物、处理收获、整饬土地，省去朝夕上下的麻烦，这样才能保证山地的精耕，增加本区的生产力量。单干时期固当如此，组织起来后更该如此，到了全盘集化此后仍当如此，因为这只是一种耕作的方法。

本区的西部与遂宁亚区接触地带，如西充、盐亭、南部与南充的西部，即当嘉陵与涪江两流域的分水部分，地形亦颇高平，旱地多，水田少，农民善于精耕旱地，情形正与遂宁亚区相似，但这带农民消耗劳力最多的不是"搬高粱土"而是"搬红薯土"①。它们对红薯作高度的园艺工作，创造了许多增产的经验，单位面积产量在全国大约也算是最高的。他们善于作高畦（薯埂），善于管理薯畦，勤于中耕，用双手反蔓；善于布置薯畦间作物，一般是用绿小豆或赤豆（类似豇豆，矮株收种子的作物），既不妨害薯的日照，又利用根瘤菌增加土壤的生产力；有时亦用棉，一种枝叶稀疏的土棉；更有一种"薯地苞谷"，茎干矮小，叶只3至5片，从出土第一节结实，生长期短，收量虽不大，配合种薯恰很相宜。夏季满地种薯，冬季以豌豆为主，皆是消费肥料不多的，在此肥源奇缺地区，极其调适。他们也善于作窖藏薯，一般要吃到夏初豆麦收割时，如其遇着大寒潮，薯被冻败，便是大灾荒年了。要图改善这区农民的生活，亟宜从打通薯、米交换的运道着手。或在这带合作社里提倡淀粉制造业或集体的酒精工厂，把红薯加工输出而换进米粮来。

这区是著名的甜橙产地，全是沿江山坡地的副业生产品，橙种以南充区为较好，但不是一致都好的，产橙地亦不限于南充，凡南充以南武胜、合川、广安、岳池各县无不相宜。如何改进橙种，使其一致地成为合于国际市场要求的品质、规格以及推广栽培面使其成为国际商品之一，是本区甚有经济意义的工作。因为沿江则运输便，山坡地则不妨害主要作物的生产，这是胜于种蔗的条件。

2. 广元亚区（剑门方山区）

广元、昭化、旺苍的南部和梓潼、苍溪两县及江油、绵阳的东部，也都是紫土方山区，但海拔大都在750米以上，更显得山高谷深，气候比南充亚区冷燥，山地渐难耕种。至旺苍、广元、昭化县郊以北和青川县，则已在侏罗系地圈以外，山势更为高险，一般在1000米以上。那些山不是白垩系方山，而是由古老地层的断裂、褶曲等因素造成的；只由于它们农业经济联系上划为一区，地理条件则是不同。这区地质上与南充亚区不同之处，是多了一部分含有砾石的上白垩系地层，黄汲清把它列于始新统，谭锡畴把它称为始新统的"城墙岩系"②；那是侏罗纪内海在白垩纪末期的沉积物，有砾石胶固的砾岩，与黄土和具有姜石结核的红页岩。它从广元东南一直展延到三台县境，在川西地区的西北部亦分布得宽。这样砾岩的山，作刀劈

---

① 这个"薯"字原是"藷"字的借用，"藷"字初见晋嵇含《南方草木状》，专指这种旋花科的须根作物。但川人今天普遍地把它读作"苕"字音，并有把字也改为"苕"的。苕即豆科绿肥植物的苕菜，也是川中特产。这两字不容混用。
② 谭锡畴等：《川康地图质》。

状的断裂性绝壁或峡道,例如剑门山便是①。故本区就地质地理说,亦颇与川西区相似。

这一亚区耕作上的特点是水稻和甘薯都少了,玉蜀黍和麦类有了增加,棉、麻、柑类绝了迹;另外有许多山地产品起而代之,如漆、梨、核桃、油桐,有些山地产少量的茶和药材,有些白垩系山地种桑养蚕。最著名的苍溪梨、剑阁核桃出在此区,别外引种去就会变质,减了风味,因为梨对高度与温度的要求很严格,核桃在乏于养分的瘠土上生长的油脂不多,香味好些。

这区与南充亚区的不同,还在于地当孔道,接受外地影响较快。农业经营比较活泼些。现在它又是宝成铁路通过地带,地方繁荣的速度很快,农村改变的速度也必然要快些。

这区各县土地利用情况如下表②:

市县	土地总面积		耕地面积（市亩）	耕地对总面积的百分比（%）	稻田面积（市亩）	其中两季田（市亩）	旱地面积（市亩）	总人口（人）	农业人口（人）	平均每农人所得耕地（市亩）
	平方公里	折合市亩								
广元	3143.10	4714650	780880	16.6	161440	91220	619440	289288	243571	3.21
旺苍	3008.00	4512000	605070	13.4	151460	79365	453610	219789	206408	2.93
苍溪	2398.70	3598050	670054	18.6	424365	190971	245689	430871	412213	1.63
昭化	1541.30	2311950	426912	18.5	149697	92812	277215	157163	146130	2.92
剑阁	3457.10	5185650	1114700	21.5	471655	326122	643045	366124	355562	3.14
梓潼	981.90	1472850	624284	42.4	228352	140109	395932	243603	235112	2.66
绵阳*	864.75	1297125	222186	17.1	120959	61000	101229	218083	102684	2.16
江油*	1275.00	1912500	407559	21.3	277312	179902	130240	184048	163549	2.49
青川	3022.00	4533000	552163	12.2	37628	24764	514535	118136	115295	4.79
合计	16548.75	24823125	5403808	21.8	2022868	1186265	3380935	2227105	1980524	2.73

从这表可以看出,除梓潼外,一般的耕地所占百分比都很低,一律不到30%,且除苍溪外皆旱地多于稻田甚远;凡跨过侏罗系地带者,皆地多是田三倍左右,其稻田又皆属无灌溉水的望天田,去旱地不远;故虽平均每农民有地近3亩,仍非兼营副业难获优裕生活。这是它与南充亚区相同之点。

---

① 在川西,如窦团山、青城山皆是如此,并且构成一大砾岩带,直向西南排为一线,到宝兴县的灵关峡还是。
② 绵阳以全县的1/4划归本区计算,江油以3/5划归本区计算。此两县的稻田皆以自流灌溉田为主,究竟有无望天田和田与旱地在两部分里的分配比例,无资料可据。

现在铁路畅通，足以促进这区的繁荣，加以山地广阔，可资利用的地面很宽。此区农村经济发展前途又远比南充亚区宽裕，而与绵阳区较为接近了。

这区农业发展中的问题，首在于开发山地利源，发挥地方生产上固有的优点，大批生产行销远地的特产。火车既通，沿线工矿业必将兴盛，城市更将繁荣，生产工矿和城市人口需要的副食品，比供给粮食更为重要。粮食尚可自他区（最近便就是川西区）供应，蔬菜、鲜肉则必须当地供给。这带山区既不适于增产稻麦，则增产洋芋、杂粮来发展饲养业似较合理些。这带气候是最适于养猪的，养羊也算适宜。酸性土分布较宽，种茶种漆可能大批生产，配合于工业突出地发展起来。森林也宜适当地恢复。

3. 巴州亚区（通南巴山区）

巴水流域，绝大部分皆在侏罗系盆地以内，只海拔较高，且多属白垩系下部坚厚砂岩地层，在溪河刻削下成了很高大的方山，直连上大巴山脉，故可称为高方山区，或大巴山区。其中巴中、平昌两县，海拔一般都在750米以下，与南充亚区相似，唯河谷较为深狭，社会经济类型亦颇不同。由于交通比较困难些，它从来是自足自给地生产，输出农产品非常少。南江、通江、万源3县的河谷，大多是700—800米的海拔，南向温暖；农民的努力把土地的生产力提得相当高，稻麦杂粮的生产足够自给，且有余力输出。山地保存森林尚多，所种作物是多种多样的，甘薯、玉米、粟、荞、高粱、油麦、豌豆、小麦、大麦都有，银耳和木耳是这区的特产。大巴山区雨雾重、多酸性土，甚宜种茶。

这区农业是汉代就已开展的，大约1200年前（南北朝时）繁荣起，历隋、唐、五代、两宋，曾分设三州十余县[①]，可想见其农业户口的密度。元明以来才并为3县，近世又才析为5县。并县后，历被视为边区，农民感受政治上的痛苦最深，倾向于革命的思潮素高，在最近社会主义革命运动中，本区成了坚强不拔的根据地。阅历近800年斗争的本区农民，现在又将逐步走上繁荣富乐的道路，生产热情非常的高。

本区当前的土地利用情况如下表[②]：

[①] 巴中，后汉置汉昌县，刘宋置归化郡，西魏以后便称巴州。南江，梁置难江县，宇文周置集州。通江，西魏置诺水县，唐置壁州。皆相沿至宋代。巴、集、壁三州所辖，有化城、其章、曾口、归仁、恩阳、清化、通江、符阳、白石、广纳、盘道、难江、大牟、长池、宣汉（东关）等县皆在本区。

[②] 以达县巴水流域划归本区，占全县1/5计算。万源的大竹河流域，占全县1/12划出本区以外计算。各栏并同。

市县	土地总面积		耕地面积（市亩）	耕地对总面积的百分比（%）	稻田面积（市亩）	其中两季田（市亩）	旱地面积（市亩）	总人口（人）	农业人口（人）	平均每农人所得耕地（市亩）
	平方公里	折合市亩								
巴中	4737.00	7105500	1058654	14.9	658809	196163	399845	693479	657683	1.61
平昌	4737.00	7105500	745653	10.5	519736	223486	225917	440246	428997	1.74
达县*	709.76	1064640	265056	24.9	154406	48814	110650	172329	159768	1.66
南江	4635.50	6953250	582970	8.4	339687	157790	253283	302302	289793	2.01
通江	4980.20	7470300	690581	9.2	411545	255569	279056	381591	368988	1.87
万源*	3774.19	5661285	521056	9.2	207944	62610	312916	246013	245763	2.12
合计	18836.65	28254975	3863970	13.7	2292127	944432	1581667	2235960	2150992	1.80

这表说明农业人口几乎占了总人口的95%以上，而每人所得耕地比广元亚区各县更少，乃与内江亚区相当，但其土地的生产力与社会经济活泼程度则远远不及内江区，这是我们应该为老根据区人民呼吁的第一点。再看：在如此山区，稻田面积乃占耕地过半，且以冬水田为多，比较内江亚区的平均稻田只占1/3，显然是已尽了土地利用的能事，比之遂宁亚区、南充亚区皆有更为精耕之征象；再要提高单位面积产量，就比其他各亚区更为困难了，这是我们应该为老根据地农民呼吁的第二点。交通不便，土特产无法销售，人民坐困①，这是我们应为老根据地农民呼吁的第三点。

如果要图改善这一老区农民的生活，提高到盆地中心部分农民生活的水平，除了大量迁移农民到川西区（最好是西昌专区）外，只有从打开交通封锁的方向努力。现在这区，只有万源到达县建成了公路，通、南、巴、平昌境内还不见新时代交通工具的影子。水道只巴河和现正从事疏导的小通江河。由于河漕坡度过大，下水尚易，上水困难，往时巴江船只皆用木钉，到合州后即行打碎卖柴，不复回溯。似此水道亦只能解决部分土特产的输出问题，对必要物资的输入问题无甚帮助。用十万分一缩尺的四川地图研究，由渠县三汇峡外，上溯巴水，至平昌（江口），缘通江河过通江，上溯瓦石铺、洪口场、竹峪关、两河口至镇巴，全线皆1000米以下，较万源公路延向镇巴的路线更为平易。镇巴海拔不到800米，西由西乡、城固、汉中接略阳的宝成路，东由紫阳、郧县、丹江口接京汉路亦不困难；至于渠县以西，由南充、遂宁接简阳的成渝路便太容易了。这样建筑一条通贯大巴山老根据地的铁路，让北京与四川、云贵之间多了一条辐射线，在国民经济和国防上意义都是很重大的。

---

① 请看1956年10月19日《四川日报》余云同志的《山区农民真的好吃懒做吗?》。

这是我们可以为这一老根据地农民呼吁的第四点。

此外的措施，都只能是敷衍一时、稍微改善的措施，不是这农业发展的根本要求。

（四）川南浅褶紫土区（下川南区）

以上所划的3个区和8个亚区，主要部分地层全是水平重叠，没有褶皱。本区和川东区内则褶皱颇多，掀起许多侏罗系与其以下的地层露出盆地外面。本区的褶襞不很高，也不很整齐，它们把白垩系紫色土地面分割得相当零乱，也不能平整一致，这是本区与川中、川北两区根本不同的地方，故别称为浅褶紫土区。

由于长江刻削得很深，带动了岷江和沱江下游也把河谷刻削到海拔300米以下了。它们又带动各小河、支流加深刻削，益造成了本区的崎岖面貌；大部都是山谷盘错的姿态，虽紫土地面亦然，这又是与川中、川北根本不同之处。由于河谷低深，纬度又最低，故凡稻田分布的谷地都很温暖，又可称为浅褶暖谷区。

由于侏罗系地层的露出多，煤、铁、食盐等工矿业在全川发展的历史最早，农民劳力的出路多，他们的生活从来就不一定倚靠小块土地的精耕细作，这也是与川中区和川北区根本不同之处。

这区在历史上长久被封建统治者所忽视，去今2000年前，还被委为"西南夷"地。汉代开地置郡，在这区里也不过设有僰道、南广、符、江阳①几个征收赋税的县官，从未帮助人民开发生产事业。一直拖延了将近千年，到唐宋两代，由于劳动人民的经验创造繁荣了地方②，又才开展出了许多州县。然如岷江西岸以外的地方，则还是明清两代才开辟的。由于改变"刀耕火种"的时间还短，所以农业生产比之川西、川北、川中都显得落后，这表现在土地利用的程度不高和少有可以推广的技术经验上。但这区农业生产的自然条件，在大西南中却是优越的。它比川北区就优越许多，首先是它具有高度的气温和良好的交通网。新中国成立后，在党和政府的正确领导下，这区农民的生产积极性蓬勃地发展起来。由于它农业发展的前途很宽，其发展将是难以限量的。

这区地面，海拔全在500米以下；所有耕地，更都在400米以下，岷江、沱江下游与长江河谷耕地更在300米左右；虽如缘边地方一些山岭，亦少有达到1000米

---

① 大概宜宾一带为僰道县，庆符与南六县为南广县地，泸州一带为江阳县，合江、赤水、鳛水一带为符县，荣、威、犍为一带分属资中与南安。汉犍为郡治最初设于南广，旋即迁于僰道，不久又搬到距成都很近的武阳（彭山）来了。
② 例如用竹筒作井深入地下汲卤煮盐，这一伟大发明。详郭子章的《盐井图说》和苏轼的《蜀盐说》。四川的采矿冶金，也是未开郡县时就已有劳动人民创造成功了的。

高度的。在全盆地中，本区又是纬度最低的部分，所以一般的气温都很高，这里有特别把本区气温记录提出的必要。但由于各地设置测候站的时间都浅，记录年代又各不同，故只取相同年代较多的1939年各月平均气温（单位：℃）为表，以便比较。①

站名	纬度	海拔（米）	1	2	3	4	5	6	7	8	9	10	11	12	全年平均
井研	30°43′	—	6.7	6.9	11.0	17.7	22.2	27.1	27.7	26.3	22.6	19.8	14.1	10.9	17.8
荣县	30°29′	—	10.1	11.2	13.2	18.6	22.8	27.0	27.5	26.9	23.5	20.6	14.3	12.6	19.0
犍为*	29°10′	—	8.2	9.9	15.8	20.3	24.5	25.9	28.5	28.1	24.0	19.6	14.9	9.8	19.1
马边	28°46′	285	10.0	10.5	12.7	16.6	22.3	25.0	24.7	20.2	23.7	19.0	14.1	10.2	17.4
宜宾	28°43′	—	9.4	11.0	13.1	17.9	22.5	26.7	27.2	27.5	23.5	20.0	13.6	12.8	18.8
屏山	28°39′	—	11.1	11.9	14.0	18.9	23.3	27.2	27.5	27.0	23.7	20.5	15.4	13.4	19.5
南溪	28°52′	—	10.6	12.4	14.3	20.5	23.1	28.2	28.3	28.3	24.1	21.2	16.4	14.1	20.1
庆符	28°27′	—	11.1	9.7	13.6	18.5	23.0	27.2	26.6	27.3	23.4	20.0	14.8	12.8	19.0
兴文	28°23′	—	10.5	—	—	16.4	22.3	26.9	—	27.4	23.5	20.0	14.9	12.8	19.4
长宁	28°19′	—	10.3	10.9	13.1	17.7	23.0	25.7	27.8	27.1	23.2	19.7	14.4	12.4	18.8
雷波	28°18′	650	7.4	7.3	9.6	13.8	18.4	21.6	23.8	23.6	19.8	17.1	11.8	10.1	15.4
富顺	20°14′	—	9.3	11.4	13.0	18.1	22.9	26.6	28.6	28.0	24.2	20.7	14.6	12.9	19.2
泸县*	28°53′	305	9.0	10.3	15.1	19.6	23.0	24.6	28.0	27.9	24.5	18.4	14.6	9.7	18.7
合江	28°48′	—	9.6	9.7	13.5	17.8	21.9	26.3	27.8	28.5	23.9	20.2	15.2	13.1	19.0
古蔺	28°08′	—	9.1	10.0	12.0	17.1	22.0	25.9	27.3	27.7	24.5	19.9	14.0	11.8	18.4

荣县1937～1943年的年均最高记录是20.6℃（1937年），最低记录为18.6℃（1943年）；宜宾1939～1942年的年平均最高记录是19.3℃（1941年），最低为18.5℃（1939年）；泸县1942～1949年的年平均温最高是19.2℃（1942年、1945年两年），最低是18.1℃（1949年）；可以见得本区是稳定的温和气候，在全川中算是最高温地区，是最安全的双季稻区。

就雨量说，本区各地也是比较适中，而且是一致的。兹将本区各站1937年以来各年雨量（单位：毫米）列表如下（表中打直线无数字处，是无完整记录的年度）：

---

① 泸县、犍为两县无1939年的记录。犍为用1937、1938、1944和1945四年的总平均；泸县用1942—1950年的总平均数。

站名	纬度	1937	1938	1939	1940	1941	1942	1943	1944	1945	1946	1947	1948
井研	30°43′	—	1336.1	975.2	905.8	—	—	—	762.2	—	—	—	—
威远	29°30′	982.6	1047.4	615.8	894.7	1066.4	684.9	791.7	732.1	1005.2	1076.8	983.7	1012.0
荣县	30°29′	841.6	1166.7	778.3	759.4	1285.7	—	773.4	—	—	—	—	—
犍为	29°10′	2098.7	1624.6	975.1	—	—	—	—	—	1354.4	—	—	—
马边	28°46′	—	1022.5	949.5	665.4	422.6	—	—	—	—	—	—	—
屏山	28°39′	1081.1	881.1	712.2	824.6	956.3	—	—	—	—	—	—	—
宜宾	28°43′	—	—	—	—	—	—	—	—	—	—	—	—
庆符	28°27′	—	—	642.4	862.1	1072.8	—	—	—	—	—	—	—
兴文	28°23′	—	915.6	822.2	—	1786.8	974.7	739.8	—	—	1537.8	—	—
长宁	28°19′	—	1453.4	1333.4	1384.3	1380.3	—	—	—	—	—	—	—
雷波	28°18′	—	670.1	862.6	853.7	911.5	836.2	637.5	—	—	—	1034.2	—
筠连	28°12′	—	1111.9	—	—	1579.6	1075.1	—	1082.0	—	—	—	—
南溪	28°52′	1133.4	893.4	749.0	910.5	1150.0	—	—	—	—	—	—	—
江安	28°47′	—	1373.0	—	—	—	833.1	976.6	—	—	—	—	—
泸县	28°53′	1057.5	995.9	849.7	924.8	1209.8	808.9	1177.8	1139.3	839.0	990.4	1191.8	1283.2
富顺	29°14′	988.6	1215.9	912.2	1057.9	533.3	526.2	1022.3	—	—	—	—	—
古蔺	28°08′	—	702.1	726.2	1077.4	498.1	712.0	—	—	—	—	—	—

这区由于工矿业发展较早,需要廉便的运输,故航运也开辟得很早,远在未置郡县前就已有了水上商运[①],岷、沱、长江在本区里虽较狭急多滩险,水上劳动人民却能创造许多方法通过舟船。各小支流如自贡、富顺间的运盐河,犍为的黄丹河(清水溪),南六县的横江、南广河、安宁河,与纳溪的叙永河,合江的赤水河,以及沐川河,金沙江上游等,都早已打通了航运。现在内昆路即将修到宜宾,延接昆明。公路亦陆续发展着,对农业发展的前途皆有很大的帮助。

这区,就气候、土质和交通条件说,适宜于全川所有的粮食作物与经济作物,以及山地植物和饲养业的发展。但现在各部门的生产量都不很多,对整个国民经济的贡献不大,这乃是一极宜注意的事。现在,双季稻栽培由本区倡首,已获得成功,这是新中国成立以来一大新的成就。但本区缺乏灌溉水利,大都靠冬水田种稻,这令双季稻的推广,不免受到阻碍。极力兴建水利以保证水稻种植业的稳健发展,应是最紧要的措施。此外需要高温的经济作物应在本区大量生产,集中地供应工业城,

---

① 蒟酱由水道通过夜郎销到番禺(广州),见《史记·西南夷列传》。

或自己发展农产加工的轻工业,以提高农民生活,在内昆路通车时更属必要。

这区有多量的侏罗系与三叠系以下的地层露出,具备各种性质的土壤,也适于茶和各种油料作物的栽培,蚕桑、白蜡、药材、果类、竹类的生产潜力极大。一般把山地视同无用,或只认为是矿区,这观念必须纠正。

总之,本区当前还是农业生产潜力最大的一区,未来发展,正待今天努力。

除仁寿、资中、马边、雷波,拟局部划入本区外,其余各县皆作整县划入,区界即循省界县界为之,计包括11个县市的境域,共约有面积3800亩,人口800余万,耕地3500余万亩,农业人口800余万;平均每方公里有216人,每一农业人中可得耕地4.33市亩。由于各部分情形微异又分为3个亚区。

1. 犍威亚区(穹窿构造区)

地褶不是一般的长条状露出,而是椭圆形的穹窿露出,恰又都是露出的侏罗系部分。四川侏罗系地层一般地普遍具有煤铁矿,虽储量不大,而浅露易取,便于小资本开采,因而开采最早,对于全川的农具供应、燃料和炊具供应,千年来贡献很大,同时也造成了本亚区的早期繁荣。相关的更深地层里所储蓄的煤气、食盐也很早就被劳动人民知道,进行掘取,发展成为全川首屈一指的工业。这都与地质的穹窿构造相关联。同时它也深刻地影响到农业的发展。

当前,本区各县土地利用情形如下表①:

市县	土地总面积		耕地面积(市亩)	耕地对总面积的百分比(%)	稻田面积(市亩)	其中两季田(市亩)	旱地面积(市亩)	总人口(人)	农业人口(人)	平均每农人所得耕地(市亩)
	平方公里	折合市亩								
自贡市	121.00	↓	141632	↓	67530	12073	74102	268029	84665	1.67
威远	780.60	↓	591693	↓	270395	31954	321298	431965	381082	1.55
荣县	1922.79	4236585	1110969	43.5	618226	76600	492743	669489	626581	1.77
五通桥市	↓	↓	106246	↓	52044	3059	54202	145586	60236	↓
犍为	1953.99	2930985	614114	24.6	424991	16930	189123	340266	287688	2.07
井研	627.54	941310	493907	52.5	299910	25577	193997	290024	281133	1.76
沐川	1446.00	2169000	370699	17.1	170498	10170	200201	160319	145530	2.55

---

① 面积系新中国成立前依实测地图计算出来的数字,其时自贡市区尚小,现扩展已可能占去威远、荣县地界,而新的面积尚未求得,故以两县与市合并计算。五通桥市系自犍为、乐山两县划出,今无法求得所占两县地面亩数,故以市合并犍为计算。两市所占富顺与乐山地面,亦未向那两个区扣除。这是无可奈何的办法,但期总数符合,大致不差而已。又仁寿系以全县的1/10算,马边无总人口,只以农业人口计算。

续表

市县	土地总面积		耕地面积（市亩）	耕地对总面积的百分比（%）	稻田面积（市亩）	其中两季田（市亩）	旱地面积（市亩）	总人口（人）	农业人口（人）	平均每农人所得耕地（市亩）
	平方公里	折合市亩								
马边*	582.00	873000	146989	16.8	28255	7114	118734	83676	83676	1.76
仁寿*	251.64	377460	217368	57.6	93823	10719	123545	113073	109822	1.98
资中*	190.52	285780	134875	47.2	50455	4674	84420	87771	80441	1.68
合计	7876.08	11814120	3928492	33.3	2076127	198870	1852365	2590198	2140854	1.84

从这表可以看出农业人口仅占得总人口的82.7%，这就说虽然是小规模的工矿业吸收人口力量也是很大的。正好反映出川北区农业劳动力过剩的解决途径是开展工矿业。

其次可以看出这区一般的田多于土，而土地利用率并不很高，如犍为更是突出地低微。以这区的气候和土质来说，耕地应可能一体发展到50%以上。其所以未能如此，是显然的人力不足，放弃了许多应耕的土地。田多于土，就是农业劳动力只集中于溪谷里的肥沃平土，放弃了许多山地的表现。而本区的山地亦是很好的耕作地带，比川北方山优越得多。如果耕地向山地发展，加以改造梯田，蓄水种稻，增加同比例的田和土共计16%，就可增加耕地18059市亩，足以容纳100万农业劳动人口；并可保证其生活与其他就业者同样优裕，且为国家有效地解决一部分的粮食问题。

旧时本区水利工作完全集中于开辟航道，未曾注意到用于灌溉。由上表看，两季田的比例还不到稻田面积的1/10（犍为县还不够1/25），足见所有稻田，9/10以上皆属冬水田，这就不利于双季稻的推展。似这区土地的低暖，由多蓄冬水而放弃了双季稻的栽培，也是最不经济的。

这些都是从统计数字上可以看出的问题，就与实际核对也是符合的。比较起来，荣县、井研与仁寿的耕作情形相似，土地利用较好，岷江流域就太差了。五通桥市区，岷江两岸就有可以建设自流灌溉的颇宽河坝，但少见到堰工与稻田，比于相邻的乐山、夹江地方，地理条件相似，生产情况就大有不同。

是故解决这区农业发展中的问题，首当设法加强生产力，展拓耕地，建设水利，展拓一般栽培面积和双季稻田，为祖国增产粮食和工业原料，它须得补充劳动力。

这区山地很宜于经济作物的栽培，从来它就出产棉花、茶油，有少量的蔗。尚少见油菜、柑橘、油桐和烟草的种植；玉蜀黍和杂粮也不多。实则如油菜、油茶、乌桕、油桐等植物油的生产，对这区最为有利。它们有的喜欢碱性土，有的喜欢酸性土，但都一致地需要温和湿润的气候和养分丰富的土壤。本区是白垩系地层的微碱土与侏罗系地层的酸性土交错分布的地方，土厚而腴，气候温润，完全与油作物的要求适合；以榨油留下的油粕，更好提高山地的生产。此外如柑橘和杂粮需要夏季温度较高的亦与本区山地相配合。

2. 宜宾亚区（宜宾暖谷区）

岷江入宜宾县境以后（从箭板溪口起）两岸地质有显著变化。白垩系红石骨子的软质页岩减缩，红色砂岩地层展开；穹窿构造减少，长条的褶皱出现了，但还不多，所占面积很小；侏罗系地层作狭长而迂回的带状露出，包围着一些石灰岩和硬质的页岩地层，构成四川盆地南侧的边缘部分。岷江和长江河谷颇宽阔，多冲积土，有月波、泥溪、蕨溪、思坡、宜宾、南广、李庄、南溪和金沙江岸的柏树溪、安边等平坝，海拔都在300米左右，十分温暖，可种亚热带作物。在南六县里，横江、符水、安宁河等河谷，位于背海洋气流的北斜面内，河谷空气比较干燥，更显得高温爽适。但这只限于河谷，部分山地也颇多雨郁湿。

这区的耕地，以沿河平原为上土，但水利未兴，多作旱地。主要稻作土为紫色土区的冬水田，面积不宽。红砂岩和紫色礓土及黏土地带最宽（例如越溪流域的土地），生产力就比较小些。侏罗系界外的石灰土，价值更小，多委为荒山了。

本区各县土地利用情形如下表①：

市县	土地总面积		耕地面积（市亩）	耕地对总面积的百分比（%）	稻田面积（市亩）	其中两季田（市亩）	旱地面积（市亩）	总人口（人）	农业人口（人）	平均每农人所得耕地（市亩）
	平方公里	折合市亩								
宜宾市	—	—	75663	—	56752	6934	18911	190826	55681	1.36
宜宾县	4230.25	6345375	1329007	20.9	825246	51185	513761	727888	699144	1.90
屏山	1445.22	2167830	358947	16.6	104638	16500	254309	167800	151622	2.37
南溪	957.06	1435590	514681	35.9	380793	42354	133888	300599	273469	1.88
庆符	1076.76	1615140	338465	21.0	170569	8657	167896	168199	156143	2.17
高县	↓	↓	249920	↓	98486	6216	151434	116836	105517	2.37
筠连	1735.24	2602860	471742	18.1	104748	17216	366994	173259	154650	3.05
珙县	934.73	1402095	358471	25.6	130196	9685	228275	163876	148311	2.42

① 旧高县面积1393.49平方公里，筠连314.75平方公里，曾分高县设沐爱局，现沐爱并归筠连，两县新面积未能求得，故合并计算其耕地的百分比。又雷波的东部应划属此区，但无数字可据，只好略去。

续表

市县	土地总面积		耕地面积（市亩）	耕地对总面积的百分比（%）	稻田面积（市亩）	其中两季田（市亩）	旱地面积（市亩）	总人口（人）	农业人口（人）	平均每农人所得耕地（市亩）
	平方公里	折合市亩								
长宁	1294.57	1941855	468494	24.1	309298	11534	159196	241105	200856	2.33
兴文	526.37	789555	221290	28.0	87075	5466	134215	81981	78213	2.83
合计	12200.2	18300300	4386680	24.0	2267801	175747	2128879	2332369	2023606	2.17

这区比之犍威亚区，耕地比率尤小，除南溪外一般不到30%；其中田与旱地面积相当，两季田也只占1/10左右，则与上区相似；这乃是土地不及上区优良的象征。但平均每一农民所得耕地面积也比上区大。可以说两个亚区农民生活水平大体是相当的。

这区农业发展中的问题与上一亚区正同，更当着重的是山地利用问题。

这里必须附带提出修正行政区界的问题：

这区行政区划在全国说来特别显露出不合理。四川盆地的西南角，无论就自然区域还是地质条件说，都应包括金沙江与横江河谷的一部：横江到普洱渡，金沙江到桧溪。但历史的错误，把这一部分以江水为界划归云南绥江、盐津两县分管。绥江县治就在屏山县平彝司对岸，灯火相照，一苇可航，而分属两者；盐津县以横江水运为全县唯一的通津，现将为叙昆路通过。它距宜宾不到100公里，距昆明则600公里，隔有很艰险的山路，从古来就不甚通行。事实上，绥、盐两县人民一切生活都与四川联系，只赋税与昆明联系。这是可以肯定应该改划属四川盆地的。

现在的乐山行政专区，管到与宜宾接界的屏山县，这也是难解的。屏山与宜宾是汽轮联系很短、距离一条河岸的城市，所管主要部分亦都在这条河沿线。只石角营以西的西宁沟是金沙江的支谷，若说为了修筑乐山到西昌的大凉山公路经过石角营的方便，则把石角营与马边和雷波的金沙江岸冒水孔、黄螂和马湖的海脑坝合置一个石角县，让屏山仍归宜宾专署领导实为两便，不合把距公路很远的屏山县主体部分从近便的专署拖过形格势禁无法联系的乐山专署去，这样是更无法领导农村生产的。

专署辖区与凉山彝族自治州的划分亦有些难解。前雷波、马边、峨边三县虽是汉民族与彝族历史上的接触，各都住有一半地界，但是分居的，不是混居的；而且汉民族住居这部分是广大腹地血肉相连合为一体，不可分离的；徒以反动统治政权在用兵力镇压彝族反抗，需要大民族主义的汉民支持下，把这一部腹地划归3县。

现在彝汉同在党和人民政府的领导下，亲如一家，徒以彝族社会有历史遗留的落后实际存在，划出民族自治州来，让他们自己努力加速地赶上新时代的水平，划一部分包在彝胞住居的汉民族进去，和他们协作是可以的，若还不是越嶲那样包围在内的，而是石棉县那样在彝胞住区以外的也随着旧县境划割进去，那就与民族政策的规定不符了。现如峨边的大渡河北部，马边的大堡子（县治）以下清水溪沿岸，和雷波的黄螂等处的汉民族住区，直到今天还没有任何一条大小的交通路线，要叫这里的人去与自治州的彝胞协作，帮助他们改进生产或接受他们的领导，岂非"缘木求鱼"么？在当前情况下，自宜仿越嶲分置石棉县的办法，把这三县分析建置：如在金口和角营设汉民族的县，在万石坪、烟峰三棱冈设彝族区的县。这对发展边缘地区农业生产说，是很有利的，这带农民必可能提高全产热情，做出许多足以带动彝区生产的成绩出来。否则徒使这带农民情绪不安，且易于导致民族间的纠纷。

再如区内各县境界的划分，也是多有当作修正的。首先宜宾县境便显得过于辽阔而分散，天然地被江水和市区隔为联系不便的两块。就农业地理说，白花场一带是川中紫土丘陵区的景色，越溪流域合江铺到仙马场一带又是另一景色，沿岷江与长江一带又是另一景色，横江流域又是一景色。这样凑合成一大县，对农业领导完全不利。它如沐川县横跨沐川、清水两流域抵于大渡河，县治在极南端，对人民工作是何等的不便呵！南六县境犬牙相错，在100里长的一条直线上就有珙县、长宁（现已徙治安宁桥）、兴文、古宋4个县治，相距都非常近，而所辖地则悬挂得很远。长宁大部分耕土在安宁河流域，北抵江安县城郊，而江安南部的梅桥镇又长伸入长宁县治南。这些行政区划，对农业区的划分甚为不便。例如安宁河沿岸耕地就是该与江安同划归泸州亚区的，但长宁南部则必须划归宜宾区。好在它们同在一大区内，亚区分划就不必过于细微，只好仍依县界划开了。

3. 泸州亚区（泸州暖谷区）

包括泸县、富顺、江安、纳溪、合江、叙永、古宋、古蔺8个整县和泸州市。位于四川盆地的正南，就地质和地形来说，它是四川紫土盆地内部一块小紫土盆地。地表的主要部分全用紫色土覆蔽，四围是褶曲山脉包围着；只南边叙、宋、蔺3县具有宜宾亚区相似的地形和地质。它的地势比较开展、气候更为温热、土质更为肥沃、物产更为丰富，要算川南最好的农业区。它的中心泸州市历史上与重庆是齐名的重要城市。

这区土地利用情形如下表①:

市县	土地总面积		耕地面积（市亩）	耕地对总面积的百分比（%）	稻田面积（市亩）	其中两季田（市亩）	旱地面积（市亩）	总人口（人）	农业人口（人）	平均每农人所得耕地（市亩）
	平方公里	折合市亩								
泸州市	↓	↓	86917	↓	61822	8910	25095	181889	49979	1.74
泸县	↓	↓	1264271	37.8	1051487	141319	212784	961322	928472	1.36
纳溪	3390.71	5086065	569628	↑	452412	7118	117216	319116	288806	1.97
江安	739.57	1109355	453289	40.9	346496	21534	106793	286612	255373	1.78
富顺	2127.14	3190710	1564041	49.0	996266	183471	567775	993820	894670	1.75
合江	3329.23	4993845	652804	13.1	509879	48200	142925	529027	478452	1.36
叙永	2915.58	4373370	632850	14.5	334642	1726	298208	287734	241612	2.62
古宋	598.36	897540	361005	40.2	203328	13404	157677	162877	146217	2.47
古蔺	5588.82	8383230	1073617	12.8	389323	121381	684294	474462	450705	2.38
合计	18689.41	28034115	6658422	23.8	4345655	547063	2312767	4196859	3734286	1.78

表里值得注意的是，稻田面积大于旱土的泸县、合江、纳溪三县，显然为山地未尽利用所致。泸县、纳溪、富顺三县，就土质和地形说，与中央紫土丘陵区甚为相似，但是耕地比率则远不及，甚至于跟广元区、通南巴区都比不上。这就是川南三个亚区共具的特点。故这三个亚区农业发展中所存在的问题正是一样的。比较起来，泸州亚区尤该快速地提高耕地率，因为它的土质和气候都要更好些；它的山，绝大多数都是紫色白垩系软页岩的蚀余山，这样的山，寸土皆有利用于农业生产的必要。关于这些山地的利用，最好是向川北农民学习。

这区农民在水稻，尤其是双季稻的栽培上贡献甚大，也是别区必须向他们学习的。但只注意于种稻而忽略了山区生产，也是缺点。

再就总面积与总人口说：本区每平方公里内不足225人，这数虽不算小，但就整个四川盆地各区的自然条件说来，与这一数字就很不相称。它的自然情况与资内区相似，只多了些山，但每平方公里就少了将近280人。就比多山的犍威区，也少了100多人；只比自然条件很差的巴州区、广元区人口密度大些。它与广元区分在四川盆地的南北同经度地方，南北纬度一般都差了4°，海拔高度则差了500米左右，冲积土和紫色土的地面又多了约广元区3倍以上，比大山地区则更多得很多，乃其

---

① 泸州建市后曾经合理地调整县市界线，把泸县的蓝田坝以南划属纳溪，亦从赤水把弥陀场划归泸县。新的面积未能求得，故以泸县市与纳溪合并求耕地百分比。弥陀场部分面积不大，即仍用合江县旧界数字。

耕地还少了18%，相形之下，益见得本区土地有不少的浪费。若果这区农民劳动强度能与川北农民看齐，则可增加耕地一倍（即共达总面积的500%），增加人口200多万，仍可有相当于今天输出数量的农产品照常输出。

增加农耕劳动力、开发山区、增产粮食和经济作物，乃是本区农业发展中的主要问题。

不可忘记，本区是成渝、内昆、川黔三大铁路包绕的一块紫土盆地。区内暂时不会建筑起铁路来，只有在农业生产已大发展以后才能获得这一需要。本区与重庆这一伟大工业城市与其附近各矿区，和内江、宜宾这两个交通枢纽城市间已有廉便的航道连接，内部小河联系面也宽，而区内却无工矿基地，只拥有广阔生产力强的紫色土丘陵。这一基本情况就决定了本区应加强农业生产。

按照社会主义生产力分配的原则来说，本区应是重庆和自流井及内江蔗区的粮食给源区。如其他的粮食生产不够补充这样三个地区的需要，而要用铁路从远地运来（例如成都运来，甚至从川北运来），那便是整个国民经济的一分损失。双季稻问题，固应在国家扶助下尽速地予以解决，期于栽培面积扩大和单位产量的提高，杂粮生产和副食品物资的增产也是极其重要的。养猪在本区就应该大力发展，因为三条铁路沿线的许多工矿市场都需要它，而本区恰是具有丰富饲料条件的杂粮生产山地区。但是当前这区养猪业还未开展，尤其是山地农民。

由于山地生产还未发达，本区经济作物栽培也未展开。目前只微有蚕丝与棉、麻、蔗，也无适当的工业基础来带动它。就蔗来说：过去自发地为了小手工业制糖而生产的蔗农，尽量地由内江向北发展，发展过了金堂的怀峡，甚至发展到了彭山县。这乃是历史留存的错误，与现代蔗糖生产的条件完全不合。当前暂时的糖工业布置，尚在迁就这些错误，所以效果不能很好。过去人力运输时代，自发的糖房为了抢近大都市——成都，节省商品运费，所以向北发展，各厂需蔗量不大，就地可以解决。因此蔗的分布沿沱江构成一条长线。在内江，河谷低，气温高，还可推蔗上山，资中以上就只能种于沿江平坝，这条线的幅度就更紧缩到真的是一条几何线了。今天要改为机器制糖，主要是要求供蔗运道的缩短，而不是销糖运道的问题，若还仍是利用这个蔗区，是必然会失败的。听说沿沱江几个糖厂，都感到蔗源不足，未能完成生产计划；我恐这将不是暂时的现象而会是长久都存在的问题，否则便是成本高昂，难与甜菜、糖角争胜了。

我以为：如果四川决定长期稳定蔗糖生产，应把蔗区向南发展，集中在泸州区。理由是：（1）泸州区与沱江中游区气温更高，蔗可广泛地上山，因而产量可以发展到很大，足以供应现代机器制糖的需要。（2）泸州区水运是辐射形排列的，集中蔗量方便得多。（3）像制糖这种轻工业，是原料运费大而商品运费小的经济，应该用来迁就农业的发展，即是说可以放置到第二等交通城市去；至于主要铁路干线附近，则除了重工业外，应该以生产运费比率高的农产品，例如粮食、生猪这类的为工业城市服务的笨重农产品。在沱江中游成渝铁路沿线布置糖蔗生产，恰不适合这一原则。

在泸州，还可发展植物油工业、蚕丝工业、棉麻纺织工业以促进山地生产。那比在川西区发展制油和棉纺工业更为适宜。还得补述一句：这区有丰富的小型水电工地，堪供这些轻工业的发展。

果树业，全川也当推这区最为适宜，不仅是气候、土质与地形适宜，更好在它有优势的水道运输与各地联结通于各省与各国。过去有人在成都、金堂等地发展果园，现在还有人坚持片面观点，准备维持它，那也只能算是"刻舟求剑"的态度。

也如宜宾区与云南绥江的关系一样，现属贵州的赤水县和鳛水县，都应该在整个四川盆地隶属一省的要求下改属本区。还可考虑怀仁、桐梓两县是否改属的问题，两县地方主要皆在娄山关以北的四川盆地内。将来由隆昌建修铁路通过泸州、赤水接到桐梓的川黔路，对供应贵州农民的食盐与调剂两省间的生产力有更多方便。

（五）川东剧褶暖谷区

泸州亚区以东，川东各县，地理上有个共同具备的特点，就是：有很密而狭长的并行地褶，把地面构成背斜地层的长岭与向斜地层的长谷，层层相并地骈列。这一大地褶皱带，背斜部分，一般海拔超过 700 米，有高到 1000 米以上的；它们不但露出侏罗系地层，并且一般都把二叠系地层推露出来，煤铁矿很丰富，堪以发展重工业。同时山高坡急、岩石坚硬。土质瘠薄，对农业发展不利，对交通也有很多妨碍。这些向斜层部分都相当宽平，海拔全在 500 米以下，地面覆蔽的是白垩系的紫色土，气候非常温和，是极好的耕作土。

虽然长江是由本区向东流入湖北的，却不是由于东部地势较低，恰相反，乃是因本区的东部地势较高。各向斜谷内的水，汇成小溪循着向斜谷自东北向西南流，作倒钩状入于长江。长江横绝地穿过一些背斜山脉，造成很深的斜谷，劈开高地流去，愈是东进愈是显得山高谷深，遇着石灰岩层便成峡江；江面在本区里由 200 米渐低到 100 米以下，构成一条温度很高的亚热带线。入江各水，受到长江的影响，在行将入江之部也是刻削得很深，把下白垩系的硬砂岩揭露出来，有时揭露出更深的岩石，因而在不同的岩层间造成许多的峡和许多的滩，成就了川东区丰富的水电资源。

这样的地理情形,在古代社会里是受到一般人民所憎恨的。他们憎恨着这样的凶山、恶水、绝峡、瀑流,也憎恨这样炎热,所以本区的经济发展得非常迟。虽然4000年前巴国就已知名于世,且为四川盆地与两湖盆地间唯一的通道,但郡县建置,只限于长江沿岸,广大的向斜谷地无人过问。① 这区农业的开展,唐代才算开始,宋代才兴盛起来。这区地方的百业勃兴、经济繁荣,乃只近100年的事。但这100多年的发展速度之大惊人,而且是"加速运动"公式的发展。就整个经济体系说,它已由全川最落后的地区跃进到最先进的地区;就农业经济说,它像刚睡醒的猛狮才开口怒吼;它所受工商业发展的带动作用非常显著。现在正是随着国民经济的计划性大规模建设与农业社会主义改造的胜利而突变的时期,工农业生产配置的问题是本区最紧要的工作。

这区气温,若以重庆测候站为代表则如下表(单位:℃)②:

月份	1	2	3	4	5	6	7	8	9	10	11	12	全年
各月平均气温	7.8	9.7	14.2	18.8	22.6	25.1	28.9	29.2	24.1	18.9	14.2	10.3	18.7
平均最高气温	10.1	12.7	18.1	22.8	26.6	28.7	33.5	34.1	27.9	21.8	16.8	12.7	22.2
平均最低气温	5.3	7.1	10.9	15.4	19.3	21.7	24.5	24.7	20.6	16.1	11.7	8.0	15.5

这是重庆测候站1924～1937年14年的平均记录,站址位于北纬29°33′、东经106°33′,海拔217.1米。它在川东区中代表性最大(惜是城市,可能有别的因素搅乱)。本区有些河谷比此更低,有些河谷比此为高,各月气温又自略有差别,唯都只差在1℃左右。

重庆自1891年设站起到1938年的48年中,只有一夜的绝对最低温度下降到－1.7℃(1899年1月28日),两次降到零下。绝对最高温则1月份也有超过20℃的。这是很好的双季稻区。

但全区的田也不尽都可以栽培双季稻。有些向斜谷的海拔高些,气候还不及川中区和川北区的一些河谷温暖,只不过比川中和川北区的一些高平山地温暖而已。兹取1940年川北、川中、川东各测候站记录的各月平均气温,依河谷与高平地分类表列出来以资比较[代号:(1)平均气温;(2)平均最高温度;(3)平均最低温度]。

---

① 《华阳国志》的《巴志》,载有蜀汉时但望的分巴议,曾把当时川东地方分散、梗塞的情形作过真实的描写,可察看。
② 据《中国气象资料》第一册摘出。

1940年川中、川北、川东沿河地区各月平均气温表（单位：℃）[①]

站名	经纬度	海拔（米）	项目	1	2	3	4	5	6	7	8	9	10	11	12	全年平均
简阳	30°24′N, 104°33′E	—	(1)	7.6	8.9	11.4	17.8	21.0	25.9	26.8	25.5	21.8	18.4	12.1	10.5	17.3
			(2)	11.9	13.0	15.2	24.5	26.1	31.6	31.4	29.7	25.0	22.3	16.9	14.8	21.9
			(3)	3.9	5.1	7.5	11.9	16.3	20.7	22.8	21.9	18.8	15.1	9.0	7.4	13.4
资阳	30°09′N, 104°29′E	—	(1)	9.3	11.1	13.3	19.6	22.4	27.4	28.3	27.4	23.9	19.8	14.3	12.1	19.1
资中	29°47′N, 104°51′E	—	(1)	9.6	10.6	12.2	18.5	22.2	27.0	27.7	27.4	23.4	19.6	14.0	12.1	18.7
内江	29°35′N, 105°03′E	363.3	(1)	8.9	10.7	12.5	17.8	22.0	26.7	27.4	27.0	23.0	19.5	13.8	12.0	18.4
			(2)	12.5	14.4	15.8	22.7	26.7	32.6	31.9	31.8	26.6	22.8	17.6	15.2	22.6
			(3)	4.7	7.0	8.7	12.6	17.2	22.0	24.2	23.2	20.4	16.5	10.5	9.0	14.7
三台	31°04′N, 105°04′E	—	(1)	8.4	9.1	12.7	18.4	21.7	26.7	26.9	26.2	18.5	18.0	12.1	10.3	17.4
			(2)	15.1	17.0	15.4	23.5	25.4	31.8	30.4	29.4	21.3	22.5	15.7	11.7	21.6
			(3)	3.5	4.8	9.6	13.1	17.5	21.9	23.2	22.5	14.6	14.6	8.1	7.1	13.4
遂宁	30°30′N, 105°25′E	354	(1)	8.0	9.6	12.0	17.3	21.5	26.5	27.7	27.1	22.8	19.2	12.8	10.6	17.9
			(2)	12.4	13.7	16.2	23.0	26.8	32.1	32.3	32.0	26.6	23.3	16.8	14.2	22.5
			(3)	3.7	5.7	8.0	12.0	17.1	21.4	23.9	23.3	20.1	15.7	9.0	7.2	13.9
潼南	30°12′N, 105°49′E	—	(1)	8.7	10.3	12.3	16.8	21.3	26.2	27.6	26.8	22.8	19.9	13.2	11.5	18.1
			(2)	12.2	14.1	16.6	22.8	26.9	32.7	32.6	32.3	27.2	24.5	17.7	16.1	23.0
			(3)	4.8	7.1	8.8	12.5	16.8	21.0	23.9	22.6	19.8	16.0	10.2	8.2	14.3
广元	32°26′N, 105°50′E	—	(1)	—	—	—	—	—	—	—	—	21.0	18.5	11.2	8.2	—
			(2)	—	—	—	—	—	—	—	—	26.4	24.1	16.0	12.4	—
			(3)	—	—	—	—	—	—	—	—	17.3	14.2	7.1	4.4	—
阆中	31°35′N, 105°58′E	330	(1)	6.6	7.0	10.2	12.0	20.2	26.9	27.0	25.1	22.0	18.8	11.9	9.5	16.4
蓬安	31°02′N, 106°21′E	—	(1)	6.5	9.1	12.5	15.9	22.4	26.0	28.7	27.7	22.5	20.6	12.8	8.6	17.8
南充	30°48′N, 106°04′E	—	(1)	8.5	10.2	12.8	18.0	22.6	26.7	28.4	28.0	23.6	20.1	13.0	10.6	18.5
			(2)	12.8	15.0	16.5	24.6	28.7	32.7	33.7	34.0	27.2	24.1	16.7	13.3	23.3
			(3)	4.0	7.1	9.4	12.2	17.2	21.7	24.7	24.2	20.4	16.5	9.2	7.4	14.5

[①] 据《中国气象资料》第二册摘出组成。

续表

站名	经纬度	海拔(米)	项目	1	2	3	4	5	6	7	8	9	10	11	12	全年平均
渠县	30°51′N, 106°58′E	440	(1)	9.5	11.1	12.1	17.7	24.7	28.5	30.7	31.6	24.0	21.5	15.0	12.3	19.9
			(2)	12.7	13.7	16.8	24.0	28.5	33.0	34.8?	35.0	27.5	25.5	18.6	15.4	22.8
			(3)	4.8	7.1	8.2	12.4	17.9	22.6	26.4	25.3	20.1	13.1	11.2	9.2	14.9
合川	30°02′N, 106°15′E	—	(1)	8.8	10.0	—	16.8	19.9	25.5	—	21.3	23.9	20.1	13.7	11.3	—
北碚	29°50′N, 106°25′E	282.6	(1)	9.0	10.4	12.4	17.6	22.0	25.9	28.1	28.5	23.5	19.7	13.8	11.6	18.5
			(2)	12.3	13.7	15.9	22.8	26.4	30.9	32.7	33.1	27.1	23.6	17.8	14.6	22.6
			(3)	5.3	7.3	8.9	13.0	18.0	21.5	24.5	24.9	20.8	16.7	10.5	8.9	15.0
江津	29°19′N, 106°09′E	—	(1)	8.7	10.4	12.2	17.2	22.3	27.6	27.3	29.5	22.6	20.0	14.8	9.9	18.5
重庆沙坪坝	29°30′N, 106°33′E	292	(1)	—	—	—	16.9	21.7	25.8	27.6	27.8	23.2	19.5	13.8	11.5	—
			(2)	—	—	—	21.5	25.8	30.4	31.8	33.2	26.8	23.2	17.4	14.7	—
			(3)	—	—	—	12.5	18.0	21.4	24.4	23.9	20.5	16.6	10.8	8.4	—
重庆	29°33′N	217.1	(1)	8.6	10.3	12.3	17.2	21.9	25.6	27.7	28.3	23.4	19.9	13.8	12.0	18.4
涪陵	29°48′N	283	(1)	8.4	10.5	12.5	17.6	22.6	25.6	29.1	28.9	23.9	19.8	13.9	11.2	18.7
鄞都	29°57′N, 107°49′E	—	(1)	8.8	10.9	13.1	18.3	23.2	26.5	29.7	29.8	24.8	20.3	14.4	11.7	19.3
			(2)	11.7	14.3	16.6	23.7	28.4	32.1	35.5	36.0	29.4	23.9	18.1	14.7	23.7
			(3)	5.7	7.2	9.2	13.1	17.8	20.6	24.5	23.7	20.2	16.5	10.6	8.4	14.8
万县	49°23′N	285	(1)	10.8	12.2	13.5	18.0	22.2	24.6	28.4	29.9	22.1	19.1	11.9	8.6	18.4
奉节	31°02′N, 109°31′E	253	(1)	7.9	9.1	11.9	18.0	22.8	27.3	30.0	29.1	23.5	19.9	13.5	10.5	18.6
			(2)	11.7	13.0	15.5	23.1	23.3	33.0	35.6	34.2	27.2	24.3	16.4	13.7	22.6
			(3)	4.4	5.6	8.4	13.1	18.2	22.6	26.0	25.1	20.2	16.3	10.0	7.7	14.8
綦江	29°09′N, 106°39′E	—	(1)	10.0	11.7	13.2	17.8	23.0	27.0	28.9	29.6	24.5	20.1	14.8	12.3	19.4

1940年川中、川北、川东平旷地区各月平均气温表（单位：℃）

站名	经纬度	海拔(米)	项目	1	2	3	4	5	6	7	8	9	10	11	12	全年平均
仁寿	30°00′N, 104°E	—	(1)	9.2	10.5	12.6	18.5	22.5	27.3	27.6	26.5	23.1	19.9	14.2	12.2	18.7
乐至	30°36′N, 105°02′E	—	(1)	8.2	9.4	11.6	17.6	20.9	25.6	27.3	25.8	21.6	17.9	12.7	10.9	17.5

续表

站名	经纬度	海拔(米)	项目	1	2	3	4	5	6	7	8	9	10	11	12	全年平均
西充	31°03′N,105°25′E	400	(1)	8.7	9.6	12.7	19.5	23.5	28.3	29.2	28.5	24.0	21.1	13.9	11.6	19.2
			(2)	13.3	13.6	17.4	25.4	29.5	24.3	32.8	32.4	27.7	24.1	16.3	14.5	23.4
			(3)	4.1	5.6	8.4	13.5	17.4	22.3	25.5	24.5	20.3	18.0	11.5	8.6	15.0
大竹	30°48′N,107°15′E	590	(1)	9.1	9.6	12.4	18.1	22.9	27.2	29.1	29.0	23.9	21.3	13.9	11.6	19.0
梁平	30°41′N,107°49′E	500	(1)	7.1	6.8	10.3	15.9	20.8	24.6	27.9	27.5	22.1	18.4	12.8	9.9	17.0
			(2)	12.4	11.1	15.5	22.3	26.5	29.8	32.2	32.4	25.8	23.2	18.0	13.8	21.9
			(3)	2.1	3.3	5.1	10.0	15.0	19.3	23.2	22.9	18.5	13.6	7.7	5.1	12.2
垫江	30°22′N,107°22′E	—	(1)	7.4	8.8	11.2	16.9	21.6	25.4	28.5	28.0	23.0	18.4	13.0	10.8	17.8
璧山	29°38′N,106°13′E	—	(1)	5.4	6.1	14.2	19.1	23.2	27.6	28.9	31.5	27.3	21.4	15.8	12.8	19.4
永川	29°22′N,105°52′E	315	(1)	8.9	10.6	12.2	17.3	22.3	26.7	28.5	28.4	24.0	20.1	14.3	12.1	18.8
			(2)	12.9	14.4	16.5	23.3	28.1	32.9	34.0	34.3	28.1	24.7	19.2	16.3	23.7
			(3)	4.8	6.5	8.8	12.4	17.6	21.4	24.3	23.7	20.4	16.4	10.6	8.9	14.7
南川	29°07′N,107°17′E	450	(1)	6.9	6.8	10.5	15.3	20.9	24.0	26.4	26.5	22.8	18.9	11.8	8.6	16.6
			(2)	11.0	9.4	13.2	20.1	25.7	29.4	30.7	31.3	26.9	21.8	14.4	11.3	20.4
			(3)	3.2	4.3	7.9	11.2	16.9	19.8	23.1	22.6	19.3	16.3	9.3	6.0	13.3

如果种双季稻须平均气温在15℃以上的7个月。头个月份气温保证不到10℃以下的话，则川中区的沱江中流皆可栽培，简阳便在极限的边缘。从它的平均最低气温来看，4月份甚易低于10℃，10月份也可能有半月不到15℃的平均气温，更高于简阳的山田和怀州、金堂与成都平原更无论了。涪江中流，则三台就可判为不宜，因为9、10月皆有低于15℃的低温，可能影响晚稻的成熟。遂宁以下，可无问题。嘉陵江流域的河谷，从阆中起就可种双季稻，南充起就可保证安全成长，甚至如西充这些较高地方也可以推广。渠河，则平均气温虽够，平均最低温则有缺短。自合川以下及整个长江河谷，便是美满无憾的双季稻区了。河谷以外的向斜谷和紫土平原、方山浅谷气象资料很缺乏，单就1940年的记录看，仁寿与西充都是可以试行的，乐至则不够要求。在川东区内，梁平就还不适于双季稻，比梁平更高的南川等地面更无论了。垫江以下，可以肯定为双季稻区，尤以重庆以西的广大地面，璧山、永川可以代表的地方是非常安全的；它们虽11月还有可以成长晚稻的时间，3月里就可种下早稻。一年的记录，原不足据，故以此作推测依据，则可也。

过去重庆市区的粮食（包括江北、巴县两缺粮县）主要靠川北供给，有时还须川西运去。在川东南两大区域里，只江安、泸州、江津、涪陵4县供给小部①，这就很不合理。现在川西、川北的余粮，应该大量支援西北建设，重庆、自流井、五通桥这些缺粮区都应该由川东、南这一广阔的高温地带来自己供给。将来开发大西南工作中，更必须借重于它。故在这区推广稻田和开展双季稻栽培，乃是关系祖国整个国民经济发展的一个首要任务，值得在这里特别提出来一说。

本区矿产、水力皆极丰富，工业发展前途无限，当前的农业问题，主要是工农生产的配合问题。由于各部分情形的微有不同，更分为下列三亚区：

1. 渝西亚区（峡西扇褶区）

华蓥山脉的西南端分为数支穿过渝、合间的小三峡作扇状展开，构成十多条北狭南阔、北高南低，斜向沱江与长江的直角地带射出，游溪（璧山河）、朱榕溪（车对河或永川河）、思济河（荣昌河或胡市河）和许多长江北岸的小河，如五洞溪、松溉河、大鹿溪、龙溪（从泸州罗汉场入江）等皆自东北向西南流，在入江处成大曲折，只铜梁的立石、宴渡两河是在山脉之北，自西南向东北入涪。江南岸的綦水、笋溪、磨刀溪、赤水与其他一些小河也都受了地褶的影响作相应的流向。地面除褶皱带的背斜山外，概为白垩系紫页岩与紫色土所覆蔽；在川东区内最为宽展，平阔处多，丘陵不大、山皆不甚高，故耕地也最发达。地下矿产丰富、山地亦多特产，水陆交通便利，农民经济活泼，是为这一亚区的特点。

本区所拥有的一段长江，是全川内部联系水道中最紧要、最平安、最殷富的一段，江北岸的陆地，又当连接成渝两大都会所必经的孔道，现在是成渝铁路的东段。这些条件足以刺激区内工商农矿各业的发展和小河水运的疏通。所以本区在全川中，开辟虽然很迟，但地方经济发展的速度都很大，早在一两百年前，已经就是全川首屈之区。就农业说，它早已有了经济作物集中生产的特点：荣昌隆昌的麻、江津的柑橘、重庆附近的蔬菜、永川的笋子，都是有突出成绩的。还有农产品加工的手工业也是全川发展最好的地区；酿酒工业很普遍，它又促进了杂粮的生产；麻布手工业，巩固了苎麻栽培的地盘；许多种的食品制造的家庭工业，又使农业生产多样化了，例如蚕豆、大豆这些制造调味品的原料作物，在别区不很受农人重视，在本区则是受到重视的。一言以蔽之：这都是社会经济大环境陶铸出来的小农经济自发的必然现象。唯其是小农经济自发的发展，所以它未能完全适合于社会主义农业发展

---

① 参考《四川经济地图集》与其说明。

的要求，像这样重要的经济区，农业生产的任务，就不应、也不会停滞在那些渺小琐碎的手工业原料生产上；应该尽量利用优厚的自然条件和灵敏的劳动者，更大地集中力量，挖掘土地生产潜力，更大地集中生产某些粮食和某些工业原料来支援大城市和工矿区。例如稻米、小麦、生猪、瓜果、鸡鸭鱼，和织造、酿造、植物油等原料的生产。许多历史发展中已很成功的手工业，则应向还比较偏僻、落后的邻区转进。这一生产配置改革工作，虽不必立即实现，眼前却可以把方向拟订出来，让农民们自己去选择和推动。

本区各县土地利用情形如下表①：

市县	土地总面积 平方公里	土地总面积 折合市亩	耕地面积（市亩）	耕地对总面积的百分比（%）	稻田面积（市亩）	其中两季田（市亩）	旱地面积（市亩）	总人口（人）	农业人口（人）	平均每农人所得耕地（市亩）
重庆	↓	—	458233	—	233573	56217	224660	1678610	304154	1.51
巴县	3745.22	5617830	1447344	25.8	875076	165352	572268	912226	791443	1.83
璧山	710.93	1066395	670484	62.9	438600	130883	231884	406478	375843	1.78
铜梁	985.67	1478505	622782	42.1	472305	99942	150478	397628	334098	1.86
永川	1288.38	1932570	956615	49.5	722975	216405	233658	524952	479585	1.99
大足	1315.86	1973790	890878	45.1	717932	136630	172955	530527	495343	1.80
荣昌	899.28	1348920	782012	58.0	561765	128624	220247	453473	408526	1.91
隆昌	760.73	1141095	549467	48.2	389697	65998	159770	456461	396436	1.39
江津	3252.59	4878885	1637918	33.6	1130778	199750	507140	1019869	910103	1.80
綦江	1893.07	2839605	1065022	37.5	578331	118704	486691	601187	519540	2.05
南桐	↑	—	合并重庆	—	合并重庆	—	合并重庆	—	—	—
南川	3029.00	4543500	868655	19.1	512818	102664	355837	412451	386068	2.25
合计	17880.73	26821095	9949410	37.1	6633850	1421169	3315588	7393862	5401139	1.84

从这表可以看到璧山、永川、荣昌、铜梁、大足各县耕地比率之高，为川东、川南之冠。这就更显得相邻的泸州区土地潜力之大。江津全县皆山，自然条件比合江、泸县、纳溪都差，但它的耕地还达到了总面积的33.6%，比合江多1.5倍，与泸县、纳溪合计的数值接近。隆昌县小而褶皱山脉的积大，远不及富顺自然条件好，而耕地比率则与之相当。铜梁、大足，虽比相邻的合川、潼南、安岳各县多了山地，但耕地比率还比它们更大。这就说明本区农业经营在全川中都是比较进步的一区。

---

① 据《中国气象资料》第一册摘出。

再看它旱地面积一般都小到水田的 1/2，以至于 1/3，虽然是山地很多的綦江、南川，也都是田比土多；而且一般是两季田比例最小。人口稠密的程度，到了每平方公里 414 人；纵把市区除去，亦有 300 人以上；平均每一农人所得耕地不到 2 亩，一般生活仍比全川其他各区的农民过得好些，而它的土地条件却不是全川最好的。

这些事实说明了农业发展的条件，不能完全依靠土地，也不是自然条件所决定的；社会条件才起决定性的作用，就是工农生产发展配合与否的问题。在旧时代说，这区在全川农业经济上是具有示范性地位的。

如何加强工农生产新的配合来为发展社会主义生产、建立西南农业经济的新示范区，是这区农业发展中的中心问题。

2. 渝东亚区（峡东骈褶区）

重庆市以东，从江北、长寿，循着三条向斜谷直通到达县、开江、宣汉，是一相当整齐的并行骈褶地带。向斜谷东北高、西南低，全为紫色土所覆盖，经侵蚀后微有阶梯，但大体仍是平阔的。所有其间的小河，如芭蕉溪（潾水河）、宝石河（东河）、桃花溪、龙溪河、大竹河，和渠河上游的前江、中江、后江，都是自东北向西南流，到一定地方才急转直折地汇于长江及渠江。这些急转之部，一般都是由横断了背斜层转入另一个较低的向斜谷去所致。在这同时造成了一些峡道和滩险。有时因流过较硬的砂岩层而成瀑布。例如，龙溪河的狮子滩、跳石、上清渊洞、回龙寨、下清渊洞、桃花溪的头洞、二洞、三洞等瀑布，为川东工业发展创造了无穷的电源。①

这区与前一亚区不同之点在于不当冲途，交通建设落后，工矿业全未开展，因而农业生产和土地利用情况也比前一亚区落后许多。这是很好的两个农业经济对比区。

本区土地利用情形如下②：

市县	土地总面积		耕地面积（市亩）	耕地对总面积的百分比（%）	稻田面积（市亩）	其中两季田（市亩）	旱地面积（市亩）	总人口（人）	农业人口（人）	平均每农人所得耕地（市亩）
	平方公里	折合市亩								
江北	2167.09	3250635	1277978	39.3	593094	143946	684884	757515	705105	1.81
长寿	1138.00	1707000	869078	50.9	564774	106231	304304	567870	516740	1.68

---

① 参看 1956 年 10 月 1 日《四川日报》载桂承驿通讯。按《说文》"洞，疾流也"，医家谓大便水泄的"洞泄"，见《素问》，后世遂以水泄为洞。今川东南人呼瀑流为洞，具有古字义；亦称石峒为洞，则非古义。
② 江北县新划入重庆市区未扣除，故其耕地百分比只是概数。又达县系以 1/5 划归川北方山区，只以 4/5 归本区计算。

续表

市县	土地总面积		耕地面积（市亩）	耕地对总面积的百分比（%）	稻田面积（市亩）	其中两季田面积（市亩）	旱地面积（市亩）	总人口（人）	农业人口（人）	平均每农人所得耕地（市亩）
	平方公里	折合市亩								
邻水	1896.50	2844750	975319	34.3	508164	46421	467155	515279	495511	1.97
垫江	886.00	1329000	962584	72.4	596360	75940	366224	528459	513448	1.87
梁平	1706.80	2560200	912892	35.7	625894	64460	286998	538960	510534	1.79
大竹	1826.00	2739000	1182311	43.2	662442	111867	519869	644374	608165	1.94
达县*	2842.32	4263480	1060225	24.9	617624	199259	442601	689314	639071	1.66
开江	1040.30	1560450	469048	30.1	276130	89282	192918	329190	313253	1.50
宣汉	4339.70	6509550	1136040	17.5	673609	332763	462431	715573	690817	1.64
合计	17842.71	26764065	8845475	33.0	5118091	1170169	3727384	5286534	4992644	1.77

平均每平方公里296人，比渝西亚区的人口为稀，农业人口的密度则大体相当。稻田占耕地的比例则小了很多，一般数量接近于5/10；两季田比率也要大些。粮食生产在这区比较发达，经济作物则渺无足道。可见它比渝西区的农业经济要呆板些。但农民生产的积极性是相当高的，其中如垫江，耕地竟达72%，可比得上川西平原的县份，且水田很多。假如有工矿业与较好的交通线的帮助，这区农业发展前途很大。

现在龙溪河水电工程已基本完成，一系列的电站即可次第发电，这区成了全川电力供应最廉便的一区，这就是本区工业发展有利的基础，也就是农业生产电气化的基础。目前可能想象的是：（1）电力灌溉将使这区的向斜谷次第增加种稻面积和复种指数，可能使本区粮食增产一倍以上。（2）轻工业中，如植物油工业、粮食加工业、麻棉纺织工业和其他一些利用高温作物生产的轻工业，将随着电力生产而勃发起来，要求本区为之供应原料，许多山地和高地的两季田，将会改变，成为经济作物生产的主要部分。（3）更进一步的发展，自然促成了本区铁路之兴筑和机耕的实现，使整个农村面貌改观。

这不是空想，应该是本区农业发展长远计划所应当考虑的方向，它是客观发展规律所决定的。

本区这些横斜的褶皱山脉，对屏御寒潮、保障农作物的安全生产，作用很大。再能植造森林，更能提高这些山岭有益方面的作用。如何利用这些山地，也当订有妥善计划，作为当前农民奋斗的目标之一。

3. 涪万亚区（川东狭谷区）

长江在渝、涪之间，有铜锣、明月、黄草三峡。自黄草峡以东，涪、丰、忠、万、云阳、奉节等县，是长江循着一个向斜长谷地东出夔巫三峡的平流地带。但由于受到长江的高度刻削，河谷深狭、气候炎热；两岸复逼近背斜山岭，尤以南岸更显峻峭急促，与前两亚区景象全然不同。入江的溪河，一律是湍急的；溪谷，一律是狭深的。如较大的乌江（龚滩河）、葫芦溪（石砫河）、新军河（长滩井河，皆在大江南）、珍溪（渠溪河）、小江（开县河）、五溪（云阳河）、瀼溪（夔州河，皆在大江北），都经常在峡里流行，故石砫、开县亦当属于此区。

山高谷深所形成的垂直气候，使本区在四川盆地内特显得纷庞复杂，除沿长江一线外，都有"隔里不同天"的感觉。大体说来：山脉的西北面干燥些，东南面湿热些，河谷的低处炎热些、高处凉爽些，最高在1000米以上的也颇清冷。因而植物分布的情况也颇复杂：有森林、有草坡、有丛箐、有高山耕土与低坡耕土，也有冬水田与两季田，最下的河谷有亚热带常绿树的残存。农作物的种类亦是很繁多的，一般以水稻、玉蜀黍为主。

由于陆上交通不便而长江水运畅通，地方经济一律倾向沿江水运发展，繁盛聚于一线，农民不兼营贸迁者大都贫乏，这是本区历史上一贯的特征。在组织起来后，自当好了一些。但在今天说来，它仍然是四川盆地内比较困苦的一区。

这区土地利用情形如下表①：

市县	土地总面积		耕地面积（市亩）	耕地对总面积的百分比（%）	稻田面积（市亩）	其中两季田（市亩）	旱地面积（市亩）	总人口（人）	农业人口（人）	平均每农人所得耕地（市亩）
	平方公里	折合市亩								
涪陵	3950.50	5925750	1454530	24.5	711011	121130	743519	824026	756643	1.92
酆都	3860.00	5790000	967928	16.7	466027	157488	501901	546227	521273	1.86
忠县	2014.40	3021600	1030554	34.1	514138	79481	516416	610246	602481	1.71
万县市	↓	↓	5245	↓	1276	1070	3969	93748	6139	0.85
万县	3667.00	5500500	1326228	24.1	696103	291956	630125	930810	900738	1.47
云阳	3369.30	5053950	1119770	22.2	431702	247883	688068	767881	708749	1.58
奉节	4457.40	6686100	1029385	15.4	220070	127750	809315	547826	516469	1.99

---

① 旧时涪陵县面积5520.5平方公里，分设武隆县后，划归武隆1120平方公里，尚余4400.5平方公里。最近又将白马场以西北一大部划归武隆，约削去全面积的1/8。又石砫、酆都、黔江三县间旧有复杂的飞地，现已调整，应亦各与旧面积不合。唯大体不致相差太远，故仍沿用三县的旧面积数字计算耕地百分比。

续表

市县	土地总面积		耕地面积（市亩）	耕地对总面积的百分比（%）	稻田面积（市亩）	其中两季田（市亩）	旱地面积（市亩）	总人口（人）	农业人口（人）	平均每农人所得耕地（市亩）
	平方公里	折合市亩								
开县	3699.80	5549700	1485275	26.8	552734	204862	932541	934910	890162	1.67
石砫	2273.20	3409800	661828	19.4	269640	98527	392188	336951	324435	2.04
合计	27291.60	40937400	9080743	22.2	3862701	1330147	5218042	5592625	5227089	1.74

从这表也可看出这区的农业人口密度仍是相当大的。由于山坡急，水田很少，两季田特别多，这就说明农民对于争取种稻已努力了。另一方面，旱地并不多，而耕地比率亦还颇小，这就说明农民对山地生产不感兴趣。这带山地，就全国说来，比太行山区条件好些；就大西南区说来，比滇西南一股山地条件好些；就在四川盆地本身说来，也比西秀黔彭区有较好的条件；这就可以肯定这区土地还有部分潜力未用。

如何加强农民的组织，在国家帮助的扶持下，开发山地资源，发展多角型的农业经济、生产新的山区输出品，来丰富本区农民的生活，是本区农业发展中必须注重的工作。

这区山地生产已有基础的油桐生产，应该加强，这是很稳固的国际商品资源，又是本区地理条件最有利的作物；使它由各农业社输出种子到沿江油房或油工厂，换回油粕与其他生产和生活资料；或由联社自己建设油房，榨制合于国际规格的油，运到沿江国营公司来交换，这在交通困难而劳力有余的川东山区，利用农隙搬运，非常适合。为了促进川东桐油业的集中生产，必须在本区的适当地方建立规模巨大的制油工厂（例如万县、涪陵），直接澄油装箱，运出国外，不必再由汉口转口。这样可以提高农民对保证油质重要性的认识，在生产过程中能自觉地改进。同时也减小了这一国际商品的社会支出。①

除油桐外，蚕桑业在这区也是宜于发展的。蚕业，是适于山区农民以副业姿态经营的国际商品生产事业，它的基础在于种桑，故又可以把它作为与水土保持工作相结合的生产事业。唯桑树也喜欢的是中性的肥沃、土壤，需要高温，故在许多山地种来不相宜；但如在四川盆地紫色土区的山地，则无问题，川北山区蚕桑生产很发达，就是例证。川东山地有同样的条件，尤其是沿河未作稻田的沙坝，更能使桑树终年油绿，足供多次采摘。奇怪的是，这区尚还丝毫未见有种桑养蚕的迹象。这

---

① 关于桐油生产的问题，有许多新中国成立以前的资本主义调查资料可供参考，例如：汉口商品检查局出版的《桐油》和重庆中国银行出版的《四川之桐油》与《四川经济季刊》里的一些文字。

一产业,正好在今天开始,在本区首先发展起来。

果树在这区也是特别适宜的,沿河、山麓、低山、高山各有它适宜的品种。例如橙、柚、龙眼、荔枝,这些需要高温刺激的亚热带植物,便该在这区沿江大量生产,在整个长江流域里,本区是最有条件生产它们的。高山之部,则宜梨、栗、胡桃;低山之部,宜苹果、柠檬等温带植物。这虽是沿江地区,却由于与夏季风向相背的地面宽,和焚风的作用,空气比较他部燥热,这就是生产良质果品的条件。但这区果树业恰也不发达。

总而言之:这区农业经营的旧方式——专力生产水稻的方式,已不适合于新时代农业生产的要求。若就山地经营说,这区还同于一张白纸,正待领导生产的匠师们画出个图样来。今天是绘制这幅图画的时候了。

川东还有酉、秀、黔、彭和二巫、城口等县,它们在行政区划与社会经济的方面是与川东结成一体的;就自然地理说,它们都在侏罗系盆地以外,完全没有白垩系地层的紫土,就不当列于四川盆地以内。本篇把它另列一节,附在四川盆地后面,称为川东南边区(后详)。武隆县也是这样情况,这里把它列入川东区的涪万亚区内,是因为它原是涪陵县地,社会经济上一切与涪陵联系紧密而与酉阳区很少联系的原因,若还把它改划入酉阳区,也是并无不可的。

(六)川东石灰岩地区

川东区的侏罗系盆地以外,还有巫山、巫溪、城口,和酉、秀、黔、彭等县;它们行政上属于四川,自然地理却与湖北的巴东秭归、建始、利川、恩施、宣恩、来凤、鹤峰,湖南的龙山,贵州的正安、道真、婺川、沿河等县同属一区,若还打破省界合拢来算,面积相当于四川盆地的1/4。如其要为这一伟大的自然区域取个名字,最好就称为黔中山地区。它们都是秦置36郡里的黔中郡故地。

这区的共同特点是:(1)完全没有白垩系的地层,而只是三叠系、二叠系与比它们更古老的,如古生界的志留系、寒武系地层。其中60%以上是石灰岩,中间多少夹杂了些,或部分存在了些页岩、板岩、千枚岩、石英岩和砂岩。它们的土壤,一般是富于石灰质的碱土,局部低平地方也有别种岩石风化成的酸性土,与经过淋失已久的酸性灰土存在。一般说来,土薄而瘠瘦,远不如四川盆地土壤的腴厚。(2)石灰岩不易风化而极易受流水的侵蚀;故在本区凡水流所经处,都是绝峡深陷,崖岸壁立;凡当分水线部分,都是危峰排叠、高插云际,交通异常困难。(3)这是一个地壳褶皱最为繁密、紧凑的骈褶区,每在背斜部分,由于有整片含石灰质不多的太古界地层露出,率先风化成一小高原型类的石灰岩台地,一般是四周较高,中部平阔的地形；其中的水，多穿透石灰岩潜入地下伏行。即如有些较大的河流，亦是经常有穿过石灰岩潜行一段再复出现的。这种水称为"洑"或"潜水"，在四川盆地内部也往往有。① 唯在本区，则是经常的现象。(4) 这区以水稻与玉蜀黍为食粮作物，油桐为经济作物，此外唯有不多量的茶叶，他种作物极少见。即是说农业生产很单纯。

这区富有矿产，主要的是二叠系地层的煤——适于炼焦的煤和与其相伴的铁，此外则富有汞（丹砂）和其他稀有金属。单就二叠系地层分布的广阔说，它应该成为西南重工业基地。即如现在鼎鼎大名的南桐矿区，它只算本区一个边缘部分，它的煤铁便是依靠二叠系地层生产的；又如北碚区的天府煤矿，也只不过是依靠华蓥山脉露出的二叠系地层采煤。本区的煤矿则无人过问，这是由于交通不便和粮食与劳动力不足。一定要改良这区的土壤，加强这区山地生产，才能在农业发展的基础上，使地方繁荣，促进发展交通的要求；同时才可能开发这区的矿产。

但是，关于这区农业发展的工作，是须费很大气力的。这区农民劳动力很强，但得到科学的帮助和国家的援助太不够了。开发这区生产的问题乃是政治与科学技术密切结合的问题。由这一广大地区的历史发展就可以说明这一问题。

这区是 4000 年前，楚国的劳动人民就已开辟出来的。试从地层褶皱的方向看，就可以理解郢城附近的楚国劳动人民易于循着向斜层向西南发展的经过。所谓"大盗"庄蹻，便是由此取道到滇池，做了国王。秦灭楚，先取本区，足见当时本区还是支持楚国政权的主要力量；所以秦置黔中郡，并不是开荒，而是本区在当时的户口情况足够开设与巴、蜀、南郡、汉中相当之一大郡。② 楚秦之所以重视此区，是因为当时的人民看到这区许多高平地方，认为是比泽国好，扶携而集；在刀耕火种的时代，人民辨别不出土地生产力的大小，姑且喜它能避开一些统治者的苛扰而来聚居，所以一时比较繁盛。后来不胜暴秦官吏苛扰、渐复逃散。人民逃散后，统治者不复重视这块交通不便的地方，听其荒废。自汉迄明都无郡县，有时只在近沅水或沿乌江的近地置一二县羁縻这区的遗民。元明两代则建置土官。这些土官都说他们是汉人，祖先随马援征五溪来未回的。这些土民也都全用汉姓、汉名、汉语、汉

---

① 如重庆锅罗山（歌乐山）台地便满目都是这样的水穴。广元神宣驿的龙洞，便是几十里的伏流重出，这是嘉陵江古时被称为"潜水"的原因。
② 多有人以现今地理来推断古代历史，把秦的黔中郡说成是今天的沅水流域，这对庄蹻入滇说得通，因为近代官道是如此；但对秦从巴蜀先定黔中地，才慢慢地灭楚便说不通。秦昭王时，楚国还奄有商於与云梦之地，国都在郢，即今天的江陵。秦国从何先自超越人的国都去远夺其南方的土地？如其说它是从本区进兵？试问，如非本区已有稠密的户口供应军需，它如何能进军到了沅江流域地方？又如何能孤悬地在那里建设一郡？尽管李兆洛、杨守敬们都如此决定，也是不当盲从的。

俗，可想其从来就是开垦此区的遗民繁殖起来的，与其他少数民族区之设土官不同。清代改土归流，错误地把这区分属于川、鄂、湘、黔四者，原想的四省交管以便控制，实际上成了四省都不管的死角。所以这区农民劳动力虽然很强，但在社会经济大环境僵硬着的条件下，一切生产，仍是显得落后。

开发交通和改进科学技术，是农民本身所办不到的，所以亟待国家的扶助与科学工作者的协助。这问题很大，为本篇所不应谈，这里只能把问题提出。

就四川境内说，可分两个亚区。

1. 巫山亚区（巴东三峡区）

四川盆地的正东，有自西北走向东南和自西南走向东北的南北八字形两列褶皱交会之部，长江便乘两列交角的空隙穿破石灰岩三叠系地层冲了出去，造成了几百里延续的巴东三峡。有从古就著名的巫山十二峰排列在巫峡的北岸。其实在此三峡南北地带，大片面积都是如此景观的山水，只"大巫小巫"的不同而已。

依据这样地形划分这一亚区，应把巫山、巫溪、城口三县和奉节、开江、万源的部分土地划入。为了方便地利用统计数字，只把三县和万源的大竹河区的土地利用情形表列如下①：

市县	土地总面积		耕地面积（市亩）	耕地对总面积的百分比（%）	稻田面积（市亩）	其中两季田（市亩）	旱地面积（市亩）	总人口（人）	农业人口（人）	平均每农人所得耕地（市亩）
	平方公里	折合市亩								
巫山	2646.2	3969300	784472	19.8	86449	30514	698023	355647	340602	2.30
巫溪	3156.4	4734600	753646	15.9	47302	6807	706344	290909	275347	2.74
城口	4307.3	6460950	451233	7.0	35148	5213	416049	142664	137352	3.29
万源*	343.11	514665	47151	9.2	18904	5692	28447	22364	22342	2.11
合计	10453.01	15679515	2036502	13.0	187803	48226	1848863	811584	775643	2.63

耕地比率小、稻田少，旱地特别的多，是这亚区与川东各亚区的显著特点。每农人虽有耕地2.5亩左右，在如此交通不便和经济不发达的地区，其生活的落后是可以想象的。从来墨客骚人对此区的歌咏，都鲜明地说出了人民的穷苦。② 现在，由峡江轮运带动了本区的生产发展，加以土改后的生产积极性提高，农民生活可能好转了些。但就旱地特别多和两季田也还不少来看，农民虽已尽了最大的努力，发展面还是受到了一定的限制。首先是它说明了水田不可能再多，要增加水稻生产便

---

① 万源大竹河区的各项数字，皆系以全县的1/12计算。
② 例如杜甫的峡中各诗。

还须有技术的帮助。其次它说明了这区农业劳动人口并不是少，而是劳力过剩，所以他们虽然已经垦出这多的山地，每人平均还只能有 2.5 亩的耕土。也说明那里虽有盐业和些微的山地土产，并不能解决过多劳动力的出路，只能垦耕山地发展。像这样贫瘠的山土，进行精耕细作，如其缺乏肥料，也不可能有很高的产量；如其缺乏农药，病虫害一定会严重；增产问题，只靠劳动强度大，不会保证美满。故这区农业发展，亟有待于国家援助和科学的帮助。

像这样仅有一万平方公里八十几万人口的一个小区，很可以分别并入相邻的亚区去，例如：把城口与万源部分，同万源一并划入通南巴区（巴中区），把二巫同奉节一并划归涪万区，也是很适合的。这里所以要把它独自成区，是因为感觉到它宜与湖北的巴东、秭归、兴山、建始等县合为一个亚区，无论划归哪省，配合设置农业领导与行政领导的专员级机构来加强这区的经济建设。这对整个国民经济建设说来，是有好处的。试于船过巫峡时注意边渔溪这条小山沟，它是川湖两省的界水，在它的西边的一半，巫峡岸山上有满山的矮树，大约是油桐树，它的东边一半巫峡岸山，便是濯濯牛山，这是我 20 年前看到的景象；最近再过巫峡留心地看，东边也有了一些小杂树了，但还看不出是桐树。我对这一景象的体会，是四川界内，接近万县桐油市场的农民，认识种桐的利益很早，故在不能耕种的山上种起桐来；而属于湖北省的巴东区农民，由于与万县没有联系，认识种桐的利益很迟，因而有这样突出的隔界不同天的现象。在湖北的土地改革运动中，秭归、巴东、兴山等县，暴露了土地兼并严重和地主剥削残酷超过了任何地区的现象，[①] 这可以说明一个以平原大泽生产为主的省级和专级领导机构极其容易忽视一二边僻山县的农业生产与农民生活；唯有把较多而相似的县份合为一区，才显得出它也是一个不能忽视的重点。这样做，对于配备干部、建立机构也才便利，也才经济。

如果真可以这样做，则更可因随人民的意愿把相邻几县的全部或一部划入此区来，例如湖北的竹山、竹溪，陕西的平利、岚皋，四川的奉节县南境之类。奉节南境的大溪河谷与七曜山（七岳山）区，面积与北部（长江以北）相当，即约 2200 多平方公里，有 30 万至 40 万人。它们对县城交通，隔了重山绝峡，迂回险远，非常不便，并还有湖北建始县、利川县的飞地在内，实在应该调整。若还分设一县，在吐祥坝（利川飞地）或大溪口（巫山县地）设治，政务都容易推动些。如其建立这一新县，那就必须划归本亚区领导生产。

---

① 1952 年宜昌土地改革成绩展览会所见。

行政区划的调整，乃是本区农业发展中最基本的问题。

2. 黔中亚区（酉秀黔彭区）

黔江亦云乌江，上游部在贵州，无航利，但富水力；中游部在本区，可以行船，唯有所谓"九堰（滩）十三峡"的危险，破舟折楫的事故过去随时都有；龚滩最险，故一般又呼之为龚滩河。下游在武隆以下，水道较为安平。河道虽险，关系贵州东北部民生经济很大，主要是食盐的输入和土特产的输出都依凭着它，因此更显得中游地位的重要。秦置黔中郡，便是缘此取义。新中国成立以来，经过有计划的炸滩疏导，自涪陵到彭水的215公里，已可终岁通行汽船，涪陵到龚滩的305公里，已可安全通行木船；再进，经过沿河县到思南而止，约可185公里。溯后河还可通到黔江县的濯河坝约100公里。川湘公路，自重庆经南川入此区，通过白马、武隆（新治巷口镇）、江口（自正安、道真流来的芙蓉江口）、彭水（治汉葭镇）、郁山（水运亦通彭水）、黔江入湖北，经咸丰、宣恩、施南、建始达巴东（长江南岸）；支线自黔江经酉阳、秀山入湘西，又经秀山、松桃、思南通遵义；水陆交通都比过去方便许多。彭水县，为古汉葭县（汉发县同）治，现在成了这区的交通中心，把这区叫作彭水区也是可以的。

一般还依清代的习惯，把这区称为"酉秀黔彭"①。今天这称呼已不适用。酉阳地位大为衰落，彭水突起了繁荣。秀山县就地理条件说与松桃县同该属于湘西沅江上游这一自然区，水道包括石堤、邑梅和龙潭（酉阳地），俱通沅江，出常德。常德主要的桐油来源（秀油）依靠于此。贵州的沿河、思南、婺川、道真、正安等县和湖北利川、恩施、宣恩、咸丰、来凤与湖南的龙山县，才当与此划为一个自然区、经济区或农业区。

如不打破省界来说，本区包括下表5县，其土地利用情形为②：

---

① 清初改酉阳宣慰司为酉阳州，辖秀山、黔江、彭水三县。
② 陆地测量局绘制的十万分之一省图，在这一部分和另一些边缘地区都欠正确。对这一区，大概只行的导线测量，故面积非常浮肿。据以推算，则酉阳县为9816平方公里；以抗战中美军航空测量的二十五万分一地图核计，它不能超过4500平方公里。因此把各栏面积数字阙下，待查实填补。
附注：美军航空测量的地图，也有它另一方面的不可靠处。它把巫溪的大宁河绘成从奉节入江，与巫山河分作两条。又把黔江流向龚滩的后河（别名南溪，又叫唐崖河）从两河口处改道流入龙潭河入沅；这都是很大的错误。后河水运从濯河坝到龚滩，龙潭则为秀山后溪河的水运终点，一在酉阳台地之北，一在酉阳台地之南，如何可以接通呢？巫山、大昌、巫溪、大宁厂是一条河的4个大城镇，怎可以分为两条河呢？盖空测只是地形照相，凭地形相片来决定山河形势；对平原区则水光山色分明可办，不会错误；对山谷区，尤其是石灰岩地区的山谷，投影掩蔽者多，山河形势脉络便难正确，又必须有实测的草图或路线为依据，才能判断不误。美军二十五万分一航测图，未曾参考陆地测量局图和我国的任何地图，所以有此错误，使用时必须审慎。因中国地质图采用它作图底，沿袭其误，故特为揭出。美军航测图对本区伏流全作明河相缀，还是错误之小者。但是航测图订正面积最能精确，城邑和显露的河山部位，决不会错，用它来校正分区面积是最好的。惜我手边无面积计算仪，未能把一些县份的面积求出来。

市县	土地总面积		耕地面积（市亩）	耕地对总面积的百分比（%）	稻田面积（市亩）	其中两季田（市亩）	旱地面积（市亩）	总人口（人）	农业人口（人）	平均每农人所得耕地（市亩）
	平方公里	折合市亩								
武隆	1670.00	2505000	540504	21.6	107848	20397	432656	237061	225721	2.39
彭水	—	—	863796	—	158949	33119	704847	374947	363202	2.38
黔江	—	—	664795	—	230730	47513	434065	281947	275792	2.41
酉阳	—	—	987674	—	346490	64513	641184	480337	464179	2.13
秀山	—	—	674474	—	350841	165265	323633	389533	378890	1.78
合计	—	—	3731243	—	1194858	330807	2536385	1763825	1707784	2.18

从表可以看到本区土地利用情形大体与巫山巫溪一致。巫山区平均每平方公里有78人，若依此密度推算面积，5县共当为22613.14平方公里，折合33919710市亩，耕地占总面积的11.0%。就中秀山县最为富裕：它有广阔的冲积平原，可以进行自流灌溉；山地年产桐油约5万市担，又有水运之便直输常德；就地势说，在本区最为平坦，气候亦最为温暖。它应该是全区人口最密的富乐地区。依陆地测量的地图算，它的总面积是3557.5平方公里，依航空测的地图看，不可能达到2000平方公里，可能只有1800平方公里。以此计算其耕地所占的百分比为25.0%，每平方公里216人。这大概是接近实际的数字。

本区农业发展中的问题，仍当以调整行政区划设置单独的行政与经济领导机构为大前提。这样才能建立起一所专为研究石灰岩山区生产的研究机构，与订出本区适用的专一计划出来。它不应该长久地依靠于某省某区的研究机构来为它设法，那将会偏落得"隔靴搔痒"的效果。

（七）川西北副盆地区

四川盆地西北侧自侏罗系带起，由海拔1000米逐步上升，直至3000余米以至4000米之大分水脊，接于康藏高原；如此广阔的斜面地带，被嘉、涪、岷、沫诸水侵削成若干河谷盆地，与四川红盆地以决口相联属，而地貌各自不同，可认为附属于四川盆地的副盆地。这些副盆地骈比相连，构成了川西北副盆地区。

这一副盆地区各个盆地共具的特点是：(1) 山高谷深、岩壁峻急、交通不便；(2) 耕地都在河谷下部或山腹台地下，一般狭小而不平；(3) 山地雾重、多雨，多属酸性灰土，从来森林密蔽，现虽凋残，仍属丛箐、灌木、荒草的林迹地区，耕种业迄未发达；(4) 在历史上，从来就是多民族的地区，现在仍有若干部分保存着少数民族，但农业经营已大体与四川盆地一致，或完全一致。就自然地理说，这区全属于四川盆地的推出部分；就行政区划属，历史上就非常纷歧复杂，现在则分属于雅安、绵阳两专区和阿坝藏族自治州。

本区与川西平原、川北方山区连界，其分界线大体都是县界，划分两区的自然标识很清楚，从来就没有人会混淆地看它。这些标志：第一段就是白龙江与涪江上游的分水线，从海拔2510米的清潭岭（川甘界上）起沿平武、青川界，经马壮关、椒盐堡、水观音到江油界上的白石铺，渡涪江与甘溪河。第二段从安、江界上的太华山起，西经曲山关到北川、绵竹交界的千佛山，接于九顶山脉，为岷江上游与涪江的分水线，直抵娘子关下的岷江直角转折点。第三段，渡江而西，循牛头山脉接于巴朗山东部的贝母山（3845米），包崇庆县西北界转向东南，经大邑西界的唐王坝为罗绳山脉，为青衣江上游与岷江的分水线，接于名山、雅安界上的蒙山上。再过金鸡关，缘名山县南界接于总冈山脉，由竹箐关渡青衣江。这段分水线，原是金鸡关与周公山间的草坝峡口，但它不及总冈山与周公山脉间的竹箐关险要，历史上用了竹箐关作行政区界，本篇只能沿用它。渡青衣江后本应循周公山脉而南，依周公河与花溪河的分水线接于瓦山的，但历史上把这两河上游的一些地方错互地划属雅安与洪雅两县，这里也只好依照它。

这样划分出来的川西北副盆地地区，共约有面积33000平方公里，人口73万多人，平均每平方公里有22人；共约有耕地面积210万亩。

这些副盆地可以分为三组，即可划为3个亚区。

1. 雅州亚区（青衣江上游区）

这乃是四川盆地西南角上的一个自然区域，面积12000多平方公里，有3/10是跨于侏罗系盆地以内的。其中包括有雅安、荥经、天全、芦山4座县城与其主要的耕作地区。故就地质地理说，它只能算作四川红盆地的一部分。但由于它受到造山力影响太大而且复杂，地文上与四川盆地内部甚有区别。就社会历史说，它也显得特殊些，所以该把它作为四川盆地一个歧出的副盆地看待。

就它的历史特点说：首先它是汉民族与少数民族混居很久的地区。那里原住的少数民族，称为"青衣羌"，又叫"青氐"，又叫作"叟"①，又曾被称为"斯榆"②，

---

① 《三国志·刘二牧传》《后汉书·董卓传》，皆言"叟兵"，结合《华阳国志》、樊敏碑看，知叟兵是应征调的青羌军。旧注为"蜀兵"者，沿孔安国注《尚书》释蜀为"叟"而误。《后汉书·西南夷传》及《三国志·张嶷传》有"斯都叟"，斯即叟之别译。其人敬长老者，辙推以接洽官事，故曰斯，曰斯者叟也。

② 杨慎《谭苑醍醐》说：天全的始阳，旧称徙阳，就是斯榆故地。斯、始、徙一音之转。斯榆见《司马相如传》。

已消失在历史中。大约在元明朝代,还有一部分保存于宝兴一带,建设过穆坪王国;它与自称为汉族的天全高、杨两族的政权互相对抗,借以保存自己的地位。清康熙年间,把天全改流;民国初年,才把穆坪改流。现在宝兴的硗碛、陇东两区还有一部分已经汉化了的少数民族,能说他们自己不能举出名字来的民族语言。

由于有了上叙的民族历史,这区的行政建置常常是与四川盆地各县隔离的。元代并曾把它同茂州区与康藏高原一同划归陕西行中省管辖。即如最近合并于四川的西康省,省会即曾设于雅安。

它在社会经济上,也是与康藏高原联系面很宽、很密。例如它的主要手工业——制茶业,就完全是为了行销康藏地区。康藏土特产和商品的运出,必须经过雅州。过去几千年川藏市易的地点(主要是茶马市场)都是指定在碉门(今天全)进行的,清中叶以来才改在打箭炉(康定)。康藏土官、头人、喇嘛、商人经常要取道雅州,来与中央政府进行政治和经济的工作,从前他们多有庄园别宅建筑在本区,以供往来休息。即在今天,每年冬季还有藏商骡帮开到雅州来。

本区农业与四川盆地的其他部分亦微有不同之处,除水稻与玉蜀黍是主要作物外,种茶最普遍。这也是与康藏联系很紧的一项生产。此外农作物产品,也主要是配合康藏市场的要求者为多。这带过去对康藏的运输,主要是靠人力背负,路上食粮一体靠玉米粑。它味微甜、耐饿、不致燥渴。因此玉蜀黍生产占了粮食生产的第一位。

本区大米生产,足以自给,客民食米则须由名山、邛崃、洪雅等处输入。在宝兴的部分地方,亦种青稞。此外杂粮,都是为了配合玉蜀黍生产而栽培的。一言以蔽之:本区农业经济的方向,是为了康藏市场的要求。

本区山地出产药材,如黄连、牛膝,都已成为栽培作物。森林已砍伐略尽,剩下一些烧草提碱的荒山。这些山地生产品(包括矿产)则全是向内地行销的。说本区河谷生产是为康藏服务的,山地生产是为内地服务的,亦无不可。

本区土地利用情况如下表[①]:

---

① 雅区各县面积,是我过去用面积仪对比较精微的百万分一地图求得的,不甚精确,但亦不会去实际太远。

市县	土地总面积		耕地面积（市亩）	耕地对总面积的百分比（%）	稻田面积（市亩）	旱地面积（市亩）	总人口（人）	农业人口（人）	平均每农人所得耕地（市亩）
	平方公里	折合市亩							
雅安市	↓	↓	17809	↓	10502	7307	55747	11444	1.56
雅安县	1338.9	2008350	245319	13.1	116459	128860	124852	121381	2.02
荥经	2370.9	3556350	194898	5.5	51950	142948	96106	89386	2.18
天全	3104.6	4656900	171701	3.7	61668	110033	87360	81532	2.11
芦山	2069.7	3104550	131604	4.2	27966	103638	64655	63864	2.06
宝兴	3292.8	4939200	111583	2.3	4842	106741	37947	35139	3.18
合计	12176.9	18265350	872914	4.8	273387	599527	466667	402746	2.17

平均每平方公里只39人，比起川东边区的人口密度，还不曾得到一半。这不是统计数字有误，乃由于山地海拔过高，又多雨雾，山高则坡急难耕，雾多则日照不足。故本区耕地全集中于河谷，山地利用仅到谷内丘陵与山麓部分。川东边区的石灰岩山，土虽瘠薄，多有平台地，海拔1000米以下者为多，故其耕地百分比一般都是本区的2~3倍。就全面积说，本区人口密度小；就河谷说，本区人口密度大。如其有耕地的河谷只相当全面积的1/10，那每平方公里就会有300多人了。

人口集中于河谷一线，这乃是川西边区的特色。

并不是1000米以上的山地完全就不可以供生产使用，只是农民们还缺乏利用山地生产的认识和组织山地生产的能力。本区山地有造林、种茶、种药这三大利源。但森林只有残毁，从不植造。茶树是本区最适宜的山地作物，制茶也是本区唯一的经济支柱；但从来就是本地茶叶不足，还须逐年向叙南六县与犍乐一带采购；这很可怪！触目的高山，并未见有茶园。只见农作地上，偶有茶丛点缀，这说明农民们只把它作副业生产看待，视作可有可无之间。这自然是由于反动时期茶场抑制茶农售价所致。现在这一病根挖除了，就该组织农民上山开辟茶园。如果本区山地占了9/10，而其中半数地面可以种茶，农民利用于种茶者不到1/10，则在尽量推行种茶后，耕地面积即可加增4倍以上；以山地4亩抵谷地1亩计算收益，亦已增加地方收益的1倍了。还有更重要的意义，是增加茶叶10倍，可以供机器制茶业的发展，可以充分供应藏族人民的饮料，使他们人人感受到生活的满足，也促进了彼此间物资的交流。这对于帮助少数民族发展经济，改善生活的意义就更大了。

本区农业发展的前途，不能仍是指望河谷，把生产推上山去，是农业领导上首当尽力的方向。自然，河谷还可以推进水利建设，发展农村电力，培育地方性的优良玉蜀黍种、稻种和须根作物等品种，来提高河谷区的粮食生产，也是必要的。

本区一般感到劳动力的不足，发展役畜、发展小型水电，节省一部人力来从事山地生产是必要的。

最后须提到一个即将面临的问题。即成昆铁路修通后，康藏对四川的交通，必然是由泸定直出石棉县，趁铁路之便，不必再翻二郎山过雅州。雅区失却这一交通枢纽的重要性后，地方经济是否就会发生变化，是否会影响到农业的发展？

对这问题，我认为是不会发生影响的。本区粮食原只自给，开发山地生产后，纵使粮食逐年增产，亦只能维持自给。经济作物，只茶销康藏，这乃是造化配置定了的本区产品，汉源、石棉、泸定等县不可能产茶，所以茶的生产决不会因任何改变交通路线而就衰退。国家计划也不让它衰退。二郎山公路仍将是一条运茶的路，只自藏入川的货物如皆取道石棉，则雅州商市会要衰落一些，那是与农业无关的。但除茶叶外，其他生产事业的发展方向必须改变，必须面向内地；例如药材和森林的生产、养猪和其他家畜的生产，都是该作新提倡的。青衣江水量大而平缓，木筏已能通到天全和荥经，只由多石滩暗礁，木船不便；应该加以疏导，使船运与嘉定或夹江的铁路衔接以利农产品的输出。这都是新方向中应当准备的事项。

驮帮运输，宜由汉源、雅安一路推展向天全、宝兴、硗碛到小金一条路线上去，以及荥经、芦山、火井槽到邛崃这条路上去。这样可补公路运输的不足，因地方之宜发展运输业，把各县土特产流通工作展开，缩减人力负运的痛苦。夹金山这座山口（3400米）是宝兴与两金川的交通要道，据说每年通过的背负劳动者在2万背左右（全是农民），晕山而死者在500人左右，似这样的情况，开展畜运，就很属必要。

2. 茂汶亚区（岷江上游区）

九顶山脉以外、鹧鸪山以内、灌县的漩口以北、松潘的弓杠岭以南，一块广阔地面，都在岷江上游的分水线以内，应称为岷江上游盆地。面积约有15000平方公里，人口约有4万至5万人。旧时划为茂县行政专员辖区，现在划属阿坝藏族自治州。

就自然地理说：这是四川盆地以外的一个副盆地，是介于康藏高原东部的阿坝高原与四川盆地间的一幅中间型斜面地带，由岷江刻削成的几条河谷盆地。可以划为四川盆地的边缘区，亦可以划为康藏高原的边缘区，也可以单独作为一个自然区。

它自然地理的特点是：（1）没有白垩系和侏罗系地层，露出地面的都是泥盆系以下的古老地层，主要是震旦—泥盆系地层。[①] 没有石灰岩，故虽山高谷狭，却无

---

① 据谭锡畴、李春昱的调查与《中国地质图》。

川东边区那样的悬崖、绝壁、高台、伏流等现象。(2) 河谷温暖而干燥，一般雨量小。海拔高达 2000 米左右的高山才多雨雾，故耕地的垂直分布较高。这是与雅州区不同而与康藏高原类似的地方。(3) 河谷水量虽大，一概不能行船，只堪供流放木材使用。唯耕地与城镇一律集中在河谷里，这是与雅州相同而与康藏高原不同处。

就社会条件说：(1) 从来就是多民族地区，且历史上曾经成为汉藏两民族拉锯作战的地带，现在仍是多民族混居着。(2) 汉民族分布在河谷里的一线官道上，即灌县到松潘这条线，中间分出从威州（今汶川县治）到薛城（旧理县治）一段线，茂县到土门一段线，和漩口、三江口通巴朗山这一线，大都是经营旅店、小商贩为主，附带进行耕种。羌族住在南部的山地，进行耕种、牧畜与小手工业生产。藏族分布在北部和西部的偏僻河谷里，进行以耕种为主兼事牧畜的生产。藏族中又还有些内部的分支，他们一切生活都与藏族相似而微有不同，生产情况也有些差别。(3) 就全区人民的经济活动说，都全与四川盆地紧密联系着，灌县成了他们经济活动的总汇地点。它们只有宗教信仰上和土头势力接触的斗争上与康藏高原区有联系。

是故这区在行政区划上，划归阿坝藏族自治州是正确的；在经济地理上，把它划作四川盆地的副盆地也是正确的。

关于这区土地利用和农业发展的问题，应留与阿坝藏族自治州一并研讨。

这里可以尽先提出一个问题，是：汶川、茂县和理县的一段官道，应不应该划属藏族自治州？这问题须让这部分居住的人民自己去考虑、研讨、决定。

这一部分的住民，主要是汉羌两族，只个别土司后裔，由于宗教信仰和过去便于联婚①的关系，别为藏族，其实也是羌或汉民。羌族原分散得很广，整个青海、西康和川甘的一部，都是他们的故地，由于社会落后，受到吐蕃（藏民族）的压迫，次第被同化了。其一部分不甘屈服的避居到本区来，依傍中央政权与吐蕃相抗，这是隋唐以来汉藏两族常在本区冲突的唯一原因。结果是藏族掌握了本区的西北部，同化了那一部的羌民；汉族掌握了本区的南部，保存了这一部的羌民，也几乎完全同化了他们。现在羌族人数很少，他们全通汉语汉文，不懂藏语藏文，他们是否愿意合并于阿坝藏族自治州、抑愿意在汉民族区内成立一个或几个自治县、自治乡，这是会有问题的。这问题须得羌族劳动生产者来答复，才是正确的。如就经济发展

---

① 封建时代的土司家照例要与相当地位的土司家联婚，不能与自己管的头人、百姓和别的小土官联婚。因是这样，靠近内地的土司家，非与较远的大土司家争得文化和信仰的一致不可。例如汶川的瓦寺土司，虽是羌人，为了必须与松冈、梭磨、卓克基等土司家通婚，也就学习藏文，信藏传佛教，取藏名了。天全的高、杨两土司与汉源的大田土司、泸定的沈边土司则皆自称为汉族，亦就成为个互婚结团。

的利益说，他们必然也愿意划归灌县所在的一区，而不愿远远去受阿坝自治州或刷经寺的领导；就民族的政治利益说，也是一样，或许在四川省府直接领导下更好些。就阿坝自治州的要求，也不一定需要得了这一部分的汉族与羌族人民；若就农业发展来说，则如作这样改划便更有利了。

现在汶川县府已经搬移威州，隔江便是理县地面，也嫌太促。理县已经移治杂谷脑，则旧治薛城以东一线官道汉民住区划旧威州的汶川县管理是格外方便些；其余的九沟十八岔仍归理县，则理县亦不会感到缩小。

如其这样划分，则茂县、汶川可以从自治州分出来，别与北川、平武两县合为一个亚区，称龙茂亚区，作为川西平原区的副盆地区。松潘、黑水、理县仍属阿坝自治州，作为康藏高原的一部。关于茂汶两县的土地利用，并入下节论述。

3. 平北亚区（涪江上游区）

涪江上游与其支流石板河流域之地，历史上曾置龙州，明改龙安府，现为平武、北川两县，共有面积6000平方公里，人口19万余。地理情形与茂州亚区完全一致，不过隔以九顶山脉，分属岷、涪两个流域。茂州区算得是成都平原的副盆地，本区就恰好是安绵平原的副盆地；如果说成都平原与安绵平原是孪生弟兄区，则本区与茂州区也就是孪生姊妹区。

这区也是没有白垩系和侏罗系与石灰岩地层的古老地区，山高谷狭，住民集中于温暖的河谷底部，河水不通舟楫，山岭险塞，交通不便。也从来就是多民族地区，以汉羌两族为主，羌族也有一部接受吐蕃文化。所不同的是这区从明清以来少数民族就已逐渐消失，现在只有部分山地，偶有自己不能说出自己民族来的可能是羌族的人民存在。

这区与茂汶两县土地利用情形如下：

市县	土地总面积		耕地面积（市亩）	耕地对总面积的百分比（%）	稻田面积（市亩）	其中两季田（市亩）	旱地面积（市亩）	总人口（人）	农业人口（人）	平均每农人所得耕地（市亩）
	平方公里	折合市亩								
平武	4231.55	6347325	612004	9.6	24464	—	587450	114466	104196	5.87
北川	1780.00	2670000	386381	14.5	5608	4854	380773	81414	78362	4.93
合计	6011.55	9017325	998385	11.1	30072	—	968223	195880	182558	5.47

茂县、汶川、理县现没有最近统计资料可资依据，但有1946年北碚的中国地理研究所曾整理过的资料可用与这两县比较。[①]

---

① 今茂县分置黑水县约划出旧茂县面积的1/5。拟把理县的薛城以东官道部分划属汶川，约占旧理县面积1/20。最末栏的"拟划为茂汶区的地面合计"即依此比例计算出数字的。

市县	土地总面积		耕地面积（市亩）	耕地对总面积的百分比（%）	水稻产量（担）	玉蜀黍产量（担）	水旱田的比例	总人口（人）	平均每平方公里人口数
	平方公里	折合市亩							
平武	4231.55	6347325	296755	4.7	69200	272600	4∶96	55064	13
北川	1780.00	2670000	84788	3.2	22000	64400	15∶85	37624	21
两县合计	6011.55	9017325	381543	4.2	91200	337000	33∶67	92688	15
茂县	5183.30	7774950	304128	3.9	—	237000	13∶87	37017	7
汶川	4517.70	6776550	50688	0.7	—	54000	72∶998	22195	5
理县	10897.00	16345500	35924	0.2	—	26600	7∶93	23539	2
三县拟划为茂汶区的合计	8758.00	13137000	240348	1.8	—	317600	—	45581	5

  这数字虽然陈旧而且不是经过精密调查来的，但与上表比对也还可相信其有一定的近似程度。例如上表平武县的水田与旱地面积比例为24464∶587540，其比值正与本表的4∶96的比值相近，几乎到了相同的程度；上表北川县的水旱田地比例，亦与本表的15∶18颇为接近，两县的人口的比两表亦甚接近。又如：玉蜀黍产量，汶川为北川的83.8%；耕地面积，汶川为北川的59.8%；这也是符合实际情形的。汶茂河谷干燥、缺乏水田、种稻者少、玉蜀黍种得很多，夏季作物以玉蜀黍为主。汶川水田尤少，广大山坡多荒为草坡，故其面积虽比北川大，耕地却少得多，人口也比较少得多，这也是切合实情的。只茂县因有黑水县的分置，理县有马尔康县的分出，又且拟为划入茂汶区的只薛城以东的一线之地。两县分出的地方与拟划的汉羌人民住区，两者耕地比例，人口密度和生产情形皆不相同，这表一体以一定的面积比例计算，故只能是比对使用的基数，不能作为实际数字。

  大抵茂汶两县的人口密度：就全县说，表中数字是不会错得太远的；就一线官道说，则每平方公里亦可20人以上。汶茂平均每人所得耕地比平北区多，但其土地的生产收益不及平北两县，因为水田不足。

  表中所列理县占耕地7%的水田，全是薛城以东一线官道的田，茂县占耕地13%的水田亦然。善种水稻和玉蜀黍，是这五县汉羌人民住区的特色。汶川县荒地多，稻田少，乃是亟应设法解决的一个问题。

  就农业发展前途说，这平、北、茂、汶四县是一致的，它们需要解决山地利用问题，与雅州区一样。所不同的是，茂汶的岷江河谷，特别宜于栽培果树。许多果树需要干燥的空气和高温刺激或低温刺激。例如：葡萄、西瓜、苹果、梨、枇杷，在温和多雨的成都区和川西山区，都会减低风味，甚至于酸苦；如在茂汶区、金川区或大渡河谷栽培，则风味特好。最好的例子是金川梨。金川梨在汉源变了种，成为汉源梨，风味差得多，但仍无石细胞，亦保存了一定的香、色、味；有些高度适当的汉源梨，则与金川梨甚为接近。汉源梨引种过大相岭在荥经、天全种，形质又变了些，香味全缺，且渐有石细胞。金川梨引种到北京区（大约是乾隆年代的事），称为雅梨，形体小了些，风味却保存得多。茂汶与金川，只一山之隔，气候上相同之点很多，金川梨迁徙到茂汶来一定会胜利成功。如其成功，减缩了数百公里山道的人力运输，则在成都市行销和由铁路销行全国各地，会要减轻好多的社会支出。将是如何地廉价而迅速地满足人民对它的需要？又将是如何地提高了这区山地的生产价值和人民的生产收益？又如葡萄与西瓜，需要高温少雨的气候和深厚疏松的冻土，在整个四川盆地中，唯茂汶河谷兼备这些条件。平武区虽然一般比较温和多雨，但在局部的河谷底部亦与茂汶相似，例如北川县郊与曲山关的河谷。这些条件雅州区却无有（汉源除外）。

近人一言山区建设，便联想到造林。山区造林自然是根本问题，但如说造林便联想到松柏科的森林植物，则非正确。在一定的高限以内，尤其是耕作地带以内，为了水土保持、发展副业、提早收益和提高山地生产价值，皆应栽培果树。提倡栽培果树比造林更易为农民所接受，工作易于展开。但果树受气候条件限制较严，必须善于选择地区。例如雅、荥、天、芦、宝五县，虽与茂、汶、理、平、北五县同属川西副盆地，雅区就只宜种茶，未宜发展果树；茂汶、平北区就特宜栽培果树，不一定宜于种茶。若汶茂的岷江河谷则竟不可能种茶。这乃是农业领导必须注意的问题。

如何研究利用山地栽培各种果树，是茂汶、平北区发展山地生产的主要问题。利用山地增产食粮的方法，早已为农民所注意；利用山地栽培果树的计划，则尚未在农民的思想里奠有基础，然而它正是本区最重要的农业发展问题。

四川盆地还有一个很大的副盆地——白龙江盆地和嘉陵江上游盆地，它们在甘肃和陕西省内，这里不能一例叙述。历史上经常是把这两区划归四川大行政区的。还有汉水上游的汉中盆地与兴安盆地也是。所谓梁州，所谓山南，所谓川峡四路，都是如此。这自然有其一定的条件依据。就农业情形说，这些地方都是四川类型的农业，与陕甘类型迥然不同。故如果作全国性的农业分区，这些应该从西北区划出来与四川盆地同属于西南这一个大区。

二、大渡河谷与建南高原

四川盆地是平均海拔500米以下的盆地，康藏高原是平均海拔4000米的高原。二者之间介有一幅平均海拔2000米左右的中间地带，分为北、中、南三部：

北部，是一辽阔的斜面，那就是上面已讲过的四川盆地西北副盆地中的岷江上游和涪江上游地区，我们有理由把它划归四川盆地。

中部，是一条纵向的大渡河谷，它的水虽然流入四川盆地，却有一条海拔3000米的山脉把它与四川盆地完全隔断，迄今沿河并无通路，只有百余里长的石灰岩绝峡。西侧，又是海拔4000米以上的一纵列雪山，划出康藏高原的边界，只以一派绝壁面临着它。唯南边地形平缓。南部，是一幅形势开展的大高原，与云贵高原有许多相同之点，由一条金沙江割断，离立成了川、康、滇、黔四省的一块中间地区，行政上属于四川，旧为建昌道属地，称为建南，故定名为建南高原。

大渡河水，古时原是直向南行，穿过建南高原入金沙江的，后被地震抬起拖乌一块地面，把它中断了；逼它东向，穿过石灰岩峡流向乐山，入了岷江。今天拖乌台地上还有20多里长一块河床冲积土把旧河迹的面貌保存着，石砾、沙层、汀痕、涨迹完整可辨。台地北侧孟获城、南侧大鱼池，都明显地可以看出岩层断裂的情状，而且又各以宽阔的河迹姿态与大渡河、安宁河端正地连续着。今天安宁河虽是一条不大的河，河谷却非常开阔，冲积平原非常宽长，长过200公里，宽自5公里至15公里，这断不是它本身搬运力量所能构成的，只可能是古大渡河的遗产。[①] 这一事实，足以说明大渡河谷原是建南高原的一部分；它们合成一个尖长的锥体，楔入四川盆地与康藏高原之间，形成这一中间区域。

这块川康中间地带，不仅地形具有中间性，其他的一切自然条件和社会条件也都具有四川盆地和康藏高原的中间性。就地质说：它不似四川盆地与康藏高原那样整齐和相当一致，它是零乱的、复杂的，具有四川盆地的各种地层和土壤，分布却无规律。就气候说：它不似四川盆地那样湿热多云，亦不似康藏高原那样高燥寒冷；

---

① 大渡河古名若水，魏晋以来称沫水，实即峨眉水的省字，这表明沫、若原是两河，后乃通为一水耳。安宁河，古称孙水，又称绳水，孙、绳，一音之转。若水入绳，是我国古代人民很久的一致传说，《桑钦水经》便是如此记述，郦道元《水经注》亦缘之成文。皆不言入岷。《华阳国志》诸葛亮南征，亦云"由水道"入越巂（含西昌）。至孔明南征即由大渡河谷入越巂。似当时若水仍是入绳，其改道夺沫乃魏晋以来事。只史无明文。世人每以沧海桑田变迁为史前的地质时代的事，不知西昌邛海即元鼎五年地震陷落而成，见《后汉书》注（引李膺《益州记》）。则由地震而抬起拖乌地层使大渡河改道为有史以来的事固无足怪耳。

它全年分为干湿两季，一例温和，冬日如春，正与昆明相似。就物产说：它不但全不像康藏那样单一，而且比四川盆地的种类更为繁多，例如，本区比较四川盆地多了真正的热带植物——咖啡、剑麻与木棉，又多了雪地生长的虫草、雪茶与其他罕见的植物；多了金丝猴、熊猫、九节狸和许多罕见的动物；又多了石棉、云母和许多稀有金属的矿产，而四川盆地所有的，本区都有。就民族说：它从来就不是一个民族独占优势的地区；历史上，它曾建立过僰族的王国（邛国），受过汉族封建王朝（汉、唐、明、清）和藏族王朝（吐蕃）、摩些王朝（南诏、大理）的统治；现在它还是大西南民族最多的一个地区。就资源说：农业生产虽不及四川盆地那样雄厚丰赡，却比康藏高原丰裕得多，农民一般吃不完自己生产的粮食，用不完自己生产的农产品，在交通不便的情况下，农产品外销数量亦很大；在反动统治时代，这也是一个全国特殊的"无有饥寒之民"的地区。有些部分，原始森林尚保存着。有些部分养畜业很发达，皮革、山货也是大批的输出品。矿产更是优越，从明朝的万历年间起，本区就成了一个全国著名的矿区，现在丹巴的云母矿、大渡河的石棉矿和泸沽铁矿、鹿蒿铜矿，以及未来重工业基地的金沙江煤铁矿，都是世界闻名或全国知名的大矿区。这些资源，一定能促进区内交通的发展，同时帮助农业生产迅速提高。要说这区是大西南国民经济建设的骄子，也是可以的。

但是这区是被过去上层社会所漠视的，因而政治、经济等发展缓慢，现在还是人口稀疏、交通不便、地利未启、资源隐秘的一个童蒙地区，它还待成昆铁路建成后才会苏醒起来。一旦苏醒起来以后，它的雄姿是会使人惊异的。

如以邛崃山脉[①]与贡嘎山脉[②]和金沙江与金川五屯为本区的界限，则全区面积有14万多平方公里，人口约有260多万。平均每平方公里只有18.7人，只有四川盆地的8%。

兹就地理特点分为2个区和6个小区来作说明。

---

① 上文所述四川盆地西南界限大山脉，在地理学上称为邛崃山脉。邛崃山是大相岭的旧名。《华阳国志》说：它为邛国人入蜀所必经，故云邛徕。后别写作邛崃。宋元以后才被称为大相公岭，后省为大相岭。秦汉临邛县南界抵此（临邛者，谓逼临邛崃山，非谓已临邛境）。这条山脉从川西北的鹧鸪山起，一直包绕四川盆地西南，从瓦山渡大渡河接于大凉山，全长4000多公里，海拔皆在3000米左右（包括川康公路通过的二郎山在内），蜿蜒如一道长垣，其两侧皆急速低落到1000米以下。
② 贡嘎，藏语万年积雪的意思。这条山脉的主峰在康定西南百多里，海拔7587米，其旁陪立有十多座7000米左右的雪峰，共同构成一列长达三百里的雪障。其北端通过康定泸定界上的雅加埂山口（3850米）和柳杨峡（康定东出瓦斯沟的河峡）接于大砲山（康定、丹巴界山，高5000米）和党岭（丹巴、道孚界山，高3600米），为大渡河中游的西侧分水线。其南端止于九龙县三垭村的雅砻江边。泸定、石棉两县的河都是它的冰河的尾闾。

（一）若水盆地区（大渡河中游地区）

这区本没有既定的地理名称，今为它创立一个名字，免不了要解释几句。若水就是大渡河，是无疑的①。水经注说《史记·五帝本纪》的"昌意降居若水"便是这条河。依古代社会发展情况说，往往有些僻地的河谷，在今天看来无足轻重，在原始社会里却是很重要的。即如四川盆地，在原始社会时代，便是岷江上游盆地比成都平原更为繁盛；那里便是古代所称的江水。相传黄帝时代，黄帝把一个儿子送到"江水"部落去联姻，这很有可能。果如此说，则这区在原始社会里，已经是中国的一个重要部分。就地理条件说：如果水道直通安宁河大平原，则其重要意义更可理解。

"大渡河"，是唐代以来取的名字，专指汉源、石棉、泸定三县这段河水。其用为全河通称乃是近代的事。而本区所包括的，并非这条河的全部，只包括它的中游部分。古时所谓若水，亦即只包括它的中游部分。② 所以搬用"若水"二字来作这段河谷盆地的专名，是适当的。

这一盆地，应该包括汉源、石棉、泸定和九龙的湾坝区，康定东部与丹巴、大金、小金等县。其自然区划的界线，该从成阿公路通过的鹧鸪山向南，循邛崃山脉至瓦山下的大渡河峡，依汉源与甘洛县界和越嶲与石棉县界，西接于贡嘎山脉。循山脉至党岭，依丹巴与绰斯甲县界和大金、小金与绰斯甲、马尔康的县界回接鹧鸪山。这样划出的地区，共有面积 31700 多平方公里，人口 44 万多，平均每平方公里不足 14 人。其住民完全分布在河谷底部，及小部分的山腹台地上，高山部分则无人居。故实际的耕作地带的人口密度，每平方公里亦在 28～30 人之间，与雅安区不甚相远。

本区原系氐民族居住地，唐以后为吐蕃所征服、同化。藏语把这区称为甲绒。未被吐蕃征服之前，这区有个嘉良部落（其地为今天的大小金川），还有三个姓杨的

---

① 若水，缘地产若木为名，《水经注》引《山海经》云："灰野之山有树焉，青叶赤花，厥名若木，生昆仑山西，附西极也。"《史记索隐》引云："名曰若木，日所入处。"《山海经》文夸大怛悦，不足取信；但大体略有依据，盖秦代方士远游者传说之词。"日所入处"一语，古人以喻西极，实指西徼，大渡河正是古之西徼。张澍《蜀典》以若水指大渡河，甚是。我以为"若"即"箬"字，小竹巨叶可为笠者，正是此河谷所产。高与人相若，垂老则开赤花，结米可食。《山海经》指此，不必即为树木。
② 《水经》："若水出蜀郡旄牛徼外，东南至故关为若水也。南过越嶲邛都县（西昌）西（为绳水），直南至会无（会理）县，淹水东南流注之。又东北至朱提县西为泸江水（泸水即今金沙江）。"这里的故关，指的故零关。《司马相如传》的"镂零关，梁孙原"，便说的是汉通西南夷在零关凿路、孙水作桥。今石棉南的"铁宰宰"即故零关。后来改在今越嶲新设零关道（县名），故称此曰故关。按《水经》文，是说这条河在旄牛徼外自有它少数民族叫的名字，从入徼起到故关为止，被汉人叫作若水。又南到西昌（邛都），被邛国人叫作绳水。会淹水（雅砻江）后，转入金沙江绕由朱提（今昭通）入蜀，被那一带的人叫作泸水。则"若水"正指的大渡河中游一段。

氏族部落（含泸定、汉源一带），它们的头领都称王，以农产品与吐蕃交易，两面奉承着中原与吐蕃王朝，保存其藩国的地位。元明以来，这区社会起了变化：南部（铜河区）采矿、采木的事业导致了大批汉族民户的迁居，建立了河道七场，开展了汉族多面经营式的农业生产，土司头人们也都接受了汉族的生活方式；北部（金川区）则相反，完全的藏族生活方式形成了，成了西藏黑教的化城；中部（鱼通区）尚保存旧民族的中间形式。清代把汉源土官改流（清溪县），在泸定设官、驻军，管辖徼外土司，社会汉化的程度愈深。北部平定了大小金川后，移徙汉族填住，设为五屯①，称作"新疆"，成了完全的汉族住区。唯中部的鱼通，还有土人保存原来的生活。②

这一社会变迁的历史，决定了它农业方式的转变情形。南部，在汉源、石棉和泸定县境，高度内地化了，一切与四川盆地无异，水利也很讲究。泸定县境，虽已成为水稻的主要生产地，但它栽培水稻的历史较短，大约还不到70年；也就是说，兴修水利的历史很短。从前未有水渠灌溉，在这燥热的河谷里不能种稻；现在稻田发展上了2000米以上的岩州（昂州）山原，并推进了不甘汉化的鱼通河谷。这一发展速度，是未解放前便已创造成功的。近几年更是加速发展。北部的金川，虽是汉民族住区，已有200多年的耕种历史，却还未曾开展稻作，只是小麦和玉蜀黍的产地；这显然是交通不便、风气闭塞、接受先进经验不够所致。鱼通区除种稻已开展外，山地耕种还多少保存有氐民族的旧习惯。

由于这区历史发展的不同，更易看出地理条件对社会发展的影响。兹分为两个亚区来说明。

1. 铜河亚区（河道七场地区）

汉源、石棉、泸定3县与九龙的湾坝区，康定的草科，是明清两代因为开矿、采木而搬来汉民居住的地区。他们最先在汉源县里住脚，次第向土司租地垦种。为了农矿交易，首先建立了7个市场，称为河道七场。③ 最先是以采铜矿为主（明代），后来采银、铅、五金杂矿，最后矿厂荒废，农业却稳固下来了。直到近年，还有些高山废矿经人复开。这段大渡河被称为铜河，便因铜矿得名。

---

① 金川之役前后20多年，结果是中原为之疲弊，此间的土人也锐减。故平定金川后，不能不远徙汉民来重新耕垦。先设两厅五屯，后为一厅管五屯汉民和极少一部分投降了清廷的土人。那就是美诺厅与懋功、抚边、绥靖、崇化、章谷五屯。民国初改为懋功、丹巴、靖化三县。现改靖化、懋功为大金、小金。
② 鱼通原是打箭炉和这段河谷的通称。后来打箭炉繁荣起来，便只把这段河谷称为鱼通。这里当地人还保存着他们自己的语言和习俗。但移入汉民族住户也很多。上鱼通曾设为金汤县，那里住的全汉人。
③ 自《中国气象资料》第二册摘出。

本亚区的大渡河面，从1400米下降到800米，长度近180公里，平均河床斜度为1/3000。自海耳洼以下，冬季可以行船，若还加以疏导、筑坝、开槽，可以通航到泸定。唯汉源东界与峨边间的石灰岩长峡两岸无纤道，且有名为隘口的瀑布，水陆阻绝，须再从金口起始能在一定季节里通航到乐山。故本区与四川盆地的交通，必须翻越邛崃山脉的山口、大相岭、泥巴山、蒲麦地、二郎山、马鞍山及蓑衣岭。这是这区农林矿产未能充分发展的原因。即将兴建的成昆铁路，便要从峨眉沿铜河通过此区，石棉县治（老涡漩）将成为新兴的重镇。

从来康藏与四川的交通往来，必须经过此区，其路线随时改变。汉代取道磨西面、沈村、蒲麦地出荥经，或由汉源（旄牛县）逾邛崃山；唐代取道维州（威州）及大渡戍（今汉源县地），宋元由打箭炉取道岩州梁子出天全（碉门），明初尚系如此。其后改由马鞍山向天全，清初尚是如此，迄今此路也还未废。后来建设驮脚运输，才专走飞越岭、大相岭一路。近年川康公路修通，又才有二郎山这条新路。无论如何改来改去，总必须通过这条河谷与左右的两条大山脉，其不能循本河谷直出嘉定者，只缘长峡和隘口的封锁。成昆路通，打破了这一封锁，川康藏交通形势就会发生突变。公路必然会立即由泸定沿江修到石棉（只有100公里），出入康藏的人和物资，皆将在石棉转车，沿河谷而进，不取道二郎山（只茶运除外），这条河谷即可立地兴盛起来，农业发展的前途非常远大。它将有寸土寸金的黄金时代，它将成为川康滇藏农业经济的核心地区。它将会有一个农业研究机构在此创造改进边区生产的科学技术。他日由四川通往康藏的铁路，亦必自石棉分支循此河谷前进。那时本区农业将跃进到高度集约的园艺方式经营了。

就目前情况说，本区土地利用情形如下①：

市县	土地总面积		耕地面积（市亩）	耕地对总面积的百分比（%）	稻田面积（市亩）	稻田对耕地的百分比（%）	总人口（人）	农业人口（人）	平均每农人所得耕地（市亩）
	平方公里	折合市亩							
汉源	3395.17	5092755	444731	8.7	51757	11.6	183905	181008	2.46
石棉	2890.00	4335000	139947	3.2	18330	13.1	56932	44070	3.18
泸定	2622.03	3933045	121330	3.1	7339	6.0	54000	33901	3.58
康定瓦斯沟	350.00?	525000	13000	2.5	—	—	650?	600	21.67
康定草科	500.00?	750000	750	0.1	—	—	250?	250	3.00

---

① 康定瓦斯沟与草科和九龙湾坝区皆系估计数字，附上问号，示非精确。

续表

市县	土地总面积		耕地面积（市亩）	耕地对总面积的百分比（%）	稻田面积（市亩）	稻田对耕地的百分比（%）	总人口（人）	农业人口（人）	平均每农人所得耕地（市亩）
	平方公里	折合市亩							
九龙湾坝区	1500.00?	2250000	2250	0.1	—	—	750?	750	3.00
合计	8907.20	13360800	722008	5.4	77426	10.7	294837	260579	2.77

瓦斯沟为一狭窄的河谷耕地，两侧皆是绝壁，故耕地比率特大，在本区中算是特殊地区，于全区无代表意义。草科为田湾河上游木雅贡嘎山后的一村，去石棉县的田湾甚近而与康定隔有雪山，不知何故被划为康定县境。湾坝、洪坝为紫打地河上游的村落，围绕以雪山与森林，出入者皆从石棉县的安顺场（紫打地），行政上乃划归九龙县，与九龙隔有海拔5000米百里无人居的大山。这些部分，就自然条件说都皆列入本区。就行政方面说应拨归泸定、石棉两县。

从这表可以看出本区与四川盆地任何部分皆不相同，所以不能把它作为四川盆地的副盆地。最大的不同，是耕地比率太小；其次是稻田面积对耕地的百分比也还很小。这自然与山高谷狭、坡度过大有关，尤重要的原因还在于梯田建造太少。汉源地势较开展，耕作历史较久，梯田也建造得多些，故虽然水害很大，耕地比率仍特别高，因而容纳人口也要多些，平均每平方公里54人，大于雅州区的密度。石棉地势也相当开展，但平均每平方公里还不到20人，就比雅州区的密度小多了。泸定虽然两侧都是高山，但如能造作梯田，耕地还大可增加，譬如离县治不远的上、中、下田坝，就是宽展的沿河台地，现在还是接近于原始状态的半荒台地；县治对岸的天主堂沙坝，是平展的冲积河源，现在还是名副其实的一块沙坝，只种了些巴茅和桑树；这都是土地利用程度太浅的表征。再看它们平均每人所得耕地面积，仍然与四川盆地相去不远。这又说明了本区农业劳动力的不足。盖手力劳动的农业生产，每人经营的土地面积，不可能超过3亩。超过，便将是刀耕火种的粗放经营。故本区气候虽好，农产品出路也宽，可垦之地虽尚还多，农民却无力去展拓耕地。这就是说：本区土地生产潜力还是很大的。

这区与四川盆地农业情形不同的基本条件，在于气温与高度关系的突变。富林（汉源新县治）海拔850米，这样的高度，若在四川盆地里，便成了冷温带气候，难于种稻，而在富林则成了亚热带气候，足够种双季稻有余。泸定海拔1400米，若在四川盆地则是亚寒带，不可能栽培作物，而泸定则四时温暖，如亚热带气温，足供种双季稻有余。岩州是雪山附近一块台地，海拔2000多米，也尚还可以种稻。这是因为本区北面山势屏障着寒气流,河谷南向迎受着暖气流,深狭的河谷易发生焚风所致(参看第一章三、四节)。现在还没有泸定的气温记录,只有富林的。富林位于东西横向的一段河谷上,比南北纵向的泸定河谷气温要差些。兹用它与在同一河谷的乐山和四川最暖的泸县记录相比较,亦可清楚地看出本区气温的特点来:

富林、乐山、泸县平均气温比较表(单位:℃)①

站名	经纬度	海拔(米)	1	2	3	4	5	6	7	8	9	10	11	12	全年平均
汉源	29°21′N, 102°41′E	850	9.3	10.9	15.1	20.2	22.3	24.8	26.1	25.8	24.2	18.1	15.0	10.8	18.6
乐山	29°34′N, 103°42′E	377	8.3	9.5	14.1	18.7	22.5	24.2	26.4	26.2	22.4	18.2	13.6	9.3	17.8
泸县	28°53′N, 105°23′E	305	9.0	10.3	15.1	19.6	23.0	24.6	28.0	27.9	24.5	18.4	14.6	9.7	18.7

这可看出:富林冬半年的平均气温,不但比同纬度、同河谷的乐山高得多,而且比号为四川盆地最温暖的泸州河谷都还高,而海拔则高了400多米。夏季3个月则比较低些,这又可附带说明,本区河谷气候是与西昌所代表的建南高原,与昆明所代表的云南高原气候要接近些,与四川盆地则不相同。

汉源夏半年各月平均气温超过20℃的有6个月,而冬半年最冷月平均气温还接近于10℃,这乃是非常值得称道的农业气候。它不但可以种双季稻,就是种三季亦有可能。这种气候用于种棉更为有利。棉花播种后的温度只需15℃左右,在汉源,3月便可进行。在6、7月间开花结实,正是汉源气温最高的时候;若还用晚熟种,或在4月播种,则如经过5—7月才成熟的苏联品种②,延到8月中开花,气温也是适合的。汉源的雨量,8月份最高,9月份开始急剧地退缩,10月初转入燥季,正好是晚熟种棉花吐絮期。那时全月平均雨量只50毫米左右,平均气温还有18℃,一直延到11月还能继续成熟。

如在这区栽培甘蔗、烟草、柑橘与其他亚热带果树,也可能有很好的效果,起码会比在四川盆地栽培好些。因为亚热带植物大多数也不是需要夏季高温的,它们主要要求冬季温度不低。

---

① 自《中国气象资料》第二册摘出。汉源(富林)用1944—1950年5个整年的平均数;东山(嘉定)用1936—1950年13个整年的平均数;泸县(泸州市)用1942—1950年8个整年的平均数。
② 苏联晚熟种棉花,整个发育期为5—7月(参考维茨凯维奇著《农业气象学》,财政经济出版社译印本),甚适于这区种植。

就本区气候和地文说,它应该是大西南里最好一块果类生产基地。它有显著的燥与湿两季,温度又高,又是从1000米到3000米以上的山坡倾斜地,适于发展各种各类的果树。而且这里的果树都有天赋的良好风味。例如春来山地一钱不值的半野生枇杷,果小核大,品种是劣等,风味却是好的;秋季沿途摊售的胡桃、板栗、梨和仙桃(仙人掌果实),很不值钱,品种也不是好的,但风味全都不恶,运到内地当属中级商品。这都是未曾受过科学洗礼的半野生品种。若还有人偶然从外地引种来,那便太好了。例如当前已经著名的汉源梨和甜橙①,泸定甘露寺的桃,得妥的橘,沙湾的梨②和瓦斯沟糖梨,其引种时间都在50—100年以内,迄今尚未推广出别村别县。据传那些引种历史都是很可怜的。甘露寺桃是一和尚携回,沙湾梨是传教士输入,得妥橘系一富绅购入橘子实生。这样尚且能成名产,则用科学方法引种经营的成就当可知了。

这区生产果类还有一大特点,是四时可食鲜果。例如樱桃成熟期最短,在内地只有旬日上市;在泸定则从3月到7月皆有,沿河的最早成熟,其次由低山、中山渐推到高山,高山樱树5、6月开花,7、8月方成熟,皆属野樱。其他如山桃、山李亦然。使有园艺家有计划为之经营,可能全年皆食鲜品。

以上都说明这区农业生产,还在襁褓时代,未来发展正如说"后生可畏",是不可限量的。

本区从前原是广阔的原始森林,虽经明、清以来500多年的摧毁,现在还保存有泸定磨西面、九龙湾坝区、洪坝这些大面积的原始林,是极有价值的资源。过去无计划的滥伐,为农田生产遗留下来很大的灾害(已详第一章第九节)。现在不能进行种植的急坡山地岩地,不可建造梯田的地方,必须设法补植森林或果林,或竹类箐业,加强水土保持,并提高山地生产。

大力营建梯级田土,拓展栽培面积;开发水利,发展双季稻;试行种植亚热带性的经济作物;研究果树生产,引进良种接换半野生的果树,大力发展果园;补植森林,加强水土保持工作。这就是本区农业发展途径中必须经过的几条标帜。这些标帜,都围绕着新的交通条件而提出。

---

① 汉源街有极好的橙种,实大如柚,皮薄易剥,剥则瓤瓣自裂,甜美香馥,甚于福建蜜橘,曾在私家园产中得食,惜当时未许接种推广。
② 沙湾梨是西洋梨种,今其树尚只数十棵,应是近世由天主教士传入(泸定天主教已有70多年历史)。

2. 金川亚区（金川五屯地区）

上节所述的川康间历史上屡次改变的几条路线，有一个共同点：它们都只在瓦斯沟以南，没有到过瓦斯沟以北。瓦斯沟是康定河与大渡河的会口，它在这带交通上具有特殊地位。它可以说是康藏高原的司阍者。

康定，位于木雅贡嘎山脉与其西支折多山脉之间一个小盆地中心，三条小河的会合点上。其水冲断木雅贡嘎山脉，从瓦斯沟入大渡河，20多公里间，海拔降落了1000余米。但这段山脉不是石灰岩，而是古生界一些较易风化的岩石，所以它的两岸都有通行人马的余地。这就在绵亘几百里的大雪山脉中造成了一条比较平坦温暖的门道，使川康藏的交通不能不出于此。

这一深狭河谷的中点在柳杨，岸山略示崛强，嵚崎逼江，是为柳杨峡，它在贡嘎山脉脊线之下，也恰是康定盆地与大渡河盆地的分界点。自此以西，河谷比较平些，气温骤然低落，顿呈高原景象，旅行者皆须于此加减衣服；自此以东，水急如悬瀑，激石怒吼，飞沫数丈，气温甚高，早有人辟田种稻，岩间仙人掌成林，顿呈泸定河谷的景色。故康定盆地与瓦斯沟虽同一河流，相距不远，仍应分属两区。这是把康定盆地划属康藏高原的理由之一。

瓦斯沟以北的大渡河谷，加重了山高谷狭的程度，是为上、下鱼通。从来往来川康间的人物，都是取道瓦斯沟便转向西或向南了，没有北向鱼通的（除穆坪土司与打箭炉土司的往来以外），故鱼通虽与泸定相接而判然自成一区，自为风气，也就是本地民族还能获得保存的一个原因。

上鱼通过去曾置金汤县，现合并于康定。鱼通境内汉族户很多，且已种了水稻。但他们的经济生活究竟与泸定不同，便未合为一区。首先，这里是少数民族区且人口较多，而泸定则全是汉人。其次，这区由于没有交通大道的启导，社会比较沉寂些，经济显得呆滞些，除已开始种水稻外，一切都比泸定落后。而这种交通条件，是地文所决定了的，人力不可以强争。

从鱼通北上，大渡河成了峡江，形成贡嘎山脉的地层在此部作了个钩形的转折[①]，山势逼促非常，例如康定的孔玉区，全部耕地几乎倾斜到了45°的陡坡上。过此以北为丹巴县，地势突然展开，那便是金川五屯故地了。

清代开设的五屯、懋功、抚边两屯为小金川，今为小金县；绥靖、崇化两屯为大金川（即大渡河的主干），今为大金县；章谷屯位大小金川会合之部，今为丹巴

---

① 据谭锡畴、李春昱的《西康地质调查报告》。

县。丹巴位五大河谷的会口，除大小金川与大渡河谷外，还有丹东河与旄牛河；那些都是原打箭炉土司和丹东土司辖地，住民全是藏族，在金川之役协助清廷，所以获得保存。改流后也并划入丹巴县。五屯住民全是汉族，唯有小部分山沟有藏族居住，例如汗牛沟、必思满沟，都是因此地土官曾助清军而保存的。这些藏族，实即嘉良羌族的遗存者。孔玉也全是汉民，大概那是开矿时遗存的垦民。

金川与鱼通、孔玉，河谷海拔都在 2000 米以下，绝大部分住民为汉族，农耕方式全是汉族形式，社会中通行汉语、汉俗，改流时间很早。若把它划入康藏高原，很不适当。现在行政区划，金川 3 县属阿坝藏族自治州，孔玉、鱼通随康定属甘孜藏族自治州。本篇则从自然地理观点出发，把它划为大渡河中游盆地。

这一亚区也可再分为两个小区，鱼通区和金川区（应包括孔玉）。但这样分区太小，很无意义。它俩在交通不便、生产落后这两方面是相同的。至于自然条件，则整个大渡河谷是一致的，只鱼通区与铜河区更为接近些而已。

这区新的统计资料尚未获得，姑就我自己过去用百万分一地图计算的面积与西康省 1940 年调查的人口，和四川省统计处 1942 年发表的人口数字，参酌四川各边区耕地分布情形，作下列估计，来表达这区各县的土地利用概况：

市县	土地总面积		耕地面积（市亩）	耕地对总面积的百分比（%）	人口（人）	平均每农人所得耕地（市亩）
	平方公里	折合市亩				
大金	3639.00	5458500	98700	1.8	21000	4.70
小金	7410.00	11115000	222150	2.0	55000	4.04
丹巴	7332.00	10998000	225000	2.0	51000	4.41
康定：孔玉、鱼通	4500.00	6750000	92700	1.4	20000	4.64
合计	22881.00	34321500	638550	1.9	147000	4.34

这些估计数字，是借以说明本区山大谷狭、耕地不多、人口稀少、耕作粗放，山地虽有尚可开拓之处，由于高寒，大都间年一种，平均产量不大。

但本区农业不是没有发展前途的，相反，潜力很大。

首先要提到，这区沿河土地可以推广水稻，尤其是丹巴、大金两县。丹巴海拔 1760 米，低于泸定县的岩州的 1000 多米。岩州在高山肩部，尚且种稻成功，丹巴在河谷底部，其当种稻是可以肯定的。丹巴南约 30 里绒坝沟口的称都河坝，低暖平阔，有天然的水渠灌溉，一眼可见其为适当的稻田区。据当地人言：当绒岔沟银矿兴旺时，曾有人在此试行种稻，由于雪山水冷，稻苗秀而不实，失败了。我想，那次失败可能还有其他原因，总之只是技术问题，不是气候问题。当时个体农民，孤身试种，自难克服一些地方性的困难，易遭失败；一人失败，千人束手，便使这一交通闭塞的地区沉埋了稻作这一利益。解放以来，这一问题甚易解决，在丹巴云母矿业发达的条件下，这样接近矿场的称都河坝，与其南边的开鼎、开饶两村，可能是早已种稻了，只还未见新闻报道的消息而已。

试使丹巴县境，有一处种稻成功，必可迅速带动全河谷跟着开展水稻生产，使此区粮食大大增产，这乃是金川地区改进农业生产的首要工作。但这工作中的问题也将会很多：最重要的是这区完全没有气象记录，种稻的地限、时间，便很难有把握地决定下来。其次是土著农民从无稻作经验，一旦试种，技术上的错误必多。即如灌田用水，皆从雪山流来，如不先经蓄水曝晒增温，必然伤害稻秧，过去农民所总结的教训，是很正确的。又如，这是高山狭谷区，春到较迟，而秋暖较长，种稻时间就不可沿用内地的农历。至于中耕、施肥、曝泥、灌水等技术，更是问题很多，亟须有人创造经验，传授推广。这区现在还没有试验场，要望个体农民或合作社来解决这些问题，自然是不可能的。必须有县领导人员深入研究、试验、创造经验来领导他们。

与稻作相结合的便是水利问题。丹巴、大金、小金三县内皆有"水地"，主要是引水灌溉麦田。例如巴旺那种水地灌溉，是非梯田的缘坡漫灌，只可用于旱作，不适于水稻。种水稻必须先作梯田，筑渠道，作精细、经济的计划性灌溉。这一准备工作也是不容易的。至于灌溉水的来源，本区甚为丰富，亦须加以整理使用。有些瀑布，例如白松塘的飞水岩，应该认作农村电力的资源，次第设法利用起来。

跟着该提出梯级土地的建造问题。这区农业落后的最大征象就在于没有梯田，所有山地全无地埂，随坡松土而种；山高坡急，富于养分的细土随水流失，使土味瘠薄，产量不高。海拔较低之处，恃有高温，分解迅速，尚能维持逐年生产；较高之处，寒冷期长，土壤分解迟缓，不能补偿流去的损失，则唯有间年闲休一次；农民谓此种地土"三年两头收，三年两不收"，轻鄙遗弃。实则土壤肥沃，但耕作制度不良耳。

丹巴大砲山下的奎容村，海拔 3380 米，在森林内开辟几块山地，历年皆是丰收，农民相当富乐。从这一客观事实可以判断，本区域内 3000 米以下的山地全有耕种的可能，问题只在于是否做好了水土保持工作。估计本区海拔 3000 米以上的地面，不到 2/10，即可耕地面应该在 4/10 到 8/10（除森林和绝壁的 4/10）；今乃耕地面积只占全面积的 2% 以下；这就说明了本区土地利用的程度太低。

河谷开展稻作，山地建成梯田，绝壁植造森林是本区农业发展中的三大方向。设置气象测候站与地方性小型试验场也是必要的。

最后一个关键问题是交通问题。交通闭塞，是本区生产落后的主要原因，也是国民经济的一部损失。交通不便，使土特产输出困难，则农业生产愈是发达，愈会造成谷贱伤农的祸害，农民在这一情况下是不会延续其生产积极性的。例如金川梨，可能算是世界首屈的果品，在金川农村，曾卖过400元[①]一斤，有用以喂猪的。即在今日，树下的价格还是很低。这样，要使农民发展自己生活需要以外的生产，当然是不可能的。农产既无多余外销之额，则举办骤然增加人口的事业，就会发生粮荒，远道运给，所费不赀。因而工矿事业便难举办起来。例如丹巴云母，也是久已驰名的世界名矿，就因受到交通限制，久未开发。现虽已大力开发，生产成本和运输成本都相当高，远不如铜河石棉的绩效。故改进交通，才是发展本区生产事业的大前提。

目前本区对外交通，还停滞在人力负运阶段，似宜首先开展驮运路线，在鱼通到丹巴的沿江两岸，开出畜力运输的道路来，招致建南驮帮，从瓦斯沟分道通行到丹巴。自然亦可由国家经营，但就现阶段说，国营畜力运输还不如组织民营或公私合营的好。而且这一驮运线，更可由丹巴经小金、逾巴朗山、牛头山延展到灌县的漩口，与松潘到西昌、会理的一条畜运干线，在威州（汶川）、灌县、泸定、石棉等处与公路与铁路联结成为一条纵横贯通的新交通网，来开发边区。

有驮运路作基础，就比较易于着手测量和兴筑公路与铁路。历史告诉我们：现在交通已经便利的泸定、石棉、汉源，在200年以前，正与今天本区的情况一样，也是最先打开了驮运，才有了频繁的往来行旅与百货。在此基础上逐步发展，改良道路，兴起商肆，招致土特产的聚集和土客民的频繁接触，才能有近代的局面。靠有这一基础，才能建成近年的公路。公路更促进了地方的繁荣兴盛，地方资源才得昂首向人，不胫而走，次第汲引，全面摆露出来，从而诱致铁路的修筑与河道的浚疏。这是开发边区的经济规律。

我们今天，可以缩短发展的时间，却不可忽视发展的过程，那是不以人们意志为转移的必然过程。

进一步说：四川通往西藏的铁路，必有一天要修。这一铁路线，就有从石棉分支北进，沿大渡河到丹巴，再由丹巴溯丹东河谷穿党岭至道孚，由道孚经甘孜、邓柯、玉树入藏的必要。这是孙中山铁道计划早画出来的蓝图，选择得最好的一条路

---

① 编者注：指第一套人民币。

线①。到那时，本区的重要性将与今日的铜河亚区一样。这也是要把本区与铜河亚区结合为一体的理由之一。

（二）建南高原区

今天的西昌专区和凉山彝族自治州地，是秦汉时僰族人建立的邛国故地。汉置越巂郡。到六朝时汉官退出了这区，还为少数民族部落。隋唐时为吐蕃、南诏与中华互相争夺的地方，实际上是彝族最占优势。宋代，相传宋太祖不愿经营这块地方，用玉斧在地图的大渡河上一划，说"此外非吾有也"。于是大理国派官来占领这区，实际上它也管理不了这里的彝族。蒙古军远征云南，经过此处，招抚了彝族领袖，赶走大理的官，设罗罗（猓猓）蒙庆宣慰司土官管彝族，另设些州县官管非彝族的汉族、摩些、僰、苗、猓猓、普米等人民，称为建昌路，属云南省。明代平定云南，于此设建昌卫，属四川省，分驻军队在各要地世代戍守。发展到明末，汉人繁殖很多，与彝族分居山地与平原，形成东西两部。清代设宁远府，属四川上南道，仍设建昌卫率兵分驻此区，管彝族各土司。民国初年改上南道为建昌道，驻雅州，管旧嘉定、雅安、宁远三府和眉、邛两州的属县。把此区称为"建南"。

由这一系列的历史变迁，可以知道这是西南最多事的一个地区。社会经常不安，尤以近1000年来，民族间的摩擦斗争甚为残酷。如此情形下，社会经济无从发展。直到解放以后，由于正确的民族政策，各族才得和平共处，农、牧、工、矿各部门才得有计划、有步骤地逐步发展。就经济方面说，这区还如一张白纸。唯其如此，所以它更适合于社会主义计划经济的开拓。

建南高原是国内最好的一块农、林、畜牧和工矿配合发展的地区，若还单纯地去发展一个部门，便是错误。它当前还是满目的荒地，生产潜力惊人。若仅就现况说，便一切无足称道；从发展前途看，它将会比四川盆地的川东褶皱区优胜一筹。它全部地面几乎都可以用于生产，这与川东相似；地下埋藏的资源，却胜过了川东区；尤其是地形配合得比川东区更适合于多部门经济的综合发展。

它的中央是个大平原，各种丰富的矿产、水力、森林、牧场和特种经济作物区分布于大平原的四周，地形有易于建设交通线。它位于四川、云南、贵州、康藏四大自然区域的正中，可算得大西南的真正核心地区。未来的经济地位与政治地位都

---

① 《建国方略》高原铁路系统"拉萨成都线"述自拉萨至察木多后"此线不循东南之官道至巴塘，乃向东北而循别一商路前往……至甘孜，再前进经长葛、英沟至大金川之倍田"。从来言川藏筑路者，但知理塘、巴塘，不知北道。中山始有此创说。此地理学上一巨眼卓识，深值钦佩。惟当时所据为《大清一统舆图》及西人路线图，地名与今多不合。有暇拟专文发明之。

会提高，从而增长它的繁荣。

如将九龙县划入此区，而划出峨边、马边、雷波之一部，则本区面积有101551多平方公里，人口239万余，平均每平方公里24人。惟实际上各县人口密度，甚不平衡，正如它产业发展之不平衡一样。兹分下列4个亚区说明。

1. 中心平原亚区（西昌亚区）

自石棉，循洗马姑河上拖乌台地，海拔上升到3000米，这是铜河区与本区的分界点。公路过拖乌台地，下野鸡洞陡坡，降落到2000米的大桥平原，这是本区中心大平原——安宁河平原的北端，属冕宁县，现在还是一片荒草。大桥河东入安宁河正源，还可看到古若水入绳（孙水）的故迹，有大、小鱼池的两个湖和冲积平原的残体。其南受到北山关山势的轻微约束。过此，展开为狭长400余里的大冲积平原。安宁河以衰年的姿态，平缓地、泱泱大风地流行其间，水量虽小却可以行船。平原中间，还有些分支横出的部分，如：冕宁西南到哈哈河坝这一荒草原，情形正与大桥草原一样，泸沽东沿绳水向甘相营的分支、松林西出向两河口的分支、礼州西过拖郎的分支，皆已开垦。西昌东南，平原扩展40多里，包有邛海与大兴场和缸窑；西南横出10余里包有河西（场镇名，旧属盐源，现属西昌），这带算是全平原的中枢部分，也是本区的核心部分。还有德昌西南分支歧出60余里（或别称为巴洞平原）。平原本身沿安宁河过锦江桥才渐收缩，仍断续延达米易、潘莲街，到雅砻江边而止。大桥海拔2200米，冕宁1877米，泸沽1722米，松林1610米，礼州1618米，西昌1632米[1]，德昌约1600米，锦川桥约1500米；可以想见，全部平原是由内海陈迹的河道冲积而成的。同时也可以看出它在建南区应有的地位。

以安宁河平原为中心划出的亚区，地面皆在2500米以下，1500米以上，恰是建南高原的代表地区。它比四川盆地海拔高多了，却有四川盆地那样温暖。所不同的是全年温和，与昆明平原相似，与川东南情形迥殊。兹把重庆、成都、汉源（富林）、西昌、昆明五处的气温纪录比较列表如下（单位：℃）[代号：(1) 平均气温；(2) 平均最高气温；(3) 平均最低气温]：[2]

---

[1] 这些高度的数字，依据谭锡畴、李春昱的《西康地质调查图》。若依四川陆地测量局的十万分一地图，则比这些数字要低200米左右。中国气象资料所记西昌测候站海拔为1517米，陆地测量局地图为1400米，庄学本1936年的记录，是1953米，皆不及1632年的高，附此忝改。

[2] 重庆站 (1) 用1924—1949年21年的记录平均，(2)(3) 用1924—1938年14年记录的平均。
成都站，用1938—1950年13年的记录平均。
汉源站用1944—1950年5年的记录平均。
西昌站用1938—1950年13年的记录平均。
昆明站 (1) 用1921—1936年16年的记录平均，(2)(3) 用1928—1936年9年记录的平均。

站名	经纬度	海拔(米)	项目	1	2	3	4	5	6	7	8	9	10	11	12	全年平均
重庆	29°33′N,101°33′E	217.1	(1)	8.0	9.9	14.0	18.7	22.6	25.0	28.6	28.9	24.2	19.2	14.2	10.5	18.7
			(2)	10.1	12.7	18.1	22.8	26.6	28.7	33.5	34.1	37.9	21.8	16.8	12.7	23.0
			(3)	5.6	7.1	10.9	15.4	19.3	21.7	24.5	24.7	20.6	16.1	11.7	8.0	15.5
成都	30°40′N,104°04′E	553.4	(1)	6.7	8.1	12.7	17.7	22.3	24.1	26.5	25.8	22.0	17.6	12.5	7.7	17.0
			(2)	13.5	11.3	18.0	22.5	26.3	26.3	31.5	30.6	24.3	20.0	14.8	9.7	20.7
			(3)	3.5	4.6	8.8	13.1	17.5	20.2	22.3	21.6	18.9	14.6	9.6	4.7	13.3
汉源	29°21′N,102°41′E	850.0	(1)	9.3	10.9	15.1	20.0	22.8	24.8	26.1	25.8	24.2	18.1	15.0	10.8	18.6
			(2)	14.5	16.2	21.0	26.5	28.0	30.0	31.8	31.3	29.3	22.1	19.1	15.8	23.8
			(3)	5.0	6.7	10.2	15.6	18.0	20.9	22.5	22.0	20.6	15.2	11.7	6.9	14.6
西昌	27°53′N,102°18′E	1517.0	(1)	11.5	13.2	16.2	19.7	22.4	22.7	24.0	24.1	20.8	18.0	14.1	12.4	18.3
			(2)	18.8	19.2	24.4	27.1	27.5	26.9	28.8	28.6	26.3	23.2	20.3	18.0	24.1
			(3)	3.7	4.7	8.6	11.6	14.8	17.4	18.6	18.1	16.5	12.6	7.9	3.9	11.5
昆明	25°07′N,102°54′E	1893.0	(1)	9.5	10.6	13.8	17.3	19.8	20.4	20.9	20.7	18.9	15.7	12.8	9.9	15.9
			(2)	16.2	17.7	21.0	24.3	24.7	24.5	25.5	25.4	23.5	20.8	18.5	17.1	21.6
			(3)	3.3	3.9	6.8	11.3	14.5	16.3	17.1	16.9	14.8	11.4	7.7	3.5	10.6

1月与7月平均气温的差数重庆为20.6℃，成都为19.8℃，汉源为16.8℃，西昌为12.5℃，昆明为11.4℃。1月与7月平均最高气温的差数，重庆为23.4℃，成都为18℃，汉源为17.3℃，西昌为10℃，昆明为9.3℃。平均最低温度的1月与7月差数为重庆18.9℃，成都为18.8℃，汉源17.5℃，西昌14.9℃，昆明13.8℃。这就是说：夏季，重庆最热，成都次之，昆明最凉；冬季，西昌最暖，昆明次之，成都最凉；汉源冬季与昆明相当，夏季与成都相当。全年气温的摆幅，重庆最大，成都次之，昆明最小；西昌介于成都昆明之间，而与昆明较为接近。汉源介于成都与西昌之间。

西昌与昆明、汉源，冬季皆比成都温暖，主要是由于：（1）纬度较低，兼有重山障隔，寒潮不易侵入；（2）冬季接近回归线无风带的下降气流，无雨少云，日照强烈。汉源则兼以海拔低的关系。

重庆、成都、汉源、西昌、昆明，各月历年平均雨量（单位：毫米）如下表所示。

站名	年度	1	2	3	4	5	6	7	8	9	10	11	12	全年
重庆	1891—1949	16.2	22.3	37.6	97.6	143.1	179.9	139.7	116.0	146.1	108.1	50.9	20.0	1077.5
成都	1938—1950	3.9	12.5	57.1	57.1	81.2	101.1	298.0	275.4	135.1	46.1	17.1	6.3	1090.9
汉源	1944—1950	1.3	5.2	49.7	49.7	75.9	67.4	188.7	207.4	114.6	50.7	13.0	1.5	825.1
西昌	1924—1950	3.6	10.3	30.0	30.0	81.9	228.9	184.9	180.1	205.2	91.4	22.5	4.0	1072.8
昆明	1946—1950	2.5	18.1	33.5	33.5	64.3	166.4	155.0	173.5	214.8	144.6	20.5	2.1	1028.8

虽然季风区都是夏季多雨的，西昌的雨量却更特别集中在夏季里，5—10月半年的雨量占了全年雨量的90.6%；同样，昆明是89.3%，汉源是85.4%，成都是85.9%，重庆是77.3%。

一般人都说昆明全年皆春，气候在全国最为温和。从上各表看，西昌才是大西南高原地区中真正无冬季的地方；最冷月平均温度还有11.5℃，相当于成都的3月气温；平均20℃以上有5个多月，将近6个月；平均15℃以上有8个多月，这是种双季稻最安全的地方。它在13年的记录中，只3个月曾有零度以下的极端低温，自3月至11月从来没有一秒钟的气温降到0℃，在同时间的成都，则各年有5个月曾经到达0℃。昆明城内在同年度中，亦曾有5个月达到0℃。①

本区气候上的缺点是高温刺激力不够，对有些亚热带作物的栽培，如烟草、甘蔗、棉花之属不甚相宜。但就暖温带作物说，则可以终而复始地全年栽培，更番收获，毋庸间断，例如水稻、玉蜀黍、桑树和各种豆类等是，由于冬季干燥而有高温，单季稻外更种两季小麦似亦可能。旱地可种两季玉蜀黍、一季小麦。

这区多有广阔平原未垦，水利未开，生产粮食的潜力极大。铁路通车后，更得科学家的帮助，可能成为广泛供应西南工矿地区粮食的仓库。

这区出产蜡虫而不产白蜡。蜡虫远运峨眉、嘉定，甚至远运到川北的南部去种蜡。那些种蜡区却不能培养蜡虫。蜡虫卵期甚短，感热即孵化，旧时人力挑运，皆夜行趁凉，赶程数百里，风险极大；在反动统治时期，越嶲运道经常受阻扰，虫商仍冒险趋赴、沿途买路，加以生命危险，致取此物；种蜡之区终不能自行育虫。此事殊堪怪异。据徐光启说："北种贩至南多生花（蜡），南种贩至北多生子（虫）。……盖花性喜暖，子性能寒。"②他曾归纳一些事实，才得出这一结论："湖

---

① 在昆明城内少华山测候站的记录，曾有1939年4月达－2.9℃，1943年11月20日达－2.2℃。少华山是城内小阜，海拔2280米。
② 《农政全书》卷三十八"玄扈先生曰"云云。

州子贩至金华尽生花，金华子贩至闽中又尽生花，故金华子多入闽中，而转贩于吴兴。若金华子贩至湖州，又生子矣。吴兴在北，金华在南，闽又在金华南也。又如潼川贩至嘉定，尽生花。若嘉定种贩至潼川，又生子矣。潼川在北，嘉定在南也。"这种说法颇具科学意义。但建南便又在嘉定之南，其说究竟难通。

解答这一问题，必须用科学方法培养蜡虫，观察其整部生活史与泌蜡、生子的变化再作结论。依我的初步意见：花与子是可并生的。惟虫子如非冬季燥爽而微暖的西昌气候，则难得健康；如夏季没有湿润高温的刺激，则泌蜡不多，难获高产；这是育种与放蜡常作异地分工的原因。不必是树的老少、高下和地的南北来支配它。

白蜡是我国特产，主要是四川的特产，是具有多种用途的工业原料，早已成为国际商品，也是山区农村最好的副业生产。现在公路已通，铁路将通，空运也即将开通的西昌，即时供应各地区的虫子已无问题。问题应转移到虫子供应的数量和供销的计划上来。究竟西昌每年可生产若干量蜡虫，可以供应四川多少的蜡区？四川除嘉定、峨眉、南部外，还有哪些地区可以推广种蜡？（当然很多。）建南除西昌樟木箐一带，还有哪些地方可以育虫？建南本区与邻区是否仍有可以种树放蜡的地区？它们逐年发展需要的虫子数量多大？这些供销平衡问题，都是国家计划和地方计划应该考虑到的。这乃是因地制宜全面发展的社会主义经济配置的原则，也是开发本区农产资源和发展大西南农村副业生产一件大事，应该有专门学者设立机构来研究解决它。

这里有一应该探索的历史问题——中国发明种蜡的历史问题。我经过初步研究分析，觉养虫放蜡是建南劳动人民的创造发明，并且可能是少数民族的发明。蜡虫就是建南的原产，它生活在这样冬暖夏凉的地区才感舒适，在高温刺激下则泌蜡自护。人民最初利用了它夏秋时分泌的薄蜡，偶然引种到温暖河谷去，蜡收丰富，虫反死了，便这样创造经验，成为产业。其时间可能是唐末宋初，那时汉人是退出了此区的，由元代经营建南，才开始输入白蜡。王象晋说："唐宋以前，浇烛入药所用蜡皆蜜蜡（即黄蜡）。此虫白蜡，自元以来人始知之。"[①] 虫白蜡浇烛的好处是"以和它油，不过百分之一，其烛亦不淋"（淋烛泪）。我国用烛4000余年，至元代始知使用白蜡，足知其非中华原产。据徐光启说："婺州人言，彼中放蜡不过二十年；吴兴人言，不过十许年；即余邑，五年前亦无人知此。"这说明江、浙、闽、皖的种蜡的传说是恍惚的，他们输入蜡种可能是直由西昌，明代江浙人卫成和随成到西昌的

[①] 《广群芳谱》卷七十九引王象晋《群芳谱》"原"文。

很多，他们利用军邮的捷速，可能运致虫子去放养在女贞树上，并自己也育成"土子"。但这些土子是低产的，故"其价以半"，若还是自北南贩的土子产量就要高些。四川在明代亦曾育成土子，其业盛于潼川（三台），所谓"嘉定绝无之，鸎子之价十倍潼川"，说的是从建南运入四川的虫子，价比潼川土子高十倍；嘉定仍乐于买，是因为产量高可知。结果是潼川土子退化到不足购用，即其附近的南部蜡农（主要在新政坝），亦不愿购买，而远购建南种了。这一历史事实不是白说的，它说明建南农民这一伟大创造的世界性意义，不是在科学知识工作者帮助下成功的。劳动就是科学的创造者，用劳动创造科学成绩的无名英雄各处都有，建南就有如此一例。又说明培育蜡虫是自然条件规定的建南农民的专业，在今天的科学技术条件下，还没有他处人民可以夺去。因此，我们就应该协助建南农民发展这一他们祖先自己创造出来的光荣事业，鼓励他们更辉煌地发扬光大这一遗产。

本区森林摧毁净尽，至于没有建筑器用材料，缺乏燃料，主要靠烧草。垦地开拓后，草源亦将断绝。这乃是过去社会经济发展中一大障碍。现在虽可指望供煤了，究竟不通铁路的地方还多。就水土保持说，就培植风景说，都宜大力展开造林工作（已详第一章第九节）。

本亚区要算建南住民较稠的地区，但还是荒原满目，增加劳动力，开发荒原，兴建水利，种双季稻、双季玉米及双季麦，大力增产粮食供应新兴的工矿区与城市，研究蜡虫生活，开展蜡业，植造森林，是本区农业发展的方向。这项工作很艰巨，还有待特设的学术机构来协助。

下表说明本区现在的土地利用情况：

市县	土地总面积		耕地面积（市亩）	耕地对总面积的百分比（%）	稻田面积（市亩）	旱地面积（市亩）	总人口（人）	农业人口（人）	平均每农人所得耕地（市亩）
	平方公里	折合市亩							
冕宁	3500	5250000	308044	5.9	137748	170256	126161	122362	2.52
西昌	4900	7350000	470037	6.4	284235	185802	222898	197005	2.39
德昌	4300	6450000	166570	2.6	129779	36791	85815	81896	2.03
合计	12700	19050000	944651	5.0	551762	392849	434874	401263	2.35

这表里，土地总面积数字，是我1941年根据自给的百万分一西康地图，用面积计算器，取三周的平均数计算出来的。那时建南各县，与今天的县界相比已有了很大变化，但全区总面积不曾变。用总面积数字控制着各县面积的数字，来按新县界估计各县面积数字（因为我此时没有面积计算器了），虽属估定的概数，也不会相差

太远。但因不是精确的，只是接近于实际情况的概数，故截至百位数止，百位以下均用四舍五入法化为百位。旧时有建南各县的面积统计，大都是依荒谬的"神仙图"测算的，概不足取。用这样估计的概数，还比较正确些。

必然有人对这表提出3个疑问：（1）这样良好的农业区，何以耕地比率这样的小，小过了雅安区，比其他一切四川盆地的边区山瘠地更小？（2）稻田比例，就全区说，超过了耕地面积的58%；就德昌一县说，超过了77.9%，近于78%，比四川盆地里许多地区还大，这是否错误？（3）既然有这样好且多的可耕地，为何平均每一农民所得耕地又还不到两亩半？分析第一问题时，不可设想为把土地总面积估计大了。既然有建南总面积控制着，则这区面积数字上如有差误，只能是削减了相邻的盐源区的面积数字（因为县界只在这两区间有变改），但盐源区的平均耕地比率更小到2.9%，就可判断，不但未曾高估了这区的数字，相反只能是少估了。事实上，这区荒地之多是惊人的。且不论山地未利用，即便如安宁河平原里也是荒草满目，耕地寥寥。公路沿线尚且如此，他处可知。就第二问题说，那些数字全依据四川省民政厅和统计局最近统计，耕地是经过普查、丈量的，正确性很大。田多土少，正说明山地弃而未耕，平原未作稻田者亦多荒弃。就第三问题说：经过1953年人口普查后的数字，更加正确。其平均每农人只得耕地2亩左右，更与可耕地的多少无关。因为当前这里还是手工劳动的农作，又是肥料不足而比较精耕的农作，每一农民所能经营的土地不可能到3亩。更因为这是交通不便，生产自给的地区，平均每农人耕地2亩多，已经够自己消费了。再多生产，也只能是售价不偿劳力的白劳动（铁路通车后这现象自必迅速改变）。还因为：过去这是一个长期不安的地区，农民皆集居在堡子上，昼夜轮番守望着耕种，所以不适于广种薄收，必须相当地精耕，多作水田。故这三个问题只算是一个荒地太多的说明。

2. 南部暖谷亚区

安宁河谷从锦川桥起，渐深、渐狭，至永定营入会理县界，至甸沙关附近入米易县界，受岸山挟束，开始成为夏热冬暖的亚热带型河谷，西南斜行入雅砻江，南会于金沙江。这段南向的雅砻江谷尤热，唯沿河无路，行人绕山，不觉其热耳。金沙江自云南永北县流入本区，为与云南省的界水，海拔沉陷到1000米左右，严冬气温亦在15℃以上，夏季燠热使人难耐，诸葛亮率军"五月渡泸"成了他终生不忘的恐怖印象。金沙江支流，如盐源新庄河上的棉花池，去江已远仍是很热。雅砻江的高温河谷，一直上冲到九龙县的三垭，还是燠谷。其支流盐边盆地，亦是有夏无冬的地区。会理、会东、宁南三县的河水分数道入江，除上游部分凉爽外，全皆成了暖谷,差次赶上金沙江谷的燠热。

这些暖谷地区,是建南热带作物生产地,很早就有了多年生的木棉①,现在栽培咖啡、剑麻,皆已成功,香蕉、菠萝、甘蔗之类,更无论矣。随地势升高,两岸气温与景色亦渐变。海拔2000米以上,即金沙江诸小支流的上游之部,变成了与安宁平原一致的气候,地势亦渐平缓作高原姿态,且往往有较大的冲积平原。例如会理县城附近的河谷平原,长达80里、宽10里左右,它造成了会理这座城池几千年的行政上和经济上不可磨灭的地位。这一高原部分(会理北部)自然地理上应可划与安宁平原一区,但它们之间,究竟有山岭隔开。它也实在是这一广大暖谷区一个屋顶,自亦可划入暖谷区内。

这亚区面积16600多平方公里,人口706000余,除盐边外,皆旧会理州辖地。清末才分置宁东县,新中国成立后才分设米易、会东两县。盐边县是清光绪年间,析盐源县设置的。

当前各县土地利用情形如下表:

市县	土地总面积		耕地面积(市亩)	耕地对总面积的百分比(%)	稻田面积(市亩)	旱地面积(市亩)	总人口(人)	农业人口(人)	平均每农人所得耕地(市亩)
	平方公里	折合市亩							
会理	5360.00	8040000	479314	6.0	185119	294195	256249	241046	1.99
米易	2523.00	3784500	189265	5.0	118026	71239	101786	97104	1.95
会东	2740.43	4110645	367175	8.9	88406	278769	182319	180273	2.04
宁南	1617.85	2426775	155875	6.4	44877	110998	72672	71429	2.18
盐边	4407.25	6610875	184390	2.8	60941	123449	93093	90067	2.05
合计	16648.53	24972795	1376019	5.5	497369	878650	706119	679919	2.02

平均每平方公里42人稍多。就中会理分出两县后,只保有旧面积的一半,人口亦约占一半。米易田多地少,与会理相近,平均每农业人口所占耕地亩数也相当。会东、盐边、宁南,稻田较少,则每人所得耕地亦较多。这不是反映的分地的多少,而是反映的本区农民劳动力所能经营土地的限度,反映本区耕地面积只占得总面积5%左右的原因在于人力不足。

这一亚区土地虽不及西昌区的良好,但历史上比较西昌区安静些,彝汉冲突少,封建统治阶级的骚扰也比较少些。会理一向被人称为建南的世外桃源。它的耕地比

---

① 唐张籍诗"蜀客南行祭碧鸡,木棉花发锦江西"。锦江盖指金沙江,非谓成都西郊曾见木棉。唐时四川并草棉无之。诗人诙诡,辙改金为锦以叶平仄;或泛指成都西南外,无远近皆曰"西"耳。

率并不很大,可以理解。即如盐边那里土地,原比会理好些,但是地方封建势力大,过去官吏也是"贤者不往,往者不贤",加以西境的彝汉冲突和川滇界务上的纠纷,许多耕地都全荒了,所以它的耕地面积,只占到土地总面积的2%左右。

还当注意的是这区矿产丰富,许多厂已开办几百年仍还兴旺(例如一些铜厂),而每平方公里仍只42人。非农业人口已有26200人,仍未能促进这区农业生产的发展,未能提高耕地的比率,则这区农业劳动力的不足,和土地生产力的宏伟都是非常明显的。

新中国成立后的建南,开始在安静中发展,但这些历史遗留下来的问题,还少人去注意。当前面临着的金沙江煤铁矿和重工业建设就要开展,成昆路要通过此区修筑,修筑中到筑成后,人口都必要激增数十万,其需要的粮食和副食品的数量远非当前当地农民所能想象。从前农民嫌在"粟红于仓",农产品找不到出路,今后(便在这两三年内开始)会骤然把农产品价格提高到10倍以至于几十倍,那时农民若才突然感到无可供应,增产不及,工矿建设亦将深受其弊。是故今天对于西昌区和会理区的耕地开拓,农业劳动力的增加,及其他与之相结合的一切问题,乃是建南农业生产领导上最关重大的首要问题。当前还谈不到其他的未来农业发展的问题。

自然,这区农业发展的前途是伟大的。除增产粮食、家畜产品和一般的工业原料——如麻类、棉花、蔗糖、蚕桑、白蜡和建筑用材外,更重要的就是利用河谷的高温生产热带性的经济作物和果类,如咖啡、番木瓜、橡胶、剑麻、香蕉、椰子、菠萝、桂皮之类,究竟哪几种最为适宜、最适合祖国需要和栽培利益最大,可能栽培的地面究有多少宽,可能发展到若干亩,如何集中生产,以及栽培技术上问题和引种问题的解决,都还待于加强科学研究和计划。漫云那里可以栽培热带作物,便无计划盲目提倡,或听任农民自发地去干,都是不合理的(近阅10月31日《四川日报》,这些工作已经展开了)。

我疑金沙江谷是个燥热的河谷(当前未有关于金沙江河谷的气象记录),不似多雨的热带性气候,而只是干热的沙漠性气候。若然,则这区栽培需要雨量较多的热带植物仍有很多问题存在。反不如栽培需要沙漠性气候的经济作物,如枣椰子、棉花、西瓜和各种热带果类为好。

金沙江河谷里的气象测候所,也应该立即建立。

3. 西部高地亚区(盐源亚区)

自西昌经河西(原盐源属地)逾高山堡(2400米)的东牦牛山脉,下到打冲河即雅砻江边(1250米)入盐源县界,由禄马堡(1600米)、绍兴堡(1830米)、杭州（1830米）、土公堡（2100米）、滥坝（2970米）逾西牦牛山脉（滥坝梁子3180米），急下为盐源平原。这是一横长百余里、宽约30里的一个大冲积土平原，是古代一个小内陆湖的遗体，海拔2700米左右。气温比西昌低，但仍颇温暖，有适宜栽培水稻的气温。尤重要的，是它出产食盐，使建南广大地域里的人民免于淡食，故自汉以来它就是建南的一大要地。①

这平原，四周皆有浅山包绕，唯循盐源河入小金河一线为冲积平原，因其纡远，故行旅者一般由白盐井（2600米）、白乌脚，逾牦牛坪（3700米）、热地（3000米）径通小金河边的列哇寺（2900米）入木里界。②

小金河发源于西康的理塘，那里海拔4000米以上，过理塘进入狭谷即渐有农业。入木里县境后为海拔2500米以下的暖谷，农业无所不宜。沿河地面处处皆有砂金，由各个地质历史年代运积沉淀于沿河两岸冲积台地里，往往成为金穴，自发的淘金业从来很盛，故曰小金河。它是木里区的主干河流，故又名木里河。木里全境比盐源平原更高，成了个小高原的形式，一般海拔3000米左右，只河谷是深陷的。这些高地顶部相当平阔，全属可耕之地。有许多村落兼营牧业，大都是普米族。河谷种稻兼淘金的，大都是汉民族。过去的木里土司信奉黄教，一切规模模仿西藏，但行政上是独立的。在社会制度上，由于模拟农奴制，特显得保守、落后。清代虽然把其划归盐源县，作为盐源所管9个土司之一，但从来也是盐源官吏所管不了的。解放后，小土司受到民族政策的感动，交出政权，才设置木里县。

小金河有条支流叫左所河，是从左所海子流出的，先与盐源河会合，再北流入小金河。这段地势很低平，一直通过左所海子，过云南的永宁县坝子，到金沙江边才有一条小山梁隔成分水。可以明显看出：某一地质时代，金沙江由此湖的水道流向雅砻江，或是雅砻江由此径流向南。盐源坝子，那时是与它联系着的一个内海。

左所海子，是四川省内三大淡水湖中最大最美的一个，面积百平方公里，有许多石灰岩构成的小岛。它与西昌的邛海、雷波的马湖，同为四川省的渔业区和最好的休养区。它有一半属于云南。海东侧的左所土司，是盐源五所中最后还保存着的

---

① 今盐源为汉定筰县，以"有盐"故，设越嶲都尉驻此（《汉书·地理志》）。定筰至刘宋犹存，至唐为昆明县，后被南诏夺去，置香城郡。元平大理，于此置闰盐州，后改柏兴府。明代于此设盐井卫，为建昌五卫之一。清以来为盐源县。县有白盐井、黑盐塘两产盐地。
② 这些海拔数字，都采自庄学本的游记。

一个古董。①

左所这带地势所以值得一述，是将来建筑西昌到云南大理、丽江的铁路，必然要经过盐源与五所。这对建南西部高地的农业发展关系很大。

金沙江在云南丽江、中甸、永宁、永北间成为"N"字形的江套。在江套的右上角，有条从西康稻城县流入的河流（稻曲），中下游皆在木里西境，亦是很炎热的燠谷，著名的隆达金厂即在这一区域。那里农业发展，有很大的前途。由于过去金矿发达，汉民族聚居甚多，对那里的农业开发也奠定了一些基础。那也是木里通中甸的大道。

雅砻江从西康高原流入此区，初为木里与九龙的界水，墨地龙一段全属木里。与小金河会合后入金矿县，自南转北，又自三垭由北转向，成为"N"字形江套。这左套内为墨地龙，右套内为泸宁营（儿斯营），有著名的哇里、麻哈两大金矿在其沿岸，故称大金河。麻哈是山金，有机器开采价值。金矿县治即设于其北部木里乡。哇里系砂金，沿河冲积台地如哇里者甚多，独哇里金矿最旺盛。哇里南的瓜别土司，旧为盐源县9个土司中最大的一个，也是僰人最后一个王子，在近代才衰绝。由瓜别（2800米）到盐源、是一条相当平坦的路。九龙县就自然地理说，应该划入此区。

这一辽阔的建南西部高地，海拔全在300米左右，最低的河谷也超过2300米。过去全是盐源县属地。一般人只注意到它的盐产和金矿，不曾有人注意它的农业。农民生活受到多方面的压迫和扰乱，生产情绪极低，从来没有积极表现，解放、土改后才开始有了转变。但历史遗留下来的白纸，还没绘出发展的途径来。如何确定这一区域的农业发展方向，乃是首要问题。

这区的土地利用情况如下：

市县	土地总面积		耕地面积（市亩）	耕地对总面积的百分比（%）	稻田面积（市亩）	旱地面积（市亩）	总人口（人）	农业人口（人）	平均每农人所得耕地（市亩）
	平方公里	折合市亩							
盐源	10090.00	15135000	443067	2.9	95405	347662	120461	117717	3.76
金矿	4622.00	6933000	141672	2.0	3746	137926	37302	36925	3.84

---

① 清于盐源县置会盐营，管9个土司。为：木里安抚司，普米族；瓜别安抚司，摩些人；马喇长官司，摆（僰）人；古柏树土千户，右所、左所两土千户，前所、后所两土百户皆摩些人。近世多已故绝，唯木里与左所尚能保持其封建地位。瓜别亦衰亡垂绝。马喇土司灭亡后，原左所管辖的苹苴芦土目（在盐边县）曾强盛一时。

续表

市县	土地总面积		耕地面积（市亩）	耕地对总面积的百分比（%）	稻田面积（市亩）	旱地面积（市亩）	总人口（人）	农业人口（人）	平均每农人所得耕地（市亩）
	平方公里	折合市亩							
木里	17559.00	26338500	272832	1.0	3182	269650	45472	45472	6.00
九龙	10257.00	15385500	54000	0.4	—	—	14000	14000	3.86
合计	42528.00	63792000	911571	1.4	—	—	217235	214114	4.26

九龙县现属甘孜藏族自治州，耕地面积与农业人口数字暂未查得，上表填的是估计数字。木里农业人口平均每人竟得耕地6亩，显然有误。依一般估计：手力劳动的农业，平均每人种地不能高过3亩，过3亩即当是粗放耕作。本区每农人所得耕地，一般都超过3亩，可知其为广种薄收的粗放耕作。如木里数字不误，则必然是把轮流间休的地一并计算在内。或许由于土司管理时代报垦亩数有如此多，未将亡逃、弃垦者注销；抑或是土司时代丈量方法不同，暂存表内待更正。

广种薄收，浪费土地，是这区农民传嬗着的缺点。但这不能怪农民生产落后，应该替农民设想：若非如此，将何以在工具落后、肥料缺乏、劳力不足的情况下把这广阔的地面加以利用呢？它在城市与矿区附近，也偶然有园艺经营，这正说明农民感受了交通不便的痛苦，无法展布他们的积极愿望。诚使有可以促进生产的经济环境，他们也会发挥出潜藏力量来的。

是故本区农业发展的途径，须得三把钥匙来打开：第一，为了地尽其利，必须逐步移入一定的劳动力；第二，为了人尽其力，必须发展固有的矿产，建树新兴的工业，来刺激农业生产；第三，为了物尽其用，必须建设新的交通系统，来促进土特产与工业品的交流，来提高农产品的价格，来激扬农民的生产情绪。这三者是互相联系、互相依存、互相发挥的一个整体，正如三重机键的复锁所用的一套钥匙一样，不可缺一。这套钥匙，尚待经过科学调查后，设计铸造。

既然社会主义经济建设的目的在于消灭边区的落后状态，而本区以及建南区的落后又是历史遗留下来的人事问题，而不是自然条件有何缺憾；而且发动垦荒的时代已经到来；而且是四川盆地就有严重的农业劳动力过剩问题存在；而且是康、宁、雅都已划归四川成为一省；又且是成昆铁路即将穿过建南，极其需要劳动力和农产品，国家有足够条件发展这区工矿业的时候，这项提出应是国家所甚需要的。

这区当前还可能有局部地方不很安静，但随政治力量的推进，逐步安静下来是有保证的。如有正确的经济建设计划，农民必然热烈拥护。在大计划未定以前，有些发展土特产的工作也宜做。例如：利用广泛的草原发展牧业，准备乳、肉、皮革、骨、角的大量生产；组织驮队运输到铁路和公路站去外销。又如雅砻江河谷区盛产的花椒，从来就是本区的主要输出品，每年有各地小贩到儿斯营等处来收换。花椒，药用、食用、香料用，用途甚宽。全国花椒，以产于此区者为上品（这与干燥凉爽而又具有一定高温、低温刺激的气候有关，可算得本区特别适宜的山地作物），宜多种植，并注意培育更优良的品种；宜组织花椒生产合作社，组织自己的畜运队，运向各级市场和车站去卖。这些都是提高农民生活水平的方法，其经济价值，亦不减于盐矿、金矿。

关于开发这区交通，初步宜发展驮运。公路是易于建成的，但以先有驮运的基础，把土特产集中到一系列的新兴市场才行。从西昌，经过盐源、白盐井、黑盐塘、左所、云南的永宁、木里的隆达，到云南中甸，这条公路，在驮运的诱导下，可能提早建筑。它还可由中甸经奔子栏，修到巴塘，修到昌都。那对开发川、康、云南间广大地带经济潜力具有重大意义。盐源区的农业生产，到那时才能赶上西昌、会理区，一同追踪四川盆地的辙迹发展起来。

4. 东部高地亚区（凉山亚区）

从西昌北向冕宁的泸沽，转入孙水关的河谷，过冕山营，逾小相岭（海拔3000米），下山到小哨（2000米），进入越嶲平原。这平原长50多里，宽10里左右，海拔1700米，是一块很好的稻作区，2000年前就已繁荣起来了。[①] 自此通过高原下大渡河谷为大树堡。渡河经汉源入川，为明清以来一条驮运大道。

越嶲平原附近皆山。其东南普雄县，为隋唐以来的彝族文化中心区，具有领导建南彝族的力量。他们旧曾占有越嶲平原，但彝族不喜住平原，常住高山。统治此间的汉民和汉官，在大汉族主义的鼓动下，尤其是在明清两代的兵卫守戍下，常与四周的彝族发生冲突。解放后正确的民族政策，才解决了这一历史上的纠纷问题。现把这一彝族聚居的山区划为凉山彝族自治州，越嶲平原亦划入州。它将在彝族融洽的新环境里对本区生产起着带头作用。

凉山并不是一座山或一条山脉，它是建南东部台形高地的通称。这一大高地，为大渡河、岷江、金沙江与安宁河所围绕，四周除拖乌（若水入绳故河迹台地）一线外，全是陡坡；中间浅山浅谷，大体平坦，海拔2500米左右。河流四散分流，上

[①] 越嶲在汉为阑县，小相岭即古零关。魏、隋、唐为邛部县。宋委为邛部彝族王国。元置邛部州。明置越嶲卫，为五卫（宁番卫今冕宁，建昌卫今西昌，会川卫今会理，盐井卫今盐源）之一。清为越嶲厅。民国以来为县。现其地分置石棉县，部分划归汉源县。县治与其附近部分划归凉山彝族自治州。

游也大都是平缓的,中下游成了狭谷,四向放射,分入周围的四条大河。越嶲平原位于它的西北,不是它的中心。它的真正中心是昭觉平原。

昭觉也是一块小冲积平原,海拔 2100 米,是块水稻栽培地。汉代曾经置县,近代曾在其南故城址发现许多汉墓、汉砖与五铢钱。汉时彝族还未曾迁入此区,彝族从昭通迁入凉山,最先居于此处,大约在南北朝时。其后乃建立文化中心于普雄(唐时)。清末,经过战争后,清廷设昭觉县。但是 10 年不到,彝族便把汉官赶走了。

昭觉在凉山区,是彝族各支相互交通的中枢点,现在自治州政府设立于此。中共地委会也在此。公路由西昌到此一段已经修通,由沐川到此的一段即将修通。凉山区已进行民主改革,农民被组织起来,生产热情甚高,整个凉山区的生产改革即将由此逐步推进向 14 个县去。

全区 14 县的土地利用情况如下表:

项目		凉山自治州统计	凉山亚区的概数
土地总面积	公里^2	29675	37680
	折合市亩	44512500	56520000
总人口(人)		1030636	830600
农业人口(人)		835100	660000
耕地面积(市亩)		1584548	1188000(约估)
稻田面积(市亩)		178423	—
旱地面积(市亩)		1406125	—
人口密度(人/公里^2)		35	22
农业人口占总人口的百分比(%)		81.0	79.5
耕地占总面积的百分比(%)		0.04	2.10
稻田占耕地面积的百分比(%)		11.3	—
平均每农人所得耕地(市亩)		1.90	1.80

从这表看:本区人口密度,是盐源区 4 倍多,也是金川亚区(6.45 人)3 倍多,就四川边区说来,不算是人口太稀的。就耕地比率说,也比那两区高,而平均每农人所得耕地,则远不如那两区大,甚至于仅与川东、川南一些亚区相当。这说明本区农民不是一般边地那样广种薄收,而是已有一定程度的精耕。若把这区视同一般的建南区一样,认为应该移民,那便是错误(除极少数的平坝里可以试办外)。

不能否认过去彝族社会是奴隶经济社会。所谓百万彝族,其实有 80 万以上的奴隶阶层，都是驯服于奴隶主人们的"娃子"与其子孙。

彝族分布在大西南和中南半岛上很宽广，并不全是保持奴隶社会制度的，只建南彝族是奴隶社会。在比较好的政治环境里，他们会很容易自觉地看出那是落后的、必然会消亡的制度。故在正确的社会主义民族政策的启导下，凉山区胜利地完成了民主改革。虽然有个别的奴隶主企图反抗，不得奴隶阶层的拥护，也就不可得到多数本族奴隶主的响应。

在奴隶制度时期，劳动者生产情绪不高是必然的。这可能就是平均每农人耕地不到2亩的原因，也是耕地面积不能达到土地总面积3％的原因。他们非到万不得已时，例如搬迁新地，或在主子高度压迫下时，是不会自行去开垦的。他们的祖先原是农民，故其农业技术，在只耕种这不到2亩的地面，也足够维持其生活。

土地改革后，他们生产热情的激涨，可想而知。今天凉山的耕地面积，应绝不是1955年的数字了；而且今后，在组织起来劳动力合理使用的时候，垦地会更加宽。若还在平原区内试行新式农具耕种获得成功，他们还会把劳力转移向生产力较高的河谷平地来提高生产。故这区当前不应与其他建南地区一样谈到移民，这区只有发挥劳动农民生产潜力的问题。

还可注意这20.5％的非农业人口是怎样的人。除极少数的行政工作人员外，全可以说就是过去的奴隶主阶层人物。他们过去的劳动，全花在准备战斗和管理奴隶方面。从今天起，他们的生活必然会转变向学习文化和生产方面。帮助这将近20万的人口参加生产劳动，比移入20万劳动力更为便速省费。

今后本区对发展农业生产的工作，首当注意巩固和加强农民生产积极性的措施，即是发展土特产与工业品的交流，提高农民生活水平的问题。在由奴隶社会直接过渡到社会主义社会目的下，提高农民文化水平也是必要的；提高农民文化水平，就必先提高他们的生活水平。这又是一个国家帮助的问题。

帮助农民改进品种、改良农具、解决肥料问题等，一切技术改进方面，都需要国家帮助；建造梯级田土、开发水利灌溉、营造防护林、制定新的耕作制度，这些较大规模的建设计划，更需要国家帮助；以合理价格深入收购土特产、贷放生产资金、活动农民经济，又需要国家帮助；建立山区农业科学研究所，培养推进农业生产的干部，也更需要国家的帮助。国家帮助对这一地区之所以更为必要，是由于要求它能从更为落后的奴隶经济一直跃进向社会主义经济，因而开办国营农场来作社会主义生产的示范工作也是必要。例如昭觉、竹核、布拖等河谷平原，正是适宜地点。

这里必须特别提出的是营造防护林的问题。凉山是块濯濯牛山，它正当四川盆地多数寒潮流动的方向，若在耕地的北面和东北面植造防护林，对农田生产有绝大的利益。如要在凉山区发展稻作，必须与防护林结合起来进行。如果耕地在河谷里，则在河谷的北、东北以及西北方造林，即能收防护的功效，且更增加了山地的利用价值，也解决了本区木材缺乏影响基本建设的问题，百利而无一弊。河谷或耕地的南面应敞开，迎受南来气流。

畜牧业在本区也是宜发展的，尤其是养羊、马和骡，惟必须有计划地划分地区，不可与农作区及造林区相乱。

三、康藏高原

地理学上的康藏高原，包括喜马拉雅山以北，大昆仑山脉与祁连山脉以南，九顶山脉和木雅贡嘎山脉以西，具有海拔4000米以上的地方，面积共是200多万平方公里。就行政区域说：它包括西藏、青海、西康（甘孜藏族自治州）的全部，阿坝藏族自治州与云南、甘肃两省的一部分。这样划分，除了海拔和地形的原因外，它还代表了藏民族的文化领域；因为这些地方有绝大部分的住民，信奉藏传佛教，学习藏文佛经，每年都有赴西藏拉萨和后藏冈底斯及其他西藏圣地朝拜的人。这块地域里，许多地名都是藏语的音译。依藏语的规定，怒江和雅鲁藏布江的分水线丹达山山口①以西为藏②；以东的地面为康③，连青海地方算又叫康多或多康④，那是后起的称呼。一般都只把这高原分作三大部：康、藏和阿里⑤。言康藏就可以代表这高原的全部。

藏民族远在6世纪就建造了个吐蕃帝国，创造了自己的文化和宗教。农牧工矿业都有了较好的基础。凭借这些文化、经济和政治、军事的力量，吐蕃征服了高原各部落，推行其所信奉的佛教文化。这一文化，很适合当时高原各民族的脾胃，几十年中便做到了人人奉行。因而吐蕃帝国的势更庞大了，领土扩展到中华的腹地甘肃、陕西、云南、四川和新疆。它还远征到印度，有很长的时间管辖着喜马拉雅南坡各部落和克什米尔。吐蕃帝国崩裂以后，它的文化势力还是继续发展着，把整个

---

① 丹达山，义为东雪山口。
② 藏，洁地之义。
③ 康，延展出去地区之义，与古代"广南""湖广"等广字含义相当。
④ 多，平坦、交通便利地带之称。一作安多。安是表示爱悦的语辞。
⑤ 阿里，属地之义，是吐蕃最后征服的地方，但后来成了藏族一个重要地区。

大高原的人民力量团结在"同文同轨"的宗教力量下，并且影响到雄强的摩些人、党项人、蒙古人和部分满人与汉人。在这高原内的各民族心理上，更是根深蒂固，巩固非常了。这支佛教被称为藏传佛教，他们尊称高僧为"喇嘛"。

藏传佛教在奴隶社会和封建社会里，是适合人民心理需求的，所以它能那样"名无翼而长飞，道不径而自走"。喇嘛们为这高原创制出许多适合于宗教发展的制度，把社会定型下来。这些制度也要求把农牧生产固定下来，不许退缩，亦不容发展。相应地，也要求把人口固定下来，防止过多的增加和减退。喇嘛们还用了种种巧妙方法来维持高原内部的宁静，主要是用宗教信仰来培养民族道德。凡是到过这一地区的人，都会承认藏族是具有崇高美德和仁厚品质的民族。

经济是社会的基础。把经济定型胶固下来，不得发展，则社会也就无法前进。我们应该承认藏族喇嘛们在文化方面的成就与维持高原和平的功绩；也应该批判他们掣住了时代车轮的错误。车轮，毕竟是不能胶固在佛座上的。① 今天的藏族知识分子也都认清大时代车轮已经运转到社会主义经济的阶段来了，他们热烈欢迎解放军和国家工作人员的一切经济建设。这关既经打破，便有可能引导他们直接过渡到社会主义社会来。

过去这一大高原区被称为"锁国"。它确实遭到了自然地理和民族政权的双重封锁，加上言文隔阂，使它与祖国其他部分及任何外国之间，都是隔膜的。我国的反动政权和国外一些帝国主义侵略者，都曾设法打开这把锁，扰攘几百年，还没有人能打开它。近几年来，由于许多马列主义战士们奉行着党和政府正确的民族政策，并发挥高度的自我牺牲精神，深入研究，艰苦斗争，取得了和平解放西藏和康藏、青藏两公路通车的胜利，并自己努力学习藏族语言、文字和风俗，以便于加强后继工作，这才算真的找着钥匙打开这把锁了。从此为藏族人民打开了窗，放进无限的光明。

由人民政府历来对康藏高原的一切措施，可以理解到全部政策的精神，在于辅导藏族社会经济的革新。从社会经济的革新来改善藏族人民的生活，来带动藏族人民自觉前进。现在，正进行第一步，打破地理封锁的交通建设工作，广泛地修筑公路，并准备修建铁路（兰成路通过阿坝区，青藏路纵贯这一高原），空运亦已试办成功，正待发展。第二步，便是改进农牧生产，增产粮食和畜产品的工作，现已取得

---

① 藏传佛教以轮代表佛法，以转经（转法轮）为一大功德，经常造些轮的形象在建筑物上固定着。时轮佛的胸口上也绘塑一轮。那些轮都是不可动的。

初步成绩。第三步,便是开发工矿资源,现已重点着手进行,并展开普遍的察勘。同时最重要的一步,培养民族干部,亦已大力推进,并已经从各个部门里培养成功一批技术人才来。增加这批人员,他们便能在党和政府的领导下掌握自己经济发展前途的命运,直接过渡到现代社会的新经济阶段去,从改变经济基础来启导他们自己社会直接过渡到社会主义社会去。

就经济建设说,其中最基本的一步还是农牧改进。因为食粮不能增加,一切事业都没法办起来;食粮不增产,也不可能增殖人口;食粮未增产而增殖人口,反会成为灾害。高原里增产粮食的方法,不能专一指望于增产谷类,而是应该农、牧并重地双管齐下。在内地,经济建设的目标是工业,一切生产部门都应该围绕着工业,为工业服务而生产,因为那是提高人民生活水平阶段的经济建设。康藏高原这样落后地区的经济建设目标就不同,它应该集中于农业,一切部门都应围绕着农牧生产,为促进农牧生产而努力。因为它还在满足人民基本生活要求的阶段,"食为民天"的阶段。如其忽视了这一基本原则,便是错误。

目前国家工作人员正发挥全部精力,在帮助藏族人民解决发展农牧生产的问题,已有许多事实说明。

入藏的解放军,早已在沿途适当地方开辟垦场,输入新种,创造生产新经验,取得异常卓越的成绩,打开了藏民故步自封的头脑,自动地前来换种栽培。

新办各农场引进许多新品种,取得稳固经验,并进行推广,指导农民交换地区优良种子,使各地农民获得空前的丰收。藏民见一穗长到百多粒,诧为十多年来所未有。[1] 往时藏族人民习于粗放耕种,每亩地收割青稞 5 斗为上熟,低者 2 斗,劣者只够还种 1 斗,或连种丧失。道孚农民组织起来,使用草肥、人粪,进行除草后,每亩获 20 斗;前进社的洋芋,每亩收到 3500 余斤,社员每户分到粮食 2000 多斤,皆苦于无仓可贮。道孚木茹乡一农民郎甲,从国营农场换回一碗南大二四一九小麦种子,由于收获量大,3 年内,即已普种于他这一乡。[2]

国营农场引进碧玛一号等 8 种小麦,已试种成功,每亩产量最低在 500 斤以上,试种苏联黑麦,则每亩产量高达 700 斤。

农民在这新生的热烈情感中,也各自创造了优异成绩:昌都南方温暖河谷地带的白青稞,1956 年每亩产量在 600 斤以上;冷水红谷(稻)每亩也有 300 斤[3];道

---

[1] 参看 1956 年 10 月 11 日《人民日报》。
[2] 1956 年 9 月 6 日《四川日报》载《秋天在高原上》(无畏通讯)。
[3] 1956 年 10 月 10 日《人民日报》。

孚农民昂翁次烈创造了每亩产小麦721斤的纪录①。

马尔康农民格那希西·格木基，1954年从甘肃拉卜楞带回一种优良的分枝小麦，每亩收到300—400斤，比当地小麦产量高出50%。各地藏族农民都去换种。本年阿地秋第一农业社种植它，获得每亩600—700斤的成绩。②

畜牧方面：甘孜藏族自治州农牧试验场是1953年时开始用苏联茨盖羊与当地母羊配种，牧民顾虑多，不肯接受。经再三动员、说服和当地头人带动下，只配得60多头。配种的羔子体大、毛细、健壮活泼、毛量特多，生育也并无困难，折服了顽固的牧民，次年便有200多头自来配种，1955年就有600多头，还有从几百里外赶来配种的。③

西藏猪种最劣，皮厚、肉硬、乏于脂肪，人民政府干部们在拉萨南方400多公里的塔工创立了养猪场。1956年8月，由四川一批养猪能手带着优良的荣昌白猪、内江黑猪、约克夏猪与荣昌猪杂交种，公母共84头运入藏去，准备更换西藏猪种，促进自养良种生猪，改变长期从四川省远道运输加工猪肉的现象。④

由这些偶然从报纸收集来的事实，可以归纳为四点：（1）现在康藏高原的工作同志们，热忱积极地帮助藏胞改进农牧生产，已经取得了一些经验，创造了很大的成绩。（2）藏胞们从事实教训中改变了思想认识，已能自动地积极争取学习新经验、新方法，提高他们自己的产量。（3）输入新品种和组织起来的精耕制度，保证了高原农田的高度增产。（4）从不能令人满足的方面说，那便是工作干部们还未能全面掌握这区特性和藏胞们某些方面的需要，主要是还缺乏科学分析和全面观点来对待这一广阔地域的农业生产。因此就还不能有整套的计划来作发展高原农牧事业的依据。

康藏高原的农牧计划，是可以画出轮廓来的。关于这点，我先在这里提供总体性的概括意见，再于各分区说明中补充区域性的个别意见。

首先要提出粮食增产问题。这一高原的地面辽阔，除开青海省及其他部分不算，单就当前四川和西藏部分，就有面积143.6万余平方公里，等于四川盆地的5.9倍。一般只把它看成个荒凉的高原，那是不正确的。它已被许多河流刻削出来深陷的谷地。设使这些河谷可以生产粮食的耕地面积，只相当全面积的1%，即已有14360余

---

① 参看1956年10月11日《人民日报》。
② 参看1956年9月1日《四川日报》。
③ 参看1956年8月23日《四川日报》。
④ 参看1956年8月24日《四川日报》。

平方公里，折合 21540000 多市亩，大过四川任何一个专区的耕地面积，若还把单位面积产量也提到四川盆地那样高，就足以供给 1000 万人口的消费。但今天这一高原里的人口，还不过 200 万。故这高原里的粮食，是不会缺乏的。纵使藏族人口增长至 5 倍，粮食仍易于自给。今天高原里许多土地放荒和耕作的粗放，原因在此。今天高原之所以需要增产粮食，乃是需要增加新来帮助藏胞开发经济和其他工作人员的粮食。另外，还要增加与牧民进行交换的粮食。这两者需要粮食的质量就不相同：入藏工作人员所需要的是细粮，牧民交换所需的主要是青稞。这样认识，则对这高原增产粮食的计划就有依据了，须得推动增产粮食的地区，亦可决定了。即是说：沿公路线和即有新增人口之必要的地区（例如工矿建设区）宜增产细粮，接近牧场区和牧民市场区宜增产青稞，以外地区的粮食增产，应由地方经济情形来决定，农民自己可以决定，暂可不在国家帮助之列。增产数量，由年度需要的数量来决定。可以稍宽估计，并储备以防粮荒。在如此交通不便地区，粮食过多生产，亦非适宜。

这并不是说该把土地生产力冻结一部分，是说应对这些地力有余而粮食过剩了便无出路的地区各自建立发展农业的生产制度。这些交通不便的地区，应该发展多种多样的商品农作物，尤其比较轻便易于输出的商品农作物，或易于就地加工、用加工品输出的农作物，这样才可能活动地方经济、提高农民收益、发展土特产交流、丰富藏族人民的生活。

若还单纯地拿"海拔 4000 米左右的高原"这一概念来看待康藏农业发展的前途，便不会看见这些潜伏的资源。如只从公路沿线的情况来考虑康藏农牧建设，也不会注意到这些潜伏的资源。但若还从整个高原的地理情形来考虑这问题，就很显然：还有大过四川盆地里任何一个专区的耕地面积的温暖河谷分布在康藏大高原里，它们不是交通便利之地，与公路隔得很远，并且很难建成公路。但它们与整个康藏高原不可分离，因而它们就有义务来分担高原生产的某些部分，主要是宜于暖地生产的商品农作物部分。它们也有权利来享受国家对这方面的帮助。

例如巴塘这块温暖而宽阔的大盆地，几十年前，有几个外国传教士带来准备自己享用的果苗，试行种植，结果生长良好，品质风味比原产地还更佳，这就是一般人多知道的巴安苹果和蜜桃，若使它们能陈列到大城市来，将被评为国内最优良的果品。其实巴塘区所宜栽培的果品，不仅是苹果、蜜桃，举凡一切温带和亚热带果树都是最适宜的，只惜在无人引种，无人指导栽培技术和防腐、装箱、运输技术与加工的技术，便让这一资源潜藏地下了。像这样适宜果树栽培的地方，在康藏高原里，又不只巴塘一处。然而康藏高原生活着和工作中的人民，却大大感受着无有鲜果的痛苦，这是值得注意的。

康藏高原中1%的温暖河谷区，还有许多适于栽桑养蚕的（例如巴塘便是其一）、栽培油菜及其他油作物的、栽培麻类及其他纤维作物的（这些就有更多的地方），也还有可以种茶的（例如昌都南方的一些河谷两侧的山地）、种蔗的（例如有些燠热的绒区），以及栽培某些药材的，这些都是高原人民极其需要的东西。

就生产细粮说：沿公路线地区，只能增产小麦，不可能开辟很多的稻田。高原中可开的稻田，全在交通不便的深狭河谷里。故水稻在康藏，也可作为商品作物看待，在一些偏僻地区提倡、推广；设法把它运输到公路线上来，供给习惯食米的人员消费，使其也能安心在高原工作，而减少远从四川运济的烦费。

像以上所说的，因地制宜，发展各偏僻河谷区的商品作物问题，必须与两项工作相结合，才能够收到较大的功效：一项是打开封锁着河谷地区的岩路，让地方农民组织自己的畜力运输，与公路或铁路车站联结起来。一项是利用各地方现成的水力资源（只须用支流小河），配置小型发电机，让经济作物比较集中地区的农民进行加工生产，以减轻输出的费用，且逐渐培养起藏胞们对工艺的兴趣。我们断不可以让康藏社会经济停滞在现况下，坐待公路的普遍修通；亦不可只注意都市附近的国营工业而忽略了这些分散和落后的广大人民对国民经济可能发生的作用。

康藏粮食增产问题，必然要放在海拔3000米左右那一大面积的高原阔谷上。它的面积绝不止于全高原土地的1%，就可能发展的数量说，起码可到5%甚至于10%。大约其中一半地面是可以生产小麦甚至于冬小麦的；一半只可能生产青稞和黑麦。只须提倡精耕、施肥、除草、防霜、拔除病穗和改换新种，产量即可由一般的每亩100斤左右提高到300斤左右。故要康藏增产粮食并不困难。这一高原阔谷地带增产粮食的目的，应该是为牧民服务，为加强农牧交换而努力。有多量而比较廉价的粮食供给牧场，就自能促进牧业生产的发达，改进牧民生活，也提高了农村的收益，使农民富乐起来。这些高原阔谷，适于机耕。宜选海拔3500米以下的地方，多办国营农场，把旧有农民的一部吸收成为农场的工人，实行社会主义生产。这样，可以大量生产糌粑原料，满足附近牧民要求；可以引进新品种和新的技术经验，诱导附近农业生产的改进；可以促进农牧人民对农场的密切联系，大量交换，逐渐形成新的交易市场与文化中心，为改变这一社会的工作奠定较多的基地。尤重要的是由于这一社会主义生产的优越成绩，可以导致藏族人民思想认识的变化，帮助他们自然而然地快速过渡到社会主义社会。

这样阔谷农地增产细粮的问题，也不当只集力于春小麦的增产。有些地方是可以提倡冬小麦的（例如道孚、波密、拉萨和曲水）。冬小麦品质较佳，营养较高，产量较大，必须在此区大力提倡，克服一切困难争取胜利。也不当只注意麦类增产，还应该极力发展多种多样的食用作物，例如大豆、花生、赤小豆、扁豆、四季豆和薯类。也可生产亚麻和糖萝卜。苏联的莫斯科区是灰土的低温地带，但他们创造了栽培玉蜀黍的先进经验，茎干高到 3 米，子实饱满，虽不能老熟，只作嫩玉米食用，却用茎叶作大量的青贮和干贮饲料来发展养畜业。在康藏高原的阔谷地区，正好对此学习。这乃是机耕的国营农场的一个方向。

其次提出畜牧增产问题。高原地面有 50% 是牧场，其中有一部分是可以栽培牧草的 4000 米以下的牧场，就整个牧区面积说，可能只占 1/4；但这 1/4，已经是 20 多万平方公里，合 3 亿多亩了。设若拿 1 亿亩来栽培牧草，其所可能给养的牲畜，就会超过当前全部高原所有牲畜的一倍。如其 3 亿亩都利用了，则其数量之大更可知。这样巨大的资源，不应忽视。

栽培牧草，是这一大高原发展牧业的关键问题。康藏牧民不种牧草，亦不收割备冬的野草（近来只少数人做了），只于秋末大量出卖和屠杀大批牲畜，留一部分冬季残存的枯草过冬，用到明春侥幸活出来的牲畜繁衍。年年如此，故他们永远不能发展畜牧业。提倡栽培牧草，容易贯彻；他们的冬季牧场，夏季根本就是闲着的，让它多长野草来供冬牧，这些牧场都相当温暖，若还加以耕犁，种下较好的牧草，每年至少可以收割 2 次，仍可留草供冬季野牧。若还是宿根草，种 1 年可以保用多年。这些浅谷，积土甚厚而夏季气温仍高，对长根的苜蓿一类宿根牧草，是可以试种的。若还进行机耕栽培牧草，则苏联为我们创造有许多现成的经验可用。这样便可以建修大的饲料库，在草原里小面积土地养畜大量的牛羊，打开牧场的新局面。

当前在阿坝区的唐昆、龙日进行机耕生产，如果单从生产粮食着眼，可能也是错误的。这些高原牧场区的大规模机耕生产，必须与养畜业紧密结合，并且以发展养畜业为主。

在西康和西藏，像这样的机耕基地比阿坝区多得多，条件也较好，必须次第建立起机耕和以养畜业为主的示范农场来带动牧业的发展。

栽培牧草、改良畜种、提倡小型的畜产品加工以利输出，是改进康藏牧业的必然方向。这样可以逐渐把流动型的牧业改变为固定型或半固定型的牧业，则牧民的文化工作也可以展开。牧民文化的提高与生活的改善，都有待于农业计划的帮助和国家的帮助。

康藏高原还拥有比东北森林面积更大的原始森林，这在牧场区不易看见，它们主要分布在深狭的河谷地区交通不便、游人不到的地区。近来阿坝区 50 多万公顷的天然林,已被发现了①,还有高原南部与雅砻江、金沙江、怒江和雅鲁藏布江等河谷区的森林,未为人所注意。那些森林由于河道不顺,不可能设计采伐,但不是就没有利用价值。就大的规模说,它们是丰富的造纸和干馏等工业资源。就现实的利用说,可用为狩猎和森林养殖的基地。森林养殖的利益尤大。养鹿、养狐,国际上已有璀璨的成绩,它们都须依靠森林。就康藏高原说,更还适于养猞猁和麝鹿。它们都是康藏高原的特产且具有很高的的经济价值。

举麝香为例来说明。这是极其珍贵的药品和香料,全世界只康藏高原出产的品质最好。生产它的动物叫作獐子,是像小羔羊的小动物,体长不过半米,生性怯弱,无抵抗害敌的能力。它们匿居在森林下的灌木、蕨叶里或灌木林间,食树叶生活,昼间静伏不易发现,被发现它也装死不动,夜间出来觅食饮水,常依一定路线来去。猎人察它脚迹、脱毛,来设阱安机捕捉它。由于滥杀非常严重,许多地方已濒于绝种。这批猎麝的人,被称为"吊鹿子",成了专门职业,有严格的师承。历世传规,布阱安机后 7 日始得捡看,缚得者无分牝、牡、老、稚俱必摔死。有时缚后不捡,已被野兽食去。凡獐只雄者有麝囊,原以供发情期诱致牝獐之用,三龄以内皆贮麝香不多,以至于无。三龄以上始渐厚积干粉状麝香。至五龄以上,香始饱满、芳烈,价值乃大。吊鹿子辈杀 100 獐不能得 40 头雄体,40 头牡獐难得 10 头壮体,而 10 头壮牡,又不必即为猎人所得。故杀獐甚多而获麝极少。这是近边一带獐将绝种和售价日高的原因。獐每年生产 2 次(或云 4 次),每次 2 头。设不受敌害,全部存活,则每百对麝,五年后繁衍为 12000 多头,有壮龄的 2000 多头,生产优良饱满的麝香 1000 多个。再 5 年,应可出产饱满的麝香一万几千枚,所值便很大了。如其利用这些不便采伐的广大森林,分别砌出短墙,围绕成若干的麝园,驱除肉食兽类,让獐子在内自在繁衍,不须更费劳力与投资,三五年后,每四五平方公里内,逐年坐收麝香千枚以上,这是何等伟大的国民收入?何必采伐森林才是有利呢?

康藏高原又是我国一个湖泊最多的地区。② 由于藏传佛教禁止渔猎,各湖内都繁衍成了鱼库。惜鱼种单纯,头大多刺少肉。若能输入东北的鱼种(有些咸水湖须

---

① 1956 年 6 月 3 日《四川日报》。
② 小湖泊在康藏高原里随处可以看见,即如康定附近,就有所谓五色海子者,实系五个冰成湖。红海子在郭达山后,白海子在榆林官后山,黑海子在跑马山后,皆近雪线。白海子下又有蛇海子,为一冰河遗蜕。三道桥牛窝沟后山有长海子,长约 5 里、宽里许,在森林中,风景极佳,水很清洁,甚深,是块最佳的休养区,惜无建筑。雅加埂下有连三海子与吊海子,也都颇大。就北道说,朱倭觉黎寺下有海子。雀儿山下有海子,通竹庆路上也有大海子,巴安有莽岭海、鸡乃海,都是大湖。主要的大湖区则在羌塘与阿里,大湖小泊密于繁星。

要海鱼），则发展渔业也是一大国民收入。

康藏高原富于金矿、食盐、硼砂、曹达等矿产，这些都很适宜于农牧人民作副业。本地人人人淘金，由于工具缺乏，竟用草饼为提洗金粒的工具。如能广泛调查，为之设法改进工具，并管理地面，指导他们合理掘进，有秩序地弃砂，则淘金的河谷亦可利用为新垦的耕地，淘金人民就易于逐渐变为就地耕种而以淘金为副业的农民了。食盐与硼砂比较集中，适于国家经营。

不可忽视康藏高原的水力和风力，这是未来开展大规模工矿建设的基础。当前则宜利用一些山沟小溪和瀑布办理小型电厂来发展农村副业。这是有历史基础的事业。千年以来藏族人已知利用水力、风力转经和转动水磨。康定福音堂有个教士，30年前就利用市街上一条洗衣服水沟的水发电，供给教堂内的用电。

康藏高原的经济开发必须是多方面的、因地制宜的。农耕与牧畜是两条齐头并进的骨干线，就当前情况说，一切应围绕着这两条线。

以下，再把这一大高原的四川、西藏两部分为6区来作补充说明。

（一）阿坝区（阿坝藏族自治州地区）

清代的四川省辖地非常辽阔，松潘厅所管七十几个土司的地面，远达黄河发源地的鄂陵湖。一般人把黄胜关以内叫作口内，黄胜关以外叫作口外草地。其实，草地就是康藏高原向东延出的顶上部分。由于多数高地的海拔已在4000米左右，纬度又高，故已不能生长树木，只是一片草原。"草地"这名字，取得很适当。

从前的人一致认为草地不能生产粮食，直到最近国营农场在龙日和唐昆坝子开垦种粮，才开始打破了这一谬见。但是藏族人民在千年前，便已经在这一草地成功种植青稞，那就是今天的阿坝农地。所以若要谈农业发展的历史和劳动农民所创造的成绩，藏族并不是始终落后，藏族劳动农民也自有其光辉的历史。

阿坝，藏文地名只是一字，这是藏族古代史里惯用的独字地名之一。"阿坝"两字，是叫"阿"的人的意思。远在唐初，吐蕃赞普围攻松州（松潘）的时候，蕃军大本营就是阿坝。① 从此时起，阿坝草地成了藏人通往长安的要道之一。凡藏人旅行，虽沿途就地放牧，不购草料，但行达一定途程后，必须有站暂息，添购人粮。阿坝、玉树、黑河这些商场，都是缘此而兴的。这样的市场，乃是藏族的内部市场，它须具备几个条件：（1）当作为畜运输的商道，必须在草地中间或其边际；（2）有

---

① 《唐书·吐蕃传》对此事有记载，只未说出阿坝这一地名来。独字地名不是羌和党项所有的。汉族亦只殷商以前才有。西藏亦只是吐蕃初创文字以前才盛行。由"阿"这一名称，足知这是吐蕃时代所命之名。而且有传统的吐蕃移民保存着这一老古的地名到现在。

人粮可购，主要是添购糌粑和酥油；（3）有方便的牧场，或割就的野草出售。阿坝便是在这样条件下试种青稞成功的。大概，它还是吐蕃时代一个国营交通站的重点。这带现在保存有一支被称为"播洛"者，即是唐代吐蕃迁来经营戍守的农户后裔。① 在这里种植青稞的创造工作应该非常艰难，但千年前的藏民已完成了这一绩效，在草原中创造出一个粮食"乌悉斯"来。

由于有了阿坝孤悬在大草原中生产粮食的事实，才引起近代科学家的注意，"草原"在哪种条件下才可以生产粮食？经过科学工作者的比较研究，肯定了此一广阔大草原里，许多河谷平原皆可生产粮食，不必只是阿坝。阿坝之专擅其利，只是历史命令使然。

现在这一草原已经成了四川省首屈一指的大规模机耕生产区，打破了草原不能生产粮食的成见，为开辟康藏高原粮食资源建立了新的方向。回想起千年前藏族人民在此试种粮食的历史，亦足令人敬佩。

这一草原的水，分向黄河、大渡河、岷江、涪江、白龙江或洮河流去，除黄河外，大都造成了急斜陡落状的狭谷。这些河谷，在3000米以下的就是安全生产粮食的地带，但失去了平坦，耕地不多，主要还是森林覆蔽着。再下降到2000米，便是温暖的河谷，粮食生产更安全，可是河谷也愈狭促，耕地更难得了。这样，由平阔的草原河谷到较狭的森林河谷，到最狭的温暖河谷；由以畜牧为主的草原农业，到耕牧兼营的河谷农业，到专事耕种的暖谷农业；由纯藏族住区，到藏汉民族混住区，到纯汉族住区，如此围绕草原一层一层地转变下去，便是本区农业生产配布和民族分布的规律。这规律在成阿公路修通后，开始逐渐为科学力量所打破。如其兰成铁路也经过本区，则其变化将更急剧。

本区界线有难于划定的地方，首先是黄河上源的俄洛部分，属青、属川，尚未划定。其次是自治州的范围不与自然地理和农业分区相适合，前两章已说过：大金、

---

① 本区少数民族，都是羌、浑、党项同化于藏族的。唯播洛一支，不能自举其历史，语言与一般不同，又多不信藏传佛教，习惯赤脚，遂有人疑为彝族（猓）。我未研究过他们的语言，但从历史判断，他们是吐蕃初期由西藏调来戍守此地者的后裔。"播"即是吐蕃国族称号的"蕃"字（"蕃"字音播）；"洛"是藏族泛呼男子之词（如云阿洛），不是猓苏（彝族）的"猓"字，如是"猓"字，就不会加上"播"字了。古时吐蕃军队是由奴隶阶层组织成的，他们是脱离文化的，所以他们世代都对佛教不感兴趣。且那时吐蕃又有黑教，黑教大本营在金川，被清代彻底铲除，他们不奉红黄教，并不足怪。至于赤脚，原是藏族的习惯。藏族穿上靴子（藏靴日鞋），大概是仿照中华，唐代只通行于贵族，宋、元以来才只赴内地朝贡、市易的人穿，近来才人人都穿。曾见乌拉妇女，把靴子负着，临到上市场才穿。这些被迁徙的人民，与家乡隔绝已久（从唐中叶起，这里与西藏联系断绝了），初还以征服者自居，保存自己的语言习俗，不与土著相混，后因未能随同家乡的本族社会转进，竟成为一特殊的族群了。研究古代藏语的人，能证实这一推断。

小金两县当与丹巴县同属大渡河中游盆地。茂县、汶川和理县的小部分，当划为四川盆地的一区。所余的阿坝自治州部分，才是康藏高原的属性。但这种分法，与自治州区域不合，难于使用自治州的统计数字来分析问题（目前未有分县统计）。兹照凉山彝族自治州的前例，把州统计和本农业区的估计数字比列如下表：

项目		阿坝藏族自治州	拟划的阿坝农业区
土地总面积①	平方公里	78262	58453
	折合市亩	117393000	87679500
总人口②		297717	176136
农业人口（人）		275945	175000
耕地面积（市亩）		774150	213052
稻田面积（市亩）		34573	—
旱地面积（市亩）		739577	213052
人口密度（人/公里^2）		3.8	3.0
耕地占总面积的百分比（%）		0.66	0.24
平均每农人所得耕地（市亩）		2.81	1.22

这区没有完善的地图和分县的统计，上表大都属于估计性质的概数。但比过去任何统计都要接近于实际情况。

为了说明方便，仍把本区分为两个亚区。

1. 阿北高原亚区（阿坝、若尔盖两县）

这是海拔4000米左右的高原顶部。山势浅平，河谷浅阔，水流迂回平缓，常有沮洳沼地出现的一大草原。气候为大陆性，每年5月至9月为夏季，10月至次年4月为冬季，虽夏季，夜间亦易冷到0℃，虽冬季，午后亦易升到15~20℃。除局部山谷有矮树外，无木本植物。冬季的荒凉，主要是北来寒流造成。故凡背北向南的山岩下，冬季亦可发现绿草（例如齐哈玛的黄河北岸）。

黄河自青海省柴达木东方的涌泉流出，先在石渠县西北境潴为鄂陵、扎陵二湖。便从扎陵湖入俄洛界，向东南流行500余公里到阿坝北的索格藏寺附近（3650米），

---

① 表中面积，由于没有可靠的统计和精确的地图作依据，只由我以大金、小金两县面积作标准，按今年出版的《四川省行政区划图》估定的。估阿坝县12000平方公里，若尔盖县11000平方公里，绰斯甲县8270平方公里（旧曾测算过一次），马尔康与理县共10000平方公里，松潘与南坪县共12000平方公里，黑水5183平方公里（参考过茂县面积）。
② 这是用四川省民政厅1956年1月的统计数字。若依统计局根据1955年4月情况的数字，则阿坝藏族自治州的农业人口是397734人，耕地面积为1032200市亩，其中田45973市亩，土986727市亩，各数皆比民政厅数字大。

折向西北入青海省境。沿河两岸为俄洛部落，这些部落是党项遗民，接受了吐蕃文化的民族，信奉吐蕃时代盛行的旧派藏传佛教，而保存了党项遗俗和语言，还是原始公社形式的社会组织。他们在清初期与藏族发生冲突，被四川省出兵征服了，拨归松潘厅管辖。但事实上松潘官吏无法管理他们，竟至于忘掉了他们。民国初年，他们与青海官吏发生冲突，被青海马军"征服"了，设了几个县官。后来川、康、甘三省都提出抗议，闹成四省界务纠纷，直到今天还未解决。实则这一部分民族交易市场主要是在阿坝。其自然地理也与阿坝高原一样。若将来俄洛人民自愿归并到阿坝自治州，则本区面积尚将增加近10000平方公里，北以大积石山与青海为界了。

若尔盖县是这一高原的顶部，有白河（噶曲）、黑河（拿曲）流入黄河。这些河谷，平原广阔，土厚而腴，海拔3600米左右，可以生产蔬菜、牧草、青稞、洋芋、荞麦与其他生长期短的作物。现在已在唐昆机耕农场和龙日机耕农场进行社会主义示范性的先进生产，将大力发挥科学力量开展这区新的生活，但还属于创造经验的开始时期。

这区与苏联中部的沼泽区一样，有辽阔的沮洳涠泽占据了河谷平原。排水、吸干工作现才试办。这一工作如不胜利，则这高原的机耕便无意义。因此这区农业发展的问题，还有待于苏联专家的帮助来改造沼泽技术。

这区现还无法营造防护林，也似还未有人提及此事。但若还不能建成防护林，则这区农业风险很大，难于顺利发展。有许多事实说明森林在4000米的海拔以内可以植造。草原不能生长树木是由于空气干燥和阳光过强，寒风的影响并不大。若还从此高原北面南摩寺河谷开始，缘西倾山脉造林，即易成功。有一森林地带成功，即可改变一带的气候，再作并行的第二带造林。如此逐步发展，加以中部利用较高的山地造林，终会在不久的时间内形成全面的防护林，提高农田生产，保证丰收。李森科院士指示，燥冷地区造林，必须利用橡树。我认为这是指的与康藏高原上耐寒柞相似的一类橡树，而不是温带生长的一般壳斗科植物。耐寒柞是阳性植物，凡康藏高原上的阳山不能生长松杉科植物处即为它所覆蔽。它叶上具有茸毛，终冬常绿。亦可高达3~5米，能耐干旱、强光和积雪的重压。燥冷、强光照的草原造林，用它来护苗，是一定成功的。还有能耐寒燥的白杨、红杉（落叶松）亦能在4000米的草原上生长，且都能受强日照。这些植物，值得研究利用。

这区沼泽里有丰富的褐炭，在沼地改良后，它将是重要资源之一，也是能增加土温和土内胶质的肥料。

我们对这区的谷类生产不能期望过大，大半耕地皆宜用于栽培牧草来发展养畜业。若还一味追求粮食生产，将是错误的方向。若兰成铁路通过此区，更好发展养殖业，与四川盆地各因土宜分工发展，使能各尽其长，就近交换。若还为了整个国家的粮食增产，则方向应是开发建南，不当作为此区的要求。本区机耕农场只宜是个以栽培牧草为主的实行草田轮作制的国营农场。

本区北东南三面的河水，分向白龙江、涪江、岷江、大渡河流出，河谷上游部分，才是生产粮食的地区（包括阿坝河在内）。

2. 阿南河谷亚区（南坪、松潘、黑水、马尔康、绰斯甲五县）

从高原顶部四散分流的河，一过 3000 米，便沉陷成狭谷了。有些谷，狭隘到沿岸没有通路（阿坝河过阿坝后便是如此）。这些狭谷完全为森林所占据。林间平地大都被辟为农田，常年都能安全生产，只苦交通不便，停顿在自足自给的情况下，就整个国民经济说来，无甚重要意义。这区农业发展问题，不在于发展耕作，只在于发展林业，只在于开展森林管理、采伐更新、木材加工和运输、森林养殖、林产制造、森林副业这些事业。这些事业发展起来，这区农民生活就会得到改善，也将使这区人口增加而增辟土地，改进农业技术，提高农田产量和提高农村文化。若还单纯要求农田增产，那也将会是错误。

这些河谷更下降到 2000 米左右，便成了主要的粮食和果树的生产地带，应从耕种业去发展。在本文里概把它们划另一农业区去了。①

就整个阿坝藏族自治州说，乃是一个牧业、林业、农业三大部门合理分工的地域，牧区最宽，农区最少。如把汶、茂和大小金划归自治州，也不适当。因为这些温暖河谷的农业经营，与林地农业和草地农业方向不同，应该作两个不同区域，分别由适当机关领导。自治州只宜集中力量解决以牧业和林业为主的农、林、牧配合问题。这是把两金川和茂、汶划为另一个区的理由之一。

（二）甘孜区（甘孜藏族自治州地区）

今天四川省甘孜藏族自治州的地区，在隋代以前全是羌部落，唐代为吐蕃所同化。吐蕃帝国崩裂（9 世纪）后，这里产生了一个强大部落叫林国②，它曾奄有全康和安多的地方，故被称为朵甘（多康的异译）。后来它的内部也分裂了，子孙都去投降元朝。元朝在康区安设了许多土司，统辖于"碉门、鱼通、黎、雅、长河西、宁远等处军民宣抚司"，依照宋代的旧制，命令他们各部都向碉门（天全）市易茶马。

---

① 已详本章第一节第七小节之岷江上游盆地亚区和第二节第一小节之金川亚区。
② 林国的国王格萨是西藏人人都知道的一个名王。也就是《宋史·吐蕃传》里的唃斯啰。其国都即今邓柯县的林葱。林葱土司自称是其后裔，保存有遗物。

这时本区藏族人民的日常生活，都离不开饮茶，唯四川的雅州产茶最多，制法也最适合他们的需要，故他们都乐于来碉门市场。由这样的经济联系，逐渐发展为政治上的川康一体。

明代把碉门外面的土司部落，大体分为两部：东部接近四川的地方，统属于"长河西、鱼通、宁远宣慰使司"（其后发展为近代的明正土司），西部接近乌斯藏（即西藏的地方，统属于朵甘卫都指挥使司，其后发展为德格土司），仍俱在碉门市易。那时这区各部落就近贩茶和内地商品到西藏去卖，获利颇多，地方富乐。西藏各派都发动其门徒辈向西康发展。黑教在这区原有势力①，红教次之②。花教③、白教④、黄教⑤次第跟踪而来。首先是花教在德格取得了胜利，随后是白教在东部也获得了胜利，最后到明朝末叶，有个青海的蒙古族王子固始汗征服了本区各部落，他信奉黄教，把这区的黑教、红教都排挤到远处去了，把白教和花教限约在一个地区内发展⑥，而在康北、康南大兴黄教，并且把西藏信奉白教的乌斯藏王（藏巴汗）也消灭了。此时黄、白两教派的斗争达最高潮。康定的白教政权，也与投降固始汗的明正土司冲突，打死了土司。清廷出兵帮固始汗消灭了康定区的白教势力（在1700年前后），把茶马市场搬到打箭炉（康定），设军戍守。（阜和协）前后招抚来口外土官120余部落，都归打箭炉军官管辖，从此把这地区称为炉边。其后又设打箭炉厅来管理这带的民政，称为川边。清末进行改土归流。民国初年，把这些已经设县的地方划为川边特别区域，1927年改称西康。1939年，把建南和雅安一并划入，建立为西康省，于是西康省兼辖康、宁（建南）、雅三区。新中国成立后仍是这样，1955年才合并到四川省来，把原来的康区，建立为甘孜藏族自治州，辖金沙江以东的康定、九龙、丹巴、乾宁、道孚、炉霍、甘孜、德格、邓柯、石渠、白玉、新龙（瞻化）、雅江、理塘（理化）、巴塘（巴安）、义敦、得荣、乡城（定乡）、稻城和新设的色达共20县。

这20县绝大多数的地面，皆高到海拔4000米左右；还有一些少年山岳，高到5000米以上，以至于成为万年积雪的雪山，但它们的总面积占不到全面积的1/20。也有一些河谷深陷到海拔3000米以下，它们的面积也还占不到全面积的3/20。它的

---

① 黑教，藏语为"琫波"，是西藏最古的一派佛教。
② 红教，藏语"玛巴"，是最先由北印度传入的佛教派，通称旧教。
③ 花教，藏语"萨嘉巴"，其寺庙墙壁上涂红、白、蓝色条纹，故俗称花教，是新教三大派的一派，义为灰土派。
④ 白教，藏语"迦举巴"，也是宋代新兴三大新教派的一派，义为链条传承者。
⑤ 黄教，藏语"格鲁巴"，即宗喀巴所创的黄帽派，义为善行者。
⑥ 霍尔王把黑教徒赶到金川去，红教徒赶到俄洛去，花教只在德格区流行，白教只在卡拉区流行。

耕地几乎完全分布在3000米到3600米的浅阔河谷里。只绝少一部分才在3000米以下的狭窄河谷里。3600米到4000米的河谷是冬季牧场，4000米到5500米之间的丘陵和山地为夏季牧场。森林分布在河谷的两岸陡坡上；最主要部分都在2600米到3200米这一阶段，树木以云杉、铁杉、冷杉、红杉为主，现还保存有许多的原始林。海拔3200米以上的乔木，就只有冷杉（枞）和红杉（落叶松），与同较矮小的赤桦。在阴山，森林还很茂密，阳山一面则大都成了牧场，或只有耐寒柞和杜鹃科（主要是石楠）的灌木林，偶然有红杉。海拔2600米以下的河谷，全是峻急的陡坡、梭沙、崩溜；森林也难于长久存在；其较宽缓的岩坡，所有森林都是杉类与阔叶树的混交林，特产富于脂肪的油松（土人用以为烛，称曰"松光"）和富有香气的香杉（作花板的材料），以及各种果树。这样低陷的河谷，气候温暖，稍有较平地面都已被耕种了。但它只存在于本区这一大高原的东、南两侧的边缘，和金沙江、雅砻江的一小段河谷里。

这20县的土地利用情形，现还未见得分县的统计，只有个笼统的概数如下：

项目		20县共计①	现拟划为甘孜农业区之部②
土地总面积	平方公里	201052.55	176623
	折合市亩	301578825	264934500
总人口（人）		535424	448774
农业人口（人）		492906	413000
耕地面积（市亩）		1295792	950000（估计）
稻田面积（市亩）		10280	—
旱地面积（市亩）		1285512	950000
人口密度（人/公里²）		2.66	2.54
耕地占总面积的百分比（%）		0.43	0.36
平均每农人所得耕地（市亩）		2.63	2.30

耕地如此之少，平均每一农民所得耕地仍不很多。若还单就数字推测，很易于错误认为这是一个不宜农耕的地区。其实可耕的荒地还非常多，而且都是极其便于进行机耕的。

不说远处，就说康定县管的木雅乡，沿康藏公路线上，从折多山下的提茹起，就是一条宽阔而向南开敞的河谷，经过水桥子、安良坝、瓦泽、营官寨到东俄洛，

---

① 面积依我自己用百万分一地图测定的数字，其余各项依四川省民政厅1956年1月统计数字。
② 各栏都是估计数字，只面积栏数字有较好的依据。

伸进到高时山沟里，有百多里长，全是可以生产粮食的地方。提茹最高，海拔约为3800米，过去金厂盛时曾有人在此垦地种菜成功，试种青稞、荞麦、洋芋亦得收获。稍下到水桥子，约为海拔3650米，便已是相当殷实的一座藏族农村。自此到安良坝20多里，才再见农村与耕地，中间有大段河谷荒着。安良坝到瓦泽间亦然。河谷西侧一高台地，约较河谷高50米，却是满片耕地。这就明明是说，河谷全是可以栽培谷物的，可能是由于人事破坏而被荒弃。营官寨海拔3300米，气候温暖，直到东俄洛皆然，但过去亦多荒地；现办有国营农场，生产成绩很好。营官寨是许多条高原河谷的总汇，其中拔桑河谷，即是公路通过的一条河谷，由国营农场一直到塔弓寺，60多里中只有两个藏族农地，耕地皆在山麓部分，河原全荒着。山麓或许比河原少些霜害与虫害，但那都是易于克服的小问题，最难得的是适于机耕这一优点。还有从瓦泽进沟分支到长坝春、贡巴石、厄日三个藏族农村的巨大河谷，也与拔桑河谷一样，面积比拔桑河谷大一倍。厄日河坝有20多里长的冲积平原，宽半里至一里，全部荒弃。厄日村在这平原的上部山麓，是一藏族头人驻地，青稞经常稳定丰收，这正好证明这一河坝完全可以生产谷物。至于比厄日更低的贡巴石、长坝春一带河谷更不用说了。从营官寨而南，至铁索桥（假桑卡）一带河谷，是以上诸水汇合后的总干河谷，气候更温暖了，却亦是耕地与荒地错杂着，荒地多于耕地。这段又有一支流河谷，向西达到雅江县的宜马宗，亦是宽坦而多荒地。宜马宗位此谷最上游高处，为一大繁庶的藏族农村，则可知这些荒地不应该荒弃。若就这一区域可以生产粮食的荒地与已有耕地面积相比，则增加耕地5倍是容易的，增加10倍也有可能。

类似这样情形的地还多，就公路沿线说，如：乾宁县境的八美河谷，自中古起，至吉石宗上游的官寨子止，这长达150里的阔谷，过去原是藏族农村，是清末剿办泰宁军事搞荒了的，现其房基断垣犹在。又如甘孜县的雅砻江两岸平原，也还是荒地多于耕地。入德格界的玉龙河谷原，直到麻尼根果，都是可耕而未耕的。至如距公路较远的色达县内，石渠县内，和道孚县境内的玉科、甲斯孔，新龙县的麦科，白玉县的昌泰、赠科，和理化、义敦、乡城、稻城等县的可垦河原，那便不胜列举了。

这些河谷平原之所以荒废，大概是由于：（1）康藏社会制度不利于增垦土地；（2）藏族劳动力不足；（3）他们的耕具和耕作制度技术不能使开荒有利；（4）藏族行旅往来随处放牧，足以扰害农田，如当大道处荒地最多；（5）寺庙不喜人开垦土地，往往指为神山、神土，致汉民亦不敢开垦。还有其他一些社会原因，总之不是自然条件不适于开垦。就自然条件说，这些土地比黑龙江省的一部分垦地要好些，比阿坝的龙日坝子和唐昆坝子也要好些。

至如海拔4000米左右的大坝子，如乾宁县的龙灯坝子，道孚县的玉科坝子，德格县的竹庆坝子，理塘县的毛垭坝子，白玉县的昌泰坝子和石渠、色达等县的坝子，虽然是牧场土，也该拿一部分来进行机耕，栽培牧草与一些蔬菜和须根作物，以改进牧业和牧民生活。把康区耕地估价得过高，自然不对；认为康区耕地缺乏，也是不对的。

藏族对于地区的命名，往往使用一个具有科学性分类意义的字，如：把经常积雪的山岭叫作贡或贡嘎①，这代表没有生物的地方；把只有野草、不生树木的坝子叫作塘②，这代表的纯牧地区；把富有森林兼有耕种地的河谷叫作柯③，这代表以青稞为主要作物的农业区；把温暖的河谷叫作绒④，这代表以小麦、玉蜀黍、水稻为主要作物和生长竹类的农业区；把不太热，也不冷的河谷叫作龙⑤，表示它能生产小麦，但不生产竹类；竹类是藏民族很感需要的一种植物，要用它做笔、编筐、纽溜索代桥；把河谷上游不能进行耕作的牧用河谷叫作龙巴⑥，以与"龙"字区别；还有把河谷上游最后一个农村叫作仲果⑦（或译中谷、中古，或译尽头寨），给人们一种指示说，此上更无农地了。绒与龙所在地，即是高原已受到河水深刻侵蚀之部，必然就是狭谷、急流、陡坡和高低各绒级山岭交互错综的地区，藏人呼这样地区为冈⑧，与广坦、平阔的多⑨区相对。由于高原的水皆南流，故冈在康南，多在康北。兹即以此分为两个亚区。

1. 康北高原亚区

即是没有3000米以下之狭谷的一个地区（多区）。严格说来，它应包括理塘和义敦两县的一大部分，而把乾宁的扎坝和新龙的曲羽划出去。但划得太细碎，对这样落后地区，也用不着划得那样细致，用不着打破县界，故除康定只划入打箭炉以西与木雅乡外，乾宁、道孚、炉霍、甘孜、新龙、色达、石渠、邓柯、德格、白玉皆全县划入，不收理塘和义敦。

---

① "贡"，藏语就是万年积雪的意思。"贡嘎"，不过加个白色来形容它的圣洁，例如木雅贡嘎。
② "塘"，意为大平坝，多指草原，例如羌塘、理塘。
③ 柯，义为山沟、山谷，或写作"科"。例如玉科、麦科、扎科、邓柯、色柯、独柯。
④ 绒，义为河谷农区，例如甲绒（钏）、察绒、吉汝绒（九龙）。
⑤ 龙，泛指一切山谷。例如雅龙、八阿龙、三崖龙。
⑥ 龙巴，这样地名甚多，一般称河谷最上部分。
⑦ 仲果，村的尽头处之义。
⑧ 冈，本义为无雪之山岭。
⑨ 多，已详前。

这部分地方，一般称为"康北"。就历史分区说，包括五个部分：

（1）甲拉①部分，是元代建立起来的一个半农半牧的甲拉王国故地，又被称为木雅王，初建都于色巫绒，后转到打箭炉，成为明正土司。直接管辖有48个土百户，大部都在木雅乡和乾宁县内，少数分散在丹巴、雅江与九龙三县。现在土司早已取消，头人大都成为平民了。红、黄、花、白各派都有，皆百余僧侣以内的小寺院，势力不大。地近康定，风气开得较早，生产事业比他处稍为发达些。多数人懂得汉语，行政工作比较易于推动。由于过去差徭频繁，农民迁徙者多，荒地特别显著。现在差徭废除，又有国营农场示范，农业发展也比他处要快一些。它将是康区带头前进的一个农业小区。

这区农业发展中的问题，主要是国营农场与藏族农民如何发生亲切联系的问题，也就是农业技术的推广问题，如何沟通语言、打破隔阂的问题。引进新品种，输入铁器农具最为藏族农民所需要；提倡精耕，能使农田大大增产；应该是推广工作的主要方向。

更不可忽视了牧业。上木雅是很好的牧业区，农牧并重的木雅旧俗，在此区是适宜的。农牧配合的耕作制度，最好便是实行牧草大田轮作制度。必须要栽培牧草，才能够发展这区的牧业。

康定不是适于发展牧业的地区，尤其是附近缺乏草原，不适于藏族社会的交易。只缘清代极力把它经营成为一个重镇，人为地繁荣起来。现在形势转变了，它将同化林坪一样②，逐渐衰落下去。它附近地方可称为打箭炉盆地，原是一个森林区，200多年来，森林全砍尽了，燃料都渐成问题。应该大力植造森林，并利用水力发电来开展森林工业及其他工业。这样转变成为一个工业城市和风景区，还足以维持它的荣盛，且对发展大渡河区与木雅区的农业都有利。

木雅乡在下木雅的一些山谷里亦宜造经济林，上木雅农田北面，宜造防护林。营官寨有建设成为新都市的条件，它当康北、康南和木里三大干路的交会点，温暖、平旷，已有国营农场领导生产，又有飞机场，适于直升飞机的使用，附近金矿也多。但缺乏木材，就足以限制这一新市场的建设。

（2）霍尔③部分，是明代建立起来的一个蒙古王国的故地，全是农作地区，包

---

① 甲拉，义为铁山口。
② 化林坪，是飞越岭山下一块台地，清初设薛将率兵驻山，管辖口外土司筑城兴市，发展成千余户的市街。其后改阜和协于打箭炉，仅拨一营驻此，变成过道宿栈，街市衰落，仅存一条，商民四五十户。民国初年，设泸定分县于此。分县裁撤后，市面仅存一过路小店，住有耕种农民十数家而已。
③ 霍尔，藏人称蒙古人云霍尔，或译为"胡"。

括今天的道孚、炉霍、甘孜三县和德格县的扎科一区。这个蒙古王国，专一宏扬黄教，在这区里建立了13座很大的寺庙，如甘孜县的甘孜寺、大金寺、白利寺、蒲玉隆寺、东科寺和大吉林寺，炉霍县的寿宁寺和觉黎寺，道孚县的灵雀寺，扎科的松宗寺和更萨寺，都是1000—3000僧侣的黄教大寺，在整个康藏高原说来，算得是最早的一个黄教势力集中的地区，即在今天，仍要算是黄教中心地之一。研究这区农业发展的人，不可忽略了这一条件。

就地理条件说：这区是一个由断层构成的巨大地堑。从道孚县的松林口起，一直通过道孚、炉霍，到达甘孜县东北的东科（东谷）区，长约200多里，成为一条直线形的河谷。接着只翻过罗锅梁子一个浅土冈，又接上约略与之并行而相接替的第二条地堑，即甘孜大平原，长100多里。又有与它约略并行斜列的扎科河谷，又长一百多里直抵协庆寺北的郎多，都是相当开阔的河谷。再接上一条断层地堑的邓柯河谷，接连到青海省的玉树县。这些河谷，全在海拔3000—3700米之间，是康北粮食生产的中心。更难得的是，它们全都是东南—西北的方向相连续地并行着，恰如把康定和玉树这两个重要地点用繁盛的农地建成一座桥梁来联系着。这是近代交通建设必然要经过这一地区的原因。因此种种，这区就有领导全部康区进行生产建设的条件。

康藏公路由康定到昌都这段，和过去修成过的康青公路康定到玉树这段，都恰恰以甘孜为中点。它是这区历史上最著名的文化中心和经济中心地。是霍尔王国的故都，现在即将是藏族自治州的首府，是康、多地区新兴的最繁盛的一座城市。

道孚，位于这一狭长地堑阔谷地带的东端，康定与甘孜公路上的中点，海拔3000米，为康北最温暖的一段河谷，且有水利灌溉，农作每年可收两季（但藏民习惯仍只作一季）。它应该成为这区的谷仓。现在栽培玉蜀黍成功。它还可能栽培水稻。

这区农业发展问题，可以肯定地说：应该向机耕方向发展成为一大粮食供应区。试验工作，应从道孚、甘孜两处分别做起。道孚应该扩大龙步沟引水灌溉渠的工程，把道孚东部的大农田区完全变成水地，筑为宽阔的梯田，试行机耕生产。于夏季栽培一次玉蜀黍后，更增一次冬季作物，如蔬菜、须根作物、荞麦等；并可试作冬小麦栽培。就气候说，它是完全可以栽培冬小麦的。沿河坝地全荒着，应作坝拦水，造为河原稻田，试种红稻或其他早熟稻，如小红芒、银坊、南特二号等种。就气候看，是完全可能的。

这样就道孚大量生产粮食的计划，可以减省从四川运粮入康藏高原地区的运程

1000 余里，关系极其重大，应该列入国家计划，并于此设置试验研究机构，组织一批干部，领导此间农民向这目标奋斗。

道孚南边不远就有铁矿，含铁量高达 70%，1954 年起，就已源源供应重庆钢铁厂的需要（11 月 19 日《四川日报》），为了弥补康区铁材的缺乏，主要是农具铁材的缺乏，应该提留一部，就地冶炼，用来铸造铧与镰，广泛供应藏族农民。为了开展这一工业，也必须在道孚增产更多的粮食。

道孚的东方，是牧业区的乾宁县和上木雅；北方，是纯牧区的玉科和罗柯马，接连是绰斯甲县的大金矿区；南边，是扎坝暖谷大森林区；西边，是鲜曲河谷农地，直连炉霍和东科的大阔谷，其南侧山间亦是大森林，交通极方便，可算得农、林、牧配合发展的最好基地。如其西康建设农学院或农业专科学校，必须首先设在此处。

甘孜气候条件较道孚差，宜作为青稞和小麦栽培的示范区。就沿河荒地首先试行机耕与牧草大田轮作制，为开展多康地区现代化农业经营方式树立先河。其所以必须栽培牧草：其一，是为来此地进行交易土特产和工业品与粮食的藏民供应青储或干贮的饲料，免其随地放牧。其二，为新兴的这一大城市的工商人物与政府工作人员供应鲜乳、鲜肉和其他畜产品。其三，为广阔的牧场人民作现代牧业经营的示范。

从道孚试验经营的成绩和经验，可逐步循鲜水河上溯推进到可以推行的地区。从甘孜试验经营的成绩和经验，可逐步循雅砻江上溯推进。这样稳步地为康北农业生产打开一条新路。鲜水河可上航到东谷，雅砻江可上航到石渠，只须炸开河中的少量礁石，再在阔浅处筑上一条堤坝就行了。虽然已有公路，此两段水运仍应开通，以备农畜产品能在本区内取得廉价运费，加强交换。

如其有建筑川藏铁路的必要，其路线必须通过本区。由石棉循大渡河北上丹巴，再循丹东河上行，穿党岭出龙步沟，经道孚、炉霍、甘孜、扎科、邓柯、玉树远接青藏路，由当拉岭、黑河入藏，我觉得这是最好的一条铁路线。除党岭以东的工程比较困难外，无甚困难工程。它还可以由丹巴循大渡河上游出马尔康，接连兰成铁路。抑或由马尔康河谷西入绰斯甲河谷，从玉科直达道孚，都是不甚困难的。

现在本区已经有了康藏公路，基本上解决了一些生产建设上的困难问题，初步促进了地方经济生活的改进。但这还是有限的力量，促进康藏经济改革的主要力量，还当寄希望于康藏铁路的建成。本区对于这一希望，是最有条件获得的。

（3）德格部分，即是明清间西康最大土司德格宣慰司的故地，包括德格、白玉、邓柯、石渠 4 县和金沙江西岸大片地方。就宗教信仰说，这是专一崇奉花教的地区。除了后藏的萨迦寺，这里算是康藏高原里最大的花教中心。花教并不排斥别的教派，故红教、白教、黑教的残余势力，也都保存在德格境内，也有黄教寺院。① 但皆不多、不大，只花教特别发达。花教对藏族的文化事业与经济事业都有些贡献②，但它为环境所约束，无法赶上近代文明。如得适当的工作人员进行说服，可望最先获得他们同意，带头建设地方经济和文化事业。德格土司还在，但他早已受宗教支配，并无自己的主张，实际在社会上并无力量，不可能妨害新事业的发展。

就自然地理说：德格的主要部分皆在金沙江河谷，可以分作两段来谈：北段邓柯县的金沙江河谷，是海拔3500米以上的农业地区，沿河耕地发达，人口集中。此外仅金沙江支流的一些小河谷里有耕地，住着半农半牧的藏族农民。偶有纯牧部，在支谷最上游宽坦处。邓柯南北界山都是雪山，那些小型牧场便在雪山之麓。金沙江自西向东由青海玉树县流入，横贯县境，在郎吉岭附近穿破一条雪山脉，从峡道折向南流入德格县境。在这转折处，有条小河自东向西流来会合，那一河谷与邓柯大河谷同是一个地堑，其中亦是农地。古时林国首都林葱，便在这段河谷里。这段河谷与竹庆平原只隔一道浅山（约白拿则卡），形势恰同道孚的松林口与郭卡河谷、甘孜的罗锅梁子与西尼沟河谷一样。

南段，为德格与白玉县的金沙江河谷，景色完全与邓柯不同。首先是沿江多有石灰岩的绝峡，交通很不方便；许多处沿江的路，要爬山绕过到别一段沿江路上去。其次是气候很温暖，算得上是冷温带气候，沿江已经有了桃子树和花椒树。许多果树，如栗、胡桃、梨、苹果等皆可以在此区生长，但还未曾有这样的树种。这段金沙江的支流也较长，一般长达200多里，显著地分为上、中、下游三段：上段是高寒的牧场；中段是比较宽阔的河谷，农耕村落最多；下段是较短的狭促河谷，直转于金沙江。这一情况成了德格、白玉两县自然地形的规律。

金沙江西部的地面，邓柯县有3278平方公里，德格县1952平方公里，白玉县有906平方公里，情形与东岸一样。还有旧同普县面积15147平方公里，皆原德格故地。这些部分从1918年为西藏地方武装所据（包括整个德格区）。1932年败退过金沙江后，西藏地方政权与川康边防总指挥刘文辉订休战条约于冈拖，约定暂以金沙江为界。现在的甘孜藏族自治州仍是以金沙为西界，把一个河谷分为两面管理，

---

① 德格境内，红教有竹庆寺、协庆寺、噶拖寺（红教的三大寺），白教有八邦寺，黑教有丁青寺，皆康藏著名的寺院，且为各该教派在藏地失败后转来此的首屈的祖师寺院。黄教则有春科寺、郎吉岭寺（皆在邓柯）、色须寺（石渠）等，皆在最后收入德格管辖的土地内。
② 花教在德格更庆寺（大寺）创有历史悠久的印经院；为康藏区内最大的印经院，藏版之富过于拉萨。由于印经规模大，雕刻和造纸技术也相当高。相关的，铸练刀剑的工业也是康藏首屈的（在河坡，钢铁全自印度或中原驮运进来，铸品销行康、藏、青、蒙各地）。此外还有许多的宗教艺术，如画像、塑像、铸像、建筑等。唯农业上无有贡献，只见沿江香桃一种，可能是从印度输进的品种。

对防止战争是有利的，对和平建设就不相宜，应该作适当的调整。

德格区的另一部分在雅砻江上游，包括石渠县、上扎科、玉隆和竹庆。除上扎科是农地外，全是海拔4000米左右的牧场。

德格区的农业，应分三部分研究改进的方法：金沙江狭谷区，森林多于耕地，应注意森林利用问题。这不是便于输出的森林，故宜开展干馏和造纸等工业；森林养殖业更值得大大发展。尽管康藏公路通过德格，仍须认清这是交通不便的山谷区，只宜发展质轻价昂的土特产。对农牧业的配置，固应适应自然条件的要求，还当考虑地方人口消费的数量，过多与过少都是不宜的，果树在这区可以作较大的发展。

邓柯与扎科谷地，宜发展粮食生产，供应玉树市场和石渠等牧区，施用肥料、使用铁农具，引进新品种是必要的。这些农地，由于海拔太高，每有寒潮侵袭构成霜灾，花期受霜，即秀而不实，教导农民防御霜冻的方法尤为必要。

石渠、竹庆、玉隆这些牧区，应该选定部分种植牧草，还该种植蔬菜、洋芋来调剂牧民的生活。引进新的、高产量的牧畜品种，改良土种牧畜，提倡牧民合作，办理小型的畜产品加工场，如在石渠设洗毛厂以提高羊毛输出的品质，减轻输出的重量；设炼乳场，收集各牧户牛乳来用简单的器械提炼酥油、乳酪，集中输出，皆足以配合广大人民的需要，提高土著人民的生活水平，并为建立大规模的乳肉罐头工厂奠下基础。在牧场里普遍生产的药材，如秦艽、大黄、贝母、虫草、独一味等的收购工作的展开，即是发展了牧民副业生产，大大关系牧民生活。

（4）瞻对①部分，是藏族瞻对王国的故地。这是一拥护旧派藏传佛教（黑教与红教）的部落，它反抗黄教，被西藏和清联军破灭（1746年），设立5个土司；但其后屡次起来反抗黄教和清政权，从来称为康中多事之地。清同治时（1865年），清廷把这区拨归西藏遥治，仍未把黄教兴立起来。清末逐去藏官，改设瞻化县，今为新龙县。藏人称此区为雅龙，雅砻（龙）江缘之为名。

全区原是一大高原，被雅砻江刻削成一深谷。雅砻江由甘孜穿破喀哇罗日雪山脉为绝峡流入，曲折流入雅江县境，全部海拔在3000米左右，河谷虽深狭，但平原农业颇盛，是为本区的精华所聚。支流皆不甚大，率可分为上下两段，上段海拔在3500米以上，概为牧场，下段在3500米以下者概为农村。距雅砻江较远的东西两部为高原牧场，东部曰麦科，西部曰通宵，连于昌泰（昌泰旧亦瞻对地，后归德格）。

---

① 瞻对，义为"铁结"，言其部之坚实。今新龙县。

这区河谷，是郁闭的河谷，少有针叶林，一般都是阔叶树，秋季落叶颇晚（在中秋后）。沿河多郁闭的灌木藤蔓，有天然野生的花椒树、南天竺。曾有人输入一棵胡桃树，在博滋生长，9月成熟，品味甚好，这证明本区是甚适宜栽培果树的。这也是对外交通不便的地区，农牧发展上的问题与德格区一致。

这区民俗强悍好斗，与乡城、乍丫同为藏族著名的三个战士区。部落间的纷争从未断绝过，这自然与地方闭塞有关。如何把这些勇于私斗的精神引导向生产上来，是值得注意的事项。

（5）瓦述①部分，甘孜以北的牧部，包括色达县和石渠东部，是古羌族部落的名称，羌人以祖宗名人为支派名，在这里的部分通称瓦述。原包括很多部落，兴灭无常，也有迁徙到他处去的，这区是其世代留守的地方。这是藏族同化了的纯牧区，信奉红教与俄洛同。

这部分人民一切生活都很落后，但柔善质朴，不好争斗，可算得纯良的藏族人民。他们之要求改善生活是必然的。他们住牧的河谷都是南向的，比石渠地势高些，冬季较暖些。关于这区农牧发展的问题，与石渠同。

总结康北五部分的情形，必须重视道孚、炉霍、甘孜、扎科与邓柯这一巨大的狭长河谷，它具有领导全康社会前进的条件。它将成为康藏高原上前后藏以外的第一个经济示范区。由它的示范作用，足以带动整个多康地区农林牧业的发展。忽视了这个区域的带头作用，便是康区经济建设工作上的错误。

2. 康南狭谷亚区

这就是上文说的冈区。地势非常复杂。主要部分全在北纬 30°以南，由海拔 2000 米左右的河谷，直上到 7000 多米以上的雪山，各种地形都有。大体说来仍以海拔 4000 米左右的牧场和 3000 米以上的农地为多。

就历史区划说，过去只分作三部：雅砻江以东为甲拉，以西为理塘，金沙江两岸为巴塘。固始汗在统治西康时代，设 3 个碟巴（营官）来分管地方，后来便成了巴塘、理塘、明正 3 个土司，现在这篇历史过去了。依自然地形，可以分作 3 个纵带来谈。

（1）雅江②狭谷，即是雅江一县地方，地理情形恰与瞻对相似：雅砻江纵贯全

---

① 瓦述，义为狐族（狐氏），瓦述有数支向南入理塘草原，为昌泰、毛垭、曲登、崇喜、毛茂店五部（理塘旧管的五瓦述），也有入木雅乡的。明正土司也自称其祖先是瓦述。玉柯牧部也是瓦述，故旧云瓦述玉科。
② 雅江，藏名"娘曲卡"，义为鱼河渡口。雅砻江藏名"娘曲"（鱼河）。

境，左右皆是高原。不过微有不同：雅砻江狭谷要深狭得多，因而沿江全是山岩，很少耕地。耕地主要在沿江的高台地和支流中部的河谷里。最大的支流，是从高日寺山向西，经过卧龙石、八角楼到雅江县治入江的这条河，它与相对流来的麻盖宗河构成了康南古代驿道必须通过的条件；渡口称作中渡，今为县治，旧曾建过一座钢桥，不久便因兵燹焚毁了。

雅江河谷深达 2000 米以下，终年温暖而道路险窄临江，不适于骑马往来，故从来是被藏族遗弃了的河谷。因此汉民族移入垦殖的很多，沿河村落大都是汉民族在耕种。其南直入木里县境皆然。藏式农业，在两侧高原上才有。

这一大河谷是可以种水稻的，但地势不利于作水田，且大部耕地亦不在低暖的河谷里，故就全县说来，仍只能是玉蜀黍和小麦的生产地。这里还很早就已有了蚕桑，但孤悬的蚕桑业，不能有适当的出路，所以未能发展。本区农业发展中的问题，与瞻对同。

（2）理塘①部分，理塘寺是 16 世纪中叶达赖三世所创建，号为西康黄教发源的圣地，故自固始汗统治康、青、藏以来，历世皆以此为康南的重地。其实这是海拔 4000 米以上的一个草原边缘，生产力非常贫乏的地方。清代建粮台于此，筑有城垣，建有市街。清末改流，为府治所在。因此造成了人为的，也相当稳固的繁盛。旧理塘营官管辖乡城、稻坝等地方和瓦述、毛垭、曲登、崇喜三土司，清末的理化府也就管理这些地方；民国以来为理化、定乡、稻城、义敦四县。由于汉族官吏没有能力管理这些地方，也不愿住到这些地方，所以经常发生乱子，把地方情形弄得非常复杂；社会经常不安，也就说不上生产事业的改进了。

这区地方，就农业观点说，也可分为高原牧场、阔谷农地与狭谷农地三部言之。

高原牧场，即理塘城附近，海拔 4000 米以上的地方，包括毛垭、曲登和义敦县治附近的大草原，这是西康最大最平的肥沃草原，面积约有 1 万多平方公里，一平如坻，恰如成都平原一样。清末曾拟在此种植桑麻，自然是完全失败了。但这里可以在垣墙内种植蔬菜，是市街住民已有成功经验的。如有背北风的地方或风障建筑，当可以进行洋芋、荞麦与蔬菜生产。但应主要用力在栽培牧草上。这是一个适于机耕栽培牧草的地区，积土甚厚，而晴日气温颇高，富于刺激性。风强揭土，尤适于栽培多年生的苜蓿类深根牧草。

当前，还没有在这里进行上列计划的条件。但可相信，到一定时期，这一海拔

---

① 理塘，义为铜镜一样草原，谓其草色似铜。

仅仅 4000 米的大草原是会用于机耕的，最先将实施于理塘东面的塔子坝等处，那里海拔较低而有山避风。其次则是理化北面金矿沟等处，那里海拔虽较高，却是避风的河谷。避开风害是这草原进行耕作的主要条件。如其可以造林，则造防护林（纵然是灌木林也好）是紧要的，否则须作障风堤。这里的北风，兼寒冽与干燥两害，最能伤害作物。

阔谷农地，即 3000 米以上的河谷农地，包括稻坝（稻城）平原和乡城盆地，与理化、义敦两县南部一些河谷，面积也很广阔，是本区人口最稠密的地方，全是藏族农村，主要是栽培青稞一季。但这些南向的河谷，都很温暖，尤其是乡城河谷（3000 米），种水稻也很可能。稻坝①海拔较高（3500 米），不能种稻，却是小麦最好的生产地带。康南的海拔虽比康北高 300 米，气候仍与之相当，故虽 3800 米的河谷仍可种麦。略低于 3000 米的白松，从来就已种稻。故下乡城即可判为可以种稻地区。

如何教育这区农民、安定社会秩序、安全进行生产，乃是本区发展农业的大前提。

狭谷农地，即 3000 米以下的河谷耕地，在本区所占面积很小，且皆在极边缘部分，大都为藏民族所弃。例如乡城南方的东阿绒，从来就是汉藏官吏都不管的地方，康滇两省都从未把它收入版图。还有稻城南边的东义河谷中下游，是个燠热宜稻的狭谷，河水流向木里的隆达区，沿河无路，形势隔绝，故从来都属稻城，近世也变成了化外。还有理化木拉石以南的小金河谷，直入木里县境，有墨洼这些农村，名义上属理化县，实际不曾过问。

这些温暖的狭谷，交通不便，耕地又少，虽可生产很多粮食，运出却颇困难，在交通尚未改进以前，只好暂不谈它。

（3）巴塘②部分，即旧巴塘营官和巴安府所辖地区，在德格区南方的金沙江中游河谷的一段。这段金沙江，海拔下降到 2500 米左右③，成了无有冬季的河谷。且在巴塘县境一段，相当开阔，两岸台地上都是富乐的农村。尤重要的是它的几条小支流，都具有长段的宽阔平原，农业非常发达。其中最主要的是巴塘平原。

巴塘平原，位于巴曲（冷卡石河）与小巴冲河的会口附近，是一长 10 多里、阔

---

① 稻坝，藏语一字地名，原只曰"道"，义为片羽，呼其人为道巴。清末改流作稻成，其地实无稻作，亦无城垣，但平原一片而已。
② 巴塘，亦藏语一字地名，只云"巴"，清代设粮台，改流后称巴安。
③ 金沙江由三岩入巴塘境时江面海拔 2600 米，南经得荣到奔子栏为 2200 米，在巴塘县中部的竹巴龙渡口为 2590 米。

有几里的冲积平原，海拔2800米，气候非常暖（前已屡次说到）。巴曲河谷复有40余里的农田与之相接，皆全年都可进行生产的肥沃农地。二水会合后，绕茶树山（译音，非译义）入金沙江，是一段峡谷，行旅皆从茶树山到金沙江，山上也是农村，沿金沙江更是上好农地。江西岸的养岭河，又成一条农业地带，直上宁静山（邦拉）。这样就构成巴塘在康南的重要地位。它是交通必由之路，又是农业中心，康南人口最稠密的地方。但它的气候又不酷热，适于藏族人民生活，所以它从来就是康藏高原里一著名之地。清末拟把它建设成为西康的省会。外国的天主教堂和基督教会也争着到此发展。但这一地区由于西康省会定到康定而冷落了，30多年来，成了康南农业生产的孤岛，无法发展起来。

由于这区深陷在金沙江中游的群山之间，对任何一方都不易造成近代型的交通路线，所以巴塘会逐渐相形落后，丧失清末时代的光荣。但这块地方，终归要重兴振作的。其时间当由祖国交通发展的进度来决定。必然有个时候，一条公路以至于铁路通过巴塘。并且这条路是现在就可以拟定的，它将由甘孜大金寺南的打火沟，穿过阿色草原和昌泰草原，循冷卡河谷到巴塘；此后，或由巴塘循金沙江河谷到云南中甸，横经永宁、盐源接西昌；或循金沙江径达石鼓通于大理。此路修成，对于开发康滇西部的农牧资源作用很大。那时巴塘地位亦将与今天的甘孜相似，突然复臻繁荣。

现在巴塘自然还说不上如何发展农业，但亦非无事可做。这里的气候温暖而干燥，又有灌溉水，宜大力发展果树及其他特产，用畜力运输到甘孜与昌都去交换工业品，以弥补康藏高原蔬果贫乏的缺憾。这里现有的优良果品，是苹果与蜜桃，与全国各地比来都属于上上品，惜在产量还少，又肉果不利于驮运输出，致这样优良的果品，比金川梨更为不幸，迄不能与大都市人民见面。若改良采摘，注意消毒、防腐、装箱运输的工作，则就只甘孜一地也是会供不应求的。这样装运成功，更可由甘孜用汽车销到成渝市场。那便为巴塘农民增加收益、提高生活水平创造条件了。不但这两种优良果品可以大力推广到整个金沙江河谷去，并可多量引进更好更多的干果，及其他喜暖喜燥的果类来，把这块地方培养成一果树专业区，逐渐向果品加工的食品工业发展，如酿酒、果酱和果蔬脱水工业，这就可使偏僻的山谷繁荣起来，便可诱致公路的修筑。对整个国民经济计划说，它也发生了一定的分工作用。

从气候来判断（巴塘气候参看第一章第二节），巴塘，尤其是巴塘的金沙江两岸，是可以发展棉花的。但清末从湖北输入美棉在此试种，第一年便失败了。跟着川边离乱，遂无人再试。美棉新到此地，又无技术指导机构，初种失败，原自难免。

且小试纵使成功，棉无出路，等于凡草，固应无人续种。今如采用华北和新疆的棉种，在巴塘平原与金沙江谷大量种植，轧棉后用机压紧，驮运甘孜输销四川，运费不大，也是提高此区农产品输出数量之一道。必须有农产品输出，才能刺激农民的生产兴趣，才能扩展耕地面积和发动精耕，才能为农业发展的前途打开门路。

巴塘的南方，有金沙江另一支流仁波河的大面积河谷耕地。又其南得荣县境的得荣河谷是更温暖的河谷。其上游白松（属巴塘），海拔2900米，早已种稻，则得荣县境内海拔全在2600米以下的河谷之宜种稻更属无疑了。但这里人民却只种青稞一季，农民穷困，至女子无衣遮体。这区农业生产的不合理和农业经济之呆滞可以想见。

自然，这些地方生产粮食纵多，亦属无用。农民生活的贫困，乃是交通不便所造成的。发展交通，乃是改善农民生活的根本大计，宜在巴塘通过仁波、中咱、茨巫、得荣、奔子栏到中甸的路线上和中甸到滇川大城市的路线上尽先建设驮运站，来发展土特产与工业品的交流。这样便可以初步改善人民生活，刺激农业生产。

巴塘原管金沙江两岸还有2200多平方公里的地面，也随《冈拖休战条约》划归西藏地方政权，与德格区的情形一样，应该重作调整。

以上四川省境11区29个亚区和一些应该再细分的小区，共总面积有650525平方公里。占全国总面积的6.7%，是浙江省的6倍，是福建省的5倍多，是广东省的3倍。现在虽然暂合川康为一省，到一定时间，仍将有分建2省、3省以至于5省、6省的必要。

（三）昌都区（三大峡谷地区）

丹达山以东，金沙江以西，包有怒江、澜沧江流域和金沙江流域的西岸一面，以及伊拉瓦底江上游和雅鲁藏布江支流的偶曲（察隅河）河谷部分，有24万平方公里的地面，是现在的昌都藏族自治州辖地。就藏族习惯说，这原是康区的一部分。在吐蕃建国初期，这带乃是羌人东女国等部落地方。东女国又叫苏毗，其都城康延川，便是今天的昌都①。后为吐蕃兼并改称察木多②，历来就是藏族地方政府经略东方的重镇。吐蕃崩裂时，这区首先背叛，成为若干独立部落，各种教派都在此区各部落间活动，白教曾经很占优势，到明朝的末叶，青海的固始汗占领了这区，摧毁白教，大兴黄教。清初，把这区大部地方划归西藏管理，近金沙江部分划归德格和

---

① 参看《隋唐之女国》一文，载《康藏研究月刊》第5、6期。
② 察木多，意为水（敬语）会，亦可作政治中心解。

巴塘、纳夺等土司管理。清末改土归流，这区完全设置州县，由汉官管理，但才四五年，就被西藏地方政府占去了一部分，1928年全部被占去了（除巴塘和盐井外），兼及全部德格土司地方。1932年康藏两军作战，藏军败了，订立《冈拖和约》，约定以金沙江为界。直到解放前，西藏都是分出一个噶伦①驻在昌都兼"多墨总管"管理这块地区。解放军入藏，首先就是解放的这区，建立了藏族自治州。这区藏胞对于和平解放西藏工作，曾经有重要的贡献。现在这区仍归西藏军区管理，未曾划入四川。

从这区起，及其他西藏各区，皆未有可靠的人口数目、耕地面积，以及其他一切统计资料。惟分区面积，有我过去用精细的分区地图测定出比较可靠的数字。关于本区各部分面积如下：

昌都（旧察木多呼图克图辖地，曾改流为昌都县）17891.05平方公里。

察雅（旧乍丫呼图克图辖地，曾改流为察雅县）②10416.69平方公里。

宁静（原西藏麻康营官辖地，曾改流为宁静县）③10681.64平方公里。

贡觉（原西藏官角营官辖地，曾改流为贡县）④4518.08平方公里。

三岩（旧川藏两不管的三暗巴，清末改流为武成县）⑤2092.05平方公里。

邓柯县金沙江西岸地方（1932年《冈拖和约》划出）3277.54平方公里。

德格县金沙江西岸地方（1932年《冈拖和约》划出）1932.58平方公里。

白玉县金沙江西岸地方（1932年《冈拖和约》划出）906.40平方公里。

同普（原德格和纳夺土司管地，曾改流为同普县）15143.94平方公里。

巴塘县金沙江西岸地方（1932年依《冈拖和约》划出）2243.93平方公里。

盐井（原巴塘土司管地，改流为盐井县，1932年依《冈拖和约》划出）3904.51平方公里。

桑昂（原西藏昂曲宗僧官辖地，曾改流为科麦县）⑥42140.88平方公里。

察隅（亦桑昂僧官辖地之一部，曾改流为察隅县）⑦11297.07平方公里。

---

① 噶伦，义为执行政令的首相。西藏制度，达赖喇嘛为着，设四噶伦对之负责，处理政务，由两个贵族、两个僧侣担任。
② 乍丫，是一寺庙辖区，正副拉仍汗（活佛）各一人，分驻乍丫寺和烟袋塘。
③ 麻康，是青海蒙古统治康区时所设一个蒙古台吉辖区的名称。其驻地曰"噶拖克"，旧译江卡，清末设宁静县，缘宁静山为名。
④ 贡觉，《卫藏通志》作"官角"。
⑤ 三岩，义为恶土。旧译三暗巴。
⑥ 桑昂曲宗，一般省称桑昂。
⑦ 察隅，旧译杂瑜，义为乱石区。

八宿（旧八宿呼图克图辖地，改流时属恩达县）① 14084.14平方公里。

类乌齐（旧类乌齐呼图克图辖地，改流时属恩达县）② 7559.27平方公里。

三十九族（原西藏管土司地方，曾设九集县）③ 87572.71平方公里。

硕达洛松（原西藏三个营官管区，曾改流为硕督县）④ 4767.43平方公里。

合计240429.91平方公里。

合计本区面积比甘孜藏族自治州大1/5。就自然地理与社会情况说，一切都与甘孜藏族自治州很相似。所不同的是：草地较少，暖谷较多（但相差也很微），汉人较少，经过汉官管理的时间较短，也极少见有汉式耕种。这就可据以判断本区的人口密度和耕地比率。

试就上节甘孜自治州土地利用情形表来看，20个县的平均人口密度为2.66人/公里^2，划出汉人较多的部分（丹巴、九龙和康定的一部分），就只有2.54人/公里^2。其实"拟划为甘孜农业区之部"尚包有雅江、巴塘、乾宁、道孚、炉霍、理化、甘孜这些汉人颇多的地方，若还把这些汉族人口减去，只算藏族，则可能更少到平均2人/公里^{2}左右。昌都区除盐井县有汉族垦地，昌都市有汉族工商户外，只有藏族，他们过去在农奴式的耕种制度下，耕地不会比甘孜区更多；在庄房制的社会条件下，人口密度也不能比甘孜区高。即以其牧区较少、暖谷较多说，以平均2.66人/公里^{2}来计算，亦只有639544人，最多不能超过70万人。其农业人口数字，不能超过62万人；以平均每农民有耕地2.32市亩算，则只有耕地1483741市亩，最多不能超过150万市亩。

这当然是与甘孜藏族自治州一样，不是可耕地不足的问题，而是已耕地太少的问题。耕地太少的原因，是社会制度和人民生活要求不高，是铸造的定型生产方式所形成的，不是自然条件不足的问题。关于这区农业发展工作中应当注意之点，总的方面与甘孜藏族自治州相同。以下分为3个亚区说明各部分的特殊情况。

1. 察东高原亚区

金沙江与澜沧江之间，为一北宽南锐的楔形高原，北连青海省的玉树大草原，南尽于宁静山⑤，除邓柯南界的噶拉雪山脉外，全是海拔4000米以上的大草原和

---

① 八宿，是一黄教活佛辖区。
② 类乌齐，黄教活佛辖区，包括恩达在内。
③ 三十九族，藏云"甲得"，又云"穹波"。
④ 硕达洛松为硕般多、达隆宗、洛龙宗三地的简称，缩写首三字为名。松即"三"字。
⑤ 宁静山，藏名"邦拉"，缘山下邦村（帮木塘）为名。邦，义为十万。宁静是汉文赐名，清雍正四年，于此山立川藏界碑，祝西陲永宁，故曰宁静山。

3500米左右的阔谷农地。追入金沙江与澜沧江的狭谷，才下降到3000米左右。草原在北部最宽，主要的是纳夺牧部①，它不似理塘坝子那样平坦，却也没有被大山雪岭划割开。南部逐渐锐削，只宽到数十里以至于数里。宁静山并不是山，只是这草原的最尖锐处。

澜沧江从青海的玉树草地流出，汇为杂曲②、昂曲③两股，合流于昌都城下，其时海拔3243米。东南流入察雅县境，更合舍曲④之水。受两岸高峡夹来成为深狭，没有沿河平地的峡江。阅200公里入盐井界，下降到2800米。西岸几乎没有支流。东岸支流为察雅、宁静的主要耕地。正如金沙江西岸的同普、邓柯、德格、白玉、贡觉、三岩和巴塘的耕地一样，分布在支流的中游阔谷里。这些支流，上游是更为平阔的草原，下游是绝峡无耕地的一小段河谷接连到澜沧江和金沙江本流。杂曲、昂曲、舍曲三个河谷里，也是耕地集中的地区。

耕地全在海拔3000米以上，是本亚区一个特色。这说明本区只宜生产麦类。这乃是藏民族最满意的耕地。因为：地势宽平，则交通便；冬季土冻，则春季易耕，这对缺乏铁农具的藏民最为相宜；接近牧场，则便于营牧业和农牧交换。不知者每以藏民重阔谷农业而不甚注意暖谷的生产为怪，由未深入研究藏民经济的全部内容，辄以内地农业的观点看待这一问题也。

康藏公路，由德格经同普到昌都，贯穿这一草原的中部，经过百多公里无农户的荒凉地方，这就令公路的作用贬了值，养路和行车的工作也增加了困难；应该在卡工以西的足雍（4260米）、白日（4640米）、妥巴（4200米）等处建立国营牧场，输入良畜，栽培牧草，建立畜产加工工业，为这牧区打开现代牧业规模，借以繁荣公路沿线地方。

这亚区内无须建立生产粮食的国营农场；如须建立，则卡工甚为适宜，热垭亦可；它们都在4000米以下，勉强可以生产谷物，若有防护林，可以保证麦类安全生产。如其这里大规模种麦成功，对改进牧民生活和带动本亚区若干河谷增产粮食，具有绝大作用。

这亚区农民生产情绪很低，是可以理解的。必待民主改革以后，组织起来，才可能说到发展农业，那时耕地自会展拓，粮食必然增产。由于亚区里农牧部分都相

---

① 纳夺为纯牧部落，旧有土司数员，归四川打箭炉厅管辖，其地北接青海，西接昌都。清末改流划属同普县；县治郎松，为德格土司故地。
② 杂曲，澜沧江的东源，义为乱石河，亦解为陶土色的水。
③ 昂曲，澜沧江的西源，义为黄色水。
④ 舍曲，即类乌齐河，义为吉祥水。

当平坦，其增产粮食易于用畜力运输到公路线上来进行农牧交换。故若其农民获得解放，就不患不能增产粮食。

这亚区里还未发现可以栽培水稻的地区，栽培玉蜀黍也未必能收获老熟的子实。只能发展各种麦类和蔬菜、根菜。栽培牧草，豆科牧草和多汁饲料，是主要的方向。油菜也是这亚区相宜的作物，在昌都附近生产油菜和向日葵，对这区人民生活大有帮助。向日葵这种需要强光线和高温刺激的作物，在此区应很相宜。此外如亚麻、甜菜皆可试行栽培。能在这区生产粗制的糖，便有很大的社会意义；若能进而发展成为西方的制糖工厂，则更将成为改造藏族社会经济的一大力量了。因为整个藏族聚居区很需要糖，同时可以栽培糖萝卜的地面也很宽。

糖萝卜是能耐骤寒而对光照甚为敏感的作物。生长期 150~170 天，播种温度为 6~7℃，生长期中需要 18~20℃ 的气温和一定的雨量，成熟期中需要强光照，气温下降到 6℃ 以下时生长停止。这在本区大部地方都是适合的。例如昌都、察雅、宁静、同普等河谷。就昌都的气温资料说：4 月初旬就可播种，5 月份夏季风挟雨而来，糖萝卜开始壮苗，同时平均气温也升高到 6~27℃ 的摆幅内，6、7、8 三个月平均气温更高到 10~28℃ 的摆幅内；高原天气光照极强，无阴雨。9 月内始有低于 6℃ 的气温出现[①]，距播种时已五个多月，超过 150 天了。昌都气候记录，可以代表同普、察雅、宁静等地方的气候，而且那些地方的雨量都会比昌都小，对糖萝卜的收获更为有利。

不在这一亚区发展藏族人民生活需要的植物油类、糖类和纤维类作物，不为发展牧业而栽培牧草，而仅坚持生产粮食与须根作物，是不适当的，不是本区长远计划所当采用的。

2. 察西高地亚区

昌都西边舍曲河谷与怒江上游地区，包括恩达、类乌齐、三十九族、硕达洛松和八宿各部分，是一块雪山与狭谷错杂着的高原部分。原来平坦的高原，也被这些河的本、支流水刻削得不平坦了。所有高原阔谷都是小面积的，并且是由山岭或狭谷隔离开的。任何一个部分里都可同时看到雪山、草原、阔谷农地、峡谷陡壁与狭谷农地各类地形。这成为本亚区的特色。

比较说来，硕达洛松是本亚区内主要的农业部分。它们是春多雪山脉（丹达山脉的东延部分，旧地图作伯舒拉岭山脉）与怒江峡谷间的一幅较平坦地方；许多怒

---

① 据《中国气象资料》第二册，1941 年与 1942 两年记录。

江支流从南向北流,在中游部分排比成一系列的,七个以上阔谷农地,由小丘隔断,由一条大道联系着;东起嘉裕桥,西迄丹达山,中间便是洛隆宗、硕般多、达隆宗(边坝)三个营官(宗本)分管地;从来就是西藏很注意的一个征粮地区。嘉裕桥藏名霞域桑巴①,是跨怒江上的藏式木桥,其东逾伟大高寒的瓦合山到恩达(旧县治),属舍曲河谷。

舍曲河谷农村亦颇密,其上游为类乌齐寺。此寺旧为白教在康区的中心大寺,后来被西藏地方政权摧毁了,改布黄教;但迄今白教潜力仍然存在。白教的信徒多在三十九族。三十九族原是古代苏毗遗民,有七十余部,清初称为"宁番七十二部",以二十部划归西宁,三十九部拨归西藏管辖,西藏仍按其部族原制设立土司。其分布地全在怒江上游,以牧畜为主要生业,亦有耕种业。

春多山脉为怒江与雅鲁藏布江的大分水脊,在八宿境内仍是雪山,其西为波密地区;其东为八宿呼图克图辖地,是一类似硕达洛松的高原阔谷区,但由于怒江的深刻蚀陷,故其支流构成的阔谷农地较少,全部地面都是崎岖不平的。

康藏公路由昌都南来,通过怒江和八宿高地入波密,这段工程非常艰巨,曾有几十万忘我劳动的工人同志在此吃尽了苦,甚至牺牲了生命才完成。它的价值不仅在国防上,也在帮助西藏人民前进上奠定了稳固的基础,还将对改进这一交通不便、生产落后地区的经济生活发生主导作用。为首一端就该是改进农牧生产的问题。但这带关于农牧生产的资料还根本没有。目前应该做的,还在基于客观具体情况地了解问题。

就自然地理情况判断:这亚区是适合于多方面发展的小区域分散经营的农业区。它在康藏间,是一比较低陷的地带,全区域的河谷内部是可以生产粮食的。但生产粮食的目的,只当是自给,不可望成为大量的商品;只能是内部农牧交换品,因而数量有限,与土地可以生产粮食的面积不相称。这些超过粮食需要产量的土地,应该用来生产满足当地人民生活要求的多种物品,如各种蔬菜、果类、纤维作物、油料作物、调味和可以制造饴糖的作物,蓝靛、红花等染料作物,豆类、薯类可供酿造的作物,多种多样的丰富人民生活的东西,打破过去单纯简陋的习惯。这对于促进其社会发展,也具有一定的作用,因为经济活动与生活要求的提高,就能促进社会的发展。

在这样多面发展的农业基础上,便可以总结出正确的农业发展方向来。若眼前

---

① 嘉裕桥藏名霞域桑巴,义为鸟界桥,或译雀桥,旧译晓叶桑巴。

就订出一些发展计划，就难免犯了主观的错误。眼前所宜做的，就是发展多种多样化的农业生产来摧破那种寂静的社会生活。

要在这早已巩固了的单纯经济和寂静的社会里发展多样化的农业，也非十分容易。这必须有足以说服藏族农民的示范工作走在前面。本亚区这段康藏公路，穿过了逐步变形的多种多样的地势和朝夕不同天的多种多样的气候，这就是一个天然的进行多种多样的农业栽培的示范地区。宜在海拔3000米左右的澜沧江谷，4000米以上的八宿草原（油曲上源之部），2000多米的怒江河谷，与5000米左右的宿登海子附近等地方，建立几个小型的介绍外来品种的试验农场、牧场，把南北各省所产的农作物和牧草品种引入试种，把成功的经验推广出去。这样就可以打破藏族农民单纯式的栽培与寂静的经济生活。

3. 察南暖谷亚区

昌都区的南部（八宿以南），怒江本支流与偶曲①流域，为旧西藏桑昂曲宗僧官所辖冷卡、门空、察隅、察龙四部地方，全是非常温暖的河谷。还有澜沧江下游靠近云南的盐井县（旧巴塘土司地），亦是温暖河谷，且与察龙形成一条云南与昌都间的主要商道，故应一并划入这一亚区。

察隅的中心为绒密村（一般地图从西文 Rema，译作力马），地当偶曲两条上源的会合处。东源自八宿高地流来，上游海拔高近4000米，是高原阔谷，只产青稞，但这是藏人喜爱的气候区，桑昂曲宗（3310米）即建其上。稍南，河谷渐深，气候渐暖，由冷温带、而温带、而暖温带地逐渐变化下来。西源出自波密东南的雪山，也是由寒带气温逐渐变入暖温带气候。两流会合以下的河谷，变成了热带气候，与印度和缅甸的平原相似，满目是巨竹、芭蕉和藤蔓植物，藏有毒蛇、猛兽，藏族弃而不居，居于两岸台地高处，绒密村（2100米）即台地之一。清末曾开辟河谷，试行种稻，一年可以三熟。

还可注意的：这里河谷南向，直接迎受印度洋的湿热季风，故其热不似建南金沙江谷那样干热，而是印度和阿萨密那样的湿热，故除水稻外，各种热带植物如椰子、橡胶树、胡椒、香蕉、丁香、檀木等皆能生长。它的北方有大雪山隔绝了寒流，虽在冬季亦不寒冷和干燥。是故应该让它生产康藏高原人民生活所需要的特种农产品；不必是米，如橡胶与热带果品似更适宜。这里的河谷高处，亦与其他康藏高原的山地不同，不但温暖，而且湿润多雨，这乃是康藏高原里特有的，并且是大面积

---

① 偶曲，义为吼水。即察隅河，故又曰杂曲。

的一个产茶地区。由这里生产茶专供应康藏,比雅安更为近便。但这些经济作物,察隅现在并没有,察隅现在所有的农产品,仍还是以青稞为主。

从察隅的偶曲河谷逾一狭长的高原地带入怒江河谷。这是高原里海拔4000米地方,栽培麦类,多有农村,也有牧场。其北接于桑昂曲宗。其南为伊洛瓦底江上游,仍是藏民族的耕牧区,归门空碟巴管辖。

门空是怒江河谷连界云南的一段。其接近江面地方,亦是热带气候,藏族农村多在江岸高处和支流阔谷里。其上游接界八宿的一段叫冷卡,海拔比较高些,沿怒江也有耕地和农村,但大部农村仍在支流上。

怒江支流油曲①河谷,又叫察龙或察哇龙,是本亚区里最北最平阔的一个重要地带。其河与怒江并行,到盐井与门空间宛转急折入于怒江,为盐井、门空和昌都间铺设了一条适于藏人行旅的道路,在本区中反成了个繁剧地带。

旧盐井县治的澜沧江边,有涌泉从江水中出,挹以煮盐,色微赤,为藏族制酥油茶所乐用,行销滇西北与康南、察南各地。藏云"察卡龙"②犹言盐口谷也。察龙亦由运盐著名。不仅运盐,云南沱茶和阿敦子(德钦)的木碗等商品,入藏亦必取此道。

尽管藏人不喜欢暖谷的交通困难和气候郁热。但若从生产观点出发,则这样高寒的大高原里,能有这大面积的暖谷是可贵的。可惜在交通不便,当前还无法去利用它。但这一情况不容许持续太久。现在康藏公路既已凿通,即已有了开发这区的基本条件。

康藏公路已经过察龙河谷的上部草原,则沿察龙修筑一条公路到盐井,由盐井循澜沧江修到叶枝,接上维西公路,通联大理和丽江,是比较容易的工作。印藏公路修成后,似即可以开始建筑这条路。再下一步,就好进行由石鼓、巨甸沿金沙江修到巴塘,接上甘孜的公路了。

康藏公路既已经过宿登草原,就易于由宿登草原修一支路到桑昂,或由怒江桥沿怒江直接修到桑昂,沿偶曲河谷修出印度平原东北角上铁路、轮船的交会点萨地亚(全长约有400多公里)。沿江修路,会遇着许多峡江、绝壁的困难工作,但在当前的技术条件下,那是易于克服的困难。此路修成,不仅使这一伟大的暖谷地带对祖国作出新的贡献,且为祖国与印度、缅甸和巴基斯坦的交通打开了最捷便最安全

---

① 油曲,义为碧绿水,即察哇龙(省读为察龙)的河。
② 察卡龙,义为盐口河谷。

的一条新路，对维护和平事业也会起一定的作用。

在还没有这条公路以前，对这区域的农业建设说，也不是无事可做。很可以大力开展种茶，移徙一部分种茶和制茶工人到此区来，长期固定地打开这一新事业。这样可以大大减低入藏边茶的社会支出，应为藏族人民所乐闻。用茶业来繁荣这地区，在这基础上次第开展热带植物栽培工作，这也为他日修筑公路奠定基础。

（四）前藏（雅鲁藏布中游地区）

西藏区域的主要部分为雅鲁藏布河谷。这是吐蕃民族最先的根据地，西藏文化发生、发展的中心区，现在西藏的粮食生产和人口聚集最稠密的地区。雅鲁藏布江是一条与喜马拉雅山脉并行的河，在西藏境内长达1500多公里，自西向东，由5000米左右的高地逐步刻深到2000米以下，在波密南境造成迂回的绝峡。穿过喜马拉雅山脉流入印度平原后，别称为布拉马普特拉（Brahmaputra）江，折向西流会于恒河。

汇入雅鲁藏布江的大支流，有热噶藏布①、年曲②、拉萨河③、工曲④、波藏布⑤等，拉萨河最为重要。古代西藏人把拉萨河认作雅鲁藏布江的正源，只叫藏布⑥，西藏称之为"藏"，缘此而定。康藏之分，也缘此而定。如果要把雅鲁藏布江分为上、中、下游三段，则恰好以拉萨河汇口以上为上游，以下到喜马拉雅山峡为中游，印度平原的布拉马普特拉为下游。一般把西藏分为前、后藏，恰好是以中游河谷与其支谷地方为前藏，上游河谷与其支谷地方为后藏。

前藏、后藏，只是汉民族一般已经习用的名称，不是行政区域的名字。就西藏习惯说来，他们把前藏地方分为下列各部分：

伍汝，拉萨河流域，义为首部。

约汝，拉萨南边的一段雅鲁藏布江河谷与其支谷，义为碧玉部。雅鲁藏布，即"约汝藏布"四字之异译，因已通行，故沿用。

羊卓，羊卓湖附近地方，为海拔4000米的高原农业区，其南大草原被称为南羌塘。

罗札，南羌塘水南流穿喜马拉雅山脉入不丹境，在接近喜马拉雅雪山之部，河

---

① 热噶藏布以从热噶寺地界流出为名。其河与日喀则以下的雅鲁藏布成直线。
② 年曲，即江孜河。亦作叶曲。
③ 拉萨河，藏名吉曲，义为中水。旧用蒙古语译作噶尔招木伦，缘甘丹寺为名也。
④ 工曲，缘工布为名。亦称"工藏布"。
⑤ 波藏布，旧译"博藏布江"，亦云波曲，即波密河。
⑥ 藏布，义为圣洁者。藏人初专用于一水，后对所敬的神水皆如此称。

谷深陷，农村迭出，为拉萨与布丹往来三要道的中路所经。

霞城，罗札之东，也有一部分的水，穿喜马拉雅山脉的另一山口入不丹东境，为拉萨与不丹交通的东路所经。

约汝、羊卓、罗札、霞城皆在拉萨正南，藏人又统称它们为洛，译义为"南"，通常译作山南。伍汝、约汝皆古代吐蕃都城所在地，藏人统称为卫，义为中央，或畿辅。这些习惯称呼，也随历史发展而变更了所指定的地域。例如，近年西藏地方政府设了山南总管（驻孜塘）兼管达部与娘布。最近又增设塔工总管办事处（设在工布），管前藏的东方各部。达部、娘布似已改隶此区。

达部，一作大博，英文常译作 Takpo，故有人译为塔克部。包括约汝东边一段雅鲁藏布江河谷，和其南的喜马拉雅山脉北侧草原地带，那里也有些水是穿过喜马拉雅雪山山脉流入洛巴部落的。

工布，工曲流域的阔谷农业区，足木宗以北，今康藏公路通过的地带。民国初议设太昭县，未实现。现为塔工基巧办事处驻在区。

拉里，工布之北，为一高寒农业区，清代曾设粮台于此，清末设嘉黎府，因藏人反对，未实现。

波部，工布之东，波曲流域地方，康藏公路所经。其南白马冈①为波部附属部落。

以上各部共计面积193263平方公里。人口尚无资料可据，大概估计人口密度不能超过昌都区。若以平均每平方公里2.5人计算，当为483157人，以平均每平方公里3人计算，亦只579789人，即人口可能是50万左右。其分布情况，以卫部为最密，工布与达部次之，其他各部颇稀。若凭眼力去观察它的疏密程度，最好用寺庙的多少和大小作判断。因为喇嘛是靠俗人生活的，在俗人少的地方，就不可能有很多的寺院或很多僧侣的大寺院。

要观察各地区农业发达的程度，产粮的多少，人民富足与否，亦可由所在寺庙的辉煌程度来判断，除拉萨三大寺是各地人民（远如内蒙古、青海、云南、四川和印度、尼泊尔的一些人民）共同支柱外，大抵一个农村就有一个寺庙，农村富足的寺庙就堂皇、喇嘛多，宗教建筑物也多（指塔、嘛呢堆、转经楼、神山装饰等小建筑），念经的声音随处可听到。因为农民秋收后，如有吃用不完的粮食牛马，照例是捐献到寺院去做法事，或修建祈福的东西。如其农民生活困难，则寺庙必然也会破

---

① 白马冈，本神山名，用为部落名称。

败或冷落。

西藏的行政区域，以宗为单位。大抵每一小农业区，就建筑有一个"宗"，一般称为官寨，相当于内地一个县治，设有"宗本"来管理地方。大缺宗本管几十村，几百户至千户以上；小缺宗本只管十几村，几百户。旧称"前藏三十六域"，即谓36个宗。现在增加得颇多，难以列举。牧场就少有宗。故仅查一个区域里建宗的多少，也可估计到农业人口的密度。

以下分4个亚区来说明前藏各部的农业情形。

1. 中央阔谷亚区（伍汝、工布、拉里）

拉萨平原，是全藏的核心。但这平原上并非伍汝农田稠密之部。由平原向西南到曲水宗，和由平原向东发展的德庆、墨竹工卡、乌斯江，这两道河谷，才是卫部的主要农业区。由乌斯江翻鹿马岭浅丘入于工曲河谷，又是一广大的阔谷农业地带。由工布江达（太昭）沿工曲河到足木宗，这一带是工布的农业中心区，康藏公路就循这条线路建设的。塔工基巧级办事处和中央西藏工委塔工分工委都设在这区的珎巴村。这两大河谷与其许多歧出的支谷，都是海拔3000米到3800米的阔谷农地，是构成拉萨繁荣的地理条件。它的气候温和，地形开展，生产潜力很大，未来发展的途径很宽。

拉里（嘉黎）这区，是工曲另一支流拉里流域的高寒阔谷区，海拔高到4000米以上，但仍产粮食，故清代设粮台于此。拉里寺海拔4310米。其东鲁贡拉山口①高达5120米，与丹达山相望；中隔百多公里的阿兰多阔谷，尤高寒，尚有农田。往时入藏官道，自昌都到拉萨，为程24站，自达隆宗逾丹达山、鲁贡拉，经拉里，更逾奔达拉、窝咱草原与瓦子山②，到工布江达的八站，号称"穷八站"，因为一路雪山多、农村少，人户寥寥，常须露宿，为汉族行旅所不惯（藏族是不厌憎这样地区的）；从江达到拉萨的八站，则气候温和，农村弥望，景象繁荣，号为"富八站"。③这样富八站的景象，还可东延到足木宗，西延到曲水宗，它们就代表的前藏中央阔谷农业地带的情况。

拉萨河上游地区，却不是如此。那一地区归彭多宗④管辖，称为彭多区或彭城，

---

① 鲁贡拉，义为西雪山口。
② 奔达拉，海拔5460米。窝咱草原有湖（顶湖），海拔4493米。瓦子山，藏名"卓拉"，海拔5380米。从此下入河谷农地。
③ 清代行役西藏者谣云"富八站，穷八站，半富半穷又八站"。谓自拉萨到昌都途间情况。非藏语如此。
④ 彭多，旧译旁多。在昔为拉萨北门锁钥，地位极为重要。且曾独立为国，故又别称拉萨河上游地区为彭域，其人为彭波。

情形与拉里区一样，牧地多于耕地，也多有雪山和绝峡。如要把它们（彭多、拉里、阿兰多）别划为一藏北农牧亚区，也是可以的，但分割太细了，莫如把它们并入中央阔谷区更为适当。它们只算得卫部和工布的附属区，将来农业发展的工作，仍当由拉萨和江达的机构领导。

这里可以附带论述念青唐古拉山脉在划分康藏农业区域上的意义。它也是西藏人所承认的划分自然区域的界标。

念青唐古拉是天湖①南侧一列最高的雪山，主峰海拔 7088 米，是藏族所崇奉的最大神山之一。山脉西延为一长列的雪山，直到阿里部与冈底斯（后详）相连，为雅鲁藏布江与内陆湖区的分水线，我国旧地图标为冈底斯山脉，西文图多从斯文·赫定之说，标为外喜马拉雅山脉，甚至称为斯文·赫定山脉，都是不适当的；循名从主人之义，应该称为念青唐古拉山脉。这山脉的东段，便在拉萨河上游之部，逐步下降入于草原，杉松岭②即其最低陷之部，海拔仅 5000 米，与一般草原相当。自此以东，山脉又逐渐上升成为雪山带，直连于鲁贡拉、丹达山、春多山、八宿山（伯舒拉岭），为怒江与雅鲁藏布江的分水线，也就是康区与藏区的分界线。

念靖唐纳山脉在拉萨河上游部分，低陷成了杉松岭这一缺口，是西藏经济、地理上一个重大因素。它为拉萨与青海的交通开拓出一条天然的道路，并为青海省草原区送入了较多的南来的夏季风，同时也让自青海北来的寒潮容易侵入雅鲁藏布流域。故拉萨河上游区的地形值得作较详的描述。

拉萨河上游有两大支：东支源从杉松岭，在草原中向南流行约 35 公里，便向东南转为峡江；旧时的官道也就别向西行，不再循着它了。这段峡江长约 40 公里，同时会合了几条从东边大雪山脉流来的冰河之水，到热振寺③以下河谷才开敞些，始有农村，再约 20 公里到彭多附近与西支会，藏名热振浦龙。藏语浦龙即峡谷之义。西支有二源：西源出于念青唐古拉的冰河，与念青唐古拉山脉并行向东北流，名为纳曲④；东源出达木草原与西源相对流进，会于一大沼泽内。东西两源会合，向东南流如丁字，以下才有农地，至彭多与东支会，一般叫达木河。达木草原为蒙古民族牧场。300 年前青海蒙古固始汗管理西藏，派其族人住牧于此，镇压白教反抗的一支牧民，由于受到黄教徒的保护，遂成为永住藏地的一部蒙古民族。

---

① 天湖，藏语为纳木错，旧从蒙古语译作"腾格里诺尔"，谓水色如天青也，为藏人崇拜的两大圣湖之一（此湖与阿里的马品池）。
② 杉松岭，从旧译音，非由森林。它只是 5000 米的草原脊部，距黑河颇近。
③ 热振寺，原白教大寺，清代改兴黄教，以多蓄养禽兽著名。前西藏摄政热振即此寺活佛。
④ 纳曲，义为神水。

拉萨河自彭多以下，再成峡江，长约70公里，到墨竹工卡附近才开展，才有河原与农地。故自彭多到拉萨，不循此河谷而从察拉①翻山到伦珠宗②的河谷，再翻山③到拉萨平原。

从念青唐古拉冰河向南流的一条拉萨河支流，羊八井河谷，藏人称为对龙④，亦是一重要地区。羊八井⑤原是一白教大寺，因勾结天山北部的准噶尔蒙古来反抗青海蒙古和清廷所扶植的黄教政权，战败，寺被摧毁，改兴黄教。设对龙德庆宗本管理这区。羊八井寺附近是几条河会合处，自此以上主要是牧地，以下几于全是耕地，但有几处岩峡割断。这河的下游，亦与拉萨河作相对的流向，会合于哲蚌寺附近，而作丁字形向曲水宗。

今天的青藏公路，由当拉岭到黑河，由黑河逾杉松岭入达木草原，缘纳曲上游逾巴拉山（4777米）入羊八井河谷通于拉萨。又从羊八井分支到雅鲁藏布渡口，通于日喀则。故这一亚区，不但是西藏历史上的要地，也是今天西藏区的交通中心，一切经济建设都将从此开头，因而这一亚区的农业生产必然会得到最先的发展，由它来奠定开发西藏经济的基础，由它来带动整个西藏农牧业的发展。

这亚区里的气候是相当一致的，可以拉萨的记录来作代表。拉萨位于北纬29°48′，海拔3600米，其1935—1949年各月平均气温如下表（单位：℃）：

月份	1	2	3	4	5	6	7	8	9	10	11	12	全年平均
平均气温	−0.3	1.6	5.5	9.1	13.0	17.0	16.4	15.6	14.3	9.2	3.9	0.0	8.8
平均最高气温	7.6	8.9	12.6	16.5	20.5	24.7	23.7	23.0	21.7	17.1	13.2	9.5	16.6
平均最低气温	−8.7	−5.9	−1.7	2.5	6.3	10.8	11.1	10.5	9.0	2.9	−3.7	−7.8	2.1
极端最高气温	19.2	21.8	23.5	25.3	27.4	30.5	29.2	28.2	27.0	24.0	20.7	16.7	24.5
极端最低气温	−14.0	−13.5	−9.4	−6.7	−2.3	4.8	6.7	6.0	2.3	−4.5	−9.2	−14.3	−4.5

在这11年中，5月份有零下气温的只6次。即1937年−1.1℃，1942年

---

① 察拉，海拔4828米，为彭多与伦珠宗的界山，其山脉亦自念青唐古拉分来。
② 伦珠宗，为彭多与拉萨间的另一河内农业区。其河亦云彭波曲，盖昔时亦为彭多王国属地。
③ 自彭波谷再翻山始到拉萨，其山称彭波果，义为彭域尽处。又曰果拉，海拔4390米。
④ 对龙，与彭域同为卫部的要区，在宗教上尤有名。
⑤ 羊八井，旧译阳巴景。

-1.6℃，1944年-2.3℃，1945年-1.2℃，1947年-0.3℃，1949年-0.7℃，以-2.3℃为最低；从未见零下温度的为6、7、8、9月4个月；极端最高温亦从未到达31℃。这乃是最好的小麦气候，甚宜栽培生长期长的小麦、黑麦和大麦；也适于生产油菜、糖萝卜、大豆及各种蔬菜；又宜栽培各种牧草，特别是宿根牧草；也适于栽培苹果、梨、栗、桃、李等冷温带的果类；栽培洋芋、玉蜀黍等多汁饲料以舍饲乳用、肉用畜类尤为相宜。

这区气候的优点，是冬季不甚寒冽，但地面要结冻，土结冻则解冻时自然松软易耕，故其农业发育甚早。第二优点是生长期很长，由3月至11月，一般冷温带和亚寒带的作物，皆可安全生长。第三优点是雨量相当大：1935年为最旱年，拉萨雨量有448.1毫米；1936年为雨量最多年，拉萨为5034.6毫米；十年平均雨量为2703.4毫米，主要是降落于5~9月，只11月至次年1月无雨。7、8两月雨日最多（7月21.5日，8月有24日），其余皆不到10日；晴朗日多，日照很强。其唯一缺点，在于夏季缺乏高温刺激（仅每日有一段时间有高温），因而许多粮食作物和经济作物受限制。如祖国黄河流域的粟、黍、高粱都不可能在此区生长良好，稻、棉更无论了。即如玉蜀黍也只可能为饲料目的而栽培。曲水与江达以下的工曲河谷，又当别论，那些海拔较低的地方玉蜀黍是可以收获的。拉里和彭多地区，则小麦亦不可能生产，只宜青稞、黑麦、牧草、蔬菜。

黑河虽属于怒江河谷上游，海拔4000米以上，仍可栽培青稞。但这一牧业中心区的耕地，若还用于栽培牧草和多汁饲料作物，更适宜些。达木草原亦同。它们都已是公路通车之地，且不久将为青藏铁路经过地，粮食不必尚求本地供给，应与拉萨与工布的阔谷农地分工，发展牧业区的优点（黑河原是羌塘区的部分，现在一般把它结合到拉萨区谈）。

不可忽视本亚区发展工业的地位。因而目前就应注意它发展工业的方向，而从农业上为之准备。

西藏是不可能发展重工业的，目前还未发现有任何地方有煤、铁和石油露头。但水力丰富，电气工业前途无限。电除用于交通运输和人们生活资料外，只可能用于农畜产品加工性质的工业。这样的工业建设，必须与农业密切配合。这就必须从拉萨和工布构成的本亚区做起，再来带动其他各区。当前可以想象：拉萨附近可以筹备一个制糖厂，便在卫部提倡栽培糖萝卜来与之配合；工布区内可以筹备个榨油厂，便在工布提倡栽培油菜和大豆等油作物来与之配合。大豆生产在拉萨河谷可能尚有问题，在工布河谷，尤其以江达到足木宗这段河谷，绝无问题，那里夏季气温特别高。

准备发展工业，就得准备粮食，尤其是细粮，故小麦的引种和改进栽培技术，当及早推动。因而在墨竹工卡和工布江达建设两个机耕农场是必要的，它们负担试验、推广各种小麦、油菜、糖萝卜、大豆、多汁饲料作物和舍饲家畜以及其他新技术的责任，来打开藏族农民单纯栽培青稞的顽固局面，为西藏地区农业革新播下种子，也为社会主义生产的优越性作了实物示范的宣传。

同时还宜在黑河建设另一个以畜养业为主的机耕农场，栽培牧草、多汁饲料和一定的蔬菜与粮食作物，饲养各种家畜，为牲畜业示范。同时还附设畜产加工性的工厂，如：提炼酥油的手工厂以至炼乳厂，腌制肉类的手工厂以至罐头厂，洗毛厂、手工毛纺厂以至纺织工厂，手工制革厂以至机器制革厂，这样逐步来诱导藏北广大地区牧业的改革和发展，使牧民也可提早进入社会主义生产的新时代。

这一亚区森林并不缺乏，许多峡江地带，便是天然森林宝藏所集，因而森林工业也有很大的前途。

农、林、牧业配合地从生产原料和原料加工两方面发展起来，才能使本区域农业迅速发展到最高度的利用土地，才能使西藏人民提高生活水平，才能使西藏在整个国民经济上贡献出它自己的潜力，才能促进西藏社会的革新。这样"大辂椎轮"的工作，是应该随着民主改革伊始就筹备起来的，其"发轫之始"，必当属于本亚区。

本亚区，面积 78943 平方公里。人口密度，以拉萨区为最高，工布区次之，拉里、彭多区为最少，综合言之，亦不过平均 3.5 人/公里^2，即 27 万多人（合僧侣计算），农民不到 20 万人。这区目前粮食生产，已足自给，但使社会改革，农民生产情绪提高，耕地面积立可增加一半甚至于一倍，即可生产很多剩余粮食。如其剩余粮食没有出路，则生产蔬菜、生产饲料、生产经济作物都会很自然地发展起来。如再能从换种、施肥、精耕和改良农具等技术方面改进，提高生产量到现在水平的一倍、二倍及其以上，都是很容易的。故本亚区的农业生产力极大，发掘它也较之别区更为容易。这区改革成功，则全藏皆可迎风而起。

国家投入大量资金来建设这区，具有极其重大的意义。

2. 山南狭谷亚区（约汝、达部、娘布）

由拉萨逾山向南，进入雅鲁藏布河谷的约汝区。这区的中心地是孜塘，旧译泽当。在雅鲁藏布南岸一支流的河谷底部，地形相当开展，海拔只 3000 米左右，甚为温暖,其附近的乃东宗①,为吐蕃国王最初建都之地,这条河谷里保存着丰富的古史遗迹,故西藏人民从来把它当畿辅看待。西藏地方政府设有总管一员驻此,管理"洛区",一般称为山南总管。现为山南基巧级办事处。

由此上溯雅鲁藏布河谷至贡嘎宗连曲水界,其东通过达部、娘布到波密南界的下洛②,河谷长800公里,海拔由3000米下降到2000米。支流皆不甚长,由4000米至5000米的山地急激地降落下来,作正交状入藏布,农村大部分布在这些支流河谷内。沿藏布河岸偶有宽平台地,但有许多绝壁临江,阻绝交通之处。

气候温暖而交通不便,是这亚区的特点。由于尚无气候测量站的记录,不能准确地指出它温暖的程度,但可以拉萨比较作概略性的估计:这段藏布河谷底部是无霜雪区,种玉蜀黍和小麦两季是无问题的;有灌溉建设,即可以种水稻。但目前这区农业生产,似以支流河谷的青稞与小麦为主,那反是本区的人口稠密地带,因为藏民喜欢那样的高地气候。这些支流的尽头,虽在4000米高度,仍可栽培青稞。水源尽处即为本亚区的界线。

全亚区共约为面积30505方公里,人口密度约3人/公里^2,即约9万－10万人。这些人数,还不能有力量来发掘这样温暖河谷的生产潜力,况僧侣很多,实际从事耕种的不过8万人。

这亚区在西藏经济上占了绝对重要地位,就是它有条件供给这一高原地区的亚热带植物性的物资。高温作物如棉花、水稻、甘蔗,亚热带和温带的果类与家畜,皆可在这里发展,也可栽桑养蚕。虽然高温谷地的面积不大,不适于大规模发展,但在如此辽阔的高原内,为外来工作人员生产多种多样的生活资料,提高藏族人民生活的需要,都是必不可少的。这一亚区内,宜建设两个小农经营式的亚热带作物栽培农场,多引进一些新品种来试行栽培,推广经验于藏族农民。

这亚区不适于发展机耕。封建势力很大,而且交通闭塞,民主改革很难推动(就语文隔阂的当前情况说),组织起来的时间必然落后一些;个体农户会持续较久,目前只宜推行有利于个体农户的工作,故只宜建立上面所说那样的农场,来徐图从物质上的现实利益引导农民走上国家计划的道路。如其要这样办,则孜塘和孜冈宗③是两个最适宜的地点。

---

① 乃东宗,即旧王宫故址为宗,为山南首屈的一宗。孜塘即在其下不远。
② 波曲与雅鲁藏布会合处,对波密言为洛(南方)。会口以上的波曲两岸为上洛,会口以下的藏河两岸为下洛或谓洛,谓此亦洛域地方。
③ 孜冈宗,旧译则冈宗,一云孜拉(则拉),当工曲与藏河会口,旧属娘布,今属工布。距足木宗不远。

畜牧事业在这区只宜发展养猪和杂食的小动物，也可养蜂。这河谷杂粮可以无限增产而难于外销，故养猪养鸡业最适宜。空气干燥，少兽疫，尤利于猪、鸡业的发展。

3. 波部狭谷亚区（上下波密与白马冈）

康藏公路，过了怒江桥与八宿草原后，缘波曲河谷前进，经松宗（3896米）、札木、噶达、汤木（2058米）转入波曲支流的冬九河①河谷，逾山入工布的足木宗。这条河从冬九河会口向南进入东喜马拉雅山脉的峡谷会合雅鲁藏布江。全部流域皆属波部，面积23821方公里。分为上下两部：噶达宗及其以上的松宗、却宗、春多宗（倾多）、宜洛宗为上波，藏云波对；冬九宗、甲宗、彝贡河谷为下波，藏云波密。今人概称之为波密。

雅鲁藏布江穿过喜马拉雅山脉的一段，长达400多公里；在波曲会口以上有90多公里为绝峡，两岸皆是6000米以上的雪山，中间一线迂回的河谷，海拔在2000米以下。将近会口的30公里内有两道大瀑，上瀑海拔为2163米，下瀑海拔为1753米，相距仅约15公里。会口以下尚有50多公里的绝峡。通过喜马拉雅的脊线，折向南和西南行进，始渐宽展；沿河路线，概在山腰，尚须随时绕越山爪。② 这段绝峡的附近地方叫白马冈，是一群雪山下面的急斜暖谷，交通异常不便的地区；其人信奉白教与红教，与波部有宗教及经济上的联系。河谷炎热，盛生热带树与藤蔓，土人引蔓过江，年久藤长，扎为藤桥，扶栏具备，俨若天成。③ 波曲会口附近即有此桥两座，为波密与白马冈通路。这一雪山、燠谷、绝壁、藤桥的地区，距康藏公路极近（30公里左右），10里之内，具备寒、热各带气候和寒、温、热各带植物，甚宜辟为一植物园区，作研究森林利用的场所。两大瀑布似亦有利用价值。若用钢索代替藤桥，建设一些休养所，是绝妙的了。

波密区与白马冈合计面积约为35000方公里，人口不过4万余，平均每平方公里约有1.2人。就中易贡海子（海拔2200米，长200公里，宽10公里左右）附近最为平阔温暖，农户最为稠密，距汤木（易贡水会口）百余公里，是为下波密的核心地区，人口近1万。次则上波密的河谷最为宽阔，海拔3000米左右者为多，农户亦较稠密。噶达以下，河谷深狭，逼近南侧有雪山，农地甚少，人口甚稀，溃冰、

---

① 冬九河，藏名绒曲，为波藏布的西源，其河谷内冬九宗最大，缘以为称。这一河谷旧曾属藏区，别称绒部，后复还为波密。
② 关于这一部分的资料，可参看英国《皇家地学杂志》1926年2月第2册的《东西土伯特探险》一文，原附有百万分一地图一幅。
③ 陈渠珍《艽野尘梦》曾记载此桥。

崩雪、塌岩、梭沙，常为灾害。到冬九宗（2598米）始为较为宽阔的河谷一段。

目前札木已成为新兴的大城市，增长了上波密的繁荣，但如就农业说，一切还保存旧日质态。这区虽是公路已通之区，但如说到经济改革，还得等到拉萨和工布改革卓有成效以后。眼前所宜办的，似可在札木市场附近建设一座军垦农场，供给驻扎此地的汉族工商军政人员的食粮和副食品，并为改进农业生产示范，且就近满足客居人民的生活需要，减缩远从内地供应的物资。这段河谷，海拔还不到3000米，荒地尚多。冬九宗附近亦可辟一这样性质的市场和农场。目前那里障碍似还大。札木是无问题的。

这一亚区农业发展的途径很宽。但皆暂可不谈。现在所宜做的，只能是一些国营示范性的农场工作。

4. 山南高原亚区（羊卓、罗札、霞城）

从拉萨经曲水渡藏布江，赓即上升过干巴拉入于羊卓湖区。羊卓湖是西藏四大圣湖之一，作大环形，周回千余公里，海拔4100米。中涌大陆，为群山，主峰高5000米以上。海岔平原相属，西南部尤广阔，有白地、浪噶子、杂龙、却宗、岭宗、来杂宗等农地，由于纬度低（北纬29°左右），故虽海拔过4000米，仍产青稞、芜菁，为藏族喜居之地。其南为大草原，俗呼南羌塘，海拔近5000米，多内陆湖；最大的普马错①，湖面海拔4937米，故又称普马羌塘。南羌塘向东延展到孜塘之南。由于它迎受印度洋来的季风最早，空气湿润期长，水草甚好，故牧场甚为兴旺。但他们并未把草原完全利用，还让成群的野马占去其牲畜的牧草。

这大草原成了藏布与恒河的分水线，其水汇为数支，穿过喜马拉雅大雪山脉入不丹，在喜马拉雅山脉以北的西藏界内，形成许多农地，多宗、僧格宗、康廷宗、达马宗（以上罗札）、洞噶宗、错拉宗（霞城）等缘之而兴。②

这区的粮食生产主要是为了农民自给和与牧民进行交换而生产。牧业发达，就足以促进农业的发达，农牧人口增加与其生活质量的提高，亦足以促进农牧生产的提高。交通的改进，自然也能起很大的作用。就目前说，还以改进牧业生产为最要一着。野牛、野马和狼类等各种草原野兽都应铲除。羊卓区宜开始种植牧草与多汁饲料，进行舍饲，大量生产外销的畜产品，如羊毛、乳酪之属。羊卓东南的札溪宗，当羊卓通往孜塘的要道，是一更高寒的寒农地区。哲古错旁的哲古宗，当罗札与霞

---

① 普马错，为藏南第二大湖，其第三大湖为哲古错，皆盐水湖，羊卓错则为淡水湖。
② 关于西藏各宗的资料，可参看《康藏研究月刊》第22期《西藏辖县的探索》。

城通往孜塘的要道，也是更高寒的寒农地区。① 这两处都该发展栽培牧草的定牧制，大量生产乳、酪、酥、肉、羊毛等，与雅鲁藏布暖谷的农民进行交换。为此，有在羊卓的杂龙宗或岭宗，与札溪宗和哲古宗设立国营垦牧场的必要。

罗札与霞城是耕地与森林相杂的地区，宜从森林养殖来发展农副业，也可发展森林工业。这区农、牧、林业生产的改进，更具有带动不丹、洛巴社会前进的意义。

（五）后藏（雅鲁藏布上游地区）

自曲水以上的雅鲁藏布河谷及其以南的西藏地方，一般称为"后藏"。这只是汉族习用的名称；在藏人说来，只称为"藏"，以别于卫部。又国人一般以为后藏是班禅辖地，也是错的。班禅私邑，只有彭错岭、拉孜、昂忍、干坝4个宗和20多个直辖的村庄（昔噶）；其余20多个宗，连班禅所驻的日喀则城在内，都归前藏政府管辖。

藏族习惯把后藏分为叶汝、涌汝、藏对和卓摩四区，合计面积有143574平方公里，人口约有25万。其部分如下：

叶汝，彭错岭以下的雅鲁藏布江与其支谷皆是。义为右部，包括：日喀则，后藏首邑，辖地颇宽；绒区，仁蚌宗河谷的特称；无尤区，林噶宗河谷的特称；尚区，拉穆林宗（朗岭宗）河谷的特称；吉区，在尚区之西的雅鲁藏布北岸；江孜区，是后藏最富庶和最冲繁的一个要地，与其附近很多的宗都属年曲河谷，为叶汝的主要部分。有人说羊卓也属后藏。就历史沿革说，羊卓曾属仁蚌王朝。就自然区域说，应属前藏，它与江孜河流域隔有雪山。

涌汝，叶汝以外之地皆是，义为左部，对叶汝为称。此左、右字，含有主部、佐部的含义。指彭错岭以南萨迦和喜马拉雅雪山脉北流入印度河的一些河谷的上游的地方，如干坝、定结、协噶尔、定日、聂拉木等宗辖地。

藏对，彭错岭以西，雅鲁藏布上游河谷高寒地区。有拉孜、昂忍、萨迦、宗卡等宗。

卓摩，为西藏所辖喜马拉雅山南斜面上的一小部的地方，界于哲孟雄与不丹之间，面积不大，地位甚为重要，西藏特设卓摩总管，征收出入印藏的货税。

本篇把后藏农业区分为5个亚区来作说明。

1. 藏布燥谷亚区

年曲以外的藏布与其支流河谷，包括日喀则、仁蚌、无尤、尚区、吉区。面积

---

① 孜塘河谷上游分为二支，东支为亚龙，内有古亚龙王官。沟尽逾亚桑拉入哲古草原。哲古宗即在哲古海畔，当罗札要道。西支为琼结沟，有琼结宗（穹奇宗）与琼结寺，逾山入札溪草原，有札溪宗，为通羊卓和江孜要道。

22716方公里。人口不算后藏最密的，大约只有5万人，平均每平方公里不到2.5人。日喀则附近最密，此外的藏布南侧面人很少。因为这段河谷的南侧面与山脉并行，背向南风，空气干燥，少支流，谷底且多有沙漠。唯仁蚌宗河谷内村落较多。北岸的吉、尚、无尤三支谷，比较温和湿润，农地与人户也较多。

从羊八井分支经过仁蚌宗附近，沿藏布南岸达日喀则的公路，已经通车，这对开发后藏经济具有很大作用。将来的青藏铁路，也可能由拉萨延修到日喀则和江孜。但其路线应由拉萨沿河修到曲水，再由曲水凿崖向上游架铁桥渡江。

这亚区的农业建设，首当注意藏布南岸的荒地。从无尤河口的打竹卡渡口（距仁蚌宗3000余里）起，藏布河谷开展，阔到1里左右，同时有长达4里的沙漠。农村如卓瓦、如憨，皆退入支流山谷中。如此沙漠、半沙漠的荒凉河原，长达20多里到泽雄，河原宽达10余里，才得出现大片农地与10多户居民。再过逼临江岸的山爪，进入年木胡达平原，形势较拉萨平原更为开阔，宽处达20多里，山势平斜，阳光充足，而住民不过50余户，尚须以养鸡羊、织氆氇等副业补助生活。1944年5月4日尚未立夏，戴新三宿此，为苦臭虫，彻夜不能成眠，则其气温之高可以想见。乃其农作物仍只青稞、油菜与荞麦，则其生产潜力之大又可想见。从年木胡达平原到"边村"，长达百里，皆属广原荒沙、偶见农户的温暖河谷。边村在日喀则东40里，虽温暖如年木胡达，号为每年皆有六七倍至九倍丰收的青稞产区，亦仍是荒草多于农田。

这段宽阔温暖的河谷满目荒凉的原因，可以推论是只有两方面。

一方面是藏族习于高寒气候，憎恶温热的河谷，不乐于去耕种它。或者是过去曾经有过繁盛时代，由于战争或粮重、差繁，把庄房的农户逼跑了，因而长此荒废下来。这些社会原因，不可能是主要原因。主要原因，还在于自然条件那方面。

第二方面，自然条件方面，由于当前没有气象资料，很难弄清究竟。但这河谷南侧空气干燥，是可以肯定的。干燥原因是：（1）南面与江孜河谷间隔有大山；东西两端与仁蚌宗和日喀则间亦皆为山爪锁断，夏季风不易到达谷内。（2）夏季风逾山进入谷内，是逐步下降、逐步增温、逐步干燥的，在这千多米的急剧下降中，变成了干燥空气，甚至于会常常发生焚风，掠夺植物茎叶的水分。（3）既然是逐步下降、逐步增温、逐步干燥，则在一定高度以内，不会十分干燥，可以安全栽培农作物，故河谷平原农地少，支谷高地上却反有较多的农地，更上且多森林。（4）如其是岸山陡立的峡江，则下降气流量小，而江水蒸发量大；谷里空气不会十分干燥。如是岸山缓斜，谷面很宽，则下降气流量虽大，因谷地受热面大，气压高，蒸发量也大，不容易造成绝对的干燥，故年木胡达、边村这些部分农地较多。若谷面宽度和地形易于接受多量的下沉空气而无高温高压和水分蒸发的较狭谷地，则将经常发生焚风，造成沙漠，故打竹卡上游有 4 里长的沙漠。

据戴新三氏旅行记载的此荒凉河原的气温云："细查两日来所记之温度，平均俱在 68 度左右，较拉萨 5 月份平均温度之在 65 度者，尤高数度。"① 这当是华氏温度表数字。65°F，合 15℃。即此河谷 5 月份气温一般比拉萨高 3℃，入夏以后可能更高。依拉萨逐年气温记录判断，这段河谷每年应有 5 个月的平均气温在 20℃ 以上（5—9 月），这便是可以栽培水稻的气温了。冬小麦更不成问题。问题只在于有无灌溉水利。藏人未能建设水利灌溉，即因无力克服空气干燥的困难，作物易受焚风的伤害，只可能在局部地形不利于焚风侵入处进行种植，这是可以理解的。

可以得出结论：从打竹卡到边村这一长达 140 里的公路经过的雅鲁藏布河谷的南岸平原，应由国家经营为一大型的机耕农场，生产水稻、冬小麦、玉蜀黍、粟、黍、高粱、甘蔗、西瓜、苹果、葡萄等温带耐旱和需要高温刺激的农作物，和苜蓿、红三叶等豆科牧草，并栽培白杨、刺槐、柳等喜燥恶湿的温带树木的防护林，为广大高原建立起崭新的、出乎藏族意料的、大规模水利灌溉的现代化的农业区来，作为打破他们保守观念的旗帜。

打竹卡以上到日喀则，可用皮筏运货，顺水放筏，不用桡桨，疾如风驶。筏到打竹卡卸货，改由无尤区公路翻山经羊八井入拉萨。打竹卡以下江水狭急，两岸皆崖，且有绝峡一段。过峡为曲水平原，河谷平原直达拉萨。若使打通此峡路，建铁桥渡江，则前后藏相距只 200 多里，可以朝发夕至，马程亦仅 5 站而已。如筑铁路，更非此不可（现在的拉—日公路，多了百多公里，绕越此峡，高山陡坡，养路费很大，运费亦特别耗得多些）。

藏布河谷的北方一面，沿河情形，亦与南岸相似，唯支流较长，高处空气较为温暖湿润，农地较多，人口较密。如有铁桥沟通南北，则其农业进展亦将很快。这幅地面，除农地可以大量生产粮食外，山地适于各种果树和造林，茶树似亦可以种植于 4000 米左右的森林地带。

日喀则市街海拔 4090 米，宜建设为工业市场。粗线纺毛和毛织的工业、磨粉业、制革业皆很适宜。这些工厂成立，足以带动农业的发展。

---

① 参看戴新三的《后藏环游记》第 8—13 节，载《康藏研究月刊》第 12、第 13 期。

2. 年曲阔谷亚区

年曲有二源。西源发源于不丹北界喜马拉雅山密弄贡热峰①冰河所成的通巴雍错向北流经闷则、萨乌打、康马，过江孜，向西北流至日喀则入雅鲁藏布江，全长约 200 公里。江孜位于其中点，距日喀则 90 公里。东源亦汇密弄贡热山冰河而成，与西源相近，并行北流，至谷洗（4189 米），会热龙河，转西入江孜大平原与西源会。

江孜平原海拔 4100 米左右，纵横各数十里，面积比拉萨平原为大。自此以西的年曲河谷在 4000 米下，两岸平原相续，皆良好农地，直连日喀则，公路相通。自此以东经谷洗、热龙逾山经羊卓、曲水到拉萨，为旧日官道，无崔巍大山，农地至热龙始尽。其南，西源河谷农地至康马始稀，牧场直连闷则草原②接于帕里，亦已有公路相通。其北方和西南年曲支谷，农地亦宽，牧场发达，接于干坝、定结地界，皆无大山。可算得藏南的中心地区。

江孜市街围绕一小阜建立，海拔 4202 米，有居民千余户，为西藏第三都市。现设有基巧级办事处于此。江孜官寨建于市区中心小阜上，气象雄伟。相对另一小阜上建邦古却登寺③，为花、黄、白三个不同教派共有的寺院，僧侣 1000 余人。往时英帝国设有商务委员和军警在此，营地距市 5 里，近年曲岸。自此至印度，沿路修有台站（斑格卢）④。

本亚区面积 12958 方公里，人口约近 5 万。自江孜平原以西，人户较密，平均每方公里超过 4 人。算得后藏人口最密的地方，也是耕地最多的地区。海拔 4000 米而耕地反较雅鲁藏布河谷为多的原因是：（1）纬度较低（在北纬 29°左右）；（2）地势平阔，日光充足；（3）北方有山脉横列，屏障北风，南方则为平阔草原地带，故夏季温度颇高，足够麦类生长；（4）冬季气温降到零下 10 余度，土冻结颇深，春末解冻，土松如经深耕，这对耕具落后的藏式农业甚为适合。就生产力的大小说，这

---

① 密弄贡热，用戴新三《藏印纪行》（《康藏研究月刊》第 24 期）译字。百万分一英文西藏图于此山未注名字，但标出主峰高度，合 6473 米，藏名义为网域（孟域）河谷上端的雪峰。藏人习称喜马拉雅山南侧斜面各地为网域，包括不丹、卓摩、哲孟雄、尼泊尔和洛域在内（参看《康藏研究月刊》第 7—13 期）。
② 闷则（蒙札、孟孜），义为网域顶。闷则草原，算是南羌塘的一部。草原之南，即为藏人所称之网域。
③ 邦古却登，系以塔为寺名。这寺拥有一绝大的藏式古塔，中空；下段方形部分，凡四层，回旋内升，各层皆有殿堂供佛；中段圆形部分，中心为大佛堂；上部有大金顶。系元代花教最盛时萨嘉法王所建。
④ 从江孜到春丕，有英人建筑之驿站（班格卢）11 座，供住旅住宿，设人看守，甚为整洁。往时英印人每年入藏游历者，在江孜以内无须护照，亦不必携带行李，沿途就驿站食宿，一切日用物品皆备。藏汉行人亦乐就之。这 11 站的地点如下：江孜，58 华里首冈，50 华里康马，又 45 华里桑马打，25 华里噶拉（噶拉海旁），38 华里多靖（多靖海旁），43 华里堆乃（堆纳），70 华里帕里，55 华里噶乌（谷查），45 华里亚东，又 32 华里春丕。以下出卓摩界至噶林堡，尚有 5 站。

区当然远逊于藏布河谷。

由于江孜平原的代表性宽，又是藏印公路所经，将来建筑铁路，也必然要经过此处，故在这里建立一个牧草大田轮作制的现代化大农场，为后藏农民、牧民生产改革示范，是必要的。这与前亚区里拟设的藏布河谷国营农场任务不同：那里是应该栽培西藏高原所没有的一些需要高温的农作物，为满足在藏工作人员的生活要求和提高藏族人民的生活需要而生产。这里是栽培麦类和牧草，为改良西藏固有的农牧生产做示范工作。

年曲河谷是可以营造森林的，唯不宜杉类，只宜白杨、柳、柽柳、红杉、柞、石楠等阳性树，白杨最为适宜。但这亚区全缺森林，即柴薪亦无，只以牛屎为燃料，这一现象必须纠正。假如有国营农场，便好带头植造防护林，培育树苗，推广植树，至少要把沿河一些荒地造起白杨作为风景区。白杨、青杨生长迅速，木材可供藏式建筑使用。江孜就种了很多，也长得很好，足见它是这一高原里适宜的树木。起码要有了树木，才能有代替牛屎的燃料，才有建筑用材，才可以着手一切基本建设。

江孜又是最适于作为藏南畜产品加工工业发展的地方。因为它联系的牧场面积最宽，交通又最便利，原料来源不患不足，成品又易于行销远处。假如西藏畜产品发展到行销国外，江孜就是当门而立的优先城市。

3. 卓摩斜面亚区

这是不到2000平方公里的小面积地方，但是西藏最重要的一区。西藏地方政府设有总管一员（卓摩机巧）驻此，比于昌都、黑河、山南、日喀则（现在这一基巧级办事处，改设于江孜，只设置帕里和亚东两宗级办事处）。它是西藏的前门。

今天的藏印公路，已由江孜溯年曲河谷，通过闷则草原，逾唐拉山口通至帕里宗。闷则草原，又称噶拉巴岭塘（噶拉八汤），为萨打马至唐拉山口之间数百里草原之统称，海拔4700米左右，依藏人习惯，也算它是南羌塘的一部。由于从来就是印藏间的主要通道，沿途布设台站，安顿人户守护，故在4700米以下，尚有农地，唯其人仍多恃畜牧为生，青稞往往遭逢霜雪害，只作饲料。草原尚有两大湖，北噶拉错，南多靖错，相距19公里，一水相通，公路由两湖间通过，40公里至唐拉山口。

唐拉，海拔4838米，为喜马拉雅山脉脊线最低的一部分，介于闷则草原与帕里草原之间，仅为一较高之土坡，故藏文谓如草原之鼻，又作海螺鼻。下坡10公里，入于帕里草原。

帕里宗，海拔4551米，位于草原上，距唐拉16公里，距江孜170余公里。有住民500余户，近年商业颇盛。附近农民皆兼营牧业。帕里宗原管整个卓摩区，面积近于2000平方公里，人口约1万人，农地集中于卓摩河谷的几个较开阔的部分，以亚东①、春丕②、仁进冈③一段为最多。

卓摩河有东西二源，东源出于觉摩纳日④大雪山的冰河，西源出于包洪日⑤大雪山的冰河，在亚东附近会合，经仁进冈进入峡谷，入不丹境。其上游先为草原，次入森林狭谷，疾流如矢，到亚东附近才有一段开阔谷地。

亚东海拔3167米，距帕里100华里，有居民四五十户，沿河4里至春丕居民10余户。又5里至奇马，旧为卓摩总管驻地，居民30余户。现设亚东级办事处。又4里仁进冈，有木桥跨江，为西藏征收往来货品税卡。自此过桥西进有二道：一逾则利拉⑥至噶伦堡，一逾朗对拉至哲孟雄首邑冈多，亦合噶伦堡路。噶伦堡已有宽坦公路通大吉岭⑦。由大吉岭的轻便铁路到西里谷热换宽轨火车至加尔各答，交通甚便。

亚东虽在喜马拉雅南斜面上，海拔低于拉萨，而各月的平均气温，反低于拉萨。这是由于它空气比拉萨湿润，温度大了，气温摆幅不大的原因。但是湿度虽大，雨量并不一定也较大。它1933—1938年6个整年的记录，平均每年雨量936.6毫米，与成都平原相当。故其农业仍以生产麦类为主。仁进冈以南过了狭谷，布丹境内的河谷才种稻。这一气候条件，很适合藏族人民生活。

卓摩亚区的重要性专在于交通与商税，不在农业。这里农牧林业适于配合发展，发展的前途不会很大。它的任务应该是维持这一区域未来发展时期增添人口的需要。

藏印公路到此区增加了修筑的困难，有些地段斜度到了30%上，一般也是25°的倾斜角度。唯有建修电缆电车才行。这就有待电气设备的先决条件。这两条卓摩河谷的水力，是用不完的，但建设水库与电机还有许多问题待解决。可以肯定，这是必然要解决的。因为喜马拉雅山脉的缺口虽多，还要数这道山口最平缓，又最直接。印藏交通必须打开，即这条路必须建设，这亚区必然要繁荣。着手建设之初与建设成功之后，人口增加数量必然很大，因而这区农业生产的任务也就不小了。

4. 涌汝山谷亚区

前已说到，喜马拉雅雪山脉的脊线与雅鲁藏布江和恒河的分水线并非一致。分

---

① 亚东，清代设靖西泛驻此，故又曰靖西。
② 春丕，英军侵入西藏迫订赔款条约后，曾派官吏驻此数年，待赔款付足始撤。
③ 仁进冈，以税关著名。其南不远卓摩河水入峡，更无通路，故印藏往来者必出此桥。
④ 觉摩纳日（主妇神峰），在帕里东北不丹界上，主峰6216米。
⑤ 包洪日，雪峰在帕里西北哲孟雄界上，海拔7128米。藏名未详，用西图译字。
⑥ 则利拉（4580米）与朗对拉（乃堆拉）（4555米），均为喜马拉雅南出的山爪，卓摩与哲孟雄的界山。
⑦ 大吉岭，原是一红教寺庙，属哲孟雄，现与噶伦堡均归印度管辖。

水线在雪山脊线以北很远（只唐拉是例外），其最远的一段便是涌汝。涌汝最大一条河叫定日河，发源于靠近雅鲁藏布上游河谷的色汝拉（5365 米，为由热噶赴定日定的要道），初名冈曲，东流经定日宗、协噶尔宗地界，凡 180 公里与东源会。东源出自包洪日大雪山，向西流，经干坝宗、定结宗、多布札宗地面，在纳斜附近与西源会，长 200 公里。两源既会，转向东流，30 公里至曲科尔（4188 米），会札什宗河，又 50 余公里始穿过喜马拉雅脊线入尼泊尔国境。珠穆朗玛峰即在其西不远。此河谷西藏境内之部，全在海拔 4000 米以上，比江孜更为温暖。唯岸山颇高，一般皆在 5000 米左右，除一些特别高耸的神山外，大都作高山草原状，不为雪山连岭，因此交通尚不过于困难。河谷的有些部分相当广阔，但广阔的河谷反多荒废着。例如东西两源会口附近，就有长 100 余里、宽 10 余里的大荒原。海拔 4000—4100 米。这些草原，为未来开发涌汝的机耕农业储备着条件。

由日喀则经彭错岭、拉孜、协噶尔、定日，逾通拉山口，循河谷至聂拉木宗，为西藏与尼泊尔首都加德满都的主要通道。聂拉木河亦为从喜马拉雅山脉以北穿过山脉南入尼泊尔的河流之一。它与定日河在尼泊尔东南境会合为恒河支流的萨布特河。

涌汝一般也包括萨迦河谷，那是北流入藏布的小河谷，谷内为萨迦寺院辖地。现设萨迦宗级办事处。这样的涌汝区，共有面积 36700 平方公里，人口约有 85000 人。

涌汝的农业发展余地虽宽，现在还无条件着手改进。将来它也只能是个农牧自给区，必待民主改革后，经过一段个体经营的自由农民阶段，才可适应交通发展情况，组织起来，进行社会主义改革。

这区的交通线，不可采用藏尼相通的旧路线；那一山一谷的道路，只宜于牲畜运输。新的公路或铁路，宜从闷则草原分支，依干坝宗、定结宗的河谷，进定日河谷逾色汝拉，通过藏对区、阿里区联结克什米尔的列城①。这样修，工程甚易，易于沿着雅鲁藏布江百倍。此路修成，涌汝农业资源便大有出路，即应可以迅速提高产量和扩大耕地面积，生产粮食来满足南羌塘、藏对和阿里等部牧民的要求。那时纳斜附近河原的机耕便可开始了。

涌汝亚区，也是甚适合于农、林、牧三者配合发展的地区。

---

① 列城，在印度河北岸支流的台地上，海拔 3434 米，为西藏西部几千年的政治中心，现随克什米尔同归印度管辖，其住民皆藏族。

5. 藏对寒农亚区

彭错岭是雅鲁藏布与热噶藏布会口以下一段石壁上寺庙名称，也是班禅私邑的四宗之一。后藏西通阿里与尼泊尔，此处最称险要。自此以上的雅鲁藏布本支流河谷，及其以南之地都称藏对，义为藏的上部；海拔5000米以上的地面最多，4000米以下的地面很少（只拉孜宗与彭错岭宗有），牧业重于农耕。农地都是为了适应牧民对青稞的需要而经营的。可耕之地大体都已耕种，可能增辟的地方不多，且只能生产麦类与蔬菜、根菜之属。防止霜害为这亚区里当前的重要问题。这情形与康马以上的年曲河谷是一样的。目前这区交通不便，那里则已有公路，在那里试验研究的优良品种和方法，完全适用于这区推广。

萨噶宗，海拔4615米，为后藏最远的一宗，一般称为"对萨噶"。自以西的雅鲁藏布河谷还有300公里，沿河谷还往往有些耕地。

萨噶宗南过雅鲁藏布江，逾达古拉（5500米）为宗噶（宗喀）。循宗噶河谷而南，有济隆，这是涌汝极西的两个宗，一般也把它称为涌汝，也叫作藏对。即藏对亦可叫作涌汝。这些称呼，因随俗便，原是无严格规定的。本篇把这两宗划入藏对。因为它俩与定日和聂拉木河间隔了一大块具有内陆湖的高寒草地，海拔6000米以上。

宗噶与济隆这条河，也是穿过喜马拉雅脊线流入尼泊尔的。尼泊尔人朝礼冈底斯的，有些就是取道这河谷。

藏对面积69200平方公里。人口不到5万，东部平均每平方公里不到3人，西部平均每方公里不过1人。

藏对是该发展牧业的区域，如有现代的交通运输，则昂忍、萨噶宗一带栽培牧草发展养畜业的前途很大。它比黑河、拉里等处的气候都更好些。

（六）阿里羌塘区

阿里与羌塘同为西藏最高寒的两大区，由念青唐古拉山脉分划为两部。阿里海拔较低，河谷有农业，面积101320平方公里，为外流流域地区，无咸水湖。羌塘海拔较高，面积522500平方公里，全属内陆湖区，为贫草原。二者面积合计623820平方公里，近前后藏面积的2倍，人口则尚不到前后藏人口的1/20，大约只有4万人左右。羌塘西部牧民从来都是通过阿里区与印度等地交易，东部牧民始与拉萨、黑河发生市易。

就经济条件说，它俩该划为一区，就自然条件说，仍应分为两个亚区。

1. 阿里亚区

阿里又叫对里①，虽是个地旷人稀的边荒草原，在藏传佛教徒心里，则是极其著名的一块神圣地区，每年夏季常有远从几百里、几千里外前来朝拜圣地的几万人。西藏地方政府设有对里噶本在此征收商税、管理地方。商税几于全出在香客们身上。

依佛教徒的传说：这地区便是佛经上的阿耨达（无热恼世界）。冈底斯山，便是四大部洲中心的须弥山顶，乃是实体世界的顶点，帝释天子的都城。又说这是世界众水之源：东方宝马口水，流出的即是雅鲁藏布江；南方孔雀口水，流出的便是恒河；西方宝象口水，流出萨特里日河；北方巨狮口水，流出的便是印度河。又指萨特里日河上源的马品湖（不败的海）②为阿耨达池。说这些水都是天龙掌握的神圣之水，沐了可以却病、赎罪，恰好这地区的山水奇特，与佛教经典的传说合得，故佛教徒迷信这块神地很深。

冈底斯，又曰冈底斯日或冈仁波齐，是一座四无依倚的大圆柱形雪山，四周绝壁不可攀登，顶部圆削如囹囷，四时积雪，峰顶海拔6714米。绕山一周，需时四日，皆行谷道中，只北面度母岭－浅冈与念青唐古拉山脉联系。环山有几座岩洞小寺院，可借香客住宿。③山南平原中噶本驻地叫巴尔喀④，夏季有繁盛一时的帐幕寺市场。绕马品湖一周也需五日，寺庙较多、较大。湖面海拔4557米。沿湖平原本可耕种。由于是圣地，无人敢于动土，故此大草原无耕地。

冈底斯东约130公里马荣拉（5151米），为藏对与对里的分界处，即雅鲁藏布江与萨特里日河分流处。山不险峻，地质学家认为这两条河古代原是一条河，由于地壳徐升而分断的。前后藏人朝拜冈底斯的，照例溯雅鲁藏布逾马荣拉，沿萨特里日上游河谷至马品湖，绕湖礼拜后，绕拜冈底斯。

马品湖水西流入狼噶湖，再流出向西南经谷格区（一云象雄），渐有耕地。穿喜马拉雅山入印度，到巴基斯坦入印度河。

印度河源出冈底斯北50公里，大雪山脉的北面，地名僧格喀巴（狮口），到札什冈⑤与噶大克河会，向西北流入克什米尔。噶大克河源距冈底斯甚近，河道平直，正对列城，故自阿里与克什米尔往来，皆取道此河谷。噶大克成了这区的要地。

---

① 对里，上部属地之义。
② 藏语"玛旁雍错"，旧译马品木达池。参看《西藏的四大圣湖》（《康藏研究月刊》第2期）。
③ 绕冈底斯一周，需时四日：第一日自达靖寺出发西行，宿值热浦（牛角洞）；第二日宿却古浦；第三日宿沮水浦；第四日回到达靖。全程约230里。
④ 巴尔喀，在达靖东南40里，冈底斯与马品湖间的草原上，仅矮屋十数间。
⑤ 札什冈，海拔3972米，为一寺庙，附近有农村，有图作札冈。

噶大克，海拔 4602 米，已有农地。自此以西，河谷皆农村，直入克什米尔。噶大克北方的班公湖①，为狭长近 200 公里的大淡水湖，跨西藏与克什米尔，罗多克宗即在东南支流河谷，海拔 4542 米，亦为农业区。

所谓孔雀口水，藏名布绒，发源于马品湖南的喜马拉雅大雪山的南面冰河。因其流行于山南斜面上，海拔迅速降低到 4000 米以下，有近百公里的长谷属于西藏的布让宗管辖，盛产粮食，羌塘牧民恒购粮于此。

阿里形势便是如此。重复说来：以冈底斯山与马品湖为中心的大草原，有几条河分向四方流去，河谷里可以生产粮食，羌塘牧民依靠此地粮食，远方来朝拜圣地的也需要这里供给粮食。故阿里是需要粮食增产的地区。阿里海拔不算很高，但纬度在北纬 30°—34°之间，增产粮食比藏、卫区困难些，却不是不可能，主要在于技术改进问题。而技术改进问题，又有待于交通前提的解决。从日喀则筑条公路通过马荣拉、巴尔喀、噶大克到列城，并不困难。又如从黑河经过羌塘到阿里，更是有可能的。还可能由阿里延长公路线到新疆的和田。②若还有一条公路修到阿里，每年夏季的游人更可大大增加，促进阿里农牧发展的条件便成熟了。

阿里区的农牧生长的发展，必须借重于冈底斯和马品湖。它正如瑞士一样，只有吸引游客的数量增加来繁荣地方，来推动生产的发展。而它恰恰具备了先天的条件。

2. 羌塘亚区

羌塘，义为北方荒原，可以省称为"羌"（北）。原是羌民族的地区。现在所保存的还是羌族的遗裔。若还有人研究古代的西羌民族，最好是到这区来体察。

羌塘是非常辽阔的一个内陆湖区，几百座内陆湖，大都已经干涸了一半或完全干涸了，空气的干燥可以想见。有人把它称为沙漠，那是不对的。它只由于南方有念青唐古拉大雪山脉阻绝了夏季风的潮湿气流，而北方的大昆仑山脉，又只能算得是这高原的陷落为新疆大盆地的一个棱部，并无连岭可以遮遏冬季风的寒燥气流，所以它的气候一般寒燥，近于沙漠。又有人把羌塘称为寒漠，也是不对的。它在夏季气温也还颇高。且有从念青唐古拉山脉局部缺口流入的夏季风，在土壤良好处，则有一季丰美的水草，牲畜长得很肥壮。只缘有些部分土壤含盐质太重，或过于干燥，草不能生。故不能说它是寒漠或苔原。

---

① 班公湖，为西藏最大的淡水湖，西部属克什米尔，东部属西藏。
② 从阿里西北经喀拉喀什河（黑玉河）到和田、墨玉，地形颇平，已有探险家通过。

羌塘最繁荣之部，在拉萨西北方 500 公里以内，即天湖附近。此带海拔比较低，多有 5000 米以下的淡水河阔谷，水草最好，又距拉萨颇近，故社会比较进步，牧业发达，经济也比较活跃，人口也比较稠密，西藏地方政府设有两个宗本在此。一个叫朗宗（又作朗如宗、朗马宗、朗乳宗等译字），4642 米，管天湖附近地方。一个叫纳仓宗（一作新查宗或香沙宗），4856 米，管朗宗以西的阿波霍尔地方。

严格说来，黑河也是羌塘的一宗。

天湖，藏语作纳木错，旧从蒙古语译为腾格里诺尔，是西藏最大一个内陆湖，也是第一座圣湖，湖面海拔 4627 米，沿湖多平地，只西南耸起念青唐古拉雪山丛。湖与念青唐古拉是藏族人民最崇拜的两大圣地，每年夏季朝拜的人比去冈底斯的更多。故沿湖与其附近牧区一时皆很繁荣。

公路由黑河修到天湖和朗宗、纳仓宗都很平易。更向西延到阿里，是必将修成的。因为西部羌塘虽牧业不盛，却有很丰富的矿产。除食盐很丰富外，还有可贵的大量硼砂、曹达与黄金。渔业也是有希望的。

羌塘区也有局部地方可能栽培蔬菜和牧草，但那不是重要的。重要只在于交通建设。有了新的交通工具，才可能开发矿产，增产人口和促进牧业与垦种蔬菜、牧草。

广义的羌塘，不但包有黑河地方，也包括三十九族之西北部①，和青海的玉树二十五族，甘孜自治州的石渠、色达两县，阿坝自治州的阿坝、若尔盖两县，和青海的俄洛自治州。即是说：川、康、藏北部整个牧场区都是羌塘。这些牧民，约可分为四大部族：最东的叫俄洛，玉树和三十九族的叫甲得，黑河附近的叫索得，天湖以东的叫达木巴。这些地方统被称为下部羌塘。天湖以西，西藏设宗管理的羌塘，即本节所说的羌塘部分，被称为上部羌塘；其住民称为阿波霍尔，又云对巴，是非常分散非常柔弱的牧民，他们的社会还停止在原始时代。

---

① 三十九族藏名穹波，又分为穹波噶汝（白穹部）与穹波拉汝（黑穹部），噶汝为甲得，拉汝为索得。

泛谈我国和四川的黄金[①]

---

① 1979年任乃强先生受聘为冶金部黄金顾问,指导川、藏、青、甘、滇、黔各省区采金工作。写这部书稿,冀从历史地理角度为有关地区采金提供参考。文中之注,为作者原注。

上篇 泛谈我国的黄金

第一章 概 论

一、从黄金的特性说起

黄金是与地球俱生的。现代科学家据地球中放射性元素蜕变的速度，推算出60亿年以前，从太阳星云中分化出来的地球，是一百多种元素混杂着的、运动着的、炽热的浑圆整体。由各种元素在不同温度中相互作用产生各种物质。由于各种物质性能和质量的不同，与所在的温度不同，形成地核、地幔、地壳三层，与包围地壳的水圈和气圈。大体是以地核核心为中心的同心圆远近分层的。

地核部分，在地壳水圈面2900公里以下，是个高质量、高温度，密度和比重都很大的部分，是些什么物质，现还无法准确知道。地壳的平均厚度，不过33公里（最厚处可到80公里，最薄处在海洋下面，有时薄到五六公里）。地壳与地核之间为地幔，厚度相当于地球半径的1/2，体量大于地核将近10倍，温度、密度、比重都是愈近于地壳部分愈低，愈近于地核部分愈高。其物质与地壳部分相同，大都属于液态，最上层接近于固态，并慢慢变成为地壳；最下层温度可到5000℃。熔点高的金属物质流动激荡于其中下层，随时冲射入于上层，以至于地壳裂罅间，是地球内部最不安静的部分。它们的激荡运动，经常影响到地壳，发生海陆变迁、山谷变迁和地震海啸等现象。[①]

黄金（化学符号Au）这种元素，是最难与其他元素化合的惰性金属元素。现在地球上还未发现过它与别种元素的自然化合物（人工造成的有）。它的比重19.3，比其他许多金属都大（铁为7.9，铜9.0，铋9.8，银10.4，铅11.3，水银13.6），所以它在地壳尚未开始凝结以前已经下沉到地幔的下层去了。最初的地壳，是否含有黄金，是成问题的。

---

① 以上数据，采用吉林师范大学自然辩证法小组《地球演化》，新编《辞海理科分册》亦同。

地壳是否由表层地幔冷却凝固而产生的，近世也有不同说法。唯有它凝固后，必然要向球体内部收缩，是无疑的。由于地壳收缩所发生的压力，与地幔热液激荡所产生的局部性压力相冲突，最原始的地壳破碎了。破碎后，热液填补，再凝固，如此破碎、填补，再破碎、再填补……反复变动，经过大约21亿年，地壳才算大体固定，这叫"太古界地层"。这个时代，在距今24亿年前，地球上还没有生物。距今24亿年以下，约在18.3亿年之外的时间，地壳上已有生物了。地壳与地幔间的矛盾仍不断进行，地幔内的地质仍大量从地壳裂罅处喷出，加厚了地壳，是谓"元古界地层"。再晚到距今5.7亿年以下产生的新地层，一般分为寒武、奥陶、志留、泥盆、石炭、二叠6系，共阅3.4亿年，是地壳更为稳定，植物由藻类发展到裸子植物，动物由无脊椎动物发展到爬行类脊椎动物的时代。地幔内的岩浆仍陆续有从地壳罅隙喷出地面的机会。[①]

黄金这一元素作为固态在地幔内下沉中，初时有机会互相吸引，结成块粒；随着地幔内温度向下层逐层增升，超过熔点以后，化为液体，不易于再下沉了。它与熔点比较接近的一些金属和非金属物质流动于地幔的中上层间，随时有机会从地壳罅隙喷射出地表来。金属的熔点：锡，为231.9℃；铅，327.5℃；锌，419.5℃，银，961.7℃；铜1084.6℃；铁，1538℃；金，1064.2℃；最高是钨为3414℃。故地壳上的金属，黄金与银、铜、锌、铅、铁等矿石往往同时存在。如方铅矿、黄铁矿、黄铜矿和毒砂（砷黄铁矿）等矿脉中，经常含有细粒黄金与金屑。四川重庆的冶炼厂，每年从各种矿石中提出的伴生金有五千两以上。

黄金虽然不易与其他元素化合，却很容易在适当温度时与其他金属融合。故自然金亦很少是十足的纯金。所谓金的成色，就是指的金所含杂质（融合金）的多少。最易融合入金的是银、铜、锌、铅，杂质使金的色泽条痕和比重都要降低。我国劳动人民很早就创出了吹管分析提炼纯金之法。[②] 同样，银、铜、锌、铅诸矿质中也往往含的有金；它在过去无人注意提取，近世冶炼家则皆已知道分析炼提了。

黄金与非金属相抱合的现象，常见者为石英（SiO_2）。石英的主成分硅（Si），在地幔中含量极多，与氧化合，即成石英岩浆。它的比重小（2.65），熔点低

---

① 地质年代荒远，科学家估计不同。本文采用新编《辞海·理释分册下册》229页的数据。
② 明末，宋应星《天工开物》云："凡足色金，参和伪售者，唯银可入，余物无望焉。欲去银存金，则将其金打成薄片，剪碎，每块以土泥裹涂，入坩埚中，硼砂熔化。其银即吸入土内，让金流出，以成足色。然后入铅少许，另入坩埚内，勾出土内银，亦毫厘具在也。"这是最能体现我国文人观察工匠作业、记其方法的一段佳文。特为金商掺伪和破伪说法，实即吹管分析法也。各书不言其法创自何人何时，估计魏晋时已有。

(1723℃)，经常成圈漂浮于地幔的上部，具有强黏性。当黄金激荡喷射透过石英浆时，便相黏结了，随着向地壳裂罅喷射出来。

二、产金的地质条件

地壳初凝结时，还很薄，易碎裂。当其凝结稍厚时，向内部收缩的压力也渐大了；愈厚愈大，与地心热力要求向外放射的冲突也愈大。大约在震旦纪末期，地壳频频发生了破裂。地内岩浆，包括石英岩浆在内，大量放射出来，在地壳上堆成山岳，填补了裂隙。这时黄金随同石英浆喷出最多。此后地壳仍将发生裂罅，喷出岩浆，包括含金的石英岩浆。

凡物质的喷射的时候，总是比重大的物质喷射前进的速度大些。黄金在地幔喷出各物质中，总是飞在其他多种物质的前面。故地幔内黄金，在太古代和元古代喷出的数量最大。尤其是在元古代，因为太古代地壳薄而易碎，地幔喷射力较弱；元古代地壳相当厚了，地幔内压力大，喷射力也增强，黄金喷出的量会特别多。古生代的寒武纪，也应比元古代相去不远。再后的奥陶纪以下，依次减少。至二叠纪就会相当微弱。再进入中生代（去今2.3亿年至6700万年）的三叠纪、侏罗纪、白垩纪，岩层里便几乎难于发现含金多的石英脉。新生代更不用说了。是故找寻金矿，必须首先注意到元古代地层与古生代前期的地层。只有在这样的地层里，才可能得到黄金的富矿。

太古代和元古代的地层，经过几十亿年的沧桑之变（海底变为陆地，陆地变成海洋，高山变成深谷，平陆涌现高山，和断层逆掩、平地陷落等地壳变化），今世还保存在地面上的很是难见。虽有少数保存元古陆象未有沦陷、翻覆变化的部分，经过几十亿年的风化崩解，已难有元古代的原貌，亦不易找出元古岩石的遗体，只可能从地质情况推断其为太古代或元古的古陆部位（未沉没于海洋的古陆），这样一些经过科学方法推断出来的古陆部位，在采金工业方面是极其重要的线索。

由是我们可知，地球上黄金产生的极盛时期，是在震旦纪与寒武纪之间，即元古代与古生代之间。任何富金矿都与这样的地质有直接与间接的关系。因而震旦系地层的露头，就是找寻金矿的航标，而石英岩、石英脉与石英砂砾所存在处，就是找寻金矿者所当停泊之处。这是研究黄金分布的基础知识。

砂金，是远古石英岩、石英脉与含金石砾磨削、风化、粉碎后，经流水搬运到流速骤减的地方沉积下来的。有属于元古代就被埋在沙土内的，那巨大块粒就会多；古生代以下沉积的，大块渐难得了，粒金则渐多；中生代以下沉积的，粒金难得，麸金就多了。又因砂金是靠水流搬运,在河道沉积而成矿的,因而寻找那些古河道往往是发现砂金的途径。是故砂金矿的判断,要紧紧依靠地质科学,也要高度依靠历史地理学。

悠长的古生代地层,今日世界保存得很多。今日世界上主要的脉金产地,都在这时代的岩层内。脉金,即岩脉抱持的黄金,和其他矿脉伴生的黄金,总是古生代前期的地层含金量大些,以次及于后期地层的脉金含金量小些。即如同一条矿脉,也是上部含金量大些,以渐至于下部,含金量也渐次小些。因为岩浆喷入罅隙充填时,黄金比石英等矿质射进得快些。含金岩脉,有高出地表的,有埋藏在地内的,其含金品位的变化也是如此。

含金脉高出地表的,要陆续风化崩解,成为砂金,往往也沉积于低洼之处成为金穴。即地质家所说的残坡积砂金矿。是故脉金之旁,往往也有砂金富矿,那就要看矿脉露出的年代与其附近的地形来决定。例如康定的灯盏窝有脉金矿,其下的二道桥盆地就有砂金矿;汶川的卧龙山有脉金矿,山下卧龙沟就有砂金矿;西昌的麻哈,脉金很丰富,其下大河边,砂金也丰富。这些情况,总要经过几十百万年的风化、沉积过程才行。近世开采的脉金矿,就全是直接钻山取矿,磨碎淘洗,不待它自行分解了。但也有是从元古代一直分解沉积下来,又被土砂埋没了的砂金矿,它的地质蕴藏量往往比最富的脉金含量更高。这种砂金矿,在我国保存得很多。主要分布在我国大西南的边疆地区。

三、寻找我国金矿的一个航标

丰富的金矿,必须结合地质理论到元古界地层去探寻。那么怎样去寻找元古界地层呢?地质学家的研究,已经给我们提供了我国古地质的情况,让我们有了寻找金矿的一个航标。李四光先生主持的中国科学院地质研究所和古生物研究所出版的《中国古地理图》,编者为刘鸿允(以下简称《刘图》),给我们作了相当准确的指示。编者依据中文地质著述284种,西文刊物88种,编制自震旦纪至三叠纪的中国海陆变迁过程的古地理图22幅。其领首的震旦纪一幅,正是描绘的距今5.7亿年以前的元古代末期的地表情况。他标示当时我国地面有13个古陆和7个山地未被海洋吞没。它们是:

内蒙—北满古陆,面积最大。今为内蒙古与黑龙江地区。

准噶尔古陆,今新疆北部。与内蒙—北满古陆遥联。

平北古陆，今辽东半岛和长白山区。

胶东古陆，今山东东南部。

鄂尔多斯古陆，今陕、甘、内蒙古间地。

陇西古陆，今甘肃陇山地区。

淮阳古陆，今皖、豫、楚三省间地。

原始江南古陆，今黔东至湘北、赣北、皖南一带。

外华夏古陆，今浙、闽、粤、赣、湘的全部或大部。

秦岭古陆（原称原始秦岭山区），其实面积不小，也可算入古陆。

以上10个古陆和吕梁、霍山、中条三个未被海淹的山区，不仅是我国历史上记载的产金地区的所在地面，而且现在我国采金兴旺的矿区，仍然在其范围内。这就可以帮助说明金矿与元古代地层的关系。另外3个古陆是：

西藏古陆，今西藏雅鲁藏布江以北之地。

柴达木古陆，今青海省地。其北部为陆海交错沉积带。

塔里木古陆，今为新疆南部盆地。

这三块古陆，在李四光先生《中国地势变迁小史》所绘图（以下简称《李图》）中是合为一个陆块的，称为古西藏岛。

诚如李四光先生之序所说：像这样"地质学的许多部门中具有最大综合性的工作……必然不可避免地存在着许多大大小小的问题"。因为刘氏所依据的资料还只是少数学者局部考查的意见，对我国这样广阔地面来说，只算是壁上墨龙的一鳞一爪。兼以考察诸家的判断不一，折衷取舍之间亦未必能完全允当。《刘图》在一些存疑的地方，也采取了慎重的态度，作了相应的标明。但就当前综合研究的资料说来，其价值仍是很大的。起码他这幅震旦纪古地理图为我们探索中国的黄金提供了一个大体的范围，在一定程度上可以作为找寻我国金矿的一个航标。

但是，震旦纪时代尚无生物，没有化石，时代判断是很难的。此外变质岩也无化石，易于混淆。石英脉和石英砾也有不含金的。所以单靠一幅古地质图去找金矿，是不行的。唯有综合若干的地质情况和地文关系，全盘分析，得出的结论才较为可靠。

历史地理学是历史与地理结合而成的一门学科，对于探究黄金矿历史分布、地理特点与其开采的历史流变来说有着重要的作用，运用历史地理学和地质学的综合研究，可收相互参证之效，在一定程度上可补过去资料和研究之缺。本文即拟以《刘图》所绘元古代大陆作为参照，从历史地理学角度对中国古代产金的地理作一探讨和梳理。限于水平，难免谬误不妥之处，尚祈方家指正。

第二章 我国黄金的地理分布

一、康青藏高原金区

《刘图》的西藏、柴达木、塔里木三大古陆分离相近，中隔以情况不明的海（《李图》则合为一个陆块，叫作古西藏岛）。按《刘图》推测，在太古代，三古陆可能是相连的，后渐横隔浅海。到泥盆纪世，显然分为3块古陆，原浅海下陷为昆仑大向斜。再进入石炭纪（大约距今1.3亿年左右），昆仑大向斜上升为古昆仑山，并渐发展出阿尔金山，延展为巴颜喀拉山，三古陆才合而为一。但同时西藏古陆微陷沦于浅海，成为古地中海向西退缩的通道（特提斯海）。到了新生代，喜马拉雅造山大运动，迫使特提斯海西向退走，整个康青藏大高原出现。柴达木古陆微陷为沮洳海。塔里木古陆部分则反转深陷成沙漠盆地了。

诚如此说，则今康青藏大高原内的昆仑山至巴颜喀拉山脉附近应为产金盛多地区。因为元古代喷射出的黄金沉聚在这古向斜浅海槽内者必多，当它上升为这一大山脉时，就该是名副其实的金山地带。它们经过若干亿万年，迄今已当风化崩解成为平陆了。它们所散放出来的黄金应都散布在它的附近与其流出河水的两岸地方，次第沉淀保存下来，事实是否如此呢？

由于塔里木古陆已经下陷为沙海，柴达木古陆成了沮洳海区，阿尔金山与昆仑山北侧的黄金已难取验了，南侧和巴颜喀拉地区则是这一大高原的中心部分，恰好取证。巴颜喀拉山区是最典型的。

对证史实，巴颜喀拉山区流出的河流都是盛产砂金的。其上游大小支流，都在高山顶部草原区内，也都是从来就以出产巨型金块著名的；中游河床斜急，流水搬运力强，仍有许多大型金粒沉聚在古河床的平缓之部；下游水多平缓则沿河沉积金屑，多有远达千里仍能每年淘取夏水运来金屑的地点。例如：

1. 巴颜喀拉山的西侧，通天河区（今青海省玉树自治州），也就是昆仑山脉东段的南侧，属于通天河区。通天河，藏语叫"牰曲"（意为"牦牛河"），《唐书》称作"犁牛河"。很早时，当地羌人就有神牛鼻孔吐出两道金水形成此河的神话流传。《新唐书·西域传》载多弥国"滨犁牛河，土多黄金"。多弥人不知淘金，它所谓"多黄金"，是说的地面暴露的金粒很多，可以拾取。这条河的下游，就是名震全国的"金沙江"，沿岸采金已两千年了，金矿现在还是丰富的。

2. 通天河之东为扎曲（扎科河），是藏传佛教的禁采区，金矿记录难得。它的下游为雅砻江，沿河几十里都是砂金矿。著名的哇里金矿、麦科金矿及若干小金矿，都是采的这条江水搬运出来的黄金。

3. 扎科河之东为"鲜曲"（鲜水河），是在秦汉年代就已知名的"鲜水"①。鲜水，即羌人古语"金水"之义。证明秦汉时已知其为富金之河。近世其流域已有将军桥等著名金矿发现。它因康北大断层阻扼，曾经成为若干万年的断层湖，后才被雅砻江支流扎坝河袭夺成河流。按产金理论，这个湖迹河原底部沉淀的金粒定然很多。（另详拙作《青藏高原采金刍议》）

4. 鲜水河区之东为色柯河（色曲），从色达县流入金川县，为大渡河上源。色曲，是藏语"金河"之义。著名的色尔巴金厂与二楷金厂，皆在此河沿岸。② 它会合独柯河、麻尔柯河、马尔康河同入金川县。这几条河同样也是金矿很丰富。"金川"之名甚古，说明它是很早的采金区。现在这个大渡河上游地区还有数十倍于二楷和色尔巴地面的潜藏金矿未采。

5. 大渡河之东为岷江。它所发源的松潘草地，实际是巴颜喀拉山区的东端地面。岷江与其支流黑水，和牦牛沟、漳腊沟等河谷，也是我国的著名产金区。漳腊金矿可算是它的一个代表。③ 这条河漂出的石英砾，多有捶破便见嵌金的。现在全流沿岸沙洲上，每年冬季皆可淘取砂金。沉淀情况良好处，含金率可到百万分之一。

6. 岷江之东为涪江与其支流北川河等河谷，也是汉、魏以来的著名产金区。《华阳国志》《元和郡县志》《太平寰宇记》及近代地方志皆有记载。

7. 涪江之东为嘉陵江上游的白龙江和白水河流域，这也是著名产金区。自四川

---

① "鲜水"之名，早见于《汉书·地理志》沈黎郡的旄牛县条。与若水（雅砻江）依近。今藏人仍称"鲜曲"。盖故羌语"金河"之义。其后吐蕃语音转为"色曲"，用于色柯河。
② 色尔巴，在炉霍县北，色达县东南。原为绰斯甲土司地界。1938年，绰斯甲划归西康后，刘文辉与师长唐永晖等组织公司开采。据传出金五十万两。二楷沟，在色尔巴下游，为色柯河的一条支沟。1913年组织公司开采。产金旺盛，应募之金夫多到二万余人。仅一年余，撤厂而去。矿工恋采不舍，被土司驱逐而废。其后谢培筠任茂汶专员，又开其附近的俄日沟金厂，亦为土司驱逐。
③ 漳腊沟，在松潘县东北，水从弓杠岭流出，河源平阔。清光绪末，鹿传霖任四川总督时，延请外国技师勘定筹备开采。旋因时局不宁而废。民国初年，驻松潘汉军统领张达三再开采，大有所获，卸任时重载而去。其后屡有重开之议。闻现在开采，多得大粗金块。

白水、姚渡以上,直到二水源头的迭部与南坪,两岸河源与古河道皆有金穴。其下游自昭化至合川间,每年冬季都有人淘洗河洲浮沙之金。《华阳国志》载梓潼郡晋寿县"有金银矿,民今岁岁洗取之"。说的就是昭化河中的砂金。自魏晋至今近 2000 年,嘉陵江冬季淘取河洲砂金,迄未停止。又,涪江沿岸皆有绵延的第四系冰积层黄泥石砾,其下往往沉聚黄金颇多。此皆由古江水搬运来的。

8. 巴颜喀拉区的北侧,为黄河上游,今青海省果洛自治州地面。这原是古代羌族住居的中心地带,与中原交通极早。夏、商、周年代,中原的真玉(石英)和软玉(黄金块),大多由此区供给。东汉以后,与中原闭绝了,未再见有产金的记载。但既然这山区南、西、东三面皆盛产黄金,则这北面断不会不产黄金的。只缘暴露在地面的金块粒早于周秦前拾取输出,埋藏在地下的迄未有人发掘而已。

巴颜喀拉山区,去中原近,金矿被发现早,然而今可知者不过如此。所有这一大高原中其他地方藏金情形,更难具悉了。但历史上有一个可靠的证据,那便是吐蕃拥有黄金甚多。

吐蕃几乎与唐王朝同时兴起,据有青藏高原及其周边地区。其王松赞干布向唐太宗求娶公主,一次就"献黄金五千两,以为聘";还献有金甲 12 副。后又献金鹅一具,"其鹅高七尺,中实酒三斛";太宗死,他又"献金琲十五种,以荐昭陵";显庆三年(658)又"献金碗、金颇罗等复请昏"(以上并引自《新唐书·吐蕃传》;《旧唐书》《唐会要》与藏文史籍《迎西藏王统记》等史书,所载俱同)。这才仅仅说的唐初几十年间的事。其后迎娶金城公主及聘使往来所献虽无记载,金银之属应仍不少。至于吐蕃与尼婆罗、印度、大食、康居及突厥、回纥等国之间的事,按藏文史料和西方史料的记述,也是用黄金与诸国交易的。吐蕃宏扬藏传佛教。藏传佛教徒往印度的都是携带黄金作旅费,用黄金作贽礼拜师学法,以致人称其所求之法为"黄金法"。藏传佛教的大寺,都有黄金板盖的屋顶,神像、供具大都也是金铸或镏金的。至于贵族家庭,黄金制的器物与装饰亦颇多,仓储中亦多有藏金。但因藏传佛教是禁止发掘地下黄金的,千多年来,藏人只不过拾取地面暴露的金粒,并未探触到地下。由此可想象到其地下藏金之富。

昆仑山脉中段的南侧,与念青唐古拉山脉之间的内陆湖区,是这大高原的最高部分,数以百计的湖泊和涸湖盆地内,埋藏有难以估计的黄金。它的特点,是元古界地层崩解殆尽了,它所解放出来的黄金几乎无条件流失。但皆沉埋在湖水、泥沙下很深,加以高寒、荒寂、劳力缺乏、给养困难,机械难于展施。本世纪内,我国还不可能具备开采它的条件,只可能在公路沿线河谷地面进行探采,为未来开发这一地区矿产资源作些准备。

喜马拉雅山以北，念青唐古拉以南。八宿山脉（伯舒拉岭）以西，雅鲁藏布与印度河上游，这一长阔地带，是元古代地壳长久存在、久久浸于海、由深海槽再起为陆的地带，肯定也是藏金丰富的。还有八宿以东的潞江、澜沧江上游地区（昌都、黑河区）。当前由于交通还有未便，它们与柴达木区的藏金，只可能留待下一世纪才过问。关于四川—康藏地区的产金地理，将在后面专章详述。

总而言之：康青藏大高原，是我国后院里的最大金库。当前还障阻开发的，主要是交通未便、人口稀少和给养困难。随着我国经济发展和巩固国防的需要，这个地区的开发和建设必将加速。这个大金库的宝藏将会凸现出来。

二、康南、滇、桂产金区

《刘图》的康滇古陆，北包雅江、新龙两县，西至丽江、大理，南抵国界，东南绕过昆明，包有南盘江外的云南、广西之部。寒武纪后，此陆块向东发展，包有今西昌专区与广西地面，称为康滇—黔桂古陆。此后，伸缩进退变化复杂。唯新龙以南之雅砻江两侧，延至云南之元谋、大姚、楚雄、元江一带始终都是陆地。按前章理论，应该是金矿丰富地区。

从历史地理来看，雅砻江在这一段，的确是金矿环绕着的。除上游（康北大断层线以上）属于巴颜喀拉金区外，雅砻江中、下游两侧，凡新龙、雅江、乾宁、康定、九龙、理塘、稻城、木里等 8 县地面，都是清末以来淘金者趋往的金矿地区。隆达①、哇里、麦科等著名金矿就是这一地区具代表性的富矿。以脉金著名的麻哈金矿亦在此区内。② 按地文（主要是平均海拔）这 8 县当属康藏高原。

---

① 隆达，又作龙达。在稻城河（水洛河）与东义河会合处，旧属木里土司领地。清道光时，发现此处多金，招商开采。光绪时矿工曾达 2 万余人。

② 哇里，在四川盐源县瓜别土司地界。是雅砻江南流到盐源县，又复换转向东北江套的内弧河原，梯级上升高近百丈，缘山长 20 余里，面积约 3700 余亩。金洞密集处下距河面约 70 丈。清光绪二十五年，开办西昌麻哈金矿局。闻此处旧时曾经有人采金，甚旺。派员勘察，设立分局，向土司租地，招商淘采。民国元年，又在地名四坪子处，划地 180 亩，官办。雇工开凿石梁，通风排水，仿西法大规模经营。次年获金 1800 余两。旋因坑道败坏减产。至民国五年停止官办，交付商办。自光绪二十五至三十一年收入课额，年收课税自 185.2 两，逐年上升至年收 4897.69 两。以后骤降，至宣统三年尚收 527.82 两。自民国元年至五年，年课只有二三百两。其旺衰升降，与时局有关。因商人争穴，纷乱弃土，匿金漏税，作弊多端，实际采取金数量无从统计，大抵近百万两。先后所得多是巨粒。其中最大者重 31 斤，被矿工叶焕文窃去，追查破获案。次大者有李茂宣矿穴一块，重 6 斤 4 两，曾在成都劝业会场陈列。其他重数十两者尚多。详见且维屏《洼里金厂调查记》（1929 年）。谭锡畴、李春昱应西康边防总指挥刘文辉邀请考查西康地质，仅 4 个月时间，所勘金矿就有瞻化（今新龙县）、理化、道孚、乾宁、雅江、丹巴、九龙、康定等 8 县共 30 处。而据我所知，漏查之处甚多，许多大矿区如色尔巴、烧日、俄日、鱼柯、木拉石等处俱未涉及，8 县以外地面更无论了。

这 8 县以南的云南地面，历史上是产金的，但如今未闻有何金矿。这需要考虑几个历史原因：

1. 《新唐书·地理志》（以下简称《新唐志》）载：姚州"土贡麸金"。唐姚州，即今大姚河地区，是唐朝在西南诸夷州中设立的一个孤县的州，独有汉族农工商人居住。州政府就只靠这些汉人支持。汉民能够恋土不去，亦是依靠唐朝的声威在此采金。故开元时，独此州贡金。其他诸多夷州，包括南诏在内都不贡金。这州在天宝年间就为南诏所侵据，汉民者沦为南诏的奴隶。

2. 南诏是提倡采金的。金沙江的砂金便是此时淘采极盛（见于樊绰《蛮书》）。大理段氏的统治接连前后 500 多年间（8—13 世纪），易于发现的金矿大多已采淘殆尽了。

3. 这是一个多种民族杂居地区，地方动乱多，矿业难于立足。难采的矿无人敢问津，尚保存于地下。

康滇古陆的东南部分，包括昆明湖以南，盘江与元江（红水河）之间的云南南境与广西南境的地面，在古文籍里也有产金的证据。《新唐志》载：岭南道邕、澄、横、浔、峦、钦、贵、蒙、融、白、秀、党 12 州皆"土贡砂金"。

这 12 州，都是秦汉郁林郡的地面，虽置郡县，未图经济开发。晋、宋、齐、梁，则委政于民族首领，羁縻而已。隋、唐重开州县时，腹地金矿略尽，矿工趋向新州，故此区采金突盛。但金量易尽，不过数百年的开采，今日已无闻了。宋时此区还有"金场""金坑"的记载。[1] 明末宋应星《天工开物》还对此区产金有些记说，然已见其已衰枯且尽，只有虚言相传而已。[2]

云南西部，自东经 100 度以西纵列地面，称为滇缅大向斜，原为海漫区，到三叠纪才渐升为陆。它有两个条件当富于黄金：（1）缅甸冈瓦纳古陆与康滇古陆流失的黄金，若还大量沉聚于此大向斜内，则其上升为大陆后应该富于金矿。（2）潞、澜二水从康藏高原搬运来此区河原沉淀，更能增加其藏金量。

关于这两点，有唐人樊绰的《蛮书》作证。《蛮书》一名《云南志》，其"云南管内物产"篇内。有这样的记载：

---

[1] 《元丰九域志》载：广西有"慎乃金场"，在邕州西北 400 里（应是今百色县界）；《新唐志》载：邕州"有金坑"；《宋史·孝宗纪》载：广西提督奏"罢昭州金坑"。昭州，今乐平县。
[2] 《天工开物·五金第十四》载："岭南夷獠洞穴中，金初出如黑铁落（按言似炼铁的铁渣片）。深挖数丈，得之黑焦石下，初得时咬之柔软。夫匠有窃吞腹中者亦不伤人。"又引《岭表录》云："居民有从鹅鸭屎中淘出片屑者，或日得一两，或空无所获。此恐妄记也。"这都是传说虚夸的话。说明已经无人采金，只有采金的谣言了。

生金，出于金山。及（当是即字）长傍诸山、藤充北金宝山。土人取法：春、冬间，先于山下掘坑，深丈余，阔数十步。夏月水潦降时，添其泥土入坑。即于添土之所沙石中披拣。有得片块大者重一斤或至二斤，小者三两五两。价贵于麸金数倍。然以蛮法严峻，纳官十分七八。其余许归私。如不输官，许递相告。麸金出丽水。盛沙，淘汰取之，沙贱法。男女犯罪，多送丽水淘金。长傍川界三面山并山金。部落百姓悉纳金，无别税、役、征徭。

此文所谓"藤充"，即今的腾冲。所云"金宝山"，即今之尖高山，属于高黎贡山的南段（南诏封为西岳）。所云"长傍诸山"，即今世所称的怒山山脉。它与左澜沧、左潞江（怒江）紧密依傍，并行达千余里，故称"长傍"。峰峦起伏百千，故曰"诸山"（犹今云山脉）。所云"长傍川"，指的是澜沧江。所云"三面山"，谓与澜沧并行的云龙河，自兰坪县南流，至旧云龙州城处，突转直角向西入澜沧江，截中间的云龙西山为三面，故名三面山；它在"长傍"诸山之外，故另作一条。这三条山脉部位，正与《刘图》的滇缅大向斜部位相当，所以它们都出产生金，被称为"金山"。三条大山都因河谷刻削很深，山坡徒削。故南诏农民可以施用这样"守株待兔"的方法承取山上崩坠的金块。它算是世界上最简单的采金方法。

所谓"披拣"，即拨开沙石，只拣发亮的金粒，足见并不淘沙。这又说明是元古代流集来沉淀的金粒，或新生代中，澜、潞二水从上游西藏高原搬运来的大金粒，在此诸山间沉淀于古河原内。其后河谷深陷，山崖陡削，古河床的残余随山洪汜水崩坠下来，土人相度地势，预先在当道处掘坑，待它再沉淀而取金。

这种方法，看来是可笑的，但在南诏统治时是普遍流行的。所谓"部落百姓"指的自由农民，他们都可以不纳租赋，可以免除徭役，只须缴纳一定的金课就行了。所以这些百姓都在尽量设法采金。他们的经验，可能已经看出横断山区高山上有大金矿了，但没有条件爬上去采取。并且还不能用水银来提取金屑，只好用这样简单的方法了。

这种方法，取不到此诸山体藏金的万分之一，是件非常可惜的事。但也是当时无可如何的事。云南高原本身现在很少金矿，与南诏的滥采很有关系。但它也是不可能已采尽的。这高原上的金矿前途仍当是有希望的。

南诏的砂金，是"国营"采办，地点在金沙江（丽水）沿岸。劳动力靠的奴隶和罪人。文中虽只寥寥数言，表示得已很清楚。采砂金，必须用水银泻取。按此文，南诏当时尚未知水银泻取法。只能用沟洗瓢舀，荡去泥沙。所得的是金屑与石沙相混的东西,所以只能作为矿沙卖到中原去提炼。因而,山金(自然金块)"价贵于麸金数倍"。

三、陇西、秦、晋的古金矿

《刘图》的陇西古陆中心地面,与今甘肃省的兰州市,靖远、会宁、临洮、岷县、夏河、天水,及青海省的化隆、循化诸县地面相当。古生代初期,发展到西宁、贵德、湟源诸县。古生代末期西北延至酒泉,东南接连秦岭,称为陇西秦岭古陆,渐与华北的中朝古陆合并。按前述理论,陇西古陆应是一产金地带。关于这一问题,可以作三条解释:

1. 文献中有这区产金的证据:《新唐志》载兰州、廓州、宕州、肃州皆贡麸金。兰州,即汉金城郡,应劭注说:"初筑城时得金,故曰金城。"① 应邵是东汉末叶的人。颜师古《汉书注》于金城郡云:"应劭曰:初筑城得金。故曰金城。"汉金城郡治,在今兰州市,那是黄河流经的河原较宽阔处。黄河河原,原来都是常常发现金粒的。汉昭帝时筑郡城,掘基深入,发现了金块,是可能的。晋人于瓒说:"称金城,取其坚固。"又有人说:"郡在京师西,故谓金城。金为西方之行。"

廓州,今为贵德与化隆县地,滨黄河,可能有黄河从巴颜喀拉区搬运来的黄金沉淀。宕州即今迭部、宕昌县地,属白龙江流域,本有松潘草地流来之金,也可能有陇西古陆沉落之金,故在唐代是个旺产区。肃州即今酒泉县。《新唐志》"酒泉西七十里满庭山出金",按地位,应是陇西古陆西延所临的地方。

2. 陇西,是羌族建立义渠国的地方。秦灭义渠,置北地郡。汉代发展为金城郡与河西四郡。于是这一大片地方,虽仍汉羌杂居,经济与文化全与腹地相同。秦与西汉是行使金币的。那时金价猛升,人民淘金无隙不入。故这个地区的黄金,可能被采得殆尽了。

3. 陇西古陆的原金少见,还有风沙厚积覆盖了的关系。风积黄土层厚到数十丈。所有震旦纪的金粒,露出地面的不多,易于采尽。深埋的,人不能采。

《刘图》的鄂尔多斯古陆,包括了今内蒙古鄂尔多斯草原以南、秦岭以北的陕西

---

① 金城郡,汉昭帝元年置。唐颜师古《汉书注》引应劭说"筑城得金",因而得名。又引臣瓒说:"称金,取其坚固也。"余按:应氏说早于臣瓒,亦非未读《墨子》"金城汤池"之文。汉旧城土筑,全国皆然,亦不得独擅金城之名。当以应说为是。言筑城得金,则非淘河砂金,而是掘土得金块,正符合震旦纪所出金的特点。黄土层深处,固当有之。

省，山西省吕梁山脉以西的黄河两岸与甘肃省的泾水流域，古生代已浸没于海，只剩得五台、吕梁、王室三块陆地。志留纪全升为中朝古陆。这一广大地区，古籍亦未见有产金的记载。是否有金，有待地质工作的发现。

四、川陕鄂皖间的古金矿

《刘图》的原始秦岭山地为一狭长地带，与今秦岭山脉及豫西的熊耳山、崤山地面相当。其西端之南，又有汉南山地一小块，与今川、陕界上之米仓山部位相当。汉南山地之东，有武当山地，与今鄂西山地相当。武当山地之南，跨长江南北，有黄陵山地一小块，与今秭归、巴东县境相当。这四个小面积山地之东，有大面积的淮扬古陆，与今大别山脉与皖豫间的光、黄、英、霍山区部位相当，东延可达天长、六合部位。

淮扬古陆在志留纪合并于中朝古陆，发展为华夏古大陆。石炭纪世，华夏沦为浅海，此部未沉，古生代末，浅海退却，此部再与华北大陆合并，迄今，像如此发展的震旦纪古陆，在地面就应有许多黄金可取。但它也与鄂尔多斯古陆一样，早在隋唐年代就已无黄金可采了。

这道理是明白的：当汉末中原丧乱的时候开始，中原大姓贵家、豪族陆续向长江流域迁徙，下至隋、唐统一，400年中，富贵人家随时都在准备迁流。铜钱、米粟、布帛都是不适于携带的，只有金、银携带方便，而黄金又便于白银若干倍。所以争先掌握黄金，把金价抬得更高。到了江淮以后，又因时局动荡不宁，随时仍得准备搬迁，仍得抬价抢购黄金。其得暂时宁定，为了享受，又得因海市之便，采购海外珍货。海市贾人不用中国通货，必须黄金与之交易，因而商家亦须抢购黄金。金价愈高，采金的人愈多。金矿探采罄尽，故隋唐年代，淮扬古陆地区的金，踪影全无了。《后汉书》明帝十一年，"濑湖出黄金，庐江太守以献"，是此区产金的唯一记载。《新唐志》淮南道十九州，土贡只扬州有金。但是"金、银"与"铜器"分读，可能那金与银也是从商贸事业中得来的，非出于当地的矿产，因为扬州是当时天下最繁华的都市，而它附近不可能有产金之地。

《刘图》的汉南山地与武当山地，在古生代末期衔连成为大巴山山地，与秦岭并行迄今，中间隔以南秦岭海槽（今为汉中盆地）。这个南秦岭海槽地带，虽然南北都只小面积的震旦系地层，亦当有些黄金沉淀，成陆以后，当有金矿。

验于史籍也正如此：扬雄撰的《蜀王本纪》说：秦昭王在汉中，把黄金混于石牛下的牛粪中，扬言"牛便金"，欺骗蜀使，说愿送石牛于蜀王，作为嫁女的奁赠。要蜀王开通大路迎女迎牛。蜀王遣五丁力士开山通道，是为"石牛道"。其后秦由石牛道伐蜀，蜀遂灭。后来记蜀史的，都有此说。① 这个传说从另一方面证明：秦国占有汉中后，采得的黄金很多，所以能用黄金来炫耀，欺骗蜀人。虽然汉中平原的金早在汉代就差不多采尽了，但其西南山区中仍一直在采金。清《四川通志》载有"旧志，西乡出金"，为我们追踪提供了一丝遗痕。②

又，《新唐志》载：巴州"土贡麸金"，说明唐初巴河还在淘金。巴河从米仓山区流出，经南江、巴中、平昌、渠县、广安入嘉陵江。今日已不产金。唐代，唯巴州（治今巴中）贡者。唐以后此区金尽，巴州亦不复有了。

《刘图》的武当山地，虽以武当山为名，实际在武当西，北包兴安盆地。兴安盆地，在汉中平原之东，为以安康、紫阳、石泉、汉阴等县为中心的汉水中游的山间盆地，属于武当山地之北南秦岭海槽部分，故为一金矿区。因接近中原，开采得早；也因地位辟险，故唐初犹未采尽。《新唐志》载：金州西域县"汉水有金"，汉阴县"月川水有金"。按西域县即金州治，其地汉水"本名金川"，可知昔日淘金之盛。石泉县北，有地名"黄金戍"，有黄金谷，水入汉川，地形险要，与子午谷齐名，是汉魏时军事重地。不称金而称黄金者，说明两汉时此小河谷产金著名，唐时则已殆尽也。《新唐志》金州不言贡金而载西域、汉阴两县有金，即说明是金衰将近之例。

又，通州（今绥定）不言贡金，而所属宣汉县云"有金"。宣汉县有三水会流。三源皆出大巴山东段，即武当古陆西缘。可知宣汉之金，与西域、汉阴相同，同出于武当古陆地方，同至唐代将尽。

五、江南六省古金矿

《刘图》的原始江南古陆，从今天的贵州省的东部，直向东延，阅湘、鄂、赣、皖四省的长江附近，抵浙江省的天目山区，延伸入江苏省的南部。这个狭长的古陆，有很大部分至今未沦于海。有部分沉沦的，亦不久仍还为陆。它的南北，从来都是深海。故元古代的黄金必然流失很多。只它本身的一些并行的山谷间的小盆地能留

---

① 扬雄以后，谯周、来敏、常璩之《蜀记》，李膺《益州记》，郦道元《水经注》，皆著此事。文微不同。兹释其大意如此。
② 《嘉庆一统志》载各府州"土产"，多据故籍汇列，亦有当世调查新资料。其汉中府土产不列金，而有小注"按旧志，西乡出金"作为"附记"。所云"旧志"，谓乾隆修的《一统志》。凡"旧志"有，而当时查无者，例作附记如此。

得一部分金穴。在它长达千余里的狭长地带中，有洞庭、鄱阳、太湖及古青草湖等下陷部分，和与它并行的扬子大海槽内，才是沉积黄金最多之处。①

这一狭长古陆地区的东部苏南地区，现在还遗留有"金陵""金坛""金山""金华""金沙"等古地名，可以说明它在古老年代里是曾经出产过黄金的。中段皖南、赣北、湘东、鄂南部分金矿，有下列一些历史迹证：

1. 后汉年代，广陵、丹阳、历阳、九江、江夏诸郡经常发生民变，劫杀郡、县官吏（未传肇乱原因，疑与此带矿工有关，尚待详考）。其时中原黄金开采已尽，大江南北已经开采。贪污官吏与豪族大姓，诛求无厌，矿工易于团结反抗，故多民变。多不称帝，只杀官绅，经朝廷赦诏招抚即降，或屡降屡叛（如张婴事）。这种民变，在孙吴时仍在继续。直到这区金矿已罄的年代才结束。细致分析，可得其绪。②

2. 《新唐志》饶州、抚州、潭州，皆"土贡麸金"。饶、抚两州，皆属鄱阳湖区，潭州属洞庭湖区。其属县特书"有金"者，有饶州之乐平，抚州之临州，潭州之长沙。足见湖滨诸县有金可采。

3. 《天工开物》说："河南蔡、巩等州邑，江西乐平、新建等邑，皆平地掘深井，取细沙，淘炼成（金）。""但酬答人功，所获亦无几耳。"说明明代的鄱阳湖区虽还有金，亦与河南省的上蔡和巩县一样，只能作深井，下达岩盘去搬运取沙，可知其地表金尽而求金于更深处。

洞庭以西，原是被称为"五溪蛮"的民族所踞之区。自东汉至清代，屡次发生民族战争，有时侵入湖湘附近。是故此狭长古陆西部的湘、黔、川、鄂之间所谓武

---

① 安徽芜湖市以东，固城湖、石臼湖、长荡湖、滆湖之间的卑湿地带，为古青草湖区的残迹。洞庭、鄱阳与潆湖，势亦将相继渐成陆地。此等湖盆地皆当有藏金，故沿湖平洲有淘金者。然大量黄金当在河湖最低部岩盘上，非岁所能取。

② 《后汉书·顺帝纪》永建四年"二月戊辰，诏以民入山凿石，发浅藏气。敕有司检察所当禁绝，如建武、永平故事"。顺帝此诏，给郡县以禁矿之权。此后遂多民变。如：

　　阳嘉三年，"益州盗贼劫质令长，杀列侯"。
　　永和二年，"正月，武陵蛮叛，围充县。又寇夷道"；八月"江夏盗贼杀邾长"。
　　三年"夏四月，九江贼蔡伯流，寇郡界及广陵，杀江都长"。
　　汉安元年，"九月，广陵盗贼张婴等寇郡县"（是岁"诣太守张纲降"）。
　　建康元年，三月，"南郡、江夏盗贼，寇掠城邑。州郡讨平之"；八月"扬、徐盗贼范容、周生等，寇掠城邑"；九月"扬州刺史尹耀、九江太守邓显讨贼范容等于历阳。军败。耀、显等为贼所殁"；十一月，"九江盗贼徐凤、马勉等称无上将军，攻烧城邑"；十二月，"九江贼黄虎等攻合肥"。
　　永熹永年，正月"广陵贼张婴等复反，攻杀堂邑、江都长。九江贼徐凤等攻杀曲阳、东城长"；三月，"九江贼马勉称黄帝。九江都尉腾抚讨马勉、范容、周生，大破，斩之"；四月"丹阳贼陆宫等围城，烧亭寺"；五月"下邳人谢安应募击徐凤等，斩之"；七月"卢江盗贼攻寻阳，又攻盱台"；十一月"中郎将腾抚击广陵贼张婴，破之""历阳贼华孟自称黑帝，攻杀九江太守杨岑。腾抚率诸将击孟等，大破斩之"。

以上皆仅就梁冀当政时，九江、历阳、广陵、江夏诸郡民变见于本纪者。别详腾抚、张纲二传。至桓帝世，此部人口骤减，祸乱亦息。武陵地区民夷叛乱，事具度尚、冯绲两传。皆此矿区地带事。

陵五溪地区保存金矿最多，几于是这古陆最后出海时的原貌。它才可以代表这一大狭长地带的金矿情况。以下特就这一地区论述：

鄂西、湘西界上的五峰山脉，是原始江南古陆西段的北界。其北侧之水汇入施南河（古称夷水或盐水，今称清水江）。《新唐志》说施州"土贡麸金"，应就是此部流入的砂金。其南侧之水，汇入澧水和酉水。

澧水，考即《韩非子》说的"丽水"。其《内储说》言："荆南之地，丽水之中生金。人多窃采金。采金之禁，得即辄辜，磔于市者甚众，壅离其水也。而窃金不止。"后人把这丽水说成金沙江，是与历史地理不合的。丽、澧音近，丽水实为澧水。这是与郢都甚为接近的产金区。楚王政令能够充分到达，故能禁民私采。犯了窃采罪就杀。杀的人多了，浮蔽水上，拥挤相属，仍不能禁。因为利大，则法不能禁。这条河的砂金，大概早已采尽了。酉水的砂金则唐代还在开采。

酉水，为入沅五溪之一，发源在四川秀山县境，蚀穿武陵山脉，至湖南沅陵县入沅。从秦置黔中郡起，"武陵蛮"（即五溪蛮）就常发生叛乱，历汉魏、六朝至隋，武陵蛮退出酉水之南。在这几百年拉锯战中，采金事业时进时退，时起时止。到唐代，此区的叙州（原巫州，治龙标县），奖州（原舞州，治峨山县），还"土贡麸金"。这说明其时酉水与沅陵以下的沅水流域砂金都已采尽，采金事业转向沅水中上游推进了。

武陵山脉与雪峰山脉之间，为沅水大向斜谷，承受二山背斜流坠的金屑，成为隋唐迄今湘黔间的砂金旺盛之区。但推进得仍很缓慢，因为金屑沉淀在河床深处，土盖太厚，并已都成为耕地了，一般人看不出来，苗民也不让人去采。

武陵与雪峰两大背斜山区，还具有很多的石英脉，含金率多在二十万分之一左右，大概是震旦系地层被风化崩解已甚，上部脉金早已流失，只剩得中、下段岩脉的原因。但脉金是先民所不能采的，故至今还保存着。这两大背斜带分解出来的金屑成了沅水与其支流中砂金的来源。澧水、清水与资水中的砂金也仰给于它。

喻德渊《湘西、黔东金矿地质》一文，是叙述这一地区金矿地理最详的一篇巨著。他调查了此区14县的金矿230余处，并且做了这区主管采金的人。文中具体叙述的矿场42处，属于砂金矿者只有数处（湖南黔阳县江市、靖县金滩和大油乡，共3处；贵州天柱县白市，黎平县罗里、孟产等处），脉金矿则有30多处。那已是蒋政权末期，已用西法采取脉金了。

喻氏举了几个脉金旺产的年产量。桃源县冷家溪金矿局：1937年1860两，1938年2200两，1939年3080两，1940年2200两，1941年1800两；柳树汊各厂合计：1937年6200两，1938年7200两，1939年7500两，1940年7800两，1941年7600两；会同县漠滨金矿处：1941年420两，同年贵州天柱县渡马厂750两，锦屏县三板溪900两。国民政府自1936年在此区大规模开采脉金，至1941年止。5年中所获脉金不过数十万两（实际出金在百万两以上）。砂金因是个体农户自由采售，未有统计。估计14县黄金藏不到1000万两。比之康青藏与云南高原渺乎其小矣。

这一古陆地区的黄金，当有十之六七沉淀到洞庭、鄱阳两大湖及长江中、下游河床内，会当有取出之日，说这区是我国未来的第三个产金希望最大之区，应无不可。

六、岭海、东海古金区

《刘图》的华夏古陆，包括今北部湾起北延至杭州湾的沿海地带，海南岛、台湾岛与东南海的大陆架。直到新生代，"古地中海向西退却后，才与华东、华北合成一个大陆"。

南岭山脉，是这块大陆的脊部。北侧之水平流向北，入于洞庭、鄱阳二湖，南侧之水急流入海。这样的地形，不利于震旦纪黄金的保存。故这个地区，砂金矿是不富的。汀江、北江、东江地区，几乎无金。非震旦纪古陆无金，而是古陆风化侵蚀已深，黄金流失若干亿万年不能尽。唯闽、浙、台湾界内，由于造山运动产生的梯级骈列山脉，所有谷地与海岸线并行，中间可能抑留一部分黄金。然此部开辟郡县早，距吴越腹地近，六朝二百年中采金已盛，至唐世，亦已竭泽。《新唐志》于此区诸州，唯记有台州贡金，福建无金贡，唯建州将乐县云"金泉，有金"。又《太平寰宇记》载：福州"土产麸金"。足见闽江河谷在唐宋尚有砂金，然已甚微，明清则以获金为奇闻了。① 然而，二省地名中，如浙江之金华、金清、金乡、金村、金岸等，福建之金溪、金门、金峰、金井、金泉、金沙等，皆足表示前人采金遗迹。广东省东半部，则并如此类地名亦无之。

广东省西部、肇庆地区与海南岛，唐代曾盛行采金。《新唐志》所载：康、新、勤、恩四州贡金（皆在今肇庆地区）；崖、琼、振、儋、万安五州贡金（皆今海南岛地）。《元和志》还说钦州也"贡金"，又说四会县"金刚山出金沙"。大抵岭南产金

---

① 《明一统志》载，福州"东山文殊般若院出金沙，普贤院出银"。此恐僧徒固为幻感，然亦足见时人犹知有砂金。

原不甚旺，初未为人注意，追中原金尽，才趋向于此区，不久亦复尽耳。岭南脉金，希望似亦不大。因为地面久在地表风化已深，纵有脉金，含金率亦将比武陵山、雪峰山为小。

《刘图》的胶州古陆，与隔海的平壤古陆相对，原为包有今山东、辽东两半岛的一个古陆。其金矿地理与闽、浙沿海相同，应为多金之区。女真兴于此区，国号"金"，清兴于此区亦曾号称"后金"，辽东半岛还有地名金州（今新金县地），俱与其地产金有关。大抵去海较远处河谷盆地中亦当有金。如山东半岛之胶潍平原、莱阳山区、沂沭盆地，深淘发掘，当尚有金不少。

七、东北、西北产金区

《刘图》的内蒙—北满古陆，南以贺兰海槽及阴山海峡与鄂尔多斯古陆隔离。北至戈壁，东西无界。入志留纪后渐没于海成大向斜。至三叠纪复为陆地。这样发展变化，应是产金极多之区。其兴安岭、黑龙江地区近世曾产金旺盛。还有漠河、呼玛诸金矿足证其有金。

内蒙古地区，既由震旦系地层陷为海下，再由海槽升为陆地，则其含金之多应与巴颜喀拉山区相当；至少，亦应与江南古陆地区相当。其所以今世没有金矿的原因，可能是：

1. 《史记·匈奴传》记："其送死，有棺、椁、金、银、衣裘，而无封树、丧服。"这证明匈奴是拥有黄金的。匈奴文化落后，工艺粗拙，又无冶炼金银的高温炉灶，不可能有金银加工器皿殉葬，只能用天然金银块锤打成的粗制金银明器入葬。其人随葬之金应多为拾得之金块，或抢掠得来。

2. 胡人拾取金粒，不自匈奴始。匈奴以前的北狄、薰鬻、獯狁，实际都是羌人之东徙者。他们在青藏高原早已知道拾取地面的金粒，输入中原作商品交换。从北狄到匈奴，此区露地的黄金，大概已拾取殆尽。但在内蒙古地下，必仍有金，或许还多。只不过因震旦纪生成的巨粒黄金，被沙土遮盖太厚，不易判断金穴的位置所在。

3. 这带气候酷烈，昼夜温差太大，植被疏浅，岩石间所含水分，每夜都会结冰，元古地层崩解甚速。自第三纪以来，风积黄土甚厚，尤其是阴山南侧，风积层合当极厚，金被黄土掩盖了，人不能见；阴山山脉以北的固有金屑，在强猛的北风搬运下，随同砂石被风搬走。其较重之金粒，不能搬走，则露于地面，风后易被人拾取。

内蒙古有许多的内陆湖，它们是这个地区的最低凹处，应该是聚金最多之所。情形与藏北羌塘相似。于是可以得一结论：内蒙古的阴山山脉以南，是金矿隐遁区。迨我国已经采用遥感技术，判断出金穴的确切位置后，阴山南侧将会有穿穴采金，湖内采金与湖滨、河原淘金三种采金形式出现。而且，它将于造林防沙和改土造田、种植牧草的经济开发事业同时进行。

《刘图》的准噶尔古陆，相当于今天的准噶尔盆地，南接天山，北尽阿尔泰山脊。这一广大地面，从震旦纪以来，始终都是陆地。自然元古界地层与古生界地层已消磨得很深了。但其中的黄金，流失的机会不多，也应该是埋藏到积沙下和沉聚在湖水下的很多，自然亦有出现在地面和残存在山间的。

其暴露在地面的，千多年前已经有人采取了。《新唐书·回鹘传》记贞观四年，回纥"复入朝，乃以回纥部为瀚海，多览葛部为燕然，仆骨部为金微……皆号都督府"。瀚海、燕然并用汉旧地名，"金微"乃新制名称，即可知仆骨部以产金为名了（"微"字可与"徽"字通，抑或是因其"旧以产金著名，当时已微"之义。微又训"无"，亦如"无锡""无盐""毋敛"等地名，表示其先无金贡之意）。

现在国人方注意到此区的石油，未注意到这一地区贵金属和稀有金属。黄金矿，与稀有金属矿比较接近。有许多今日还未能开采的金区，也是稀有金属出产之区，它们的金矿，或将与稀有金属同时开采。例如我国的西藏羌塘区、云南迤西区、内蒙古和准噶尔区，可能就是如此。

八、砂金与脉金比较

以上，依据《中国古地理图》的所指13古陆与4山区的部位，考订历史上关于采金的文字与采金情形，只是一种跨学科研究的尝试，不敢言确，只是为认识我国黄金的历史分布提供一个大体的轮廓，希望能以此为进一步探采我国的黄金资源提供一点线索。

文中主要谈的砂金，对脉金谈得较少，这是因为在历史上我国的砂金矿多，脉金矿少。而且现在、将来还会是如此。这是我国金务的一个特点。另外，我国砂金，腹地早已开采多年、储量已少，而开设郡县较晚的民族地区和国防重点的边疆地区却还保藏特多，且开采较简易。这是我国金务所宜注意的。

我国砂金多的原因，是元古代的古陆多有一直未经沉没于海底，或只暂时沉没旋复上升为陆的地面多。这样的地层，经历长时间的风化崩解，高山化为平陆，平陆也被揭去很厚，变为沙石，沙石流徙，崩解出来的黄金，随缘沉淀，所以砂金矿分布面宽、量大，比例远远高于脉金。

我国脉金最有希望处，当在长江以南，元古界地层曾经沉没于海或升降频繁，磨削不大的部分。已经开采的雷峰山区脉金，便是见证。南岭山区、内蒙古和准噶尔盆地、昆仑山区与巴颜喀拉山区，亦当有脉金，但大矿可能性较小。西藏的雅鲁藏布江区，曾经受到海漫很久的元古界地层内，可能脉金很丰富。

元古界地层崩解出来的黄金，多是大粒、大块。它们有暴露在地面的，人们不需工具便可俯拾而得，故原始社会的人已经使用黄金。其沉埋在土沙间的，只需有简单工具帮助就可取得出来，所以我国先民淘取砂金最早，以至于很早就把中原的黄金淘取殆尽了。那些深隐到寻常不能觉察之处的金（如在高山的古河床内，或深没于数丈、数十百丈的河床、湖底内的）。若还人类积累经验，认得它隐藏的法则了，亦能凭借简单工具轻易取得出来（例如：川边老矿工能向山岭上去找古河道的金，湘、黔间的农民能从耕地挖坑下采河床的金）。

而到现代则可凭机械大规模开采深埋数百丈的大面积古陆沉金了，脉金的开采技术与设备也臻于完善，不再困难了。

砂金沉积条件优良处（俗谓"金窝子"），金与沙可能是一与百比，甚至于百与一之比。而脉金，则是十万分之一至三十万分之一。喻德渊说，雷峰山背斜诸脉金矿，"普通产金率在十万分之一以上者称为佳矿，在十万分之一至二十万分之一者为中矿，二十至三十万分之一者称下矿。以下，即每吨脉石英含金在一钱以下，已无可开采"。又说："桐树面（属沅陵县）矿脉佳者，含金率约十二万分之一，三板溪（属锦屏县）约十二万分之一。"与开采脉金比，淘砂金既简单又收金率高，[①] 是故世界任何民族，都只是先取砂金，然后才取脉金。

---

① 据喻德渊说，"沅江上游，素产砂金。民国二十五年以来，秋冬二季，河中淘金者，仅自江市至漠滨之四十里间，月关下千余人，每人每日淘洗所得，少则二厘，多则分余，不等"。还说，民国"二十八年，托口每日收金四至七两，江市、漠滨各可三两，是三处，每日可收金十两。即每月可得三百两。此就梁水河床中砂金而言"。则梁水河原中，挖深坑向河床掘取砂金的农民每千人一日之力，可淘黄金近于十两。平均人约一分。又，易廷选言，曾见犍为县岷江河洲中，每年冬季有人淘取当年沉积的新沙，"尽二人之力，每日可得金屑一分"。又，且维屏说，哇里牛金台子，曾有"李姓，由其北部四十里之小溪引水来此，掘池贮水，抽闸狂冲浮土，施行露天采掘，约计每沙百斤可淘得纯金一厘至二厘"，即千万分之一，竟与脉金富矿相当。

九、我国金矿的历史分区

矿产分布，不但要受自然条件的限制，也还要受社会条件的限制。大自然已经安排有矿在地，而社会条件未能开采得它，仍不得为矿产，金矿不能例外。矿产又各有定量，已经前人采尽，徒留空穴，亦不得为矿产，黄金亦然。是故有古代的金矿、现代的金矿和未来的金矿。兹根据产生金矿的原理与社会发展的过程，把我国历史上金矿分布、移转情形分为下列几个阶段，表现我国当时金矿分布密度，作为本篇的总结。

我国金矿的发展区划：

1. 原始无金区。从有人类以来就不出产黄金的地方，包括：黄河大三角洲与渭水平原，渤海沿岸沽河、滦河、大凌河与辽河诸三角洲，黄海沿岸与淮河平原，长江三角洲与沿江冲积平原，钱塘三角洲与东南沿海小平原，珠江三角洲与江海间石灰岩山区，四川红丘陵与西南诸石灰岩山区，塔里木沙海与柴达木沮洳区，松辽平原，以及新生代以来产生的少年山岳。它们地下深处，也有或多或少的黄金，但因人类无法发掘它，仍当作为无金区。

2. 周隋以前采金区。这是从人类开始拾取地面金块起到6世纪之末，主要采金的地区。包括长江下游南北山区金矿，南至沿海地面，西自大别、伏牛、秦岭山脉以北，陇西、河西以东；内蒙古的阴山以北；山东、辽东半岛的有金地面。现在或是地面尽了，地下尚多；或是砂金已枯，脉金甚丰。

3. 唐宋元代采金区。这是从7世纪至13世纪，民间采金极盛的采金地区。主要金矿集中到粤、桂、海南地面。国营有金场，商营有金坑，民间自由采淘亦盛。川、鄂、秦、豫地界，江南、岭南，所有前代遗金之处，寻取罄尽。四方民族建国之部，亦皆尽量寻求黄金，吐蕃为一时黄金最多之国，南诏次之，回纥又次之；西域与东北诸部族皆以黄金市易。但它们都还说不上金矿，大抵寻取自然金粒与手工淘沙而已。

4. 近代采矿地区。明代、清代，初期皆不重视矿务，听任民间淘金，人民亦不甚淘采，地旷人稀，钱币稳定，人各重视粟帛，忽于金银。中叶以降，渐兴矿议。末叶皆务于采矿，尤特注意金银。明代矿政紊乱，记载不详，大抵尤重在银。清末，则银矿略尽，特重采金。官营有局，多招商开采收课。其金矿局，皆延外国技师勘测，采用科学技术，大规模经营。最著地区为东北之黑龙江省与四川、云南之民族地区。湘黔边区亦在勘测，并有民营组织试采，是为我国有新法采金之始。然皆因官僚腐败，管理不善，旋告亏失而废。新中国成立前，川边、湘黔边区、云南边区、黑龙江区皆盛行采金。明清至民国年代的6个世纪中，主要采金地面大都在西康高原、云南高原、湘黔边区与东北边区四部。

5. 现代金矿区。新中国成立后有色金属开采，渐及金矿。大都奖励公社或生产队经营，国家采金尚属初级阶段。为了实现四个现代化，势必增产黄金，兑换先进国家的科技装备。20世纪所宜开采者必然要具备下列几个条件：

（1）要能迅速取得大量黄金的地区。

（2）要是比较接近腹地，调配人力物力方便的地区（因为需要大规模经营）。

（3）有潜在的其他农、牧、林、矿资源，值得同时开发的地区。

（4）对巩固国防能起积极作用的地区。

（5）其他符合当前国情需要的经建地区。

综合考虑，则巴颜喀拉地区的金矿，宜为最先开发的金区。其次为川滇间的江套地区、黑龙江区、阿尔泰区和青藏高原上的公路沿线地区。（另详《采金刍议》）

6. 未来采金区，或说是留待下一世纪开采金矿的地区。有些可能产金丰富，而当前国家的经济和技术条件还不能满足采掘它的问题，只能留待下一世纪开采。例如：

（1）新疆的塔里木盆地。是元古代的大陆，迄今都未沉没于海，只是向下陷落到海拔1000米以下了。元古代和古生代喷出的黄金应仍保存绝大部分于这六七十万平方公里的盆地沙层下面，数量是极其可观的。但这块大沙漠内无水，黄金又埋藏很深。像这样的地下黄金，只有待将来开采。

（2）青海的柴达木盆地。藏金的地理条件与塔里木盆地相似。不同的是面积小到几万平方公里，海拔高到2600米以上，并且有很多沮洳地。必须有条件排尽其中的水，使它成能够载重施工的陆地，才能采取黄金。

（3）西藏羌塘湖泊区。藏金的地理条件与塔里木及柴达木相同，面积与塔里木盆地相当。既不是沙漠，也不是沮洳地，而是海拔高到5000米以上的寒原，号称"世界屋顶"。地势相当平坦。有大小湖泊和涸湖盆地1000多个，新中国成立后，对此区进行过初步考查，只知有少数湖泊里含有稠重的硼砂，大多数湖泊里都含有稠重的盐，其中含有多种金属（包括稀有金属）。不知自元古代以来，它所拥有的黄金，亦在当地水土覆盖下，积存在其地下。只因地处高寒，交通不便，不易深入勘探，开采困难。有待到铁路修通，光能与风力发电建好，用现代科技开发。

（4）青海的河源沮洳地包括黄河发源的星宿海，越过札陵、鄂陵两大湖，和玛多县（黄河沿）的一线，东西约长 500 里，南北约 400 里，除中间一线半沮洳地勉强能让人畜和轻车通过外，大部分都与柴达木沮洳海的边际一样，放牧其间的人畜常陷落进泥淖里去。

玛多县与玉树州的称多县和四川甘孜州石渠县的界山，正是古昆仑与巴颜喀拉大金山的衔续之部，应是一个蕴藏黄金甚多的地带。由于沮洳海与札陵、鄂陵等湖水的覆盖，当前难以取出。应是下世纪一个很有希望的矿区。

（5）腹地里的洞庭、鄱阳与长江中游的湖泊内的沉金，以及四川西北部，亦是下世纪采金的希望。

这些金矿的开采，可能延续 2 个世纪。到那时谓我国为世界第一大产金国应有可能。

第三章 我国采用黄金的历史

一、从最先使用黄金的人说起

投掷武器,是人类猎兽最原始的用具。石英块原是无锋棱的,经投掷敲击破碎后,就会自然成为锋利的割剥、钻刺的石器。那必然是原始人类使用得最早、最佳的石器。周口店附近不远是震旦系五台系和南口系岩层分布地区。地势兀高者,北来风沙埋没不尽,故有几亿万年喷出的含有石英和金块的岩石风化后,露立着的金块和石英块,成为周口猿人①的武器。这种猿人山洞里未曾发现金块,但它的石器多是石英石,而不是一般的燧石或其他岩石。而黄金是与石英伴生的,因此可推测他们在找得石英作为武器时,已经看见黄金了。散在地面的黄金块,光彩夺目,异于其他石块,原始人类必然会拾取它。金块比重大,用于投掷野兽、害敌,效果较其他石块为大。故周口猿人很可能已经使用金块为投掷武器了。

其实,在第三间冰期间,人类已经普遍进住在我国各地了,使用黄金为石器的,不仅仅只周口猿人。凡属震旦系分布地面之未为海水沉积物和风沙等物埋没的地方,如青藏高原、内蒙古高原和准噶尔盆地、大小兴安岭地区的原始人类,都会有这样的机会,不过未能像房山周口山洞这样被发现罢了。

住居康青藏高原上的羌人,在旧石器时代,已经创造出来了很高的文化。②

羌人是何时进入、居住到康青藏高原的,现在还没有确凿的考古发现。我估计,

---

① 在奥陶纪石灰岩的3个岩洞内,填充有洪积世的土壤、碎石;1922年,在瑞典考古学者安徒生(Andersson)的主持下,周口店化石点开始发掘,得到两枚古人类的牙齿。1927年、1928年、1929年、1931年连续四次大力发掘,得到原始人类的骨骼和石器甚多。当时定名为北京人(Pekinensis)。新中国成立后改称周口猿人。发掘证明,其已经知道用火。他们猎取各种野兽为食。其石器,大都是石英石做的。他们大约在第四个大冰期以前居住在这里,到第四大冰期内绝灭了。它是我国最先发现的一个最古的人类。
② 住居康青藏高原上的民族,殷、周、秦、汉、南北朝都称之为"羌",读如"姜"。隋唐、五代称之为"蕃",读如"播"。元、明人称之为"番",读如"翻"。清代以来称之为唐古特、藏,即今之藏族。又别有羌族、氐族、古宗、普米、怒子等派分的许多族群称呼。此处的"羌",指古羌。

他们是与周口燧人（知道用火的猿人）同样，早在第三间冰期以前进住到这一大高原内，并且定居下来的。由于周口地区（指华北大部地区）在第四大冰期时受到不可克服的冻害，所有的人被消灭了。而住居在康青藏大高原上的人，因有巴颜喀拉山、昆仑山、大积石山、祁连山等高大山脉抵御了寒潮，加以古代海拔还不似现在的高，纬度又较低，多南向河谷，与距冰覆地面较远①等关系，没有消失。所以他们经过第四纪大冰期的煅炼后，进入第四间冰期（即现在人类生活的历史年代），他们首先成为"智人"（Homo），成功创造了相当高的文化。并且他们以其适合于高草原发展的文化优势，向东北的陇西、蒙古方面发展，填充了周口猿人（燧人）的废墟，于是有了蓝田人、河套人、山顶洞人与资阳人等遗骸的分布。大约是新石器时代，南来的华夏农业民族与康青藏高原向东延展的各支民族会合了。由进行农产品与畜产品的交易，进而通婚，以至于习俗融合，形成了汉藏语系的各个民族支派。② 这各个支派的形成，可能是最近的1万年内，直到我国夏、殷、周三个朝代的事。

康青藏大高原，既然是富于白石英和黄金的地区，经亿万年风化崩解到地面。羌人最先到达，并在这大高原上创造出相当高的古文化，这还能说他不是最先使用黄金块为投掷武器的人吗？所以说：我国最先使用黄金的人，是羌人。

羌，在旧石器时代，称得是亚欧两洲文化最高的民族。这里撮举几个很显著的证据。它由猎食野兽进入畜牧社会，早于华夏其他任何民族大约1000年以上。牦牛，是他们最先驯养成功的野牛种，至今不能在这高原以外生长；藏羊，亦是他们驯养成功的野羊；藏犬（獒）亦然。他们的羊毛、牛毛早在夏商朝代就成为行销华夏的商品，华夏人依靠它们织成褐布与装饰车马、戈、矛。"羌"字的制造，就已表明他们的畜牧业很发达了。华夏的麦种，也是羌族最先育成，由周的远祖后稷从羌地引种来的。故《周诗》颂后稷说："贻我来牟，帝命率育。"至今藏族还呼青稞为"来"（详见拙作《羌族源流探索》）。

二、金玉不分的时代

我国大约到了夏代，才把金属与土石分为两类，别制一个"金"字出来，与玉

---

① 地质学家所说的四个冰期和三个间冰期，虽都说全地球发生了温度的大变化，但实际的冰覆地面，则只在北极圈及其附近。所以低纬度和南半球内保存的人较多。近年在非洲发现有几百万年的人类遗迹，我国近年发现的元谋人，据估计也超过百万年。
② 关于汉藏语支各民族的源流分变，请参见拙作《羌族源流探索》。

字分别①。殷人,是已使用青铜器,并已进入奴隶社会好久了。

《太白阴经》说:"蚩尤以金为兵,黄帝以玉为兵,黄帝战胜蚩尤。"② 这一传说,是符合我国社会发展历史和地理条件的。它比《史记·五帝本纪》的可靠性大。当时中原地方农业文化最高地区是位居淮水流域的神农氏之族。③ 黄帝一族,原亦是自炎帝支属派分出来的。但它与当时文化较高的羌族接近,便于以农产品与羌族的畜产品进行交易,从而吸收了它的文化,提高了自己的农业文化。蚩尤也是炎帝所能役属的所谓诸侯,并也是吸收羌族文化而提高了自己的农业文化的部落;他最先发明了炼铜为兵器,但还不是青铜器,而只是纯铜的金属兵器,硬度和锋利度皆远不如石英制成的玉兵器。只缘铜兵器制造省便而新奇,为华夏所称道和畏惧而已。黄帝"修德振兵"(《史记》语),加上农业文化的经济优势以威服其他氏族,先夺得了炎帝榆罔的领导权,再去征讨蚩尤,所以能战胜他,形成了中原地区原始社会最强大的一个氏族部落,并由氏族部落发展成为原始公社,形成了"华夏"这个中原地区的政治和经济核心。

黄帝所领导的氏族群落,主要居住在河曲地区的黄土丘陵部分,并不出产黄金和石英。其西邻逾陇山,便是华夏与羌接触、混杂居住的地区。再西,便是当时牧业文化最高的析支部落,是羌中一个核心地区。他们早已生产出来有琢磨石英所成犀利而钢锐的矛钺和绳系金块用于投掷而可引还的武器(流星),所以能战胜蚩尤的铜兵器。由于华夏的金玉,主要是由羌邻居输入,所以称呼与羌族一致,都只称黄金与石英为"玉"。

羌金石不分,皆称为"玉"的证据是:藏文是吐蕃赞普松赞干布时借梵文字拼本族语音制造的。凡羌旧成的语言,都缘音以成字,故保存古代羌语的含义颇多。古藏文的གཡུ字,按国际音标写出是gyn,与华夏"玉"字古音相同。据谢国安先生说:古藏文的玉字,"原是与仁靖(大宝)同义的,本指的白石英与黄金,及其他如弥勒石、松耳石等各种宝石的统称"。藏文造成不久,佛教大兴,便有了རིན་ཆེན(大

---

① 殷墟甲骨文还未发现金这个字。但《尚书》中《说令》与《洪范》都已有金字了。《洪范》还宣扬了"五行"字说,把金属与其他无生物区别为金与土的两类。"金曰从革,土爱稼穑",是说金是可以改变形象的,土则不能,而是能生产粮食的。这就已把黄金与石英分别开了。
② 《太白阴经》是唐代的李靖搜集先秦百家诸子讲论兵法的书。儒家不尚兵法,故汉以后,兵家书多失传。赖有这部书引用、保存一些古代传说。
③ 古籍相传的炎帝神农氏,是从南方入住于中原的民族部落。《史记正义》引《括地志》云:"厉山,在随州随县北百里。山东有石穴,曰'神农生于厉乡',所谓烈山氏也。"《左传》说"烈山氏之子曰柱,始为(后)稷",故曰神农氏。炎帝都城,在今淮水流域。这说明华夏农业是炎帝一族从枣随向淮水流域黄土平原发展来的。原把炎帝子"柱"作为"农神"(后稷),周代才改祀其始祖"弃"为"后稷"。

宝)、ག་སེར (黄金)、ག་ཡང་རིན (宝玉) 等专用字产生，一般人把 ག་ཡུ 字，作松耳石的代称，逐渐失去"黄金""宝玉"的含义了（法国教士古纯仁编的《藏语词汇》也是把 ག་ཡུ 与 ག་སེར 和 རིན་ཆེན 以等号排列的）。

古代华夏人，把玉字读音为"鱼欲切"（《正韵》）、"卢欲切，音狱"（《集韵》）。与古藏文 ག་ཡུ 音义全同。这不是偶然的巧合，只能是沿用羌人语言的音义。所以华夏也有一个金玉不分的悠长时代。除了"黄帝以玉为兵"的玉，是指的石英与黄金武器外，还有另几个文字证据：

当华夏把铜呼作金时，所造"金"字，就是从玉的。而其时华夏人所称颂玉石的文字，实质都是称颂的石英和石英制成的玉器。①这就说明造字之时的人是把铜与黄金认为一物，并认为是与石英（玉）同类的。

《尚书·禹贡》：梁州"厥贡璆、铁、银、镂、砮、磬"，旧说璆为制磬的石材，那么就与磬贡重复了。《尔雅·释器》"黄金谓之璗，其美者谓之镠"。《诗经》毛传云："诸侯璗琫而璆珌。"即是说：诸侯佩刀，以铜饰柄，以金饰鞘（即镏金）。徐中舒先生说："璗是成色不同的黄金，其声唐唐然，故称之为璗为鏠。镠是纯金，其质柔软，易于纠曲，故称之镠。凡从翏声之字，皆有纠曲之义。"足见直到周代，一般都还认黄金为玉一类，并把铜也认作黄金。制造出镠和璗两个字来，表示它们微有区别。直到已经能够区别金、玉性能的不同时，仍把璆字用来表示黄金。

在石器时代，石英的用途大于黄金。迨进入铜器时代以后，金的用途日大，玉的实用价值日贬。但狃于崇古的儒生们，极力要求国人珍贵玉石，借称孔子说过"玉有君子之德"，作为尊重玉石的理由，从而保持得金玉连称几千年。

我国在春秋以前还不知道淘金。所用黄金，只能是拾取地面露出的自然金块。这在羌族居住地区最为显著。华夏地面受此来风沙掩盖很厚，自然金块露光的很少，并已被旧石器时代的先民拾取了。进入新石器时代后，黄金只能从羌地输入。玉器亦然。这也是华夏先民长时期金玉不分的原因。因为，那时羌语就是金玉不分的。

黄金原只作为投掷武器，价值远低于玉。入中原后，由于发明了"流星"这种投出又可收回的武器，和"弹弓"这种武器，使用效果大了；并又可锤打成为多种

---

① 《管子·水地篇》《荀子·法行篇》《礼记·聘义篇》《孔子家语·向玉篇》《白虎通》和《说文》，都有玉比君子的渲染。所称玉德，《说文》云："润泽以温，仁之方也；鳃理自外，可以知中，义之方也；其声舒扬，专以远闻，智之方也；不挠而折，勇之方也；锐廉而不忮，洁之方也。"只是说的石英和水晶，而不是黄金。这说明那时人们对于"玉"字含义的认识，已经不包括金和铜了。又其后世，竟把各种美石皆称为玉，而有"真玉""次玉""充玉"等词出来。金类、玉类更判然有别了。

器物，实用价值升高。从而人们也能区别它的性能与白玉不同，这才逐渐把金玉分别开来。把金玉分开的时间，大约是在夏殷年代开始的。

三、金铜不分的时代

冶金技术，最先起于炼锡。锡矿只须 200 多度高温，锡便熔化流出了。人类有了木炭，就能造出这样高温，取得纯锡。但它质太柔软，在原始社会里没有多大用途。大约在（锡）经过先民反复煎炼、观察之后，发现它熔化后的温度，能够随熬炼时间的延长而不断上升，从而利用它来煎炼出别的几种金属，如铅、如锌、如银，以至于铜了（自然是经过很长的时间，才得有机会发现那些新物质，可能要经过几百年或几千年）。最初，人们把它们与金、锡一样视作玉类，由于它虽颜色各异，柔软可以捶打变形则同，于是感觉到它们这些软玉，与刚坚易碎的玉石不同，渐渐相与区别为两种东西，曰"玉"、曰"金"了。由语言称谓不同，到制造文字不同，于是，柔韧能变形的为"金"，刚坚易碎的为玉。原始的金字，今天还未发见。按周代钟鼎铭刻的金字，俱如《说文》所说："从玉、今声。"清刚的金声，不是黄金、白银和铅锡所有的，只铜独然。可知其原是专用来作铜器称呼的。

金字最早见者，《易·象》和《禹贡》，皆周代书。唯《书·说命》"若金，用汝作砺"是殷代人语。中华的五行之说，也是殷代开始的，著于《洪范》。这就可以说明殷代已是把金玉分别为不同的两种物质了。

按事物发展的规律推断，"金，用汝作砺"的金字，应已是青铜的兵器，或许就是"蚩尤以金为兵"的金字。不过古人绝大多数，还狃于金玉不分的习惯，很少使用这个新字。直到五行哲学产生，并已发展深入到奴隶主们的心上和口上以后，才把这个更新鲜的金字传出来了。

金玉两字形义的发展变化，应与考古发掘一样，具有划分历史时代标准的作用。原始社会石器时代，我们的祖先只有一个玉的概念，它代表羌族卖来的高贵石器，也作为部落首领的称呼。虽已经能自己从矿石中冶炼出锡、铅、银、铜了，其初仍只是把它们皆呼作玉的。但在已取得铜以后，进入了铜器时代，金字便产生了。其初金字只用王加两点。同时的人，是铜器（金属器）与石器都使用的。这是原始公社向国家组织发展过渡阶段的事。再进入青铜器时代以后，石器便自然地逐渐消灭。这才是真正的铜器时代，已是国家建成的年代，奴隶社会和五行哲学形成和巩固的时代了。

华夏在铜器时代，虽然已经能造出冶铜的高温了，并已经自制出许多铜兵器、铜器皿来使用，完全废除石器了，人们仍然忘不了对白玉和黄金的喜爱。尤其是奴隶主阶级，他们虽然不再使用玉刀、玉斧等武器作战了，却仍把许多白石英制造的器物玉斧、玉钺、玉圭、白璧、玉环、玉玦等莫明其用的东西，作为珍宝，叫作"礼器"，朝聘、会同、祭神、祀祖，都严格规定要使用它，并成为制度。这种珍重玉器的制度，周代算得登峰造极，余势贯穿了整个封建社会。羌族的工商业者则利用华夏人的爱好，把大量的白石英和黄金块制作成器物向华夏运售。殷墟甲骨文中，载有很多与羌人贸易的事。羌人主要是用金玉制器来兑换华夏的牲畜。交易额大，牲畜辄以车记。这时人们，也把黄金搥打做成器皿。如我们的琖字，原是从玉、后世才改作盏，从皿。《说文》斗部云："夏曰琖，殷曰斝，周曰爵。"这可说明华夏饮酒之具始于盏，原是用黄金块搥打成的，故造字从玉。因为那时还把黄金叫作玉。到殷周年代，已有铜器铸造成斝、成爵，不用羌人售来的商品琖了。斝与爵这类铜铸器皿，只奴隶主和王侯贵族能有。奴隶阶级的劳动者，用的是陶器，仍称为琖，保存了这个字。后儒嫌其与玉无关，乃改写为盏。

由于纯铜与黄金极其相似。华夏的金矿少铜矿多，华夏人民既已炼出纯铜时，便以为我们自己也有这样美好的"软玉"了；大量采炼，从而跃进到了铜器时代。这时代铸造的铜器，都不能是纯铜。青铜兵器自然是铜锡融合成功的，其他钟鼎、盘、盂亦恒杂有铅银与锡质。这些元素，熔点皆低于铜，它们又常混杂在铜矿中，恒使铜不能纯。至于黄金，虽也对其他金属具有高度的结合能力，但因熔点很高，当时人们还无法镕化它，所以它独不能糁合入铜。同样也不能铸为器皿。因此，不久又被人发觉黄金与铜是两种东西了。"金"这个谐声字制出来，大概就是此时（殷代）。但仍旧都是个今字的音。

今天的人可能想象不到，在这个时期（殷周年代）黄金的实用价值远比铜类为低。因为铜能铸造许许多多的有用的东西；所以这个时期，黄金从羌地输入华夏就很少了。只玉石华地不产，仍以羌地输入得还多。但华夏的贵族们狃于传统的习惯，既珍贵白玉的温润，也珍贵黄金的光泽，虽未把黄金作为"礼器"，却也用作器物的装饰，与白玉同称为"瑞物"。

我国古籍里保存下来一些黄金制品而作玉旁的字，还可证明这个时期黄金的用途。除上举的琖字外，有如下举的几字：

瑁，《说文》曰"诸侯执圭朝天子，天子执玉以瑁之，似犁冠"；《尚书·大传》曰"古者圭必有冒，不敢专达也。天子执瑁以朝诸侯，见则覆之"（段注说文引）；

《正字通》曰"诸侯即位，天子赐以命圭。圭上斜锐。瑁方四寸，其下亦斜刻之，阔狭长短如圭头"。因为其字从玉，后儒不知古时金玉不分之理，又不识其物，则妄援《周礼》"天子执瑁四寸"之文，胡猜为刻玉为之。夫玉，可以切割、琢磨，不易雕刻。作圭、琰易，刻凹以适圭首则难。古瑞器中，亦未见有玉瑁实物。唯黄金可捶使如巾，以冒玉器，古天子或曾用之。方四寸之金箔，天子可能执之。方四寸之玉器，壮夫乃能久持，而谓天子能执以见诸侯，待其末以冒其圭，是难于设想的。

珊：《说文》"玲珊也"。玲珊，即马勒入口之衔勒。今人用铁。古尚无铁，而铜、铅、锡皆有毒害，故古贵族以金为之。字从玉，非即玉制；玉刚坚易碎，不能入马口。故后世只有"金勒"，无"玉勒"。缘古以金为玉，故作字如此耳。

璿：字亦作璇。《说文》释为"美玉也"，引"《春秋传》曰：璿弁玉缨"。夫弁为冠之一种，古皆用皮，不可能用玉琢成。有说为"马冠"者，理亦难通。《尚书》"璿玑玉衡，以齐七政"，谓运天球仪以治历也。浑天露置台上，故以金玉为之，乃不因风雨朽败。以玑珥为星体，以金丝系天球上转之，故曰璿玑。玉衡为天赤道，当固定，故以玉石为之。则璿者黄金丝也。有青铜器，即可作孔，打抽黄金为细丝，用于系缀。

璲：《汲冢周书》"纣取天智玉，琰璲身厚以自焚"。玉片可以缝缀为玉衣，近年已有出土文物证明。经焚而玉衣不解，则所缝缀者为金丝可知。是此璲字，即古之缝合字，其非用玉而系用金其明。又"玉篇"收有璖字，疑即古时金丝之称。古称黄金为玉时，制璖字，从泉，谓抽出时如泉流也。后世转为线，线字，从糸，古制原字则从玉也。

珋：字亦作镏。古代铸器镏金之法，刻雕铸器为凹纹，以金线捶嵌，填实为一体，故其字从留，音兼义。本从玉，后世作镏，益知其玉旁所指为黄金也（后世用水银溶金粉涂附，而后加热，脱去水银，称为"鎏金"，字从水。俱是取留之义）。

这类谐声字，都是殷周年代才有的，即青铜器时代所造字。那是金玉已有区别之后，还把使用黄金的字写作玉旁，足见习惯之深。

这个金铜不分的时代，中华的黄金，主要是从羌族住区输入。只有少量是中华本地区拾取所得的。那时华人尚未能造出熔化黄金的高温，只有捶打的黄金器，没有铸造的黄金器。铸造铜器、铁器，也都称为"金"，使后人读古书的，往往发生误解。《管子·地数篇》云："葛卢之山，发而出水，金从之。蚩尤受而制之，以为剑、铠、矛、戟，是岁，相兼者诸侯九；雍狐之山发而出水，金从之。蚩尤受而制之，以为雍狐之戟、芮戈，是岁，相兼者诸侯十二。"这篇书还讲了一些寻找铁、铅、银、金、丹砂等矿的方法，有"鉒（同铸）金""鉒银""鉒铜"等称谓，显然不是管子时的作品，而是金与铜等分为"五金"之后的人所造，托附于管子之书的，时间最早不能出于战国以前。其所说的葛卢之山与雍狐之山出金的话，既指说为蚩尤时作剑戟的事，那就更不可能说二山所出的"金"是黄金，而只能说它是铜了。如其，它所说的这些话是有根据的，也只能说蚩尤是最先发明铜制兵器的人，不能遂说那个金字是黄金。

《管子·地数篇》还说："先王各用于其重，珠玉为上币，黄金为中币，刀布为下币。"这里所说有"黄金"，只能是指的铜。司马迁《平准书》，班固《食货志》，俱不取管氏三币之说。唐以来言古币制者乃取之，遂谓"黄金"即今世所言之"金"。夫管子所言"先王"，必西周以前之王也。西周以前，人且未能销融黄金，则安能就以黄金为货币？唯刀布这样的铜币，则西周已有，在周代亦实与珠玉、布帛，一同作为通货。秦代统一币制，只以黄金为上币，铜铁为下币。"珠玉、龟贝、银锡之属为器饰，宝藏，不为币"，即只作为商品，不得为通货。这也只是秦代已能铸造金币才能有的措施，周代是断不能有的。《管子·地数篇》就这条看来，就可以判断它不是《管子》所固有，而是司马迁以后的人伪托窜入的。

四、黄金作货币的年代

从战国末年到东汉初，是我国使用金币的年代。时间很短，大约只300多年。

最先行使金币的是楚国，时间在楚顷襄王时，或可上推到楚怀王时。徐中舒先生《试论岷山庄王与滇王庄蹻的关系》第二章《春秋战国时代楚国市场上流通的金币》说得很明确。兹借用他的原句如下：

春秋战国时代，楚国市场上已有两种形制不同的金币。一种是圆形的金饼，一种是板状的金钣。《尔雅·释器》'金饼谓之钣'，指的就是这两种形制的金币。解放后，在陕西临潼废丘遗址和安徽阜阳，皆有金饼发现（见1964年《文物》7期及1973年《考古》3期）。这种金饼，都是楚国市场上早期流通的金币。一九五四年湖南长沙左家公山楚墓中出土泥质金饼十余块，一九六六年湖北江陵楚墓中出土外包金银箔的铅质金饼数十枚；这些金饼都是作为明器用的冥币，说明金饼已在楚国市场上流通甚广。……废丘的金饼，也是从楚国输出的金币。……

金钣上钤有"郢爰"小方印的金币，出现的时间较晚，解放前出土的"郢爰"

相传出于安徽寿县和凤台。解放后安徽阜阳、六安发现了数量较多的金钣。其中有三块比较完整，前两块各钤有"郢爰"的小方印十六方，后一块钤有十九方。凤阳、阜阳、六安，皆去寿县不远，这都是楚国迁都寿春以后的金币。这种金钣，除钤有"郢爰"小方印者之外，还有一种为数很少的"陈爰"。陈，是楚国失鄢郢之后，顷襄王东保于陈城（今河南淮阳），所铸的金币。……东迁于寿春，仍号寿春为郢。是郢爰金钣在楚国市场流通必尚在陈爰之后。

爰在经典中皆从金，作"锾"。古代以青铜作为赎罪的罚金，称为"罚锾"。锾就是要求纯铜在青铜中，以及纯金在黄金中所含的剂量有一定的比率。现在检验出土的金币，所含纯金都在百分之九十以上。锾就是指铜或黄金必须达到一定的比率而言。

楚国黄金之多，不但有金饼、金钣以及仿制的冥币作为见证，同时还有大量的天平及大小不等的一整套砝马作为更有力的旁证。湖南省博物馆自解放以来，在湖南长沙、常德、衡阳等地区清理、发掘了将近三千座楚墓，其中有百零一座出了天平和砝马。其年代，据同时出土的陶器形制和纹饰推断，知为春秋末至战国中期之物（1972年《考古》第四期高至喜《湖南楚墓中出土的天平法马》）。

黄金是贵金属，在质量方面其所含纯金量不仅要达到一定的比率，在重量方面更要求一定的精确，所以这一类比较精致的小天平，其最重的小砝马，只合当时的一斤，全套十个砝码总重量尚还不足二斤。毫无疑问，这些天平和砝马都是专为衡量黄金而特制的工具。……楚国黄金之多实已达到惊人的地步。①

据徐先生此文，我们可进而探索楚国产金的地理分布：

楚国的郢都，逼近武陵山脉和雪峰山脉这一相当大的产金区。从这两大山区亿万年来风化崩坠的金粒，沉积在沅、澧、资水与鄂西的清江（施南河）河谷内，积累丰厚。当华人尚未发明镕铸黄金的方法（主要是很高的温度）时，黄金用途不大，市价不高，人们亦未注意到河原易取的金粒。一经发明冶铸黄金的方法后，黄金的市价实增，楚国的劳动人民，便不顾生死去争来黄金。于是楚国黄金便多起来，有条件最先行使金币了。《韩非子》说：荆南的丽水中产金，人民犯禁窃来，被罪诛者尸浮蔽水，而冒死偷来者不止（文在《内储说》篇内）。"丽水"，即《汉志》与《说文》的"澧水"，与沅、资、湘水皆入洞庭湖。澧最近郢，是为楚人最先发现的富矿

---

① 徐先生赐阅此文时，尚未发表。谨借全章，补我简陋。因需要部分不同，小有删节。

区。其时淘采之盛，远闻邻国，故韩非能道其盛旺如此。

武陵、雪峰两大背斜产金带，殆分布于整个洞庭水系地区；远逾鄱阳湖区，达于皖南，在战国末期的楚境，俱当为采金已盛之地，不必限于澧水。只缘澧近韩境，韩非得先知而入书。其他如沅水、资水、清水及鄱阳地区，不为文士所知者尚多。故衡金之天平与砝码出土于湖南楚墓者多至100余座。江西、湖此楚墓，或亦当有，要不能如湘西采金之盛。采金者必自有天平，收金商贾与官吏亦必有天平。湖南之金当集中郢都，故疑郢爰直是郢都所制，行于楚国全境，不必是寿春所作。

安徽之凤阳、阜阳、六安，皆淮阳古陆产金区。史籍但记有巢湖黄金一条，不足说明其产金之多。如徐文指示，可知在楚国末叶此区产金之盛。所谓"陈爰"与"郢爰"，实为两大铸币机构的产物。秦师入鄢郢，焚夷陵后，楚国军溃，顷襄王不顺流走吴会，而奔向陈邑者，盖亦因其为金币所出，足依之为号召也。果然能于次年，合十万之众，收复郢都与沿江15邑。又36年（前276—前240）乃东徙寿春（考烈王时）。顷襄王破国之余，逾年复振，并且强盛，能纠六国以制秦，此必有经济力足为依恃。金币之流行，应即为其一端。

楚徙寿春时，已是秦始皇之七年，统一之势已成。又17年而楚夭。徐先生谓郢爰为寿春称郢时制，"尚在陈爰之后"，窃疑尚宜商酌。又春秋世不可能已知镕铸黄金。高君因天平出土诸墓陶器形制纹饰，推断为"春秋末至战国中期"，亦嫌太早。殉葬用物，不必即是葬时产品。金币之产生，只当在战国末叶或中叶。春秋世所谓金，皆指铜言。《史记·苏秦传》所言"黄金千镒""位高多金""散千金以赐宗族朋友"及贷百钱"以百金偿之"。与《张仪传》之"发金币、车马，使人微随张仪"，诸多金字，与金币字，究是黄金，还是铜？尚难断定。《孟子》所云"王赠兼金一百"疑仍当是铜，不是黄金①。若"郢爰""陈爰"与较早出之金饼，乃可确定其为黄金币。

按《货殖列传》及《左传》所载，我国在春秋末叶，民间商业已经普遍活跃。刀币、圜钱，断不能适应商人的要求，金币应运而生，是自然法则所必至的。行使金币，必须先有大量的黄金。楚国产金多，故金贩最先出世。金贩出世，足使商业

---

① 《汉书·食货志》谓"太公为周立九府圆法：黄金方寸，而重一斤。钱圆函方，轻重以铢"云云。必为秦汉间人所伪讬。所云"黄金"，正亦如《尔雅》"黄金谓之璗，其美者谓之镠。"那样的"黄金"，实际指的是铜。大概在中原未能镕铸黄金之前，已经有人把纯铜铸成方寸整块，以作货币，称之为镒了。其重量，赵岐《孟子注》说为二十两，郑玄注为三十两，后人说为二十四两，即是一斤半。其此秦汉黄金币要重些，则是肯定的。《史记·平准书》未说秦有金币，而谓汉"一黄金一斤"，《索隐》引臣瓒曰"秦以一镒为一金，汉以一斤为一金"。古时金、铜不分，疑秦之一镒实是铜。后统一天下，乃从楚制，以黄金一斤为一钣，如郢爰、陈爰之重也。

更向较远地方发展。是故战国末期，楚国商业最为发达。岭、海外的珠、犀、象、药、香料、奇珍，由是大量流入中华。中华丝帛、美味、工巧物品亦大量行销岭、海。微物如蜀筍酱之行销番禺、蜀布之行销身毒（详《西南夷传》与《史记·大宛传》《汉书·张骞传》），皆自此时开始。于时西南亚工商业国家如罽宾、大食皆已使用金银钱币，海陆商道已与秦、楚通联（于时巴蜀已并于秦，滇与南越已通于楚）。这对于我国金币之产生当有影响。这亦是我国经济史上一大尚未揭开之重要问题，然其端绪透露已如此矣。

《史记·平准书》："太史公曰：农工商交易之路通，而龟贝金钱刀布之币兴焉。……及至秦，中一国之币为二等：黄金以镒名，为上币。铜钱，识曰半两，重如其文，为下币。而珠玉、龟贝、银锡之属为器饰、宝藏，不为币。"①

楚汉之际，纯铜与纯金，一般人尚难分别，似曾混合使用，或混合铸造。故一时金价颇低。如《史记·留侯世家》载，汉王初到汉中还很贫乏时，就"赐良金百镒"。《淮阴侯列传》载，韩信初贵，便"召从食漂母，赐千金"。又高祖以军功赐灌婴"黄金千斤"；以"万金使陈平行间楚君臣"等，都说明那时的"金币"多是铜质。汉统一全国后，对于金币的质量要求高了，赏功的金额也就降低了。叔孙通率他的弟子跟随汉高祖吃苦十多年，制成朝仪，使汉高祖快活长叹"今乃知帝王之尊"，但才总共赏赐了500金，而这已是他既定天下后最大一次赏额了。其他功臣，都只以爵邑为赏。盖天下既定，他所聚敛的金币，大概已入少府宝库了。

汉文帝在陈平、周勃扑灭诸吕，夺回刘家天下之后，被迎请做了皇帝，才开始发出少府黄金币行赏，"以勃为右丞相，赐金五千斤"；"徙平为左丞相，位次第二，赐平金千斤"。此外，朱虚侯章、襄平侯通，也各赐"金千斤"（并见各本传）。此后直到武帝用卫青大征匈奴，又才动支金币。"赏赐数日累千金"，这些都是纯金币。最大一次金币赏赐，是卫青率六将军出征匈奴胜利归来，"受赐黄金二十余万金"。②似把他所掌握的金币用完了，于是有人替他想出卖"武功爵"的办法来。武功爵名为"以宠有功"，设爵11级，"级卖十七万，凡直三十余万金"（俱详《平准书》，《食货志》同），因而又把国库的金币收回来了。

秦、汉能够行使金币的原因，主要是统一管辖的地面太宽，商业已很发达，需

---

① 《汉书·食货志》作"秦兼天下，币为二等：黄金以镒为名，上币"。言"兼天下"，则始皇统一后制也。灭楚后，因楚地黄金币制，枚重1斤，仍称为镒。然燕、赵、齐犹存，仍行使重20两之纯铜币，曰镒。至汉乃一律定为枚重16两，曰斤。故《史》《汉》并云：汉兴，"一黄金一斤"（一，谓划一其制）。
② 见《汉书·卫青霍去病列传》。

要有些轻便高质量的通货，以省转输之差。这时黄金价大大提高，采金的人，就不只楚国才有了。人民都知效法楚人去找金矿。于是齐地的胶东半岛，燕赵的塞外草原，秦地的陇西、秦岭，蜀地的岷江、涪江，东西汉水等地，淘金都相继而起，国家黄金便积多了。这些地区采金的事实，虽无典籍明文记载，亦可由当时使用黄金的广泛，可以推断出来。《直不疑传》说他文帝时做郎官，有同舍郎官归家，误把另一郎官椟中金币取走了，失主和群众都疑是他偷用了的，他便自诬"盗金"，并用钱向市上买金来赔了。这故事说明那时市场上随时都可兑换金币，没有金币的人也可用铜钱或其他物资去兑换。

金币在前汉年代，皇帝和诸王主要用于赏赐。皇家聚敛黄金之道，则有酎金，有赎罪，有卖爵，有抄没，还有卖官（田赋和关税，不收金币）。

"酎金"，是最主要一项。大概是叔孙通制汉礼仪时就已规定了的。每逢皇帝祭祀祖宗与天地神祇，凡有食邑的诸侯都要来献金助祭，参加燕饮。献金称为酎金，按级规定有最低额，临时有少府官员来检查成色和数量，叫作"少府省金"。成色不足、数量不足的，即为不敬，要受夺去爵邑的处罚。《史》《汉》各传及《诸侯年表》中，所载因"酎金失侯"者极多。所以逼得诸侯们都去经营商业，或者委托属邑的商人去搭营商业。这也是桑弘羊实行"算缗"以前，商业发达的原因。

黄金赎罪，也是汉代公行的制度。有官爵的犯了死罪，都可纳金"赎为庶人"（《张骞传》及其他传所记甚多）。"罚金"，也是载在《汉律》的（如《张释之传》"一人犯跸，当罚金"，如淳注引《乙令》）。"卖爵"，是汉景帝以前就做了的。《平准书》谓"孝景时，上郡以西旱，亦复修卖爵令，而贱其贾以招民"。至武帝卖武功爵，则直如是卖官了（"诸买武功爵官首者，试补吏，先除"）。另外亦曾实行卖官（"募民能入奴婢，得以终身复，为郎增秩，及入羊为郎"）。似因民间金尽，才卖取奴婢、羊、谷、铜钱等货财。事皆详具《平准书》。

大抵汉武帝时全国金币的总额，约有100万斤，皇室所藏不过50万斤。桑弘羊、孔仅等虽多方设法，把天下金币收合拢来。到元狩四年（前119），霍去病与卫青分道大出击匈奴，一次"赏赐五十万金"，便已"财匮，战士颇不得禄"了。

这次内府金尽之前，已有有司建议：用皮币代替黄金，为上币。所谓的"皮币"是"以白鹿皮方尺，缘以藻缋""直四十万"；"又造银、锡为白金"，有圆、方、椭三品，直钱三千、五百、三百，与五铢钱并行。但民间只用旧金币和五铢钱，不用皮币。仅岁余，白金亦废不行。旧发金币藏在民间，或被商人携向远方经商去了。

于是又颁"告缗令"①。"杨可告缗遍天下。中家以上大抵皆遇告……得民财物以亿计，奴婢以千万数；田，大县数百顷，小县百余顷；宅亦如之。于是商贾中家以上大率破。"如此，自然没收了民藏黄金的一大部分。又制均输平准之法，"尽笼天下之货物，贵即卖之，贱则买之。"使商贾无所牟利，利皆归于朝廷。"民不益赋而天下用饶。于是弘羊赐爵左庶长，黄金再百斤焉。"②

班固《食货志》续司马迁《平准书》云："宣、元、成、哀、平五世无所变改。"谓仍如武帝时，以黄金、白金为币与铜五铢钱并行也。王莽曾两次改革币制。初于居摄时，改上币为"错刀"，只以黄金错其文，似甚惜用黄金。迨即位后，仍复恢复全金铸币，与银货2品、龟宝4品、贝货5品、布货10品、钱货6品，凡5物、6名28品并行。人民惑乱，以至于亡。

当王莽垂败时，"省中黄金万斤者为一匮，尚有六十匮。黄门、钩盾、藏府、中尚方处，处各有数匮。长乐御府、中御府及都内平准帑藏钱帛珠玉财物甚众。莽愈爱之，赐九虎士人四千钱。众重怨，无斗意"（《汉书·王莽传》），故旋即败死。

前汉赏赐功臣、贵戚黄金以1000两、100两计者甚多；100两以下者经传中亦数十起。而采取黄金之事，迄无所见。历世学者亦未加以考订。窃谓当时西羌与匈奴相结，与汉为敌，其黄金不会输入。东南海市未兴。则中国黄金，唯只依靠自己采取。估计长安一城公私黄金总量，当常在80万斤左右。合全国计，当武帝至王莽时，合当采有100万斤以上。虽无采金记载，亦可知中原地区可采得的黄金在西汉年代大体已采尽了。③ 这段时间，黄金价格始终只得白银的10倍，在我国历史上，还当是金价不高的时代。但比金铜不分时代的金价，则已高过铜价的1000倍了。④

这一时期，史籍所载黄金的使用，在历代为最多了。它的产地，却没见有系统的记录。勉强可以搜辑列的资料有下列几条：

1.《史记·货殖列传》："江南出楠、梓、姜、桂、金、锡、连、丹沙、犀、玳

---

① 汉武帝元狩六年（前117年），发布"告缗令"，任命杨可主持告缗。杨可派使者至各地加以贯彻，对隐匿财产不报，或报而不实的，没收其财产；并奖励告发，查实后，以所没收财产之半奖给告发者。
② 上引文俱引自《史记·平准书》。
③ 采金技术和矿工辨识金矿的能力，都要受到时代的限制，在西汉年代，大体已经告罄的地区，都不是真的已经采尽了，只是表层金尽，埋藏较深者尚未开采。北宋年代胶东地区就曾发现富矿。近年，这区又发现富矿。故不能谬言"金已采尽"。现在我们国内地下埋藏的黄金，正是我们过去受限技术所留下来的。例如塔里木沙漠下面，便埋藏有大量黄金，由于水的问题解决不了，若干年内我们都还难于采取。
④ 按《史记·平准书》和《汉书·食货志》载，黄金1斤直铜钱1万推算，万钱重量为1200余斤，故金与铜的比价，超过了1000倍。《汉书·食货志》言：汉初"物价腾跃，米至石万钱，马至匹百斤"。《后汉书·光武纪》言"王莽末，天下旱蝗，黄金一斤易粟一斛"。这些因兵燹、旱灾造成的物价，不足用为衡量金价的标准。

瑁、珠玑、齿、革。"（这个金字，是黄金）又云："豫章出黄金，长沙出连、锡，然堇堇物之所有，取之不足以更费。"（这说明汉武帝时，鄱阳湖地区的采金已经著名了，但取来还很费力，开采不能很盛）

2.《汉书·地理志》豫章郡鄱阳县，班固本注云："武阳乡右十余里有黄金采。鄱水西入湖汉（水名，见雩都注），莽曰乡亭。"唐颜师古注："采者，谓采取金之处。"（查即信水昌水合流处，二水从赣东矿山流出，沿流沉淀的金屑多，汉代成为最著名的产金地。阅唐、宋至今，仍未枯竭。汉代金矿记名能确指者只此一处）

3. 又金城郡，注引应邵曰："初筑城得金，故曰金城。"（地滨黄河，正是砂金沉积处，故掘土能得金）

4.《汉书·武帝纪》：元封六年"三月，行幸河东，祠后土。诏曰：'朕礼首山，昆田出珍物，化或为黄金。'"注"应劭曰：'昆田，首山下田也。'"（此谓河东首山下昆田出黄金与其他珍物。化或二字当删）

5. 又太始二年诏曰："有司议曰：'往者朕郊见上帝，西登陇首，获白麟，以馈宗庙。渥洼水出天马，泰山见黄金。宜改故名。今更黄金为麟趾褭蹄，以协瑞焉。'"应邵注曰："获白麟，有马瑞，故改铸黄金如麟趾褭蹄，以协瑞焉。"师古注曰："今人往往于地中得马蹄金，金甚精好，而形制巧妙。"宋人刘攽以为"泰山"是"首山"之误。

6.《后汉书·郡国志》益州永昌郡博南县"南界出金"。左思《蜀都赋》刘达注："永昌，有水出金。"（皆在今云南西境，澜沧、潞江流域）

7. 又兖州山阳郡金乡县，刘昭注引《晋地道记》曰："县多山，所治名金山。山北有凿石为冢，深十余丈，隧长三十丈，傍却入，为堂三方。云得白兔不葬，更葬南山，凿而得金，故曰金山。"《水经注》曰："汉司隶校尉鲁峻，穿山，得白蛇、白兔，不葬，更葬南山，凿而得金。"（今金乡县属山东济宁区）

以上 7 条资料，都表现了西汉年代中华采金地面的局限和采金技术的幼稚，可以说是还在淘沙洗金的原始时代，发现采金之地不多。只水道通便的鄱阳湖金区已经开采了。山东半岛金区似还未被发现。然而史籍所载，西汉黄金最多。其金的来源不能不设想到是有西、北两方牧区的输入了。

首先是西羌与其大后方的康青藏高原，是一个大块金粒广泛暴露的地区。在西汉年代，它们还不可能有镕铸黄金的技术，只可能把大量的金块作为商品运转到中原来。《后汉书·张奂传》："先零酋长又遗金镶八枚。"金镶，李贤注引郭璞说为"金食器"，郭璞《山海经注》作金银穿耳器，无论何器，要皆当为捶打成之黄金器。

足见羌地多黄金。其次是：匈奴住地，亦多有自然金块。《盐铁论》言与匈奴市易之利，谓"以中国一端之缦，待匈奴累金之物"。足见匈奴市易多有黄金。

至于西域，则葱岭内的于阗、高昌等国，葱岭外的罽宾、大秦诸国皆以产金银著称，并铸有金银货币流行西域，及于华夏。[①] 其因中华黄金价高，以生金作商品输入是必然的。英人威尔斯《世界史纲》谓中国之丝"至罗马，与黄金同价，用之者众，故金银乃如潮东流"（商务书馆印有译本）。这三方面黄金入华，证据虽不多，已经可知端倪了。

五、铜钱专行时代

《后汉书·光武纪》建武十六年（40）载："王莽乱后，货币杂有布、帛、金、粟。是岁，始行五铢钱。"这是我国货币专行铜钱的开始，结束了过去金、银、龟、贝、布、帛与铜钱都作为通货的制度。

这种铜钱专行的通货制度，外表上看，一直贯彻到了清末，将近1900年之久。其实，民间市易，乃重金银。只不过是把金银作为商品计值，不以作为法定货币而已。铜钱体重值微，利于安定时人民使用，不利于战乱流徙时人民使用。大约在王莽政乱时，民间已不遵循货币制度，一切俱是实物交易。旧有的金币，陆续被富势人家收藏起来，因为它便于携带，适合应变流亡的轻装。所以东汉初年，黄金在市面甚为少见，只有铜钱流通。光武皇帝既定天下，重农抑商，欲民定居，故施行了这铜钱专行的制度。这种制度，对于安定农村，确实起了一定的作用。在东汉的200年中，朝廷就不征用民间的黄金。皇室以身作则，真实未曾储积有黄金。士大夫富有之家虽暗自积藏黄金，亦以藏金为讳。所以东汉史籍里，很少见到黄金二字。黄金价格，在东汉200年中确实也降低过。但东汉安定还未到100年，西羌、鲜卑、武陵蛮夷、山东沿海和荆扬人民的叛乱，一直未有宁静过。到东汉末年，黄巾蜂起，造成中原人民的大迁徙。人民为了应变，争藏黄金。直到隋朝统一，全中国都在兵荒马乱中度过。江左六朝与二魏、齐、周、隋朝，为了诱导人民定居安土，也都曾遵循光武贱金玉、贵粟帛的成规，严守铜钱专行制度。从后汉、三国、南北朝至隋，

[①] 《史记·大宛传》说"罽宾国以金银为钱"，《后汉书·西域传》谓大秦国"土多金、银、奇宝""以金银为钱。银钱十当金钱一"，此必其国拥有金银甚多，乃能使用金银货币。故凡使用金银币之国家其金银未有不随商品外流者。《隋书·食货志》言"河西诸郡，或用西域金银之钱，而官不禁"，正是说的三国与南北朝时情况。

足有600年之久。

这600年中，史籍里很难见到黄金二字。国家既不以收贮黄金为务，对于功臣与恩幸的赏赐，便只限于铜钱与谷帛，极少见有赏赐黄金的。① 这与前汉比较起来，真可令人惊讶。仿佛前汉有那样多的黄金，后汉便突然没有了一样。马端临《文献通考》搜集古代矿冶史文甚备，他对于这一奇怪的事象，引用了苏东坡《仇池笔记》和石林叶氏之说，以为是"古人不贵难得之货"，则是迂腐可笑的。

事实上，这600年中，中国的黄金，不是突然减少，而是陆续增加了。增加的原因，在于从东汉中叶起，社会人民对于黄金的需要迫切，金价陆续上升。还由于朝廷故作无视黄金之态，没有把采金悬为厉禁，采金业得以自由发展。其史籍鲜言黄金的原因，则是由于朝廷不重黄金，封建士大夫也从而羞言黄金，因而文籍里就少见黄金二字。其实贵势之家都争着收藏黄金，不过都讳言黄金不愿让人知道而已。

有偶被载入史籍的几条资料，可以证明后汉年代民间多有黄金。

1. 《后汉书》卷十，郭皇后弟况"赏赐金、钱、缣、帛，丰盛莫比。京师号况家为金穴"。

2. 同书卷五十四《杨震传》："道经昌邑，故所举荆州茂才王密为昌邑令，谒见。至夜怀金十斤以遗震。"

3. 同书卷八十一《独行·王忳传》"尝诣京师，于空舍中见一书生疾困，悯而视之。书生谓忳曰：'我当到洛阳，而被病，命在须臾，腰下有金十斤，愿以相赠，死后乞藏骸骨。'"又《雷义传》"尝济人死罪，罪者后以金二斤谢之……"

4. 同书卷八十四《列女传》乐羊子"尝行路，得遗金一饼"，因妻谏，"乃捐金于野"。《艺文类聚》卷八十三，载《邴原别传》同郡刘举"以手所仗剑、金三饼与原。原受金辞剑"。

---

① 《后汉书·帝纪》无赐金之文。只《皇后纪》中，明德马皇后有赐诸贵人、皇子"白越三千端，杂帛二千匹，黄金十斤"的记载（白越，细葛布）。和熹邓皇后，有赐周、冯二贵人及其王子"黄金三十斤，杂帛三千匹，白越四千端"的记载。二后皆以高龄女太上皇的身份拥有国库支配权，所赏黄金仅仅如此。此外更无有了。《后汉书》《三国志》及其他六朝传记，记列赐金者，极其少见。略可搜列的，只有《后汉书·窦融传》"赐黄金千金"；《后汉书·朱儁传》"赐黄金五十斤"；《晋书·束皙传》"帝大悦，赐皙金五十斤"；《晋书·石勒载记》记：祖逖遣使于勒，"赠以方物，修结和好。勒宾赏其使，遣左常侍董树报聘，以马百匹，金五十斤答之"；《梁书·羊侃传》"有诏，送金五千两、银万两……以赐战士"；还屡有"赐金帛"记载。南北朝，《魏书·赵郡王传》有"密赐黄金十斤"之文，《豆代田传》以战功，"赐奴婢十五口，黄金百斤，银百斤"；《抱嶷传》卒后"赐黄金八十斤"；《北齐书·段荣传》子韶以功"赐马并金"；又以留守晋阳功，"赐女乐十数人，金十斤，缯帛称是"；《陈元康传》以破侯景功，赏"金五十斤"，又以谋拔颍城功赏"金百铤"（百斤同）；《周书·尉迟运传》"赐以宜田宅、妓乐、金帛、车马及什物等不可胜数"；《宇文孝伯传》"赐金帛及女妓等"。大抵皆因军功克捷，即以所剽略敌藏金帛赏赐。缘皇家藏金不多故也。至于民间藏金、金器与使用黄金行贿事件，则多不胜举，都可说明国库金少，民间金多。

5. 同书《庐江七贤传》:"长安魏公卿……有金十饼,素二十匹。"(《陈翼传》)

以上资料说明,后汉民间不但黄金很多,而且与前汉一样,是以一斤为一锭,铸成饼状的。朝廷虽不许用它作为通货,民间仍自通行这种古金币形式的通货,并且很多,随便出门上路和赠遗知交都是几锭。道路遗金,都是金饼。

至于通都大邑、权势之家,藏金之多,亦有两条史料可证:

1.《后汉书·董卓传》:郿"坞中珍藏,有金二三万斤,银八九万斤,锦绮、缯縠、纨素、奇玩积如丘山"。

2.《三国志·蜀先主纪》说刘备既入成都,"置酒,大飨士卒,取蜀城中金银,分赐将士。还其谷帛"。又在《张飞传》说:"益州既平,赐诸葛亮、法正、飞及关羽金各五百斤,银千斤,钱五千万,锦千匹。其余颁赐各有差。"裴注引《零陵先贤传》谓"初攻刘璋,备与士众约:'若事定,府库百物,孤无预焉。'及拔成都,士众皆舍干戈赴诸藏,竟取宝物。"(在《刘巴传》)。足见此次实际是军士们大掠成都公私库藏,因分赃不平争闹,备乃令将掠物聚归一处分级颁赐。"还其谷帛"者,刘璋等家谷帛亦被洗劫,故得清理还之。金银及其他民家之物,则因不可清理,皆不还矣。这说明三国年间,民间私藏金银之多,仅仅成都一城之内,一次劫掠的黄金,赏给张飞四人数就有两千斤。其次马超、赵云等,所赐亦当相近,数十万将士,层层递降,普遍给赐,非有数万斤不可。大抵能与董卓郿坞所藏相当。合全国城邑藏金计之,即当远逾汉武、王莽时黄金数量。

南北朝时,士大夫讳言藏金益盛,更是资料缺乏。然,亦有几条史文可以证明民间黄金之多:

1.《南史》卷五十三,《梁武陵王萧纪传》说他:自蜀藩东下争天下,"黄金一斤为饼,百饼为簉,至有百簉。银五倍之……",这是他搜括蜀地人民的黄金运充军饷。百簉,就是一万斤了。自然他还有搜括未尽的若干万斤在蜀地内。

2. 同书卷五十六,《吕僧珍传》说:"僧珍生子,季雅往贺,署函曰'钱一千'。阍人少之,弗为通。强之,乃进,僧珍疑其故,亲自发,乃金钱也。"(《隋书·杨素传》也说到"金钱"。当时用黄金铸为钱,并不作为通货,只作为珍玩)

3. 同书《甄法崇传》说其孙彬"常以一束苎(麻)就州长沙寺库质钱。后赎苎,还于苎束中得五两金,以手巾裹之。彬得,送还寺库,道人(主库僧)惊云:'近有人以此金质钱,时有事不得举而失。'"这可说明其时民家多有点黄金,不只可以兑易货物,还可向质库质钱,而质库商人并不很重视它。当时市场上黄金之多,可以想见。

何以知道这 600 年中，金价一直在上涨？直接的史料是没有，间接的史料则不少。由于社会动乱不宁，人因准备应变流徙而思储备金银，这是一。另一很大的原因，是远道商业发展，须要轻便远行的通货，黄金成为首选。远道商运利厚，所以商人不惜高价购用黄金。

以下略谈中华与四方各国的商贸情形，来说明当时黄金的流转情况：

中华对外商业，最早是与羌族地区最频繁。输入玉器、毛皮与黄金，输出农产品和手工业品。在东汉以后，华羌交恶，商贸停滞，转由塞北胡区发展农牧市易。河套与冀北地区，成了主要商道。汉武帝开通西域成功，打通丝绸之路，逾葱岭直抵地中海。羌、胡与印度的商业，都集中到这条路线上来了。东汉继续前功，发展这条商路。其时沿线的国家，多有出产金银，以为货币的。商人因华夏金少、价昂，利用商贸，输金币入华夏。故《隋书·食货志》说"河西诸郡，或用西域金银之钱，而官不禁"，虽说的北周年代，其实北魏年代已是如此。不过政府不准作为通货，独河西地区接近西域，普遍使用西域金银钱，官不能禁耳。

河西使用西域金钱，说明中华金价高于西域诸国，故人民乐于违国禁，行使外币。同时，西域黄金之大量流入中华，亦可推想而知。[①]

次于丝绸之路的陆路商道，还有从蜀、滇、缅、印通于西域的商道。这是《史记·大宛传》《汉书·张骞传》和两书的《西南夷传》早已载明了的。这条商路，唐代仍还通行。唐僧玄奘的《大唐西域记》说，他受迦摩波国王邀请，到其国都（按其城即今东印度的萨地亚），说"此国东，山阜连接，无大国都，境接西南夷，故其人类蛮獠矣。详问土俗，可两月行，入蜀西南之境"。可见南北朝时这条商路仍是通的，隋唐年代才衰息了。像这样穿过原始部落累月行程的华印经商，载运土产市易，是不可设想的。华人因印度出产犀角、象牙、海产、奇珍，远出兑取，为利厚巨，势必出于不惜高价收购两国都能兑货的黄金前往。不唯它是轻便，更因由于易于隐藏，足避土民劫掠。[②]

我国海上商道，汉以前只山东半岛至辽东、朝鲜间久通。岭南、江浙海洋商路，则是三国吴大帝开辟的。他的海舶，北入辽东，东入夷洲，南入扶南，并见《三国

[①] 《史记·大宛传》载，安息国"以银为钱，钱如其王面"，但于其他诸国不言有金、银钱。《后汉书·西域传》载：大秦国"以金银为钱。银钱十当金钱一"。按，汉时葱岭以内与中亚诸国皆无金银矿产，而"俗贵黄金彩缯"，故汉武铸"金马"以贻大宛，而宣帝赐乌孙公主金二十斤（并见《汉书·西域传》）。是为中华黄金流入西域之验。但至北周时，于阗、车师与河西诸郡皆行使金币，则是西亚黄金流入中华之验。

[②] 《史记·大宛传》与《西南夷传》记汉武帝求通身毒道无成。实际是官吏求之则无成，商人往来则已久矣（说在拙作《华阳国志校补图注》）。

志》。由此以后,南洋诸番国海舶云集于岭南诸海口,过去西南地区陆路商运,殆全转就海道了。海舶所运来者,珊瑚、玳瑁、象牙、犀角、明珠、宝石、胡椒、辛蒟(荜拨和扶留)、槟榔、苏合香、药诸品。凡此热带产品,对于中华下层人民经济,并无多少裨益。但在南北朝,士大夫、贵族、豪势之家,却特别崇尚,争为私人享用,殆成狂俗。[①] 这些人家,恰是拥有黄金最多的人家。遂有大贾豪商,施用罗褒故技[②],深与豪门显宦勾结,利用贷与黄金,泛舶入海,市易诸货,为利百倍。这是南北朝时黄金大量入海,促使金价上涨的又一主要原因。

大贾、豪商与豪门显宦勾结牟利的事实,自《汉书·货殖·罗褒传》外,也没有明白指斥的史文。但间接反映的史传则颇多。兹举《晋书·石崇传》,以见一斑。

石崇,是我国最著名的一个富人。他父亲石苞有六个儿子,临终分财,独不分给他,说他自己能够致富。果然他凭一双赤手,仅到中年,便已富可敌国了。他并无昭著贪污墨败的劣迹,他的财富又是从哪来的呢?史官说:他"在荆州,劫远使商客,致富不赀"。荆州是当时首都洛阳通向岭海商道所必经。他便是抢劫过往商客致富的么?必无此理。我认为这个"劫"字,只能作"仗权要挟"解。他把道出荆州的商人邀来,声言合伙经营,给他公文保护,出海贩运。商人乐得借他的权势,偷关漏税,安全获百倍之利,只须分什一与他,他也会大富了。这样通同作弊,所以时间不长,便已富可敌国。据史文描述他富恣的程度,连司马氏的皇室还不如他。说他与勋臣贵戚王恺等竞富,晋武帝助王恺,"尝以珊瑚树赐之,高二尺许,枝柯扶疏,世所罕比。恺以示崇,崇便以铁如意击之,应手而碎。恺既惋惜,又以为嫉已之宝,声色方厉。崇曰:'不足多恨,今还卿。'乃命左右悉取珊瑚树,高三四尺者六七株,条干绝俗,光彩曜日,如恺比者甚众。恺恍然自失矣"。

可怪的,当孙秀因夺爱妾,把他逮捕杀害,抄家的单据上,只有"水碓三十余区,仓头八百余人,他珍宝货贿田宅称是",并未说有金银。这自然是由于所有家藏的金银、纨素、美人、香药等被孙秀贪没,未肯上报。亦当由于石崇回洛阳后,仍

[①] 六朝史传,记载这类的史料甚多。单就嚼槟榔这种嗜好说,晋宋齐梁时,不但风靡江左,而且传染到了中原和西蜀。其物必须由海舶运来。胡椒、苏合,亦是此时使豪门贪赏的。更还编造了犀角、骇鸡的一类谣言来烘染对于珍宝的迷信。另有考证,在此略之。
[②] 罗褒,是西汉末年的一个商人,《汉书·货殖传》说:"程卓既衰,至成、哀间,成都罗褒赀至巨万。"说他原是一个奴隶贩子,"随身数百万"(说的他所运奴隶所值),"为平陵石氏持钱"使"石氏赀次如、苴(平陵两个大富家)",因而石氏亲信他,"原资遣之,令往来巴、蜀。数年间,致千余万",于是褒自己也富有了。乃"举其半,赂遗曲阳、定陵侯(曲阳侯王根,定陵侯淳于长,皆当时权势极大的贵戚)。依其权力,赊贷郡国,人莫敢负。擅盐井之利,期年,所得至倍"。西汉成帝、哀帝之时,下距东汉开国只有30来年,故罗褒在公孙述据蜀时应还在世。他致富的方法,实际成为汉魏南北朝经商者的典型。

继续把金银分寄给商人们远道经营去了。由于那是秘密做的，所以无法抄得。试看石崇回洛闲居后，那样豪恣多年，而富力不减，就可知道他是在继续经营的了。

旧有史籍也没有谈到这600年中黄金产地的。但用这600年前后关于黄金生产和使用的情况，结合分析的全国产金情况，加以推测，亦可得出大体的地区来。那就是：

1. 秦和西汉年代，中原地区的黄金，在当时技术可能采取的情况下，大体已经采尽了。

2. 山东半岛与辽东半岛的采金，也是东汉中叶开始的，但不久便被封禁了。

3. 随着中原人民的南流和江左建国，打开了淮水以南、长江以北所谓淮扬古陆和原始江南古陆的开采。

4. 四川盆地和大巴山地区淘金，也是东汉开始的，逐步转盛，成为长久兴旺的采金区。①

5. 其他地下藏金较多地方，例如岭南区、康滇地区、青藏高原和阿尔泰区、黑龙江区，都还没有开发。

至于山东半岛与辽东半岛的采金，为何东汉后被封禁了呢？这是因为后汉的青、徐、扬三州，是个不安宁的地区。

首先是安帝永初三年（109）"秋七月，海贼张伯路等寇略缘海九郡"（《后汉书·安帝纪》）。他有"三千余人，冠赤帻，服绛衣，自称将军，寇滨海九郡，杀二千石、令长。初遣侍御史庞雄督州郡兵击之，伯路等乞降，寻复屯聚。明年，伯路复与平原刘文河等三百余人称使者，攻厌次城，杀长吏。转入高唐，烧官寺，出系囚。渠帅皆称将军，共朝谒伯路。伯路冠五梁冠，佩印绶。党众浸盛"。后被青州刺史法雄等官军击破，"遁走辽东，止海岛上。五年春，乏食，复抄东莱间，雄率郡兵击破之。贼逃还辽东。辽东人李久等共斩平之"（《后汉书·法雄传》）。其后中平元年（184），青州黄巾与张角等同反。经过平叛后，中平五年复起。首领昌霸（一作豨昌）等，据山寨抗拒官军（诸葛亮《后出师表》所谓"曹操五攻昌霸不下"者是也）。凡十余年，乃克平之。这些所谓"贼"，虽据城邑或山寨，并不称王僭号，只杀官吏，不掠人民。遇朝廷

---

① 四川盆地以内，只有从康青藏高原流出河水所搬运来的金屑，沉淀在沙洲内。土民年年淘取，年年新积，永无淘尽之日。盆地边缘，亦有山金，昔人不能采冶，只听其自然崩解后淘取金沙。大约在后汉末叶，蜀人已知淘取此类砂金，见于记载了。但其书已佚，唯晋常璩《华阳国志》曾取其文。其中《汉中志》梓橦郡涪县云："屠水，出屠山，其源有金银矿。洗取，火融合之为金银。"又晋寿县云："水通于巴西，又入汉川，有金银矿。民今岁岁洗取之。"这些银字，都是衍文。银与铜、铅等矿并生，不能有屑随水沉淀，故知原记不会有银字。常氏不解此理，亦未亲赴其地考察，遂因俗已金银连称而衍此字也。常氏所知采金地只此二处。实际是金川河原中旋即普遍有人仿照淘金，故梁武陵王纪镇蜀时，能拥有黄金百簏之多。

招抚即降，降而复叛。抗拒封建统治若干年而后平定。所据恰是山东、辽东两半岛的产金之地，有很大可能是采金的矿工，因不胜官吏诛求而反。故其力量凝聚，杀官拔怨，不害人民。恃在拥有黄金，市易自给，故能支持数年也。

再有，汉顺帝永建四年（129）二月"诏以民入山凿石，发泄藏气。敕有司检查所当禁绝。如建武、永平故事"（《后汉书·顺帝纪》）。这通诏，给从事开矿的人以很大的打击。因为它给贪污官吏以搭索贿赂的借口。每当矿产已兴旺时，他便来查禁。无论多少贿赂，也只能暂时满足，贪心发时，又要来查禁，永无了断之时。这对于采金尤为不利。矿民探得富矿不易，劳苦收益不断受到无厌的搭索，自然气忿。矿工多是贫无立锥的人，为了团体利益，自然同仇敌忾，易于暴动。徐、扬两州产金之地，自此以后，叛乱蜂起，显然与此诏有关。

按《顺帝纪》所载：阳嘉元年（132）"三月，扬州六郡妖贼章河等寇四十九县，杀伤长吏"，未详如何结束。海陵张婴，大约便是此时起的。永和二年（137）八月，"江夏盗贼杀邾长"；三年"四月，九江贼蔡伯流寇郡界，及广陵，杀江都长"。汉安元年（142）"盗贼张婴等寇郡县"，"是岁，广陵贼张婴等诣太守张纲降"。建康元年（144）三月，"南郡、江夏盗贼寇掠城邑，州郡讨平之"，八月"扬、徐盗贼范容、周生等寇掠城邑"，十一月"九江盗贼徐凤、马勉等称无上将军，攻烧城邑"。永嘉元年（145），正月"广陵贼张婴等复反，攻杀堂邑、江都长。九江贼徐凤等，攻杀曲阳、东城长"；三月"九江贼马勉称黄帝（旧讹作皇帝）。九江都尉滕抚讨马勉、范容、周生，大破，斩之"；四月"丹阳贼陆宫等围城、烧亭寺"；五月"下邳人谢安应募击徐凤等，斩之"；七月"庐江盗贼攻寻阳，又攻盱台"；十一月"中郎将滕抚击广陵贼张婴，破之""历阳贼华孟自称黑帝，攻杀九江太守杨岑。滕抚率诸将击孟等，大破，斩之"（并引《后汉书·帝纪》）。

这些人中，籍贯可考的，范容、周生皆九江人，他们起兵屯聚，却在历阳；徐凤、马勉皆阴陵人，起兵筑营却在当涂山中；华孟是历阳人，起兵破郡，却在九江（并见《滕抚传》）。这就不能是普通的农民起义，而必然是从事挖矿的农工起义。张婴向广陵太守张纲说："荒裔愚民，不能自通朝廷，不堪侵枉，遂复相聚偷生。"他们这批作乱，全都发生在古产金区和铜、铁矿区。黄、黑等字，在五行五色配合的学说里，是代表黄金与铁的，这是汉代已经深入民间的哲学概念。马勉"皮冠黄衣"，称"黄帝"，可以设想其为金矿王国；华孟后起，称"黑帝"，可以设想是由于金矿受贪暴侵枉深，先反了，已成燎原大火后，铁矿工人也敢造反了。如此设想，就易了解这场民变的原因。

荆州的武陵夷乱（详具《马援传》《冯绲传》与《度尚传》），亦当与沅、澧等水淘金有关。由于夷民反对在此淘金，所以湘西的金矿能有一部分保存到现代。

这600年中的金价，是小降大升的。小降在东汉初年，因废除金银币，市价小降了。大约未到百年，就已逐步上升了。其逐渐上升的侧面证据，还有：东汉以前黄金、白银，皆以斤计重，南北朝时便已有以两计重的了，隋唐以后，便全部以两计重。古于物价贱，则以石计（10斤）；少贵重，则以斤计；尤贵重者，则以两计。今世金银珍货，则秤重争毫厘之差。此事物发展前进，自然之理也。

六、银本位时代

这600年内，白银生产的勃兴，亦是黄金缺乏、金价日涨的侧证。

银是常与铜、铅、连、锡矿伴生的，须有分别提取的技术，故在我国矿业史上，产出较晚。西周以前，还被视为锡类，并未为它制造名字。大约是东周年代，才令名为"镣"。汉武帝时还称它为"白金"。王莽时便有"银贷"之称，并依不同成色，制定出不同价格来了。自此以后，由于黄金产量跟不上社会的需要量，工商人民不得已而求其次，大力开发银矿，来辅助金的不足。中原金矿不多、易尽，银、铜、铅、锡矿则不少。进入东汉年代，提取矿银的技术跃进，以后便是金、银并称的年代了。

银也具有较高度的延展性、光彩与用途，在金属中是最接近于黄金的。自王莽定朱提银（纯银）与黄金的比较是18%，他银则为10%。迄于近世，其比值变化的摆幅，大体未变。

银与金、铜、铁、铅（包括锡），在秦汉年代号为"五金"，原是同时在中华出产，受到人民使用的金属，因性能优劣而价值不同。金、银、铜最先铸成货币。黄金为"上币"，1斤抵银6斤，抵铜312斤。[①] 故银为"中币"，铜为"下币"。东汉废金银币，一律用铜钱，以困商旅。商旅仍自以金银为通货。自汉迄宋，中华产银远多于金，

---

① 按《史记·平准书》，汉武帝造银锡为白金三品币。"其一曰重八两，圜之，其文龙，名曰白选，直三千。"当时行五铢钱，重如秦时半两钱。3000钱重1500两（白选非纯银，五铢亦非纯铜），是每银1两值铜3000两。时亦有金币，因秦旧制，每铤重1斤。《汉书·食货志》如淳注云："时以钱为货。黄金一斤值万钱。"万钱即5000两，即312.5斤。以此改算，则银价只当金价的60%。

金银比值渐差至 10 倍左右。① 楮币通行后，金银价值俱贬，而黄金尤甚。但楮币只行于国内，不能成国际商贸的使用。恰在其时，海外和陆上市易兴盛，航海商人尤其需要黄金。是故南宋年代中华腹地采金银者衰退，而沿海如闽、浙、两广的金银坑冶仍能保持兴旺，国营民营皆有。国营采金，大都用于送往全国。民营采金，除赋税入官外，大都用于海外兑货。是故在宋元之交，中华的黄金殆全已流失到国外，本国保存得极少。唯银还保存得多。因为银在海外多于黄金，所以当时银不外流。

经过元代的专行宝钞，禁止使用金银购物，采金、银都曾一度自然停止。但官衙弊多，民间每苦楮币不便。仍自行使金、银、铜钱，与实物交易，不能禁止。② 明初铜钱与楮币并行；亦曾屡颁金银买卖物货之禁。终行不通。民间黄金稀少，用银则很普遍。因此远行商旅只能以银为轻便了。于是白银亦大量外流。至英宗正统元年（1436），令南方各省田赋以银折纳，以防制银的外流。民以为便。其后遂废楮钞，弛银禁，朝野支付悉以银两计算。是为我国制定银本位之始。铜钱成为辅币，唯小交易用之。直至清末皆然。

在规定银为国家收支计算本位的明清数百年内，银价提高了，开采银矿的事业也突飞猛进，银锭铸造的工业遍布各城邑。而采金呢，则一直萎缩下去，不得与银矿比拟。《明史·食货·坑冶》所载银矿无虑百所，金矿则只数所。万历二十二至三十三年（1594—1605），诸路所进矿税银几及 300 万两（全属银矿收入）。而采金呢，则如"成化中，开湖广金场，武陵等十二县凡二十一场，岁役民夫五十五万，死者无算，得金仅三十五两。于是复闭"。这可说明，经过元明历朝多次严禁采金，旧时的采金技术中废，而采银技术则因实行银本位制后逐步在提高。同时也可说明中华腹地里旧州县的金矿，经过汉以来 2000 年的采掘，易采的矿已大体采尽了；不易发见和采取的金矿，又缺乏技师去找寻和指导；所以一经政府扼制，到百多年后，便青黄不接，一蹶不起。

---

① 宋太宗太平兴国二年，"江南西路转运司言：诸州蚕桑少而金价颇低。今折税，绢估小而伤民，金估高而伤官。金上等，旧估两十千。今请估八千。绢上等，旧匹一千，今请估一千三百"（见《续资治通鉴长篇》卷十八）。又真宗大中祥符八年，曾问辅臣曰："咸平中，银两八百，金五千，今则增踊逾倍，何也？"（见同书卷八十五）5000 逾倍亦即 10000 以上。大抵北宋年代，民间金价随地而异，官估为政府出纳的比值，全国一致，与民间市价不同。但仍保持银价当金价 6/10 的比例。元及明初，禁以金银买卖，市价无改。至清乾隆元年，户部例定：头等赤金核定银十两，二等赤金核定银九两（见《清史稿·食货志》）。
② 元世祖发行"中统元宝交钞"的同时，下令"民间所有金银统归官府收买"。并铜钱禁止通行。至武宗至大四年始除买卖金银之禁。到明洪武八年，发行"大明宝钞"，又曾下"以金银买卖物货"之禁。宣宗宣德元年，令"交易用银一钱者，罚钞千贯。赋吏受银一两者，追钞万贯"。但民间仍暗用金银及铜钱市易，官吏进贿、受贿仍暗用金银。终于迫使朝廷解禁，以至于官府出纳限于用银。

下篇 泛谈四川的黄金

第一章　四川采金的历史

一、四川为什么叫天府之国

四川常被称为"天府之国"。查这"天府"二字的本义，原是上古时代中华天文学家制造来表示天上玉帝贮藏宝物之处的。他们把太空的所有星球假想为天上帝国的一套社会组织。有紫微大帝，有左辅、右弼和各种官吏职司，还有天马、天狗、天鸡等各种动物，天门、天府等各种建筑。据说西北方的参宿三星，就叫"天府"。

殷周人把民族首领称为"上帝"，周秦人把皇帝称"天子"，他是代表天上皇帝来管理地面的。其时也把天子贮藏宝物的地方称为"天府"，表示它是无所不包、万货俱备。

把这名称用到地区上来，则从苏秦开始。《战国策》记苏秦说秦惠王曰："大王之国，西有巴蜀、汉中之利，北有胡貉、代马之用，南有巫山、黔中之限，东有崤、函之固，田肥美，民殷富，战车万乘，奋击百万，沃野千里，蓄积饶多，地势形便，此所谓天府。天下之雄国也。"苏秦在这里，说当时的秦国（包括今陕西、四川、甘肃三省）之地，可以算得天府。

后来诸葛亮《隆中对》，才把天府两字专用到益州地区来（汉益州，包括今四川、云南、贵州三省与汉中和甘南地区）。他说："益州险塞，沃野千里，天府之土。高祖因之以成帝业。"

晋常璩作《华阳国志》，其《蜀志》说："其宝则有璧玉、金、银、珠碧、铜、铁、铅、锡、赭、垩、锦、绣、罽、氂、犀、象、毡、毦、丹黄、空青、桑、漆、麻、苎之饶，滇、獠、賨、僰僮仆六百之富。……其山林泽渔，园囿果瓜，四节代熟，靡不有焉。"又说：李冰"穿郫江、检江，别支流双过郡下，以行舟船，……溉灌三郡，开稻田。于是蜀沃野千里，号为陆海。旱则引水浸润，雨则杜塞水门。故记（指谯周《蜀记》）曰：水旱从人，不知饥馑，时无荒年，天下谓之天府也"。这样就把"天府"一词定为蜀地的代称了。

四川"天府之国"的绰号，既如此定了下来。所谓"天府"，就要包括人类生活需要的一切物资。常璩是说得很具体的。吃的、穿的、住的、用的，无所不包。唯宝货，是其中最重要的部分。因为有了它，穿、吃、住、用也都会随手可得了。请看常璩的排列的方法：首先是璧玉，即琢制圭璧的白石英石，是我国封建社会初期与其以前的奴隶主所最珍贵的东西。其次为金银，是商业发达以后，社会最贵重的东西；一直到了今天，它的使用价值还在不断升高。若还一个社会缺乏了金银，那就必然陷于贫弱；若还天子府库没有金银，那就什么事也办不动，只合坐待亡国。是故可以这样说：天府里所贮的各种宝物，实用价值最高的莫如黄金，其次是白银。若还没有金银，或缺乏金银，就不成其为天府。

汉晋以来1000多年内，全国都把四川誉为"天府"。但一般都只是囫囵吞枣，信口呼应，未暇求其实义。若还要溯本探源，寻取实义，就还当结合到黄金生产上来。即是说：四川之所以专有天府之名，不只由于它各种物产都很丰富，还在于它拥有很多的黄金。事实上，四川正是个"黄金之国"。

二、四川（梁州）是我国出产黄金最早的地区

四川出产黄金最早的证据，在《尚书·禹贡篇》。梁州，"厥贡璆、铁、银、镂、砮、磬、熊、罴、狐、狸、织皮"。这十一种贡品中，领首那个璆字，实义就是黄金。

我国先民，在尚未发明青铜器以前，是把天然黄金块和金属矿石，都作为玉类看待的。自有了铜与青铜之后，才把金属与石类分别开，制造出一个"金"字来。其字仍然从玉，以今为声，省写作金。并都还指的声响清脆的铜与铜的合金，虽亦包括黄金在内，却不是专指黄金。进入青铜器时代后，才把黄金（Au）别称为"璆"，从玉从翏。徐中舒先生说，凡从翏之字，都具有可以挠曲之义。"璆"字就等于说是可以挠曲的玉石。这是非常正确的解释。汉儒说经，都谬缘其字从玉，便说为石头一类的东西了。在徐先生以前，还没有涉想到璆就是黄金的人。所以需在这里特别作出解释。

《禹贡》这篇书，自然不能相信汉儒的话，把它说成是夏禹时写出来的；也不能相信疑古派近人的话，把它说成战国时人编造的；既然伏生口传的"今文尚书"收录有，孔宅壁简的"古文尚书"也有它，就可以相信是孔子出生以前全国已经流行

的一篇书了。可以肯定它是我国最早的地理书。此书于扬州、荆州，都说"厥贡惟金三品"，那个"金"，是指的铜和铜的合金。汉儒把它解说为金、银、铜三种，是错误的。唯梁州说的"贡璆"，才指的是真正的黄金（自然金块）。《禹贡》的梁州，就是今天四川省的地面。所以说四川是我国出产黄金最早的地区。

这里说璆是四川出产的自然金块，不单只依靠《禹贡》这条证据，更还有很现实的科学见证，那就是我国历史上所发现最大的和次大的自然金块，都出在四川。盐源县的哇里金厂，就出现过31斤重的一块黄金，曾在巴拿马运河通航纪念的万国博览会上陈列。又还有重6斤多的一块，在成都劝业会上展览过。至如拳大、指大的自然金块，近世在四川发现的就太多，不可胜举了。全国产金地方虽多，若说到巨型的自然金块，却都只出在四川。其他各省，如云南、贵州、山东、河南、内蒙古和东北三省所产的天然金块，都难见有重到1斤以上的。这就可以回证《禹贡》梁州贡璆，是我国四川省发现天然金块最早的有力见证。

不过，这也只就文献记载最早而言，若还要上推到史前的人类社会去，那就可能不是四川发现金块最早，而当是康藏高原或其他地区的原始人类了。①

三、四川是历史上出产黄金最多的一省

近年，我国出产黄金最多的省份不是四川。但若还就光绪以前的年代说，则四川这个地区的产金量，是经常居于其他各省区产金量之上的。由于古代各地区的产量没有过统计数字，不能提出数据来作证明，只可能用历史事实来作推断依据：

陈寿《三国志·张飞传》："益州既平，赐诸葛亮、法正、飞及关羽金各五百斤，银千斤，钱五千万，锦千匹。其余颁赐各有差。"

常璩《华阳国志·刘先主志》说得较详细点。他说："建安十九年，先主克蜀，蜀中丰富盛乐。置酒大会，飨食三军。取蜀城中金银颁赐将士，还其谷帛。②赐诸葛亮、法正、关羽、张飞金五百斤，银千斤，钱五千万，锦缎万匹。其余各有差。"

---

① 凡元古代地层分解后的土砂中，多有巨块或巨粒的自然金块。有的深埋于土内，也有浅露于地上的。原始人类虽不知黄金有何贵重，只由于它光泽耀目，也会拾取它来。最初是作为投掷武器，后遂成为商品。川边与青藏高原的土民，就是拾取金块最早的人。

② "取蜀城中民金银"这句话，说明刘备的军队破成都后，是曾经公开大掠了人民财物的。据史家传说：刘备在攻城不下时，就曾许过军士，破城后"便宜三日"。意思就可准任意劫掠淫杀。成都人民初不肯降，助刘璋坚守"数十日"。但璋自己降了，所以荆州军把成都人民作为俘虏看待，把他们财物粮谷都抄没了。刘备初未估计数量能有多大。迨见抄聚物资出于意外之多，才只分了金银，把谷帛还给人民。因为金银、锦缎取自富有者之家，可以没收；谷帛则是一般人衣食所资的。

陈寿与常璩，都是蜀人，记其所见所闻的史事，文有详略，数字则同，足见是如实的记述。分析所记，只赐这四人的黄金，便已 2000 两了。"其余各有差"的数目呢？例如赵云，便是与诸葛亮、张飞"俱溯江西上，平定郡县"，又从江州与亮飞分军，独当一路"从外水上江阳，与亮会于成都"，共定益州的功臣。还有黄忠，也是刘备自葭萌还攻刘璋，"忠常先登陷阵，勇冠三军"的大将。论平定益州之功，更高于赵云。还有马超，虽是新自汉中来降的，却当刘备围成都不下，他来得及时，"超将兵逗到城下，城中震怖，璋即稽首"（俱引《三国志》各本传文），论平蜀功，也是当列在张飞之下，黄忠赵云之上的。他三人必然也该赐金，虽数量不会多到 500 两，也不会少到三四百两。再言其次的将士，就更多了。估计那一次赏赐总额，当有黄金 2 万锭（汉以金一斤为一锭），白银 4 万锭，钱 10 万万枚，锦 80 万匹之多。金 2 万锭合 32 万两。按西汉极盛的汉武帝时，国库里的黄金不过五六十万两。东汉末年，全国黄金流行量可能要大至 10 倍，也不能过 600 万两。而成都一市，就开支三十几万两。还有三巴、犍为、广汉的若干城市，也都是当时产金地区的商业城市。合计拢来，也可能占全国黄金总量的 1/10 以上了。①

又如，梁武帝时，武陵王纪为益州刺史。在州十七年，通商殖财，未尝贪虐而积货甚多，富甲天下。梁武帝死后，他自立为帝，率军东下与梁元帝争国。单只他随舟运出的金银，就是"黄金一斤为饼，百饼为篅，至有百篅。银五倍之"。② 即是说：单只那一次随军运出三峡，准备供军饷赏需的黄金，就有 1 万斤（16 万两）和白银 80 万两。他是已在成都称帝然后出兵的，自必然还有留在成都国库里的大量金银。

又如，唐贞元时，韦皋为剑南西川节度使，"治蜀二十一年，数出师，凡破吐蕃四十八万，擒杀节度都督、城主、笼官千五百，斩首五万余级"，所建武功为西南最。他不但未花朝廷一钱，并且上交赋税甚多，每月有所贡献。更还厚抚士卒，"婚嫁皆厚资之。婿给锦衣，女给银涂衣，赐各万钱。死丧者称是"（《新唐书·韦皋传》）。他又厚抚人民，"列州互除租（轮流免租），凡三岁一复"，"蜀人德之，见其遗象必拜"。他这些钱，与四川产金当然有关。时称"扬一益二"，是说益州之富倍于扬州。试看《唐书·食货志》，就会知道：扬州只靠的田赋。益州之富在田赋外更

---

① 汉武帝分天下郡国为 13 部刺史领地。后汉末年，皆置州牧。于时郡国 105，县邑 1181。益州牧领郡国 12，县邑 118，约当全国 1/10。所产黄金，则超过全国的 1/10。主要是出于四川红盆地内的砂金，少量出于南中和川边夷民市易的金粒。
② 见《南史·梁武陵王萧纪传》。

产黄金。

又如，明代的蜀王，虽不管军、理民，却是全国诸王最富有的。多次向朝廷贡献黄金。蜀人相传"蜀王有点金术"。其实世界哪有点金术呢？不过蜀王接受蜀中官吏赠送的黄金多而已。官吏赠送的不过1‰，自己弄来的当更多。故他的钱就用不完。

如此推断，四川这个地区，在明清以前，各代所产黄金的数量，都是很大，而为全国各地区所不及的。

更还必须注意到：明代以前的四川，只能在四川红盆地以内各河原间采取砂金，并还没有采取山区脉金的技术，也还未采取到金源丰富的川边地区去。

四、四川产金地点最早的记载

真正确指黄金产地的书，首推《韩非子·内储说》："荆南之地，丽水之中生金。人多窃采金。采金之禁，得而辄辜（处死），磔于市者甚众，壅离其水也。而人窃金不止。"这是战国末年写成的书。那时楚国已经铸造金币，流行到韩、魏、齐、秦之地了。韩非居近楚地，故能知道楚人冒死采金于丽水的事。这个金字，才是说的真正的黄金。周兴嗣《千字文》"金生丽水"这句话，就是依据此书制出的。

比《韩非子》晚出的《汉书·地理志》，是东汉初年，班固依据前汉时地理书志撰成的。他在豫章郡鄱阳县下注"有黄金采"四字，说明那里有采金的矿场。按我国黄金生产的地理条件与历代《食货志》文记，也都可证明那里古代产金丰富，迄今仍是产金的地区。足见前汉年代那里已经发现并开采金矿了。可能是还在与丽水采金同时，楚国人就已把它发现了的。

以上说的古代最先指出产金确地史料，都不在四川省内。即如《禹贡》的璆，也不知出于梁州何地。若说四川盆地以内的产金古地，则当推常璩的《华阳国志》说得最早、最确。其书《汉中志》之梓潼郡涪县云："孱水，出孱山，其源有金银矿。洗取，火融合之为金银。"又晋寿县云："水通于巴西，又入汉川，有金银矿，民今岁岁洗取之。"

所言涪县，今为绵阳县。所云孱山，在今安县北界，古称龙安山，又称金山，属今之龙门山脉，为四川盆地西北面的界山。所谓孱水，即今安县的安昌河，其源出于北川县山中。在汉魏时，此水全部属于涪县管地。其水上游两岸皆大山，每夏季暴雨后，常有山崩，散出金粟，随水流走，至中下游平地部分，流连减缓，金粟与石砾随处沉淀。粒大者如围棋子，人可凭目力拾取。其细者混于泥沙间，则可连同泥土纳入摇床中冲水洗洗涤，利用其比重不同，淘去质轻的泥土，而取沉于摇床底部的绒金，绒金中夹有重沙，再加水银"洗取"。洗取之金细碎，不便携带，则再吹管吹火熔烧融，合成金块。此最原始洗取砂金之方法也。凡金粟，皆非纯金，一般融合有银质在内。含银多者，色不赤黄而作淡黄色。冶金工匠能用吹管分别提炼之，使其分离为纯金、纯银。故曰"火融合之为金银"。孱字亦作潺，蜀语为力弱之义。"孱水"犹言弱水（不能乘载金屑之水）。"孱山"，犹言力不能固持金粟之山。

古文过于简略，未能明确采冶过程。兹敢作如此解释者，赖有唐人《元和郡县志》亦载此山产金事。[1] 至于古代洗取金沙的方法，则有明宋应星《天工开物》传之。[2] 结合古文字学与科学原理，即可对证古人语言，解释不误。

晋时的晋寿县城，在今广元县的嘉陵江与白龙江会口的两岸。秦汉间曰葭萌，蜀汉时改名汉寿，入晋又改名晋寿，宋以来改名昭化，新中国成立后并县入广元，而称其地为"老昭化"。白龙江发源于甘肃西南极边产金极富的山区（即古宕州地），流800里入四川界，沿流沉淀金屑。最上游沉淀者多是颗粒金；入川境后，只有麸金沉淀于缓流部分的沙坝。老昭化河原广阔，水流最平缓，故麸金沉积特多。其地当陇蜀之冲，行旅贾人过者较多，故其发现淘金之术最早。大约自汉代已知淘洗，只无人记入史籍。常璩时（晋代），洗金已盛，乃得记入其书耳。

言"岁岁洗取"者，盖金源远而丰富，千古流转不尽。只是至此已非粒金，沉淀较难。每岁所沉不能多，但岁岁皆有沉淀，年年皆可照样淘洗。四川盆地内的沿河沙坝，大都是如此淘金。嘉陵江如此，涪江、岷江、大渡河与金沙江这些源远流长的大河沿岸也是如此。还有些从金矿山区流出的小支流，如青衣江、草坡河、安昌河、南江河等也能年年淘金，甚至还能淘得金粟而不是屑金。不过它们在常璩时还未著名，未尽收入耳。

由此可以断定：刘璋的成都城中那样多的黄金，梁武陵王萧纪搜集的那样多的黄金，其绝大部分都是四川盆地内各大河沿岸人民，一步步从沙洲表面洗取来的。这种淘洗沙洲上面沉积金屑的方法，虽从汉魏时梓潼郡的涪县、晋寿县开始，由于它适合于农民冬间副业，故会迅速推行到其他州县去，使四川盆地产金数量逐年增

---

[1] 《元和志》："金山，在（龙安）县东五十步。每夏雨奔注崩颓之所，则金粟散出，大者如棋子。"唐龙安县，在今安县治北龙安山下。隋，蜀王秀曾在此山营别墅，不时往游。金山即在其侧。
[2] 《天工开物》五金第十四，"凡足色金……惟银可入，余物无望焉。欲去银存金，则将其金打成薄片，剪碎，每块以泥裹涂，入坩埚中，硼砂熔化，其银即吸入土内。让金流出，以成足色。然后入铅少许，另入坩埚内，勾出土内银，亦毫厘俱在也。"

多。阅 2000 年至今，仍还是岁岁可以洗取的。

五、唐代四川产金史料的分析

四川在魏晋南北朝大约 350 年间，都在战争祸乱中。采金事业无书记载。尤其在桓温灭蜀以后，蜀西南广大地面有被称为"獠"的民族涌入杂居，酿成所谓"獠乱"，阅 200 年之久。除陇蜀大道地带可能还看得见采金人外，不可能有更多的产金记录。至周隋之际，才逐步安定。唐代，开始制定州郡土贡，其中有贡金的。剑南两川的黄金生产情形，又才有史料记载了。

《唐六典》，是开元十年（722）敕修，二十六年（738）完成的书，其卷三《理典·户部》，列记各道贡赋。其中有金的 19 个州，属于四川盆地的有 8 州，合相关联的白龙江上游之宕州与金沙江流域之姚州计，共 10 个州，占全国产金州的一半（原书是分山南道和剑南道排列的。兹为了说明各条河水的砂金生产历史，改为依水系排列成表。以下各书同。）。

州名（注今地位置）	土贡	所在户金水系
眉州（州治今眉山县）	贡有"麸金"①	州境属岷江水系
嘉州（州治今乐山县）	贡有"麸金"	州境属岷江水系
雅州（州治今雅安县）	贡有"麸金"	州境属岷江支流青衣水系
资州（州治今资中县）	贡有"麸金"	州境属岷江分支的沱江水系
龙州（州治今江油县）	贡有"麸金"	州境属涪江水系
宕州（州治在今甘南）	贡有"麸金"	州境属嘉陵支流、白龙江水系的上游（今属甘肃省）
利州（州治今广元县）	"金"②	州境属嘉陵江水系
姚州（州治在今云南界）	"金"	州境属金沙江流域，有都督府领云南诸州
万州（州治今万县市）	"金"	州境属金沙江下游长江水系
巫州（州治今巫山县）	"麸金"	州境属金沙江下游长江水系

唐杜佑《通典》，是大历年间开写，至贞元十七年（801）才完成的。所记贡金

---

① 贡品中的"麸金"字，指的淘洗砂金，未经水银提炼融合，连同重沙入贡，交由国家汇合提取（重沙亦有用途，价值相差不大）。
② 贡品中但称作"金"的，指的不含重沙、已提净了的金。它表示其为既是产金地，也是提金工业集中地。

诸州，较开元时不同。全国贡金只 14 个州，四川有 7 州，合陇右道的宕州为 8 州，俱有贡金两数。兹按水系分列如下：

剑南道	眉州	贡"麸金八两"
	嘉州	贡"麸金五两"
	雅州	贡"金"（无数量）
	资州	贡"麸金七两"
	龙州	贡"麸金六两"
陇右道	宕州	贡"麸金五两，散金十两"①
山南道	万州	贡"金五两"
江南道②	巫州	贡"麸金八两"

李吉甫的《元和郡县志》，是依唐宪宗时（806—820）簿籍写成的。今存本已有残缺，不能备全国贡金州数。兹依四川水系摘列其各州贡金与产金文字：③

剑南道	眉州	"开元贡麸金八两"，"元和贡同"；通义县"出麸金"
	嘉州	"开元贡麸金"，"元和贡同"
	陵州（今仁寿）	"开元贡麸金"，"元和贡同"（境属岷江水系）
	雅州	"开元贡麸金"，"元和贡同"
	资州	"开元贡麸金"，"元和贡同"
	龙州	"开元贡麸金"，"元和贡同"；又，江油县涪江"其水出金"
陇右道	宕州	"开元贡麸金"，无元和贡文
山南道	利州	"开元贡金"，无元和贡文
剑南道	泸州（治今泸州市）	"开元贡麸金，元和贡同"
江南道	涪州（治今涪陵县）	"开元贡麸金"，无元和贡文

《新唐书·地理志》，撰于宋代，所记贡金诸州，及有产金县之州 73 个。④属于四川水系者 25 个。兹依水系列如下。

---

① 所谓"散金"，指颗粒可以拾取的纯金。凡产金诸河的上游，即川边地区的砂金，大都属于粒金。颗粒有很大的，后将详著。
② 江南道，饶州贡麸金十两。衡州贡麸金十两，是全国贡金最多的一州。
③ 岭南道有八州府产金，全略。陇右道有五州产金，只录宕州。江南道只录涪州，略去润衡二州。无巫州贡金，山南道有利州，无万州贡金。与四川无关的皆不收录。
④ 唐太宗元年，分天下为 10 道。贞观十三年定簿，凡州府 358。按《新唐书·地理志》所载产金州县关内、河南、河北、淮南、河东五道皆无贡金州府。只关内的商州、商洛县云"有金"，与河南的伊阳县云"伊水有金"。河南道 51 州，只 7 州贡金，5 州有县产金、不贡。陇右道 19 州，4 州贡金。剑南道 1 府 38 州，18 州贡金。岭南道 73 州，29 州产金，其中 2 州不贡。这说明四川与岭南是唐代产金最多的地区。

金沙江水系及大江干流沿岸诸州：

剑南道	姚州（州治云南大姚）	"土贡麸金"
	巂州（州治今冕宁）	土贡"麸金"①
	泸州	土贡"麸金"
山南道	涪州	土贡"麸金"
	忠州	"土贡生金"②
	万州	"土贡麸金"

岷江、青衣、沱江水系诸州：

当州（今松潘县西北）	"土贡麸金"（岷江水系）
悉州（今松潘县西南）	"土贡麸金"（岷江水系）
茂州（今茂汶自治县）	"土贡麸金"（岷江水系）
保州（今汶川县）	"土贡麸金"（岷江水系）
眉州	"土贡麸金"（岷江水系）
嘉州	"土贡麸金"；又，峨眉县云"有金"（岷江水系）
陵州	"土贡麸金"（岷江水系）
雅州	"土贡麸金"（青衣水系）
简州	"土贡麸金"（沱江水系）
资州	"土贡麸金"（沱江水系）
昌州	"土贡麸金"（沱江水系）
龙州	"土贡麸金"
绵州（今绵阳县）	"土贡镂金银器、麸金"；又，巴西县云"有金"
合州（今合川县）	"土贡麸金"
宕州	"土贡麸金"
文州	"土贡麸金"
剑州	"土贡麸金"
巴州（治今巴中县）	"土贡麸金"
通州（治今达县）	不贡金，所属宣汉县云"有金"

---

① 土贡例以金银首列。巂州土贡首列"蜀马"，其次为"丝布、花布"。麸金列在第四。说明它产金不多，和不常采。
② 忠州独贡"生金"，应与《六典》所称之"金"同义。即洗炼融合后之金块与自然金颗粒。忠盐行销面广，故边民有用金块来市盐者。本州炼金业亦发达，故贡生金也。

综合以上史料，可以看出：自隋以前，皆是民间自由采金。楚国曾禁私采，但亦未能禁止。汉武帝推行榷政，似亦未曾榷到黄金。后汉与南北朝时，中原易采之砂金，大概已采尽了（剩下的只是脉金），采金活动转向边区。唯四川各河道的砂金，由于金源在各大河上游高原无人能知的地方，每年都照常由流水搬运到各易于沉淀之地，依次沉淀，故能"岁岁洗取"，亘古不减，并且由汉魏间的两个地点，发展到整个四川盆地的十多二十个地点（发展到近代，则已是百多个地点了）。

四川盆地内，并没有脉金矿，只有这些由河水从远不可知之处流运来的砂金沉淀。凡属巨形金块与金粒，比重大，在上游部分已先沉淀了；细小的金粒，也多在川边的中游部分沉淀了；只有体轻的微粒，才在四川盆地内的缓流部分沉淀下来。所以虽然年年都可洗取，产量却是弱小的，只适于农民冬间作为副业采取，可以救贫，不能致富，不值得大商大贾投资经营。这乃是四川盆地内部砂金的特点。

具有这种特点的砂金，只能在国家承平、社会安定的情况下才能开采。因为采金虽易，为利甚微。若还世乱法敝，金民以无多之利，受豪强剥夺、暴徒劫掠和官吏苛扰之害，便无人敢淘金了。

唐代的贡金制度，是对自由采金者一种剥削。但也不是没有促进发展的作用。因为有人采金，才会微敛入贡；一经订入贡制，便须保持生产的定额，只能发展，不能摧残，这对金农就不能不加以保护，使其维持正常生产。但若时间久了，也会发生贪官污吏竭泽而渔的弊端。金农吃尽苦头，逃徙他去，所以有些原来贡金之州，不更产金，每有向朝廷停贡的事。观上各表，贡金州虽陆续有所新增，亦随时有所停废，就是这个原因。又如许多大河沿岸州县，都是应该产金贡金的，却并不全都贡金。相反，许多偏邑小州（例如昌、巴、通等州）反能贡金，就是由于大河沿岸的金农，逃避到偏邑薄产的州县去，投靠当地官绅淘金比较有利的原因所致。这也就是四川盆地内各条河采金发展不能与产金地面平衡发展的主要原因。

六、宋代四川产金的资料

宋乐史《太平寰宇记》，记宋初各道府州地理，皆有"土产"一目，大抵依当时图籍著录。亦颇有残缺，不能作全面统计。兹仍依四川水系摘录其产金诸州，如下：

| 蜀州（剑南西道） | 土产"金"（岷江水系），又汉源县"鄢江麸金" |
| 眉州（剑南西道） | 土产"麸金"（岷江水系） |

续表

嘉州（剑南西道）	土产"麸金"，又罗目县"大渡河出麸金"，"沫水出麸金"（岷江水系）
陵州（剑南东道）	土产"贡麸金，元采于导江水，神龙元年起"（岷江水系）
荣州（剑南东道）	土产"麸金"（岷江水系）
雅州（剑南西道）	同上，又芦山县"浮图水出贡金"（青衣水系）
嶲州（剑南西道）①	土产"麸金"（金沙江水系）
彭州（剑南西道）	土产"麸金"（沱江水系）
资州（剑南西道）	土产"麸金"（沱江水系）
绵州（剑南东道）②	土产无金，惟巴西县有金山。引《益州记》云："每夏淹雨，有崩处即金粟散出。"
宕州（陇右道）	土产"麸金"（嘉陵支流白龙江水系）
合州（山南西道）	土产"麸金"（嘉陵江水系）
渝州（山南西道）	土产"麸金"（长江正流）
西高州（山南西道）	土产"贡金及象齿"③
黔州（江南西道）	土产"麸金"（长江支流乌江水系）
涪州（江南西道）	土产"金"（长江正流）
万州（山南东道）	土产"金"

由此可见，宋初四川砂金的采取较唐代少，矿场停废者多。盖由五代混乱，社会不安所致。

《元丰九域志》，为王存等人于元丰元年（1078）奉敕修。上距太平兴国百余年，簿籍完备，优于《寰宇记》所据。兹录所记各路州产金情形，属于四川水系者如下：

成都府路	眉州，土贡"麸金五两"
	嘉州，土贡"麸金六两"
	雅州，土贡"麸金五两"
	简州，土贡"麸金五两"
梓州路	资州，土贡"麸金五两"
	昌州，土贡"麸金三两"

---

① 宋太祖划大渡河外之地不置州县。不应仍有嶲州。就是乐史采五代时簿误入。
② 宋代龙州沦于李氏番夷。沿涪江各州皆不贡金。
③ 《寰宇记》江南西道有西高州。孜其地在今綦江县，非产金河。所记"贡"金及象齿，皆当时土司经商所致，五代世曾制为土贡耳。

续表

利州路	利州，土贡"金五两"
	政州，土贡"麸金三两"
夔州路	万州，土贡"金三两"

《九域志》所记全国产金地共只19州军，属于四川盆地者已占9州，约近全国的一半。又全国19州军中，贡金者只15州。岳州、福州、汀州与邵武军皆只有"金场"，无贡金。①"金场"说明宋代已有开凿脉金捣碎淘洗之法。但四川无有，只有贡金，即只沿河淘砂金而已。其四川贡金州数，也远远少于唐代。这是由于宋代对于黄金富矿，皆定为官营，不甚重视贫矿；贫弱小矿，付予民营而征其岁课。至于地方贡金，如四川每月不过40两，全年不过400多两。在全国黄金收入较大的情形下，省去一州数两贡金，无足轻重，②所以不甚在意。每值地方官吏请停贡金。即多照准。故元丰时贡金之州已不多。其后竟停止上贡，全面改为征税了。

《宋史·地理志》是元代敕修。综北宋、南宋为一篇。南宋盛行纸币，发展国营矿场与榷税。③银铜矿产比金矿更盛。《宋史·食货志》云："南渡，坑冶废兴不常，岁入多寡不同……湖南、广东、江东西，金冶二百六十七，废者一百四十二。"（谓绍兴三十二年至乾道二年的时间）其所兴废，多在福建与江南荆湖诸路。四川仍与北宋时同。兹录《宋志》四川诸州贡金以资比较：

成都府路	眉州、嘉定府、简州、雅州，皆云贡"麸金"
潼川府路	资州、昌州，皆云贡"麸金"
利州路	利州，云"贡金"。政州，贡"麸金"
夔州路	万州，云"贡金"

这四路，即所谓"川峡四路"，省称为"四川路"。"四川"之名由此而来。所记与《九域志》全同。即其他诸州所记矿冶亦皆详于北宋，而略于南宋。盖南宋纸币流行，商旅经济无庸依靠黄金。黄金仅供宫室、服玩、器饰之用。民间交易，唯用银与铜钱。故产金的场所虽亦有之，金尽即废。新兴之金矿少，产金地渐收缩。

---

① 饶州既有德兴县"布银院一金场"又仍贡"麸金十一两"。岳州有平江县"土灶一金场"，福州有古田县"古田金坑"，汀州上杭县有"钟寮一金场"，邵武军归化县有"螺祭一金场"，皆不贡金。
② 《宋会要》载："有金之州十，有银之州四十二。有铜之州十三，……岁总收金三万七千九百八十五两，银二百九十万九千八十六两。诸路上贡金万七千四两，银百十四万六千七百八十四两。凡赋入之数：金万七千九十七两，银百二十三万一千二百七十七两。"（《玉海》卷180）
③ 《建炎以来朝野杂记》载："绍兴七年诏：江浙金银坑冶，并依熙丰法，召百姓采取，自备物料烹炼。十分为率，官收二分。"又云："饶州旧贡黄金千两。孝宗时诏损三之一。"

七、四川产金衰退的年代

自南宋开始，历元明，至清中叶，大约700年间，是四川采金业的衰退年代。这是有多种原因促使之然的。主要原因有下列几个方面。

（一）战乱频繁

由上两章的几个表，可以看出：四川贡金州县，殆全在四川红盆地内。红盆地内并无金源。金源全在川西北边区，只有从那些地方流出的河流搬运金屑进红盆地内部来，在水流纡缓的部分地方随同卵石沉淀，人民才得年年都能淘洗一些金屑出来。这种披沙拣金的工作，为利甚微，只利于农民冬季作为副业去淘洗。若红盆地内沿河州县的人都去淘洗，也可年得千两左右的黄金。积年累加，数量就大了。但农民不尽能有此技术，又怕贪官污吏的苛税和搕索。在世平道治的年代，他们还乐于去干，若在兵荒马乱的年代，是不会有人去干的。纵然不是兵马驰骋的州县，但有苛捐杂税和贪官污吏、劣绅土豪的地方，纵有采金专业的农民，也只会避到比较安全地区去找寻矿点，而不敢在旧时采地淘洗。因为社会秩序不好的地方，一人采得黄金，便有若干人在打他的主意，不但无有实益，还会因而得祸。在这前后700年中，四川有大小战役近百次[①]，承平日子极少。又因四川僻在西南，山高皇帝远，社会秩序好的时少，坏的时多。尤其是南宋以来，远不似隋唐以前地旷人稀年代采金的安全，所以从业的人就逐渐少了。

（二）商道紧缩

四川红盆地虽是淘金发达的地区，却并非金源分布所在，主要是靠各大河流从上游金源所在地搬运的金屑来沉淀在缓流部分的河原供人民淘洗。这个红土盆地100多个州县内气候温润，物产丰富，从来就多大富之家。他们讲究饮食、衣服、居处、乐游各方面的享受。于是有许多心灵手巧的劳动人民，创造出华美、甘香、轻软、便巧的手工艺品来满足他们的要求，所以从奴隶社会开始，巴蜀地区，就以

---

① 唐末，天下大乱，四川在王、孟二氏割据之下，独得安静。故北宋年代，四川人口最密、文化很高、经济亦很繁荣，足以养活人口。从南宋开始，防金保蜀的战争，抗御蒙古的战争，大明统一的战争，川鄂农民革命的战争，平定三藩、苗疆和金川的战争，白莲教起义的战争，全都是一连几年、几十年的长期争战。人烟断绝过两次，其一年内就结束了的小战争，难以列举。

丝绸、锦绣、蜀布、黄润等衣着品①，甘、香、辛、咸等酿造品②，器玩、金银、珍宝等玩乐品③著名于世。这是四川社会的特点之一。所以地方虽嫌偏僻，交通虽还不便，却早在秦汉年代，已经是中原和荆扬、羌番和越濮、海外和西域各路商贾往来交织的地区了。④黄金在商业上属于"轻赍"，一斤之重可值白银数斤，铜钱数百斤，其他珍贵商品数十斤以至于数千斤，所以称为轻赍。在长途商业中可省许多运费和风险，所以金价在上古以货易货的商业时代，能随着商业地盘的不断扩张，而不断上涨。尽管世乱，民间商业总仍是不会断绝的。四川的商业，自巴蜀开国，曾有一次跃进；秦灭巴蜀后，又一次跃进；汉通西南夷后，再又一次跃进；隋唐之世，吐蕃、南诏勃兴，政治、军事频繁交织，民间商业亦有更大的发展，住居于中原与吐蕃、南诏之间"民族走廊"地带的少数民族，起了商业中介的作用。

吐蕃和南诏地区，都是以产大块黄金著名的，自周代开始，他们的金块就已输入到四川⑤，此后更源源不绝。四川从来黄金之多，就包括有蕃诏地区输入的金块在内。宋太祖用玉斧在地图的大渡河上一划，说"此外非吾有也"。后世宋帝和地方官吏，都严遵以大渡河为徽的遗旨，断绝巴蜀西南大渡河外民族地区的商道将近300年之久。于是蕃区的商品向河湟、西域、印度三方流动，云南的商品改向岭南、泰缅、印度方面找出路，其黄金输入四川的路中断了。这也是宋代以来四川产金数量退缩的一大原因。

（三）楮币流行

商旅轻赍，到了黄金，已算达于极点了。但旅途间携带黄金仍有许多风险。如

---

① 蜀布，是苎麻制布，秦汉间曾大量由滇缅销行入印度和大夏，见《张骞传》。黄润，是细丝织成的生绢，一匹可纳入一竹筒中，故《蜀都赋》曰"黄润比筒"。这些都说明当时蜀中丝织手工之巧。
② 《蜀都赋》："蒟酱流味于番禺。"说明蜀地这种酸甜味的果酱，早在汉初就已远销到广州去了。蔗糖，唐代才在扬州种蔗制糖，但四川在唐末就已提制糖霜（白糖）了，见《糖霜谱》。至于盐腌的食品、蜜制的食品，四川从来就是冠于全国的。
③ 古代富势人家，恒以射猎为享乐，故蜀地弓矢之巧也是很著名的。三国时孙权爱蜀竹弓，捉到蜀俘，称能制之者，皆免死留用，后得逸去，见《晋书》。蜀地铸、造金、石器物之巧，见于出土文物者甚多。拙著《华阳国志图注》已多选入。
④ 蜀地与中原通商的道路，最早是从岷江上游草地通过渭水上游草地交往的（原始社会时代），主要是为了农牧产品的交换，数量不大。进入奴隶社会以后，贩卖奴隶成为主要商业，商道也渐向东移，通过秦岭、巴山，因为奴隶自能爬山涉山。周室初兴的年代，秦岭山路便已通了。秦代开凿褒斜栈道以后，百货交流2000余年，皆从此路。蜀与荆扬的水道商运，是夏殷间已通航的，主要商品为食盐，后亦日渐发展成为百货交易的枢纽。蜀与羌番往来的商道，是横穿大渡河两岸的商道，主要商品是黄金与丝绸，唐宋以后为茶马。蜀与越濮交易的商道最为艰险，但商人是能"无孔不入"的，秦汉年代，已经开通了。《史记》所载唐蒙在南越吃到"蜀蒟酱"，是从夜郎牂柯江运去的；张骞在大夏看到的"蜀布、邛竹杖"，是从云南经缅甸再经印度运去的。秦代商人神通广大的程度，可以说惊人。他们主要是贩运珍奇之物。唐宋以后，海运大通，珍奇宝货不再取道此方，这两条商路几同废闭。蜀与西域，原无直通的商路，但吐蕃强盛以后，西域商货也能通过蕃境，缘茶与马市易之便与蜀货交换，直至清末皆然。
⑤ 《禹贡》梁州贡璆的"璆"就是从羌蕃地区贩运入蜀的自然金块。

盗窃、匪抢、船翻、车坠、关税、吏搒等意外祸难。为了避免这些风险，成都商民最先创造了信用票据的办法，称为"交子"。即用楮皮制纸，印上抵钱的数目，等于支票，持票者到其全国各大城市的分号取款。其创始时间，在北宋的初期，由成都8家商店联合发行。其时蜀西南对少数民族地区的商业虽阻绝了，从水路下通荆扬，和从陆路北通关洛的商业则有更大的发展。蜀商由于黄金不足，故发明了这种办法，在他们8家本号、分号间取得了通货的便利。到了宋真宗年代（998—1022），各地商人皆以购用交子为便，宋朝奖励这种办法，在汴京组织16家商号替代朝廷发行"交钞"，又后则直由国家经营，是为我国发行纸币之始。金人入汴后，承之不废。宋高宗南渡之初，国用不足，又印制叫作"会子"的一种，原只用作官俸和军饷的暂用，后亦成为民间通用的楮币，与交子并行。其初还是楮币与金、银、铜钱并行，由于纸币的滥发，发生流弊，民间重钱轻钞，出现过许多纠纷。

元朝统一后，遂令民间只用钞票，禁止铜钱和金银的使用；先后发行"中统元宝交钞"与"至元通行宝钞"，作为唯一的通货。所有民间金银统归官府收买（《元史·食货志》详）。元代管理楮币的方法亦好，持楮币人可以随时、随地、随意向官府兑换货物，信用稳健，故能长时间流行无弊。到元武宗时，还发行"至大银钞"。但楮币发行的流弊亦逐渐滋长起来。至大四年（1311）以后，逐废金银卖买之禁。

明太祖虽曾发行"大明宝钞"（1375），并曾申金银买卖之禁。但民间不愿遵行。至明中叶，楮钞始废。在楮钞通行时间，黄金丧失了轻赍的作用。金价转低，以至于不准使用。故自南宋至明初，约有300多年中，采金的人锐减。如四川红盆地内，采金几于绝迹。

（四）岁币勒索

宋靖康元年（1126）十一月，金人陷汴梁，囚宋钦宗于城外房营，留上皇（徽宗）城内，索金1000万锭、银2000万锭、帛1000万匹，扬言俟金银数足，可放帝还。于是城内大括金银，一括再括，至于搜掘戚里、宗室、内侍、僧道、技术之家，称为"根括"。根括8日，得金30.8万千两、银600万两、表缎100万。根括已绝后，有教坊人及内侍告言"各言窖藏金银，乞搜出"。金酋复命大行根括。凡18日，城内复得金7万，银114万，缎4万。纳军前。金酋尚以金银不足，当纵兵劫掠。于是又再括（《宋史纪事本末》据宋史及靖康难诸家的野史）。正月二十七日，宋廷再下令："京城蓄金之家，所有之数，或已埋藏，或以寄附，并限两日尽数赴元丰库、大观库、榷货市易务、都茶场送纳。金每两价钱二十贯，银每两一贯五百文，先次出给凭据。由公据，候事定支还。"（据《三朝北盟会编》卷32）。尽管出价如此高,只是一句空话。金人掳二帝北去,另立张邦昌为楚帝,改朝换国了,找谁凭公据支还?这虽只是汴梁一城的事,在那宋金争战连年中,哪州、哪县、哪个城池挟金的人能保不受这样的根括?所以在南宋年代,一般善良人民对于采金、蓄金是不感兴趣的。

南宋秦桧主和。绍兴十一年(1141),和议成,宋对金人朝廷"岁贡银、绢二十五万两匹。自壬戌年(1142)为首,每春季搬送至泗州交纳"。所谓银两,实际多以金折算。还规定每年大金黄帝生辰及正旦,都要遣使奉贺。第一年贺生辰、贺正旦,"俱用金茶器千两,银酒器万两,锦绮千匹",岁岁如此。韦后得放还时,金人不愿护行,韦后"称货于金使,得黄金三千两以犒其众",乃得平安返国(并见《宋史》)。综南宋之世,国库黄金,殆全输献北国。国库不足,大括民间。孝宗时,胡铨斥和议十可吊疏,有云:"自桧当国二十年间,竭民膏血以饵犬羊,迄今府库无旬月之储,千村万落生理萧然。……今日之患:兵费已广;养兵之外,又增岁币,且少以十年计之,其费无虑数千亿;而岁币之外,又有私觌之费;私觌之外,又有贺旦、生辰之使;贺旦、生辰之外,又有泛使。一使未去,一使复来,生民疲于奔命,帑廪涸于将迎。"① 四川僻在西隅,民间受害不及江淮之甚;但课赋之重倍于江淮,民间金银仍难免被搜括,加以筹防,兵费至重,首当蒙古入侵之冲,血战40余年,人烟俱绝,遑言采金。是故四川采金,入宋而衰,入元而息。

八、银本位时代黄金外流

元代的专行宝钞,禁止使用金银购物,采金银都曾一度自然停止。但民间仍自行使金、银、铜钱交易,明初铜钱与楮币并行,屡颁金银买卖物货之禁,而行不通。明英宗正统元年(1436),下令南方各省田赋以银折纳,遂废楮钞、弛银禁,支付悉以银两计算。我国银本位自此始。铜钱成为辅币,直至清末。

明朝万历二十四年,大兴矿冶,"于是无地不开,中使四出……"。派到四川的是太监丘乘云。但丘太监所督采的,只是川东南的银铜矿,未曾过问采金。四川红盆地内的砂金,原只河水搬运沉淀下来的微量,一经征税便无人肯采。原有采金为业的人,一听中使入川为了征收矿税的风声,便散匿了。所以四川盆地内部的采金

---

① 《宋史》卷帙浩繁,两收史料仍未详尽。明人所辑《宋史纪事本末》,简要得体,检覆省力。本文即取其说(在卷五十六,五十九,七十七等篇),希便查对。

业，在元明两代，等于停息了的。清雍乾以后，四川在没有课税的情况下，才有专业的淘金技师重出，恢复沿河采金。至于脉金，则各省多已开采，四川仍唯以铜、铅、银、锡为主，光绪以前未有金场。这并非四川地下无金，实际是金矿隐在川边的极多，也年年如常地由江河搬运分解后的矿砂到盆地内部来沉积。在银本位制的重银思潮操纵下，人们对于采金兴趣低落。

明代是我国采银最多的年代。到了清代，易采的银矿亦渐枯竭了。银本位制发生了动摇。海外洋商陆续输入西班牙、英吉利、墨西哥、日本的银元，于粤、沪等商埠兑货。国人以其便于银锭，乐于行用。

光绪十四年（1888），张之洞总督两广，始用机器仿照西洋铸制银元。文曰"光绪元宝"，库秤7钱2分。各省继之仿造。面铸龙纹，时称"龙洋"（湖北、新疆俱曾试铸过重1两的银币）。同时开铸铜元，准备代替银锭与制钱。由于各省造币厂偷工减料与矿政不修，银铜不足，减料削重，流币百端。又有纸币，不能如额兑现。入民国后，市场非常紊乱。新中国成立后，遂一律行用纸币。

光绪中叶，英国金镑成为世界会计主币。每镑自华银4两1钱6分5厘的比值，上涨至华银八两有奇。出使大臣汪大燮倡议改行金币。光绪三十年（1904），户部疏请"纳官者皆准金"，拟改行金本位制。国内采金事业，乃复蓬勃发展。然金本位制，迄清覆亡，俱因黄金储备不足，未能实行。

我国原是产金大国，历代人民采出黄金甚多。自南宋以来，黄金大量流出，国人能挟金者极少，大都用于贿赂，集中于权臣之家。明人《七修类稿》卷十三，记中官刘瑾被抄家，抄有"金二十四万锭，又五万七千八百两"，银则有"元宝五百万锭，（散）银八百万又一百五十八万三千六百两"，合其他金银器物总计"金共一千二百五万七千八百两，银共二万五千九百五十九万三千六百两"。金量只及银的1/20。又，中官朱宁被抄家，抄"有金七十杠，共十万五千两；银二千四百九十杠，共四百九十八万两；碎金四箱，碎银十匦"。亦是银多于金数十倍。这可说明：在明中叶（武宗末年），虽还有藏金不少，但已远远不如藏银之多了。到世宗诛江彬，"籍其家，得黄金七十柜，白金（银）二千二百柜"（《明史·佞幸传》）。其后诛严世藩，"籍其家，黄金可三万余两，白金二百余万两"（《明史·奸臣传》）。藏金数量，比于藏银，更少到1.5％了。清嘉庆四年，诛权臣和珅，以诏书宣布其二十大罪，中有"和珅家产查抄……银两衣服等件数逾千万。其大罪十七。且有夹墙藏金二万六千余两，私库藏金六千余两。地窖内埋银三百余万两，大罪十八"（《清史稿》卷319），则是金量只当银量的1％。这些都是明清两代当权受贿数十年，集中天下贿赂于一身的人物，所以其金银之多如此。历代行贿都是以金为上品，银与他宝物为次品的。所以由他们这些抄家史料可以看出：明清两代虽已开放金银矿采之禁，社会所有金量，却在逐年减少。自明中叶到清中叶300年间（1500—1800），大体已由金量当银的1/10，下降到1/100去了。四川也是不能例外的。这两代国势强盛，比于汉唐，而公私拥有黄金的数量悬殊如此。除了随着海上贸易而外流外，更无其他可解。①

这是全国性的黄金外流，四川自然不能例外。四川在清代，极少发现金饰物和黄金的买卖。

九、20世纪初的采金科学化高潮

我国采金技术，从上古到十九世纪末，都只限于砂金。淘金方法出自劳动人民的经验创造，口头传授，从来没有文字阐述，所以进步很慢。光绪二十四年（1898），光绪皇帝维新失败，被幽禁。西太后垂帘听政。光绪二十六年（1900），任用义和团排洋，八国联军攻陷北京，西太后挟帝逃奔陕西。十九世纪至此结束。顽固的清政府也不能不有所感悟了。光绪二十七年（1901），和议成，赔款450兆两。帝后回京，开始采纳舆论，预备立宪。锡良督川期间（光绪二十九至三十二年）试行新政。宋育仁作四川的矿务局长，延请外国技师，勘探四川金矿。勘得松潘漳腊的砂金、西昌麻哈的脉金和盐源哇里的砂金，都有国家投资经营的价值。那时全国掀起了采金高潮，东北勘探了黑龙江省的大兴安岭、小兴安岭和长白山区。首先在漠河开采砂金，成效显著，带动了沿黑龙江各地开采。关内则京东北的燕山地区、山东半岛与辽东半岛、江西东北山区与湖南西北山区、陕豫的秦岭东端部分，大西南则云南的迤西部分与四川的川边部分，都曾进行过勘察，也都认为是有开采希望的地区，不只四川一省如此。据统计，光绪十二年（1886）这一年，全国产金13.5吨，居世界第5位。

---

① 日本加藤繁《唐宋时代金银之研究》说：康熙二十八年（1689）许英人来广东贸易。自此，中国黄金就多多流出外洋。他举证：尤鲁氏（Yule）在《马可·波罗游记》注中，引孙纳拉（Sonnerat）之言谓，1781年，孙纳拉氏之言曰："从前由中国输出之黄金，可得百分之二十五的赢利。现在黄金输入中国，可得百分之十八至二十的利益。"1781年，即中国的乾隆四十六年。按他这引证看，乾隆四十六年以后，中国由于金价上涨到银价的十倍以上，所以海外黄金向中国流入。至于乾隆中叶以前，则是中国黄金流向海外的时间。时间的上限，决不能是康熙年代开始的。当元明禁用黄金的年代，黄金的外流，其利之大应不止于25%。由于金价资料不足，要证实南宋以来黄金外流的情形非常困难。本文只能就偶然获得的部分史料，作出初步的推论。

雇用外国技术专家，也有许多不利：第一，他们需要的工薪高。第二，他们不能吃苦，怕到山水险恶、民族复杂、交通不便的边区去，只图在近边地区查勘，敷衍任务。第三，尽管当时欧洲已是科学最先进的地区，但它素非产金之地，所有地质学者一般注意于地层历史的研究，采矿方面，侧重于煤、铁、铜、铅等一般金属的探采，对黄金生产只作附带研究，其受雇来我国考查者，往往只有空言高论，不能实际解决问题。故国人大多认为是徒靡巨金，未有实益，对于这一高潮逐渐冷退下来了。

英国占领南非后，采金技术有很大发展，但还莫如美国发展得快。美国于1847年发现加利弗尼亚州的大金矿后，地质学家特别留意金矿的研究，并陆续于落基山脉地区与阿拉斯加发现了若干富矿，从而使美国的黄金储备和经济实力，都能跃居英国之上，成为近世的金融霸国。

19世纪的地质学者，无形中分为两派。以中欧洲德、法、比、荷为中心的学者，对于研究金矿乏于兴趣，地质理论却是十分高明的。英、美、日学者，偏重务实，对于金矿研究比较深刻。我国在20世纪初所派遣的留学生，以赴欧、美者为多，对地质调查方面具有卓越的成就，而对金矿采冶方面则成就不大。[①] 这些历史，对我国采金事业的开展不无关系。兹举刘轼轮勘测川边金矿为例：

光绪三十四年（1908），川滇边务大臣赵尔丰委托四川劝业道周善培，觅聘矿务工程师，到川边考查金矿。周善培慎重选觅，聘得美籍矿业工程师刘轼轮。议定月薪银500两，出关勘矿，每日加支伙食旅费银2两。自三十四年正月初一起，18个月为期。刘到打箭炉（康定），赵尔丰已在昌都，往返电商，迟至十月一日才把出勘队伍组成。赵派候补县丞李浓湘与四川高等学堂矿科学生卢师谛、张镕、王亮4人同行。先勘察康定城外的灯盏窝，转进到泰宁和理塘地区。勘得理塘附近诸矿后，已是宣统元年三月，18个月期满，仍商延聘。刘因不堪高原风雪与给养困难之苦，托病回炉，欲赴雅州美国医院就医。赵尔丰不许，调他到德格勘查。刘未能往。赵遂许其解约离去。刘在这18个月中，只发出勘察报告3札：一是，查勘灯盏窝脉金旧矿情形；二是，查勘泰宁砂金矿情形；三是，查勘理塘矿区情形。其文存在川边档案，有图有说，结合实际，提出了一些改进办法，理论精辟，的确无愧矿业专家

---

① 我国的地质研究，是德国地质学家李希霍芬来华考察开始的。随即有丁文江、翁文灏等留欧学生回国，开展研究，培养出来的优秀专家如李四光、谭锡畴、李春昱等贡献很大。但他们都不是采矿专业。研究采矿专业的，以留美留日的为多。

名实。① 初去时亦有锐志，希能大举。嗣觉一般边吏和边民毫无科学常识，谈议格格不入，徒以高薪厚享见妬；加以风尘艰苦，又因未与赵尔丰见面，遂不愿继续工作，极力求去。赵尔丰不懂科学，但相信周善培推荐，亦能不惜费用。但甚恶偷惰无固志者，加以谤口浸润，遂致隙末辞退。赵交卸川边大臣时，结存川边开办费尚数百万两。未能使刘尽其才用，殊以未构川边矿业憾事。

刘轼轮初出勘时，以关外土法淘沙，费力多而收效小，建议使用汽机采金船。② 缮具图说，用木材与钢铁装配，呈请试办。其图委曲精致，确可仿制，受到赵尔丰奖评。刘又以前所带出关应用的仪器与药物104箱，尚不敷勘测应用，请更向美国订购机器药物。赵尔丰亦电请其兄四川总督赵尔巽，转电旧金山领事代购。据报花费"银三千三百零八两四钱一分一厘六毫九丝"。当运到成都时，刘已离职他去，无人使用。赵尔丰札饬四川劝业道留作川用。计此一年半中，为勘查3处金矿，共费银一万数千两，除报矿三札与建议机船图说外，未见黄金毫厘。边地议论纷纷，潜起诽谤，实为刘托病求去的主因。

与此同时，四川聘请外国技师，设计开采麻哈脉金，亦已向海外购运机器，溯江水运至成都，在皇城明远楼外（现天府广场）陈列。但因机械巨重，非人畜搬运所能通过大小相邻的山道，尚须等待建修车路。③ 车路尚未开修，清室覆亡。四川军阀混战，无人过问矿务，此等机器，全部搬入兵工、造币两厂，拆作他用。于是四川的新法采金高潮戛然而止。唯土法淘金仍有所开展而已。

十、川边采金业务的开展

如上所述，四川采金的历史，是长期局限于四川红盆地以内的。红盆地内的金屑，又只是各大河流从川边的金源地区搬运来在缓流部分沉积下来的。由于川边金源地区山水险恶、民俗不同、交通不便、政局不安定，腹地采金工人不愿意去，所

---

① 关于刘轼轮测勘川边金矿报告三札，详具《川边历史资料汇编》。
② 当时称为"汽机船"，其实与今世的"跳汰机"相似。这足见刘是一个实事求是的学者，能够因地制宜，改进工器，把淘取砂金逐步引向机械化。可惜他的志愿并未实现，图样成了废纸。70年后又才由内蒙古地区，重新创制出来。刘当时把这样机器称之为船，是因为旧法采金的人，把淘洗的工具称为"船子"，所以沿用这个船字。他运用的原理，确也是与大型的采金船有相似之处。
③ 麻哈，在西昌县之西，樟木箐后山的雅砻江东岸，是很大的石英脉金。由它风化崩解出来的沙，含金屑甚多，沿雅砻江岸沉积，有人淘采，近世曾置金矿县。清末叶，四川尚无铁路和公路，成都到西昌的交通，全赖人力挑担和骡马驮运，官商富贵人物则用肩舆。须要翻大山数重，涉偏桥，下陡坡，故不能运大机械。故虽已购入大型机械，不能运到矿场，等于无用。腹地各省车船便利之处不是如此。故清末采金高潮，对四川虽无实效，他如河北、东北、湖南、广西各省，则亦颇收绩效。

以川边地区的砂金长久锢闭着,未能受到川人的注意。自光绪末年,四川延聘外国学者探矿,形势发生了突变——红盆地内的采金冷落下来,边地采金成了风起云涌的涨势。新中国成立前半个世纪内,川边用土法采出的黄金,无虑100万两以上,再一次跃居全国的首位。①

先是,隋唐以前,四川淘金无税。故各河原砂金为量虽薄,由于适合冬季农间淘洗,有淘金人民积累经验,逐步创造淘洗方法与淘洗工具,成为专业匠师。自唐宋规定州县贡金,采金工人困于官吏诛求,多方逃避,或弃业归农,或避往不贡金的州县。原本无贡的州,一闻有人采金,也会抽金入贡,以邀优叙。迨事久弊生,淘金无利,于是专业采金工人,又得逃避。这就是唐宋贡金州县总不稳定原因。②

值得注意的是:四川盆地内部,当大乱之后,地旷人稀之时,人民都乐于务农,不乐于从事工矿技巧。农业社会人口增殖最速,每当人口繁衍到地不够耕之时,工矿商业又会发展。采金专业的人,正是在盆地内人口过剩时必然会发展起来的。他们为了逃避官府诛求、土豪压迫,一再迁流,最后自然会逃避到川边的民族地区去采金。

例如龙州(今平武县),原是涪江上游的金源地区。南北朝时,为氐人李、杨两族霸据,汉人不能入境。唐代由羁縻州进为正州,开始有了汉官,有了汉人,腹内淘金专业人民也就次第来了。龙州贡金也开始了。当时有这样一联风谣:"土产惟有药,王输只贡金。"明清年代,升龙州为龙安府。由于山间与河原藏金丰富,与盆地内部河原不同,故虽贡金有制,淘金仍自发达;淘金者的技术亦逐步提高,已能从沿河洲坝采进山谷上部的古河道遗留下来的残破河原间去了。到了清代,便有山陕帮的金店派人到平武来扎庄,专收黄金。③平武东界的青川、平武南界的石泉(今北川县),亦正如此。进入那些地区的采金师,大都是秘密进行采金,不愿让人知道的,甚至于只传技于子弟,不肯公开传授门徒。他们有辨别金穴的方法,估定金穴位置后,向其穿穴直进,每能致富;但有时也落空,主要是已经被人先挖走了,只填满了一些荒砂乱石;也有时估计错误,获金不多。因为他们还只有片面的经验,没有科学理论的指导。

---

① 我国采金最盛地域,随时有所转变。大抵战国时以楚国为最多,汉魏南北朝时四川盆地占优势,唐宋转入岭南地区,元明各地生产并微,清末首推黑龙江省,民国初年四川极盛,新中国成立以后,东北、河北、山东勃兴,四川又落后了。确实的产额数字,无从取得,推究其发展大势如此。
② 例如:巫州,唐初产金,贡金有8两之多,中唐以后就不产金了。巴州和通州,都在金源微薄的水道区内,《新唐志》却著明巴州贡金,通州产金。细将第五、六两节各表相互比较,就可看出这一历史现象。
③ 据张秀熟先生谈。

大渡河以西的川边地方，金源较平武、石泉更为丰富。由于山水重阻和民族语言隔阂，在清季以前，几乎没有汉人进去，只有藏族商人出来，在雅州、天全、汉源等处市易。由于清代为了保护西藏，多次入藏用兵，在由雅州经打箭炉（康定）、理塘、巴塘、察木多（昌都）、拉里至拉萨一路安设粮台，沿途部署戍军。汉人随军进去的渐多，沿台站线渐有与藏女结婚的采金人。但因寺庙禁人采金，他们只能悄悄地在寺庙管理不到的山谷间，用极其原始的方法，与土人协作开采。工具只用高原顶部落草盘结的土饼子洗沙，只能取得金颗粒，金细屑全放失了。①

赵尔丰未到川边以前，先有打箭炉军粮府刘廷恕，提倡在泰宁采金。经寺庙反对，酿成事变。四川提督马维骐率军平叛，军事刚可结束，巴塘又有杀害驻藏帮办大臣凤全的事变。川督锡良命建昌道尹赵尔丰招募西军三营，率往协助马提督平乱。赵平定理塘与乡城、稻城叛乱，建议川边改流建省，得到清廷支持。于是他又复招募新军五营赴边，彻底进行改流事宜。他前后招募的八营兵士，多是川北农村的过剩人口。那些无地佃耕的农民，专靠出售劳力为生，习于勤劳，见什么就学什么，入伍后，开到川边，见有淘金的就学淘金，每逢停留驻扎，虽暂时性的停留，也要求领兵长官许他们去淘金，挣钱来补充伙食。恰逢赵尔丰也提倡淘金，有请必准。川边赵军威名甚大，寺庙不敢阻挡。尤其是平定德格以后，在邓柯金沙江北的郎吉岭等处发现了富矿，军民采金的群集蚁附，矿穴（金洞子）密如蜂窝。由于郎吉岭的著效，带动其他驻军地区，莫不采金。于是边军所至之地，采金业随即开展起来了。军队是流动不居的。军队调动后，随军经商的商人，便把有的富矿承继下来，招雇劳力采掘。所以川边 120 个土司和 4 个呼图克图辖区，50 多万平方公里的地面，在光绪、宣统之交的五六年内，到处都有人采金了。他们把这一盛况说为"遍地开花"。②

郎吉岭原是林葱土司世代直辖的一村。林葱土司，即藏族史诗《林格萨尔王》之国。这个王，从宋代开始占领了安多（青海省）和喀木（西康省）两大地区，明代还是大国，受封为朵甘思都指挥使。德格土司也承认自己原只是林葱家一户小百姓发展起来的。到了清代，德格强大了，辖地广大，号称"天德格、地德格"，仍然

---

① 汉人采金，用有刻槽的木船子洗沙，用有凹窝的木瓢洗摇重沙，再用水银裹出金屑，用吹管升温分析提高成色。是汉代就已发明的老法子。因为腹地河沙只有金屑，所以有此较为进步的方法。川边高原草场的藏人，因淘得的金粒较大，所以他们的淘金方法不但不用水银，也不用木船子洗沙，只用草饼子。海拔 4000 米的草原上，密密地生着一种莎草，很细密，与土壤抱持很紧。当地人把它划割成方块，取来砌墙，采金洗沙也用它。水冲过沙后，金粒沉淀入草叶间，即可拾取。细小的金屑与沙石随水流去。这是因为其地砂金多是金粒，所以才会有这样简单的方法。
② 关于赵尔丰提倡采金的事，另详《川边历史资料汇编》。

尊重林葱土司，保存他直辖的地面于德格境内，世通婚姻。赵尔丰平定德格绛白仁青之乱后，德格土司自请改流。赵尔丰奏设边北道，辖1府、2州和2县，兼管附近土司。林葱与纳夺、霍尔等土司地面原不在改流之列。但郎吉岭这村的金甚富，因采金的汉人多了，不服土司管辖，要求与德格一同改流。林葱土司亦怕汉人多了不好管，甘愿把它从领土内划出来改流，保存其他各村不变。这是川边改土归流过程中最特殊的一件事。不知金矿关系者，是不会明白为什么德格改流时并奏"改流郎吉岭一村"这句话的。

赵尔丰调任四川总督，回到四川后，才6个月，就逢清帝退位，川省独立，川边发生叛乱。尹昌衡杀了赵尔丰，带兵西征，还能维持赵时局面。川边的群众淘金仍是遍地开花。于是全国大资本家都注意到川边的黄金采取来了。从民国元年至新中国成立前夕，川边大资本家经营的采金公司，采金旺盛者，有下列几处：

1. 哇里（又作洼里）金厂。在盐源县大金河与小金河会口下方，瓜别土司地界。相传明代已经有人采金，清道光年间曾大旺盛，因世乱为土司所逐。光绪二十四年由麻哈金矿局派队来此重开。寻复改为招商开采，由金矿局征收金课（金课十抽一）。自光绪二十五年至民国五年，18年间收课8000余两。最高一年的金课即达1458两；采金商人多至数百家，工人和赴厂商贩，多至3万以上。所获金块重数斤者甚多，最大一枚重达31斤（即叶焕文盗窃的金块。捕获有案，在金矿局档卷）。民国五年以后，因世乱产量渐衰。但迄今采金者未绝。

2. 隆达金厂。在盐源县木里土司辖境极西，当金沙江北套之北，为川边稻城河与东义河会流入金沙江的部分，是一个海拔2000米左右的盆形地区。清道光年间，就已有云南人越界开采。主要采地在东义河的隆达桥以下部分，故叫隆达厂。后经四川政府收回，招商采办，征收课金。光绪二十七年以后，滇商、川商纷集，采金区扩张到纵横百里地面。虽屡被土司驱逐和匪劫，旋复兴盛如故。民国三年春，遭乡匪洗劫后，商民邀请西昌驻军张午岚派军护厂，又复兴盛，半年采出黄金高达万两。当年8月，再遭土司联合乡匪驱逐，大肆屠杀，死者数千人。遂无人再敢前往开采。民国二十三年，刘文辉败退川边，穷困无聊，诱杀了木里老土司，派军进驻隆达，重行开采。

3. 漳腊金厂。在松潘县东北岷江上源一小支流漳腊沟内。由于距成都近，经国内外技师多次勘探，均认为有国家投资经营价值。曾有资本家组织福源、国华、裕华等公司，招工分棚开采，一时兴旺至矿工3万余人。因辛亥革命军起曾经停顿。汉军统领张达三驻防松潘时，再度招工经营。张于民国四年离任，扎有专运金鞘的马驮甚多,其数难知。有人估计清亡前后37年中,已出金28吨以上。

4. 二楷金厂。在大金县西北色柯河岸一小平原内。民国二年,由裕华公司勘得,招工开采,产金甚旺,极盛时矿工达二三万人。1915年各省起兵讨袁,公司失靠山而撤厂。矿工有不去者,遭到土司驱逐。遂未再有开采。

5. 色尔巴金厂。在色柯河与独柯河会口的上方,为长百里的草原农村地带。1937年,刘文辉争得绰斯甲土司划归西康省后,派员测勘土司地界,认为这是金河上游沉金最多的地方。遂照隆达成法,进驻军队,招商并兵工协作开采。其年产数量,向守秘密。一般估计为千两左右。

6. 麦科金厂。在瞻化(今新龙县)县东北界内,海拔4000米的草原上,属麦科河谷冲积层,粒金沉积。旧有藏民用草饼冲洗拾取金粒。二楷金厂遭土司暴力驱逐后,矿工散就各地,作小规模零星采金。有来此者,获利显著。于是闻风趋集者至1000余人。米燮阳做县长时,派员征课,月得课金数十两。民国十九年,谭锡畴、李春昱到此考察时,富矿已竭,只有汉人20余,转向上游次矿区采洗。谭、李认为藏量尚富,仍有深入价值。[①]

其他小金矿,按谭、李两氏《西康东部矿产志略》所记还有康定灯盏窝、偏崖子两处脉金矿以及三道桥砂金矿(均在康定附近30里内),木吉、苏坡、三家寨、节白宗等砂金矿(皆在康定西南200里的玉龙石沟)。其南,九龙县境内,有瓦灰山、札托、戊戌、八窝龙、三岩龙等处。其北,雅江县内有卧龙石、宜马冲及其他各处。其西,理塘县有金矿沟、杜沟、跑龙沟、和珠河及其他沿无量河(即理塘河)等处。其西北,瞻化县内,除麦科外,还有甲斯孔、雄龙溪、磨房沟及其他沿雅砻江诸处。其北炉霍县,有雄鸡岭、夹郎、瓦谷、新都、瓦达、章达等处。其东,道孚县内,有玉科、磨子沟、木茹、葛卡、泰宁、河垭、八美、中谷及其他各处。其东,丹巴县,有绒坝沟、巴底与沿大渡河各处。皆砂金矿。当时甘孜以西的邓、德、白、石诸县尚为藏地方政权武装所据;康北色达、罗科马、绰斯甲等土司地面尚未设官;康南定乡、稻城、得荣、盐井等县头人叛乱,据地自擅,汉官不能到任;巴安县城以外亦未宁静,故谭、李仅到此9县,所经亦只一线之地,所见已如此多处。其实全康无地不可采金,主要富矿区非其足迹所至者尚多。谭、李去后,刘文辉始于康区设金矿局,奖励人民自由采金,征收金课,亦自组织公司开采。先后20年

---

① 谭锡畴,字寿田。李春昱,字赛扬。北平地质调查所成员。于1929年受农矿部派遣入川调查地质矿产。次年,至康定。受川康边防总指挥刘文辉请托,出关考查金矿。阅时4个月,踏勘9县。写成报告,附具图片交总指挥部。在刘所办《边政》第5期发表。北平地质调查所示有专册印行。

间，公私采金不下百万两。

十一、黄金大王刘文辉

新中国成立前，四川的大军阀各都有个绰号。刘湘叫"四军司令"，因为他拥有水、陆、空三军之外，还更有"神军"的军种。邓锡侯叫"水晶猴子"，因为他八面玲珑。田颂尧叫"刮地王"，因为他老向农民筹款。杨森叫"八百媳妇"，因为他的妻妾和子女多到难于统计。刘禹九叫"刘水龙"，因为他说话不作数。赖星辉叫"赖烟灰"，因为他鸦片烟枪不离手。刘文辉也曾被叫作"鸦片大王"，那是因为他从前驻军叙府时，垄断了云南输入四川的鸦片烟税；后来兼并了刘禹九的防地，更是垄断了川、康、云南全面的烟税，成了四川最有钱的大军阀。由于他的钱多，也善于用钱去拉拢其他军阀的部队，惹出了刘湘与其他四川军阀联合一致向他进攻，把他的财赋之区如叙、泸、资、内、嘉、雅、邛、眉与成都和自流井的各种税源全夺去了。1932年，他率残部退到汉源，残存不到一师人；一贫如洗，仅有西康、宁远两个民族地区很少的税收，那时他的文武官员只能每月各领20元维持伙食（包括家属在内）。但他善于使用理财的人，也善于应付时局；只坐困一年多，便又展开了新的局面。到1949年新中国成立前夕时，他已是四川最有钱的一家军阀，绰号亦变为"黄金大王"了。

他1932年退到汉源后，已开始注意到川边的黄金。先有从前在隆达采金的一些商人，把张午岚派军驻厂半年采金万多两的盛况和被木里土司驱逐停废可惜的事实告诉了他，劝他向木里土司抓个人质，重新派驻军队，招商协办。那时，他虽败蹙，仍拥有二十四军军长兼川康边防总指挥的名义。康宁两属的人，也多还不知道他败困的情况。于是他派李章甫率一队人，携带许多礼品，声势浩大地去到盐源，赠送木里土司，声言："军长皈依佛法有年，是黄教大师阿旺堪布的弟子。因阿旺堪布屡称木里土司是黄教的一方支柱，故请得中央政府给予封号，并赠送礼物前来，请黄喇嘛（当时对木里土司的称呼）到盐源界上去接受封号。"那个肥胖的老土司黄喇嘛，果然来了，来了便被缴枪扣留。要他保证隆达安全开厂。黄喇嘛作了保证，并派人回署安排，让军队进驻隆达，招商开采了。但土司家派来的人，全都向黄喇嘛跪着哭泣。李章甫怕放回这位老土司后会要反叛，遂押送老土司向汉源军部。老土司坚拒不行，被强扶上马，又多次自投下来，卧地不起，士兵开枪把老土司打死了。李怕追兵赶至，挟其子项松典回军部。刘文辉示以军威，厚加抚慰，仍放还承继土司。于是隆达金厂重开了，并更发旺起来。刘的军实、财政也渐宽裕起来了。这是1934年的事，李章甫自言如此。①

1937年，刘文辉以西康建省委员会委员长身份进驻康定，成立金矿局与禁烟局，王瑶昆任金矿局长，胡子云任禁烟局长。

金矿局，主要是监理隆达、色尔巴两厂和另一些小矿区的税收。矿局本身也直接雇工经营开采。随着开采队伍所至，运售食品和矿区工人所必需的内地物品，如腊肉、挂面、豆瓣等食品，各烟草、酒、糖点、鸦片、吗啡、赌具、药物等嗜好品，与衣物、工具等必需品，进行折合黄金分两的利贷，以吸收税课以外的黄金。利息比土司、头人、寺庙的贷款轻得多，矿工们都是贫乏的人，乐于贷用，也乐于交售金子。所以他能在无人抱怨的情况下自然而然地把所有大小矿场采出的黄金集中到金矿局来了。他又定出官价收买金子，价比市场自然要低得多。由于川边遍地是匪徒路劫，任何人携带黄金上路也不保险，还是就地卖了汇总钱走最安全。所以采金的人，几乎没有一个是能携带过金子回家的。除极少数特殊的人得通过刘文辉以军队护运外，十多年中川边出产的黄金全部归入于金矿局。据说刘文辉每一两月，要派军队护送金鞘一次回成都，每次一驮或两驮。②

禁烟局，顾名思义是查禁种烟和吸烟的。但它的实际任务，只是推动种烟和贩运鸦片。种烟是各县驻军长官和行政官吏为了也发一点财，要求刘氏点头进行的，那与黄金集中无关。所以每当受到舆论指责，上级饬禁时，刘氏也勃然大怒，下令铲烟。③ 至于贩运鸦片，他曾对关心他政治声誉的人说过一番理由："在蒋介石处心积虑吞并我的形势威胁下，贫乏的西康，要在整饬军政、民政、财政和文教的浩繁开支上不倚靠中央，做到自力更生，百废俱举，外抗藏军的侵犯，内抗蒋邦的威胁，又要不伤害人民的信任，经费从何处来呢？云南出上好的南土，四川和长江下游各省又都需要南土，我不贩运，民间亦自会去贩运。烟运畅通，土匪横行，我的部队要普遍维持治安都有困难，哪还说得上保障西藏国防。经我组织军队承运南土销川，土匪劫烟路绝，保持得地方安靖，有何不可？蒋中央严禁云土外销和要西康禁种禁运，而成渝各内地吸烟不禁，这不是真禁烟，不过借此为扼制我和龙云于死命的手段。我们怎么不可以设法对抗呢？"④ 他这样雄辩地振振有词，使反对者无不噤口。

---

① 李章甫，名先春，大邑人，留日学生。西康建省委员会的财务科长；实际负省财务收支责任。
② 参看第十二节。
③ 《四川文史资料》已经有几个人揭露种烟、禁烟、铲烟同时进行的秘密。这里不再谈。
④ 这是刘氏对反蒋派士绅们公开的谈话。

其实贩运烟土，也与集中黄金有关。原因是：

第一，那时的淘金工人，饭都可以不吃，鸦片却少不了。运往矿场的商品，总值最高的就是鸦片。矿工终身穷困，只得金子过手，终不能蓄积金子，也只是为了需要鸦片。所以新中国成立前办金厂与贩鸦片，总是孪生连体，不可分离的。①

第二，那时成都与内地各大市场达官显宦、富商大贾，也多挟有黄金而嗜南土。刘对南土贩运专利，更能吸收各家的黄金（包括蒋帮家族在内）。

第三，云南也是黄金出产省，尤其是丽江、永昌一带，既是南土产地，也是黄金产地，市价都比内地低廉。刘每年都要组织四至五六次去运烟，也采购黄金。运去的只是川货和钞票。禁烟局就是这样协助金矿局集中黄金。

由于刘氏采用了这样一些有组织，相配合的措施，所以能在那不声不响的十几年中，就由"一贫如洗"的"涸辙之鲋"，一跃而成富强安乐的"黄金大王"了。

刘运鸦片与黄金到成都来，是驻成都的旧军阀和当时的新官府都结有默契的。其时雅安以西是西康省，刘可通行无阻。四川许他在成都武侯祠驻兵一营，在他的方池街公馆驻兵一连。每西康押运队到，先入武侯祠营部，改用小轿车运入方池街公馆。土匪不敢犯，关卡不敢问。

1949年秋，胡宗南部队在陕西崩溃，其前锋帅盛文，率部来到成都保护新津飞机场，安排蒋帮指定要飞往台湾的人。刘文辉在指定飞往台湾的名单内。解放大军跟追入川。当重庆已被解放军包围时，盛文逼刘起飞。他佯称回家准备，得与邓锡侯抽身逃脱，到彭县通电起义后，就避到灌、茂的邓锡侯防区去了。盛文先缴了他驻武侯祠一营的械。又用很强的火力围攻他方池街的公馆。刘于出城前，已安排了坚强的守卫和绝密的防御。两军激战一夜，才攻破了。但是并未找得刘家的窖藏。盛文便把公馆内所有人员押到他军营去拷问地窖所在。一个一个地刑拷，没一个人能说得出来，一个个地拷后被杀。已经杀了几人，轮到一个炊事员，说："实不知地窖所在。只有一点线索可供探查。公馆西侧与王玉岗公馆院墙连接的一排，上下各五间的房屋，本都是丫头、老妈等下人住的，但刘夫人每隔几天，总要亲自去巡视一遍，仿佛是检查下人行止。连月如此，有点可疑。或许地窖就在这排房内。"但盛

---

① 新中国成立前，四川（或许还是全国）各阶级、各部门的人，几乎都是鸦片吸食者。各大城市、小乡场，以至于荒里路店都有烟馆售烟。销量之大，无法统计。但蒋政权禁种甚严。腹地人不敢种，边地人乐得种售，官不敢铲。所以烟价贵比于黄金。许多吸烟的人都愿到川边就业。他们有一句共同的颂言，是"川边什么都不好，只有鸦片烟好"。尤其是出卖劳动力的矿工和力夫，无不嗜烟甚于活命。所以金厂第一宗利市货就是鸦片。鸦片的上品是云南货（南土）。金厂以供应南土相号召，就会有不远千里而来的矿工。

兵在这排楼上楼下，搬空检查，仍未看出窖藏迹象。一个兵士听说排房隔墙就是王家，遂在墙上撬个洞，想看王家被抄后的情况。这一不经意的动作，却发现了奇迹。原来是预修成的两条夹墙，相距不到1丈，长约7丈，内面装满珍贵宝物。南北两面和西头都是高墙，样式相同，刘家认为是王家的墙，王家认为是刘家的墙。两家的下人虽然频频往来，也都想不到其间还有珍宝储藏的夹道。只有东头装的木板。板外就是上下排楼的楼梯。住楼上的人，每天上下多次，也万想不到木壁那方就是真正的"金屋"。

于是盛文的兵士打破木壁，搬运了一个整天。据慈惠堂士绅说："胡部初到成都时，每天都有人到慈惠堂宣传兵士饥疲，难保不哗变劫市。胁迫五老七贤劝导商民和富室捐助军饷。但攻破刘公馆后的第八天，盛文喜气洋溢地来到慈惠堂，宣布找到刘氏窖藏了，保证8个月内不再向地方筹饷。他曾说了一个数字，是黄金2万多条，白银1万多锭，其他珍宝，贵重纺织品和文物若干车。"但一般人的估计，黄金不会如此其少，猜测为：其一，盛文部下查抄和搬运的军官与兵士，有私下窃匿。其二，盛文把抄得的一部分用飞机运往台湾去了，只留有8个月的军饷。他在慈惠堂公开的数目并非确数，实际所得应远远超于此数。

十二、两个兵的故事

刘文辉实任西康省主席的年代（1934—1949），西康采取黄金数量是空前的，人们对黄金的欲望也随之高涨。从我听到的两个死在黄金魔力下士兵的殉财经过，可窥见一斑。

一个是护送黄金的兵，有机会盗取黄金十几条逃跑，后被捉回处死。据办案人金抟九详述其供词如下：

民国二十九年以来，我们这连，经常奉命护送金银到成都。我在全师部队中是老实可靠的，深受连长信任，全连弟兄伙也都不呼我的名字，只叫我"老好人"。今年5月，又奉派运送两驮赴成都。端午一天到天全。连长用酒席招待护送人员过节，宣布休息半天。听说天全正在演戏，赌场也很热闹。长官分派出轮班守卫连长住室的岗哨，便出玩去了。每班规定守一根香。我是天黑时接岗的一根香，正是夜戏将要开演的时候。不当班的人全都去看戏、赌钱去了。全院落静无声息。金鞘是从驮子卸下来堆到连长住室榻上的。锁的钥匙交给值班人。每鞘是多少，我们当兵的从未见过。值班不久，连长匆匆回来了。取钥匙开门进去，撬开一鞘，取一条金子，用被子盖到金鞘上，锁上门，把钥匙交付我，又匆匆走了。那个小院，是我们押运金鞘往来常驻之处。平时作为客栈。一经我们驻进，就不许任何闲人进出。连长相信我，所以那样粗疏。我眼见黄澄澄的金条一堆，未加封锁，心里不免有些恍惚，但并没有萌念盗窃。只是想："连长可能是赌输断捎了，所以回来搬赌本。万一又输了怎么办？"我替他担忧。转念又想"他是功臣，纵然挪用了一两条，军长也是会宽恕的"。这样胡思乱想到一根香快燃完的时候，接班人还未来。我也想去看一段戏。恰有一人也是匆匆回到他的住室，似因输光了，回来取钱去翻捎。我托他催×××快点回来接岗。他应声，便又匆匆走了。香已燃完，才有另个弟兄回来，只在门上高呼道："老好人！×哥叫我回来拜托你，请你再代他一班。他忘记不了你。到成都后，再酬谢你。"我问："他在做什么？"那人应声说："他在当宝官，丢不了手。"便又匆匆回去了。我虽然心里抱怨，苦于无人接替，也只好再燃上一支香，守卫下去。后口渴想喝水，开门进去找水瓶。无意中看到金鞘，想看看金鞘内是怎样装金的。揭开一看，黄灿灿一大堆金条，好像在向我招手微笑。我顿时钱迷心窍了！我想这还不是我发财的机会吗？当兵十年也挣不到一条。趁此远走高飞，就会享福不尽。但心子咚咚跳，不敢下手。望望门外，仍是夜静无人。两只手不知不觉地各拿起一条插进裤袋里。全院仍无动静。不自觉地又复一条一条继续塞进去。塞满了想走，又抓了两条入手。我只是如痴如呆地向大门走去。走近大门，才把手里的金条装进衣包去。胸包装不下，一共只装了十多条。回看，香还燃着，枪倚在门上，街巷依然静无声息，我便放步逃跑。全身还是军装，子弹带仍在腰间。

我出城后，走到梅子坡，心里才恐惧起来了。怕有追兵，不敢走大路，续到沟里去找小径走。金条在衣包和裤包里甩（摔）得凶。我率性解下裹缠把两只腿包缚紧。唯两个衣包仍甩摆得凶，无法扎缚，只好手按着走。我趁微茫月色走到河边，不敢走始阳、飞仙关的大路，循河找得一道索桥，溜过南岸去。摸到荥经河口，缘河岸转南，在时宽时窄的荥经小路向荥经走。我自觉得很安全了。忽听得背后高处有人喊"朋友！同路"！把我骇出一身冷汗。想逃也无路可逃。月光下望见他是普通人，不是追兵，胆子又壮了。率性等他同路。

他问："朋友！这样夜深，哪里去？"

"有任务到荥经公干。"我答。

"我也到荥经，同路好了。"他说。

"你贵姓？"

"叫我老飘，好了。"

我们一路谈谈说说。他有时走在我前，有时吊到我后。走了很久，他邀我休息吃烟。递一支纸烟给我。我伸手去接。他便伸手摸着我的衣包，说"有黄货呀"！我强辨为"奉派送它到荥经"。那人有些变脸，说道："朋友，你看我是干啥的？我早就看出你是我们一道人。你的财喜自然还是你的。到底我们同路了嘛！又道是'缘山打鸟，见者有份'，多少得吃你一点喜。"原来他就是拣路行劫的小贼，似早已把我衣包甩动的金条看中了。我无可奈何，只得率性拿出来给他看，许他到前途分割半条。那人似乎喜出望外，表现很亲热，为我计划回叙永的路线。他说："你不可过荥经，荥经搜查紧。莫如取道雅安，雅安路在城外，城外无关卡，关卡设在河北大道上。我引你从紫石里走小路向草坝，出嘉定。一路没有盘查。报答你的厚赠。"

于是我们出峡口后，转向麻柳场走去。① 到麻柳已鸡叫了。街铺全都关着。他引我到场头不远的一户人家，说是他的亲戚。一敲门，就有个老人出来，点点头，就引我们进去了。我托他替我打来柴斧，宰了小半条赠送他。他感谢不尽。还替我找来一套便衣，说"调换了上路方便"。又找来一块包袱帕，让我把军服扎成包裹。所要的价钱都不过分。我无零钱，又削了一小块金子请他换成零钱。都办得很妥当。他要我换了衣服扎好包裹快点同路走。我不肯当着他换衣服和扎包裹，怕他发现我两个腿包隐藏的金条，推说疲倦了，想找间屋睡一觉再走。他亦就引我到一间有床铺的小屋，说道："你就在这里先睡一觉，收拾好才走。我先到紫石街家下等候你。"说罢便先走了。我在糊里糊涂中很感谢他。

当我闭门换装，把十多条金子打成包袱时，我福至心灵，猛然有悟：他是一个匪徒的探子，这家人也是个匪窝，他们不便在此下手，用出假仁假义的热情，骗我过鹿子岗时行劫。此人先走，便是先去安排行劫。这样想定后，我也假装糊涂，换上便衣，扎好包袱，呼房主人出来，深深表示感谢，酬了房金一元，经向鹿子岗大路走去。房主人也表示厚谢，送我上路，眼看走远，才挥手回去了。我走了两三里，见道旁有个毛厕，进去解手。望见四下无人，我便趁晨雾迷漫，从厕后的田间小路向南逃走。卖脱了老飘布置的网罗。

我既穿的便衣，又有了零用的银币，背有包袱，伪称是下乡收购猪鬃的人。一路无事，逢人问路，从瓦山下过襄衣岭，下金口河，转至嘉定。又不进城，渡河从井研、仁寿地界走向成都。我料到刘军长会要派人到叙永去捉拿我，所以我不回

---

① 荥经河流入天全河的一段路，两山陡绝，路很狭窄。长数十里，人称荥经峡。

家乡。

我到成都后，住在城外的小客栈里，改换了姓名，自称是来采办货品的小商，包了一间屋子。也买了一些药材堆放。过得几天，我又换个栈房。到金店换了半条金子，放手买货。随时换上新衣，并无有人怀疑到我。我的胆子大了，每天赶安乐寺①，想找出安排我百多两黄金的出路来。一连去逛了两月之久，一人也不认识。只看见百货如山，不知买哪家的好。又在茶馆，侧听说生意的人，公开讲价，动辄就几万几十万元的交易。我无介绍人，不得与他们接谈。曾有一天，遇着一人拍我肩膀，说"你也在这里"。我掉头看，是在西康时的一个熟识的商人。应付两句话，便各自走开了。更未感觉到有何危险，仍自天天去逛。十多天后，再遇见那个人时，正相与笑眯眯立谈间，几个人认出来抓着了我。押到公安局。加派警士，押我回店，抄没了全部财物，押回师部。

以上是金抟九向我所谈这个逃兵的供状。因他把偷金者的心态表述得惟妙惟肖，我便当作西康一件轶事记录了下来。当时没有记其人的姓名、籍贯、部队番号和盗走与消耗了的黄金数量。只记得捕获此人后，所盗耗的黄金不过1/10。收回的现金和货值在9/10以上。

这个绰号"老好人"的逃兵，的确是"老实"之至。不只他供状是老实的，他在临死前还对金抟九老老实实说了这样几句话。他若有所悟地向审判官说道："参谋长！人的财禄有命呵！当我把金条揣插进腿包后，我便神志昏昏沉沉了。当我被他们抓着时，我的神志忽然清醒。自问我：为什么还在这里赶安乐市呵？"

另一个殉财的兵，是守卫方池街刘公馆的兵。当刘文辉受盛文逼迫飞台，与邓锡侯密商逃出城去起义之前，回家部署守卫，把小轿车搬不走的窖外黄金分赏给留下守卫的人员，一个兵得奖黄金9条。当公馆被攻破时，这个兵得从屋上翻墙逃脱了。盛文的军队攻破公馆，刘氏眷属早已隐避他处，受拷问的俘虏，全是不知窖藏所在的兵士和佣人。这些人，被连同家具和财物押运到盛文司令部去拷问。空下公馆房子，大开着门，听任市民前去参观。全院只有两幢西式建筑，因发现埋有地雷

---

① 安乐寺，正殿供奉刘后主（阿斗）。他降晋后封在安乐公。不知何故为他立庙。新中国成立前是成都最大一个百货商地，也做买空卖空的生意，如上海的交易所。新中国成立后，为盐市口人民商场。

还未扫除,把门钉了,有兵看守,不许人进去①。这个漏网的兵,已有9条黄金缠在腰间,还不满足。他虽然也不知刘家地窖在那里,却明明看见颁赏他们的金条是从刘的佛堂联内室那幢房子搬出来的,认为它里面还有金条很多。他于第二天,听到市民传说的情形,只以为不准人进去是还未搜查,不知埋的有雷,竟敢于当夜混进院去,企图再寻窃几条。未想到踏中地雷。爆炸力之大,轰然一响,整幢楼房变成一堆瓦砾。他亦死在其中。

那一次轰响,全城都曾闻得。次晨有人再去看,便已被封闭大门,禁人出入了。当年冬季,成都解放。刘文辉回来,住到白丝街,把方池街的破公馆卖给西南民族学院。我当时参加筹建民族学院的工作,协助王维舟院长和同事们平整废墟,作大操场。搬运大堆废积的砖瓦将尽,发现一具骷髅,腰下压着4条黄金,附近散落5条,有两条飞得较远。军衣碎片飞散很宽,皮肉全已消灭了。大家以为必然还有一条。但直到操场建成后,也未发见还有金条。同时我们也参观了被发现的地窖。

这个兵,未曾留下姓名,亦无殉财经过的记录,只当时工作人员是如此推断的,也只可能如此推断。

十三、新中国成立前后四川的采金情况

四川的土法采金,原是从红盆地内部州县发展起来的,发展到清末,才向川边地区推进。既经推入川边地区以后,盆地内淘金的人几乎全都转入川边地区去了。因为:第一是,盆地内河原砂金含量微小,不如川边的富矿满地吸引力强。第二是,由于军阀横暴,盆地州县,遍地是苛捐杂税的剥削和贪官、土豪的威胁,没有人愿去淘取河金。第三是,川边从赵尔丰镇压了土司和寺庙的阻挠,做到"遍地开花"以后,历届川边首领都能重视采金事业,不断在推动。第四是,盆地州县土地兼并严重,人口膨胀到了许多人无地可耕、无业可就的时候,跑到川边去出卖劳动力的人多了,他们苟且满足于能够糊口的生活,受到资本家的残酷剥削无怨。在那劳动力缺乏的少数民族地区,有了这批劳动力,资本家就乐于投资了。这就是军阀混战四十年时代里川边土法采金能够盛极一时的主要原因。

---

① 方池街刘公馆,门原向北。后来拓展到南抵方正街,东抵石马巷,西抵狮子巷。院墙皆齐街巷走道修筑,另开大门向南。4条街间,只有刘公馆与王玉岗公馆,隔有院墙分为两家,只从街上往来。金窖夹墙,就借院墙为掩藏。窖藏的东边,隔个花园,才是经堂和内眷住宅,是一幢西式楼房。其南数十步,是另一幢西式平房,刘氏办公、会客皆在这幢房内。他出走时,这两幢皆布有雷。预嘱禁人入内。四面沿街都修的兵士住房。不许擅入两幢大屋。故此兵不知。遂成殉财之鬼。

但是土资本家们只能搞土法采金，他们没有科学知识，看不出川边金源丰富的原因，找不出真正富矿所在之地，也不求科学技术的帮助；他们只须有劳动力可剥削，有现实的地皮可以淘金就行了。所以他们在前后大约40年中，从川边刮去的砂金可能有百万两之多。但这个数字，实际还不可能达川边黄金总藏量的1%。①

新中国成立以后，川边与盆地内州县的采金，一度停息了好几年。虽然周总理多次提倡采金，全国有些地方在动，四川则各级干部和群众响应很微。四川虽也有几个国营采金队，大都赔本不堪，逐次压缩，至于全部下马。②

1976年前后，中央注意到四川的潜力，多次派员入川调查黄金资源。据吉林冶金设计院张福庆、杨长森两同志入川调查后所写《四川省黄金资源及生产现状》一文说："截至目前，全省计算黄金储量的矿点计有32处，求得各级储量15.765吨。其中工业储量2.316吨，远景储量11.084吨，地质储量2.365吨。各级储量超过1吨的矿点5处，0.1吨至1吨的矿点13处。由于地质工作经验不足、工作程度不高，有些金矿产地的储量是很不准确的。如松潘县漳腊金矿，历史上已采金30多吨，但地质部门只计算186公斤储量，这是值得研究的。"杨长森同志曾三次入川考查金矿。他写了一部《黄金之乡的四川》一书，插附有这次结算的《主要金矿点储量计算表》，承他寄示尚未发表的原稿，兹照录其表如下：

序号	产地	类别	工作程度	品位	储量（kg） 表内			表外			地质（kg）	合计（kg）	备注
					B	C	D	B	C	D			
1	南江关坝	砂金	初查	2.22	55	1265	1330			153		2803	
2	盐源哇里	砂金	详查	1.69—2.5		163	206				3087	3456	
3	木里固滴	砂金	检查	15.35							1552	1552	
4	甘孜白利	砂金	检查	1.78							122	122	
5	康定塭公	砂金	初查	0.44—0.76			22			34	99	155	
6	木里让白	砂金	检查	0.47							461	461	
7	木里白碉	砂金	检查	1.39							913	913	
8	木里安台子	砂金	检查	0.55—0.85							169	169	
9	盐边罗瓜米	砂金	检查	0.5—2.8							504	504	

---

① 这一推断，只还是非科学的，但不是没有依据的。依据在于下章的各条理论。
② 例如：德格科鹿洞国营金矿，矿工原有500人，由于年年赔本，逐步削减人数，以至于全部下马。到粉碎"四人帮"时，所有四川的国营金矿，只木里水洛一处还能勉强维持。1978年后又才得振作起来。

续表

序号	产地	类别	工作程度	品位	储量（kg） 表内 B	C	D	表外 B	C	D	地质(kg)	合计(kg)	备注
10	德格甲伦寺	砂金	普勘	0.1—1.0			390					390	
11	德格独木岑	砂金	详查	0.2—0.5							149	149	
12	木里纳满	砂金	检查	0.3—0.5							440	440	
13	木里空心梁	砂金	检查	0.92							117	117	
14	松潘漳腊	砂金	详查	0.3—7.6			37				149	186	
15	小金董家沟	脉金	详查	10		738	449			72		1259	
16	小金门子沟	脉金	详查	3—20		91	142		4	21		258	
17	石棉广金坪	脉金	初查	5—10							2000	2000	
18	其他15处										831	831	
合计					55	2257	2576		4	280	10593	15765	

表中这些产金地点，只包括新中国成立后至1976年以前已经估计过储量的地点，不全是他们那次考查过的，更不能代表曾经报矿和查勘过的地面。据他们那次的报告说："全省已知金矿点，包括矿化点，计为313处。其中砂金219处，脉金88处，伴生金6处。"其实，这亦只说的新中国成立以后地质考查工作人员就其足迹所到察勘所及的统计。过去考察人员未曾到过，与未曾发觉到的金矿点应还很多。

1978年，王副总理亲到四川来调动地质、矿冶工作人员的积极性。当年冬，四川新成立了黄金公司和社会企业局，与地质局、冶金局配合起来推动群众采金。1979年2月8日，四川黄金公司编印的《黄金简报》第1期，报道当年1月份四川黄金生产情况，为群众采金255.05市两。7月6日发表的第9期，报道上半年6个月群众采金累计至2025.99市两，比上年同期增长121%。四川冶金局召集的"七九年黄金生产劳动竞赛评比会"上的文件，是"全年共完成一万一千七百九十二两，为国家计划的117.9%"都达到了国家计划的一倍以上。就中，群众采金是自1960年开始发动以来产量最高的一年。会报说："与1978年相比，有几个特点：一是增长幅度大。全省增长40%，14个地、市、州和66个县都有不同程度的增长，特别是甘孜（州）、绵阳（地区）、江津（地区）、重庆（市）、万县（地区）、涪陵（地区）增长幅度更大。二是地、县、社产量水平显著提高。绵阳地区超过千两大关，刷新1978年他们自己创造的地区最高纪录，再次名列全省第1。甘孜州超过绵阳地区1978年水平的4.6%，名列全省第2。产量在50两以上的县，由1978年的16个上升到24个；江油县超过300两，比1978年县级冠军高9.7%。超过百两的公社有3个，而1978年公社级的冠军才62两。"

1980年1~6月，重庆冶炼厂附产矿金3246.2两，水洛国营厂完成426.64两。社队群众采金2426.1两，合计6098.94两，较上年同期增长率为161.6%。其中增长率最大的在川边部分，阿坝州为270.7%，雅安地区为257.6%，甘孜州为130.4%。四川红盆地内部州县，唯绵阳地区还能保持735两，比上年同期增长18.9%，那也只因有平武、青川等盆地边缘部分开展了群众采金的原因。

1980年全年，四川完成18870两。其中，重庆冶炼厂11681两；木里水洛厂473两，比上年下降了3.5%；群众采金6716两，比上年增长60%。群众采金中，比上年有很大增长的是雅安地区完成398.9两，比上年增长230.2%；凉山州260.6两，比上年增长135.8%；甘孜州1616.1两，比上年增长117.5%；阿坝州933.2两（其中漳腊占223.5两），比上年增长106.4%；渡口市才34.5两，却为上年的914.7%；绵阳地区1883.3两，才比上年增长49.8%。① 总的说来，川边部分各县，产量正在增长，红盆地内部各县，产量很不稳定，很多地市完成数量都转向退缩。这其中必然是有很大原因的。

1981年省委杨超书记深入川边去推动采金工作，对于川边的群众采金产生了很大的鼓舞。截至6月份，甘孜州完成1247.4两，比上年同期增长179.3%；阿坝州672.7两，比上年同期增长259.3%；凉山州418.1两，比上年同期增长535.4%。这年的特点是红盆地内各县增长率都很小，甚至于退缩，而川边高原地区各县则一般都是直线上升。这半年中产量在300两以上的县为甘孜县（310.2两），200两以上的，为平武、理塘、壤塘、盐源、色达（284.1两至208.2两），全是属于川边地区的。100两以上的11县，白玉、康定、北川、金川、青川、茂汶、松潘七县亦皆属于川边部分，青神属岷江河谷，巴县、合江、江津属长江河谷。②

从以上的发展形势看来，四川红盆地内，发展希望不太大。希望最大的地区是川边。这是什么原因呢？简单地说：四川红盆地内部，即白垩系地层分布的部分，没有金源。四川省的金源所在，全属川边高原地区。红盆地内，只有从金源所在地区流出的河，搬运的一些金屑沉淀到红盆地内的河原才有金可淘，所以可淘的金量

---

① 以上数据，依据四川黄金公司各期《简报》。
② 摘自四川黄金公司1981年7月4日《黄金简报》（第8期）。

不大，可以淘金的地面也不宽，远远比不上川边金源地区的河谷黄金储量丰富，可采地面辽阔，而且储蓄深厚，几十、百年取之不尽。详细的理据，将在下章论述。这里只能提出这样一个总纲。

十四、四川采金历史发展的脉络

综上各章史事，梳理如下：

第一，四川原是我国古代产金最多的一个地区。现在，比起山东、河北、东北、内蒙古、岭南和长江中下游地区，都显得落后了。相形落后的原因，不在天产丰啬的方面，只在人事调适的方面。历史上从来就是人事顺适则产金量大，几乎没有地下含金量减少与枯竭的问题。

第二，几千年来四川所采的只是砂金。直到现在，都还未曾放手开采脉金。即就淘取砂金的技术言之，也是很落后的。这与四川对外交通不便和产金地区交通尤为不便的地理缺点很有关系。

第三，十九世纪与其以前，四川采金，局限于红盆地内部州县。对于金源所在的并且异常广阔的川边高原地区，实际是20世纪初才开始的。这些最后开采的川边高原地区，潜力之大，可能超过我国的任何地区。它不但是我省当前采金最有希望的地区，还可能是我国未来的现代化技术大规模开采的富饶金矿区。

第四，四川红盆地内并无金源。几千年来从红盆地内采出的黄金都只是从川边高原金源地区流出的河水搬运来的，所以沿河洲渚宜于沉淀砂金之处，可以岁岁扫取；水流不变，产量不减。搬运金量最大的，首推金沙江、雅砻江、大渡河、岷江、涪江、白龙江与它们在川边地区的许多支流。它们上游在草原地区，那里有极其丰富的元古界地层残积与坡移的砂金矿，被那些河流搬运出来，陆陆续续在沿河找机会沉淀一部分，仍然搬运走一部分。既沉淀的部分，又陆续被流水搬走，使搬运水系搬走很远。仍然陆续再沉淀一部分，搬走一部分。本来是搬流愈远，含金就愈少的。但在川边，有各支流搬运来的金量增加，还有许多金属矿分解出来的伴生金参加，所以虽然陆续沉淀于河原沙砾中，而含金量减缩不大。金沙江，在隆达矿区汇集了稻城金源区流出的冲天河与东义河的金屑；流到渡口市，又汇集了雅砻江搬运的金屑；流入四川盆地，又汇集了岷江与大渡河、嘉陵江与涪江、白龙江残剩的金屑，所以直到万县都还有多量的金屑沉淀。这是四川盆地沿河都有金可采和年年能采的原因。但因四川盆地本身没有金源增补，所以与川边地区的含金水系有所不同，愈向下游含金量就愈小了。

第五，川边草地是四川极其重要的金源地区。但国人知道它很晚，了解它成金原理与分布情形的人还不多。这是四川采金事业迟迟未能发展的主要原因。要打开这一地区金矿的封门锁，不是空言所能办到的，必须经过国家投资，进行大量的勘探工作。待勘探已经证实它确是拥有大量黄金之后，国人都有开发它的信心了，才可能有设计开采的时候。幸得漳腊勘探工作，已经打开这个地区秘密的窗户，可以窥见其内容的一斑了。还希望研究它的人更广泛一点，为再进一步打开这把封门锁奠定基础。因而我再写一篇《四川采金的地理条件》（在下章）来向国人呼吁。

第六，川边山谷区，由于已有哇里、隆达这些典型矿区示范，国人是易于了解的，只是交通不便，文化不同，外人不便察勘帮助，致使许多适于开采的矿区未能得到应有的开发。这是适于县社集体采金的地区。希望各县委社委能发挥倡导力量，争取国家培训一批找矿技术人员，协助推动。

第七，四川红盆地内，是最适合于社队群众采金的主要部分。当前最需要的是沿江各县发展平衡。还宜注意：非含金水系的河流所在的县社，即不必发动他们采金。例如川北的盐亭、西充、营山、梓潼、中江、乐至、安岳，川东的开江、梁山、石柱、垫江、邻水、巫溪、黔江、南川、荣昌、大足，川南的井研、荣县、威远、兴文、筠连、高县、珙县、丹棱、蒲江、名山、邛崃、大邑等县，虽锐志采金，亦将徒劳。相反，凡属县社占有上举含金水系河段的都宜加强发动，期于尽利。

第八，川边部分虽多适于国营、县营的金矿，亦多适于社队开采的小矿点。发展这些小矿点，不唯对改善农牧人民生活有益，对于大型矿区的发现与证实亦能有所帮助。

第九，由于含金水系分布不平均和金矿贫富分布的不平均，宜以法制规定金矿属于地下资源，开采权属于国家，取消个别县社的领域成见，排除绝对本县社户口插队开采的限制，倡导欢迎外县、社、队高手技师、技队与本县、社订约协同采金，合理分润的办法，期于把落后社队提高到共同的水平，也不至使地利偏枯了一区和偏向了某区。这对社会主义建设是有利的。

第二章　四川采金的地理条件

一、四川的金源地区

四川的元古代古陆在哪里？十九世纪末叶奥国地质学者劳策（L. Loczy）考察青海和川边①后，所下的结论是：自松潘、平武以西至巴塘，一大幅地面都是元古界地层。②刘鸿允《中国古地理图》（含1930年谭锡畴、李春昱两氏的考察报告），则把松潘至昌都一大幅川边地面划为可能海漫区，注以"中上震旦纪"五字，意思是：元古代原是陆地，震旦纪初期这带地面，还是与柴达木古陆连成一片的。若从川边这一广大地区金源丰富，而且多有巨粒和巨块的自然金来推断，可以肯定劳策之说是有价值的。

《刘图》中的康滇古陆，包括今雅砻江中下游，西至金沙江套，南尽云南、广西地面，入越南境。这个古陆，在今雅砻江与金沙江会合部分及其附近地带，整个古生代3.4亿年中都保持为陆相，进入到中生代才陷于海（古地中海），迨云贵高原出海时，为川边高原（康藏高原）。这一点十分重要，因这与哇里出现许多大金块及康

---

① "川边"，是清代至民国初期对康藏地区（又称康区、康巴地区）的专用地域名称。并非泛指四川的边缘部分。曾设省级的川滇边务大臣和川边镇抚使管辖，1939年于此区设西康省，其地域包括今四川甘孜州、云南迪庆州、青海玉树州、西藏昌都地区一带以及四川阿坝州、青海果洛州、西藏林芝地区的一部分地方。
② 劳策，一译洛川。李四光《中国地势变迁小史》云"1877至80年间，奥国的洛川（L. Loczy）随着施曾彝（Szechenyi）的科学调查队，由长江下游穿过秦岭，入甘肃、沿南山（即祁连山）东北麓进行，转折经过四川北部、西部，再由云南的西部而到缅甸"。谭、李的《西康东部地质矿产志略》云："五十年前，曾有德人劳策，由甘入川而至西康，经打箭炉、里塘、巴塘抵昌都之西。图说均成巨帙。"又云："西康……除冲积层外，共分六层：即太古界片麻岩系，元古界片岩系，二叠系灰岩、大理岩层，三叠系页岩片岩层，侏罗系煤系，及白垩系赤色砂岩层。就中，片麻岩系及煤系特别发育，而侏罗系煤系分布尤广，南北延长不尽其端，东西所及往往广阔数百里，其分层之复杂，变质之不同，有足令人疑其时代甚古而误认为他层者。劳策目之为元古界地层，非偶然也。"考察西康地质者虽多，唯劳策与谭、李两氏作有系统记载和图幅发表，而主张不同。但谭、李只在丹巴采得中生代之植物化石，遂确定全康皆属侏罗系变质岩，亦有使人难信之处。窃谓川边金源之富，当以长期保存元古代陆相为可肯定。中生代经过海漫，乃有侏罗系地层覆盖。于时元古界地层殆已风化泯灭，残存无几耶。本章只重在黄金蕴藏情况，不暇研讨地质岩层，只附录其说之要点如此。

南理塘、巴塘、稻城、定乡、义敦、雅江、木里和康定、九龙、新龙、白玉等县之普遍产金,有密切关系。①

汉南山地,今汉中南面的大巴山西段(米仓山)附近,一小块元古代未被海洋淹没的山地。它与四川巴河上游的关坝等砂金产地和汉中盆地的砂金生产有关。

黄陵山地,在今鄂西黄陵峡(西陵峡)地区。它与古代巫州至江陵曾经产金有关。②

武当山地,在今鄂西北,武当山以北的汉水流域。它与安康地区的产金原因有关,也与四川宣汉曾产砂金有关。③

以上与四川有关的元古代地层,至关重要的只有两个,都在四川盆地西北和西南两面:

西北方面的,属于西藏古陆的东部,即今康北(甘孜州的北部)和阿坝州的全部。包括道孚、炉霍、甘孜、德格、邓柯、石渠、色达、壤塘、阿坝、红原、若尔盖、松潘、马尔康、大金、小金和理县、黑水、南坪、茂汶、汶川、平武、北川、青川等23县地面。甘孜等前15县的草原部分是主要的;它是巴颜喀拉山脉分布地区,可称为巴颜喀拉金源区。从这地区流出的河,全都是挟有大量砂金的。近世最著名的砂金矿——漳腊、二楷、色尔巴和当前群众采金最多的县——甘孜、色达、壤塘、松潘皆在这个地区。平武等后8县,在巴颜喀拉山脉的末梢的边缘,属川边山谷区,具有脉金的金源,又首先承受巴颜喀拉金源被流水搬运出来的沉淀部分,故仍为近世采金颇旺的地带。它们的采金事业开展得甚晚(20世纪内)。至于巴颜喀拉草原金源区,则更晚。色达、壤塘、甘孜3县,都是1978年以来才开动的;并还有许多县社,如石渠、邓柯、德格等县至今并还未动。现已开采的部分,也只采取到地表的部分,还有绝大部分的黄金蕴藏在地壳洼下部分的深处,按当前采金技术发展的速度推断,尚须一个世纪才可能采掘得出来。若还不进行高技术的大型采掘,则若干年内,仍会有大量黄金保存,供自此流出的河水搬运到四川盆地内沉淀。

康南(甘孜州的南部和木里、盐源等县)属康滇古陆。这个地区,虽然蕴藏的黄金也很雄厚,但由于大部分是在高山深谷中,保存在高原草地部分的面积不是很

---

① 哇里自清末开矿以来,出现巨形金块甚多,那只能是元古代的产物。康南各县所产全是粒金(康北同),皆足为震旦纪古陆产金之验。
② 唐代巫州与江陵皆曾贡金。
③ 安康旧为兴安府,古为金州,其北谷称黄金谷,是汉水中游的产金名地。现在月河砂金矿仍甚丰富,有杨长森同志专著发表(题名《对陕西安康月河砂金矿地质特征、富集规律及砂金来源的认识》,1979年11月吉林冶金设计院专刊)。足证《刘图》的武当山地范围,不能限于汉水之南,当更扩展到汉水以北。或且与秦岭山地接近。安康盆地之产金,与这两个元古代山地都有关系。

大。不过，如哇里和隆达那样富集而又便于采取的处女矿还多，适于小规模的人力开采。若还领导得力，只须在20世纪的前20年内，就会有惊人的产量出现。

综上所述可以概括为如下的两句话：川边北部的金源区，金源蕴藏深厚，流失少，未来的希望大，但现实的开发不如川边南部；川边南部的金源区，流失量大，蕴藏量不及康北之部。但采取比较容易，有迅速发展的可能。以下各节将分别具体阐明。

二、川边北部金源生成的理论

元古代悠长时期的西藏岛，并不会高出海面太多，而且中间与周围的某些部分升降无常，时而出海，时而入海。唯有西藏与柴达木、塔里木古陆3部分，则长期存在于海洋面上（据《刘图》）。这样的情况，一直到古生代的奥陶纪都是如此。李四光先生曾制一小幅《寒武、奥陶纪中国地势》草图，把西藏岛与古秦岭山脉地区相连缀，称之为秦岭半岛，指出云南大理、四川成都与湖北汉口以北之地皆是西藏岛和秦岭半岛的范围。[1] 他的依据至今还没有人驳倒，因而我们就可以相信：四川的整个川边草原区在古生代前期都是陆地，是地球喷出黄金最多时期的陆地，所以它应该是四川西北面蕴藏黄金最丰富的地区。

进入志留纪（距今4.4亿—4亿年），西藏岛的中部下陷，现在的川边地区与青海的东部、北部，及云南西部，西藏的雅鲁藏布及印度河上游地区连成一片大海了（古地中海）。西藏与柴达木、塔里木三部分合成为一个大洲（西藏岛）。[2]

再进入泥盆纪（距今4亿—3.5亿年），三个古陆又分开了，中间隔开了大约宽500公里的一个昆仑大向斜，进入了海水。[3]

再进入石炭纪（距今3.5亿—2.85亿年），西藏古陆也沦为海漫区了，但是昆仑大向斜从南侧渐渐隆起为一山脉地带，是为古昆仑山。这个古昆仑山，一直进入古生代末期为二叠纪（距今2.85亿—2.3亿年）都仍高出海面以上，保持几百公里的宽度和两千几百公里的长度（从喀喇昆仑，经昆仑山脉衔接巴颜喀拉山脉），其尾部直达松潘草原。[4]《刘图》，与李四光先生所指示的大体符合而较详。

---

[1] 《中国地势变迁小史》第19页（万有文库本民国十九年版）。
[2] 《中国古地理图》第8、9、10幅，三幅。
[3] 《中国古地理图》第11、12、13幅，三幅。
[4] 《中国古地理图》第14至19幅。

《刘图》绘至中生代初期的三叠纪（距今 2.3 亿—1.95 亿年）而止，指示出：三叠纪时古昆仑山与柴达木、塔里木两古陆已经连为一体，与古生代的中华古陆和安加拉古陆（蒙古、新疆以北）合并成为古亚细亚洲大陆了。西藏南部与川边西部仍为古地中海的浸淹部分，四川盆地与长江流域是古地中海的东部，叫扬子海。今天的喜马拉雅山地区，那时是特提斯海的最低处，称为喜马拉雅大向斜。[1]

按李四光《中国地势变迁小史》的论述和图解，则是三叠纪以后，"北方的海向西北方退；南方的海向西南方退；不独中国的中部愈长愈高，就是西边也渐渐有许多地方伸出水面。四川湖（谓四川盆地当侏罗纪时为大内海）的发生，大约从这时候（三叠纪末期）起"。其插附的《侏罗纪初中国的地势》地图，四川盆地为大内陆湖。包围于此内陆湖四周的地方，包括川边、云南和甘、陕、豫、皖，南联闽、广，为安加拉大陆（Angara 大陆）。古地中海已向西退缩，只还存留有桂、黔、湘、鄂间一个海湾。印缅地区则为古地中海南侧的冈瓦拉大陆（Gondwana 大陆）。从此中国地面逐年上升，直到今天的海陆分布状况。

大约到距今 600 万年左右，地球发生了地势大革命，西藏与印度间的喜马拉雅大向斜转变为喜马拉雅大山脉；中华腹地的秦岭与南岭两大山脉也隆起来了。黄河、长江、西江与西藏的雅鲁藏布江和川边的澜沧江、怒江、金沙江、雅砻江、大渡河也都产生，但还不完全是今天的现状。金沙江谷，还要通过一个第三纪的狭长内海（德格至巴塘部分），与雅砻江、大渡河都是向南流的。这次地壳大变动，不止山川配置改变了，还发生了地壳的大裂缝，使一些地盘陷落和一些火山爆发，喷放出一些火成岩来，并影响到许多变质岩的产生。这就叫作新生代中期的地势大革命。不只中国如此，欧洲也是如此，可能整个地球都是如此。[2]

新生代中期地势大革命后，人类出生了，地质史划为第四纪（距今 250 万年开始）。这一个新时代内，我国的山河形势虽已大体固定了，但地壳也不是十分安定的。第一是，还有许多细微的造山运动在四川盆地和川边地区产生，涌现出一些新的山岳和迫使河流改道。例如四川盆地内的龙泉山脉、总冈山脉和川东的褶曲山

---

[1]《中国古地理图》第 20 至 22 幅。
[2] 以上用李四光《中国地势变迁小史》33 页以下图、文，补侏罗纪以来的地势变化。

脉,① 金沙江转向东流,与雅砻江合并而进入四川盆地。第二是,整个大西南地区都在陆续上升;西藏高原(包括川边高原)和喜马拉雅山脉,上升得最快,不到300万年的时间,从出海上升到4000多米以上。云南高原与贵州高原也上升了2000米以上。四川盆地也上升了500米左右。

从元古代演变到现代,川边地区的地壳变化如此。我们可在如此的理论基础上,来研究分析四川的金源。

川边北部,是元古代的古陆部分。要经过30多亿年左右(泥盆纪以前)才有海水漫入。这30多亿年的元古代地壳,其风化崩解的程度之深可以想见。它所抱持的从地幔内喷出的黄金,无论是块、是粒、是屑,都应当已随同风化的岩石、泥沙分散沉积到地面了。元古代的地面应是高低不平的。由古陆分解出来的黄金,必然移动到低洼之处为多,不可能平衡分布在地面上。

好在进入泥盆纪后,要经过5000万年的向斜海漫,它必然会把大量的远近黄金块粒集中到这一大向斜谷内来。有一部分经海槽内水激荡淘洗的作用,使沙石掩盖的黄金重行排列出来。有一部分是从两侧流入海槽的河水搬运黄金来集中沉聚。若还长久是海,它们也不能为人类所采用。偏偏它只是大陆内部一个不易外流的海槽,故能保持其金不外流失。而且到石炭纪时,又由海槽转变为一条古昆仑山的山脉了。可以想见:这样一条山脉,它会拥有大量的黄金。这条山脉,从距今3.5亿年开始,直到新生代,与古亚细亚洲,即华北大陆合并,未再沉沦于海洋,经过长期的风化,现在已经快夷为平地了。它所抱持的黄金,亦都再一次分解为自然金,与砾石、泥沙,重新沉积到新地壳的低洼之处;也仍有一些从它流出的河水陆续搬运微小部分沉入沿河缓流处,与四川盆地内的河原。但绝大部分还蕴藏在川边北部的地壳内。

这样一个自拥有大量黄金的海槽地壳隆起而成为陆地的古昆仑山,就是今天塔里木盆地和柴达木盆地与康藏高原两段分水线的昆仑山脉和更东延而为长江与黄河间大分水线的巴颜喀拉山脉。早在明末清初,蒙古和硕特部固始汗统治青藏高原和川边地区的时候,给它取名为巴颜喀拉,蒙古语就是"金山"的意思。从它南流诸水中,有条河叫色曲,其河谷叫色柯,其中一段农地叫色尔巴,这个色字就是藏语

---

① 这里只举龙泉山脉与总冈山脉是就成都附近人人能见的褶皱言之。最为明显的还要算川东褶曲地带。从四川盆地东南边缘的七岳山脉起,至川北、川东分界的华蓥山脉止,中间还有五六条背斜轴造成的山脉,全是与七岳和华蓥两大山脉平行的。川南还有几个较浅短的褶皱,包括铁山山脉在内,也是把侏罗系地层推隆出白垩系覆盖层以上来了。这些山脉,显然是侏罗海生成以后,到白垩纪末期才涌现出来的。龙泉山与总冈山,还只能是受这次造山运动影响很小的轻微上升。它们都不是产金的山。应不在本文重视之列,故只因地壳的变动略略提到。

"金"字的译音。另一条叫谢曲（今称作鲜曲），也是古代土著羌语的"金河"之义。又西的金沙江上游部分，叫通天河，为唐代的多弥国所在地。《唐书·多弥传》说它"地多黄金"。又其西为西藏的羌塘湖泊区，为古羊同部落。它在唐代还保存母系氏族社会，称为孙波，一作苏毗，中华称它做女国。其支属叫东女国，《唐书》记载了它使用黄金的盛况。又一支属在印度河上游，今克什米尔地区，印度人称之为苏伐剌拏瞿咀罗。玄奘法师译其义是"华言金氏也"。即"富有黄金之族"的意思。吐蕃国王松赞干布征服了这些部落后，从而也拥有大量黄金。按《唐书·吐蕃传》和藏文史书记载，松赞干布向唐朝请求迎娶文成公主，一次就献黄金5000两，金甲12副。娶得文成公主后，又贡献一个金鹅"高七尺，中可实酒三斛"。此外《唐书·吐蕃传》和藏文史籍里所载吐蕃富有黄金之证据还很多。吐蕃人尚不知穿穴淘金与水银提金技术，他们这些金是从哪里来的呢？直接来源，便是这个高原的古代居民从地面拾起来的金块和金粒，被吐蕃王朝征集拢来使用的。① 从喀喇昆仑起，经过羌塘、通天河地区、巴颜喀拉山地区，都是吐蕃征服了的地面，它就有权集中其人从地面拾取黄金。所以吐蕃王与其后的西藏贵族们，虽不知采金，而能集中许多黄金到自己手里来。

若还不是青藏高原与川边草地是元古代的西藏岛，则地面安能有许多的黄金存在？正是有从海槽再度隆出的古昆仑山转为陆地，才使这大高原上有很多的金块暴露地面，才使不知淘金技术的吐蕃能集中那样多的黄金。

以上说的，还是就整个青藏高原的黄金作分析。川边地区只算其中的一部。若还只就川边金源来说，则巴颜喀拉山区就太重要了。它就是古昆仑山的东段，是四川盆地西北面的主要金源所在。近世著名的漳腊、二楷、色尔巴、郎吉岭等金厂，都在它的山麓地盘以内，近年新兴的群众采金最旺的色达、壤塘、甘孜和松潘县，也都在它所流出河流的上源地区。

三、漳腊金矿的成因和采取的方法

谈四川金矿的，没一个不是说到漳腊。漳腊，是20世纪二三十年代闻名的"漳

---

① 吐蕃起，经宋、元、明、清年代，青藏高原盛行藏传佛教。藏传佛教寺庙虽然用金瓦盖神殿，用金钵盛供神的酥油灯，却是禁止人民动土采金的。光绪宣统之间，赵尔丰经营川边、提倡采金。他的军队带头，所至开采，又复招商开采。这才带动少数藏民采金。藏民采金的方法很幼稚，不能穿洞取金，淘沙只能用草饼来过滤，拾取金粒。

金"产地。漳腊金矿，是在1913年发现的。黄金潮立刻席卷了这个边寨。1929年到1933年，是金矿产量最高的时间，每天平均产金150多两。挖金工人在17000人以上。每年，全国各地来往金厂的商人多达1万余人。1932年，金厂流行一种最严重的伤寒、痢疾，一年间疾病夺去了6000多个矿工的生命。哑巴坪一次金洞崩塌，就压死了230多个工人。

据1976年吉林冶金设计院张福庆、杨长森入川考察的报告，说漳腊在过去历史上"已采金30多吨"。但据地矿局的初略探测，现有地质储量，仅为"149千克"。这一储量，显然太低。既未经过详确的勘探的估测，自难准确。

1977年有两个勘探队（673队和404队），到对河寺、金厂沟两处进行钻探。工作做得相当细致，共穿166孔，深达100米。对河寺块段与金河口块段，直线距离600米。初勘结果为：两块段共有金储量接近于7吨。[1]

另据松潘城居民王泽沛先生谈[2]："民国二年，对河寺发见金矿，有本地士绅文继和、王培人等集资招工开采，由几百人发展到8000人。1929年至1933年间，是金矿极盛时期，平均日产量在150两以上。采金工人多至3万，各处来此经营服务行业的商人亦有数万人之多。曾有工人马玉和一棚每日产金300两以上；工人胡光荣工暇淘沙，得到一块重14两的金块；永川籍工人谢廷辉曾采得一块重17两之重金。"红军长征过境时（1935—1936年）资本家多走避了，却还有工人两三万人。其后遂有国民政府资源委员会插手，委文藻青（澄）任采金处长。后又是江浙人干桂森任厂长。1937年有一松潘人采得巨金一块，重170多两，震惊全川，来者蜂拥。在抗日战争时期，一直有两三万人工作，筑有飞机场运送黄金。1949年，衰缩到3000人。新中国成立后，只有看守金厂的人。最初归省上管理，继而由省下放到阿坝州，州又下放到松潘县，县又下放到漳腊公社，最近只有厂工40人、临时工20人，用土法开采。现在每年任务是250两，主要是翻淘从前抛堆在河原上的尾砂，所得仍是颗金，有时亦得大块金。曾见采得一块重3.3两；还看到3个小学生在淘金。据说淘尾砂一天可得金1克。

最近虽已勘探出7吨的储量了，仍还未能解决这个狭长河原地下黄金的来源问题。据从事勘探的工作人员说：藏金富集在偏西一侧，因可推测它的黄金块粒是从西山（即漳腊河与黄胜关河的分水岭香蜡台山脉，最高处海拔4560米）来，但并无

---

[1] 据访问记录，并未见到勘探工作队的报告。
[2] 王君现任成都三十四中教师，正准备写一篇历史报道。这只他给我访问的回答。

人去勘测过西山有无产生黄金的矿脉。又有人猜测说。漳腊河源出弓杠岭（松潘与南坪县的界山），它的储金是从弓杠岭搬运来的。但往来过弓杠岭的人很多，也无人能说弓杠岭有黄金矿脉的迹象。又还有人主张漳腊是"洪积砂金"或说是"冰碛砂金"（均见《金矿参考资料汇编》第六辑）。

松潘城市，跨于岷江的两岸，历代都是治理草地羌、防制叛乱的一个重镇。循江而北，不到30里，有个两山夹束的七八里险道，叫虹桥关（一作"江峤关"）。出关而北，地名元坝子，是岷江正源与漳腊河的会合处，一个颇为开展的河原。这个河原坝子，沿着漳腊河上溯，又约30多里，至名叫小西天的一个山冈之下（尕米寺附近），才进入赴弓杠岭的狭沟中。这样30多里长，阔1里以上，最宽处约三四里的狭长河原，海拔3000米左右，从来就是羌人经营农业的重要地面。有祈命、寒盼和漳腊、山巴、川盘、安壁等羌寨。明清之间，有一部分羌民反叛，经镇压后，设置漳腊营兵镇抚。漳腊营驻地渐成相当繁荣的村落。羊膊岭流出的岷江正源，叫黄胜关河，沿岸缺少这样的平原。

漳腊河西侧的山，海拔3500米左右，最高处才4000米多点，只算得松潘草原一般的高度。这个狭长河原的东侧，却是著名的雪宝顶山脉，最高处5500多米。东北入南坪，西南接虹桥关，平均高度在4000米以上。这座大山脉阻遏了巴颜喀拉山东端（亦即金山的尾部）的流水，故能在此沉积大量的黄金，且出产的黄金成色高，近于足赤，与南坪县和甘南的迭部、舟曲等县由白龙江、白水江等河谷沉积的黄金不同。白龙江与白水江搬运的黄金成色低，作淡黄色，也无大块黄金。

巴颜喀拉这座古金山（古昆仑山）出生以来，3.5亿年中经过多次局部性的升降和断裂变化。大约在三叠纪末期至侏罗纪初期，四川盆地下陷为侏罗海时，形成龙门山脉。地壳运动带动龙门山脉以西北的地壳面产生许多并行的褶皱和断裂，使从巴颜喀拉古金山区南流的水在此阻绝成为一些洼地或湖泊，于是漳腊湖形成。其湖底沉积的泥沙，挟有大量的黄金在内。经过几千万年或几百万年，泥土固定，水从面上流过，泄入岷江，于是产生了漳腊河原。所以它的土内蕴藏黄金很多。最初的岷江，因虹桥关石梁与漳腊湖水的隔绝不相贯通，其后发生了袭夺作用，漳腊湖水流去了，只存一条河道在河原上流，湖面部分泥沙流失，河床亦逐步深陷，以成今日漳腊河谷的形状。

与虹桥关山脉同时并行产生的山谷还很多，一直推展到青海曲麻莱的大褶曲去。[1] 其间还有许多与龙门山脉并行的小褶皱或小断裂，都与截留巴颜喀拉山区流出的黄金有关。例如松潘县内毛儿盖的南山山脉，红原县东南的罗老山脉，阿坝县东南的得格浪不者山脉，壤塘县东南与色尔巴东南的老虎山山脉，都与虹桥关山脉是一样，曾经造成了截留黄金的湖迹地，故而砂金储量丰富。

湖迹地沉淀的黄金，一般以下层为多，上层较少。现今勘探出的漳腊含金层原深30米。对河寺如此，金厂河亦如此。则这个储金层面积之大与储量之大，当绝不止过去勘探估计的7吨。已采的，只不过是河水刻削下陷而从侵刻岸露出的金矿苗头部分。若以竖井、斜井和坑井探采，将可能获得更多的黄金。现在还只能从小西天、尕米寺部分和东西两山麓的高亢部分淘洗起。目前像漳腊这样有石梁封口的湖迹平原，尚无法尽利。近几年来虽然已勘探证实漳腊地下藏金情况了，却仍只有几十个农民在这地区采金，年产不过200两。若要全面采出漳腊河原的金，不能不使用全面改造河原、深达30米以上的大规模的机械采矿工程。[2]

四、色尔巴与二楷地区的金矿

大渡河上游地区色柯、独柯、麻尔柯、马尔康4条大河，与其支流分布地区，占有今日色达、壤塘、大金、马尔康、红原5县的各大部分或全部，是保存元古代以来黄金资源最丰富的巴颜喀拉古金山崩解后的地面，其低洼部分蕴藏的黄金很多。可以称为"上金川"砂金矿区。

这个地区，在巴颜喀拉陆续崩解的悠长期间（估计有2亿年）经过若干次的地层升降、断裂、纵横出现，造成了这区域内极其复杂的地形变化，河流亦经过了多次的改道变形。历史年代沉淀的黄金，有深埋在洼地所覆盖泥沙之下的，如色曲上游；有被水流搬运入河谷台地以内，因流水平缓而又沉淀于河原之内的，如色曲中游洛若至二嘎里河段；有已沉淀后又被水流搬运以去的。甚至于已大量沉积于古内

---

[1] 青海省玉树州的曲麻莱县（旧名色吾沟）有自东北斜向西南的一条山脉，跨越通天河，把通天河水迫向东北方流。到曲麻莱附近，又才折向东南流。这条山脉与四川盆地西北的龙门山脉之间的地壳，曾经产生许多与这两条山脉相平行的褶皱。可能是侏罗纪前的一次川边地壳升降大运动同时生成的。现在皆已风化成只留得痕迹的浅圆丘陵了。它们比与喜马拉雅山脉生成同时造成的并行地褶（东西行的地褶，如念青唐古拉山脉、当拉岭山脉）要早1亿年以上。但这只是我个人的推断，没有可靠的调查依据。不管它们这许多褶皱是何时生成的，总之它会要对巴颜喀拉古金山流的众水，起一定时间的遏制作用，从而保存了这高原地区蕴藏黄金的数量。

[2] 此节参考了庄学本先生1935年在川边地面考查的笔记。

海内，而因受到大金川的袭夺所造成的急剧的倾斜水道，又复全部流失的如二嘎里以下河段。总的说来，是流失得少、保留得多，它不失其为川边北部的一个金源蕴藏区。其中著名的有色尔巴、二楷等金矿。

色尔巴金矿，地在色柯河与独柯河汇口的上方，为色柯河沿岸长百里的草原、农地。色柯河又名色曲，它的藏语意义即是"金河"。这条河的流域几乎到处都有金可采。而色尔巴（藏语为"金区"之义）这一地区则是新中国成立前最著名的产金地区。此地原归绰斯甲土司管辖，1937年刘文辉将其划入西康省内，派员勘探，认为此地沉金最多，遂照隆达金厂的成例，派军进驻，招商和军队一起协作开采。实质上成为刘之私人金厂，故产量保密不宣，一般估计年产量在1000两以上。据当年在此采金人谈，曾三人一组日产100多两。

二楷金矿，在大金县西北，色柯河支流的玉科河中段一小平原内。1913年，由裕华公司勘得，招工开采，出金旺盛惊人。未及一年，矿工发展至二三万人，玉科草原顿成棚帐云屯的闹市。未及两年，因袁世凯称帝，西南各省起兵讨袁，公司靠山危殆，撤厂而去。公司撤厂后，矿工恋采不去，遭到土司大举逐厂，洗劫不留寸缕。后遂无敢再至开采者。

这一广大区域的富矿，不只是二楷和色尔巴两处。这两处之所以成为著名金厂，只缘它的覆盖层浅，河水刻削度深，造成岸砂沉金的露头多，且又适合于当时采金技术的要求，便有资本家投资纠合劳动人民去开采。其他藏金区则因资本家勘察未到与当时的地理条件和社会条件不利于开采的地方还多（例如：洛若与宗柯，就是1978年以前无人过问的）。

色曲与二楷这两条河，也不是这个地区蕴藏黄金最多的河。它之所以独享"金河"之名，正由于它这河原的覆盖层浅，河水侵陷深，金苗容易暴露。可能是前代蕃民每在沿河断崖拾得金块较多，便贴上"色曲"的标签，人民习用至今。① 其实，麻尔柯河的蕴藏金量还要比色曲多。第一是它比色曲源远流长，搬运面广。第二是它穿越巴颜喀拉金山的东部。其上游属青海的班玛县，新中国成立前青海驻军就在那里淘金，也有名气。第三是全流海拔高，下游不在古内海流失区内，流失量比色曲小。但因沿河尽是牧场，人口稀，属川部分还没有人去触动它。

川边北部的采金，除漳腊外，全是清末川边进行改土归流后，由边军开采带动的。其发展是从北纬30°开始向北推进的。是故此区采金只能从其南面开始，由玉科

---

① 藏民只能拾取地面暴露的自然金块，不知穴地淘金。已论述在前。

而二楷，由二楷而色尔巴，由色尔巴而洛若、宗柯。全在色曲干流的西南侧，色曲东北侧一概未动。这正好说明：未来的希望还在面积更大的东北部分。

五、雅砻江上游金矿区

四川当前易于采取而又还未能采取的砂金矿很多，主要在雅砻江上游部分。雅砻江这条河的上游部分，藏名扎曲。它的水域是一个海拔高不过4500米，低不过3900米的大幅草原。它也是巴颜喀拉古金山崩解后的遗体。现在雅砻江（扎曲）与其支流分布的地面，俱当是黄金沉聚最多的低洼部分。它的水流十分平缓，所有黄金是搬运不走的。由于山体风化崩解的年代悠久，所有古陆的低洼部分全被填平了，遂成为许多个大面积的平原。这些大平原有宽到10公里、长到几十公里的。填土的厚度无法知道。单就石渠县境的扎曲本流沿岸说，其总长可能有600公里。合支流平阔的草原计可能面积有12000平方公里。从石渠新县治所在说起，就是雅砻江支流所经长达300公里、宽20公里以上的平原。会合扎曲正流之处的平原宽过4公里。愈向扎曲河原西北行，河原愈宽。宽到格孟乡外的杂通坝子，约超过50公里。从青海省界至下游宜牛乡才变狭窄，已经长达80公里左右了。其分支歧出的平原，则有色须外大平原，宽40公里以上。并分三支歧出：最西支长50公里，宽1公里；东南支长10余公里，宽3公里；西南支长100公里，宽1—2公里。其北与色须平原并行的，还有"拉吾滩"大平原（扎曲正流的上源），及其他支谷小平原相联缀。

以上诸平原，海拔皆在4000米以上。经过宜牛乡一个两山夹束处；从宜牛寺外起，再逐渐扩展为大平原。约30公里至长须贡玛，始入山峡，结束了石渠县内的大平区。这宜牛寺以下的大平原，海拔3000多米以上，宽度由一二公里发展到四五公里的直嘎寺外还支联有4个平原：西支长20公里，至虾札坝子，宽1公里左右；南支长15公里抵瓦许乡（瓦述）；东支因逼于东山，最短（约三四公里）；北支缘扎曲干流穿进山群，约5公里至长须干玛，有支流自阿日札来，曰俄柯河，沿河为长10余公里的狭长平原。石渠县的宽大平原草场至此而尽。

自长须干玛以下，穿行横遏的山脉数重，河面降落到3900米以下，仍于山谷间造成温坡（东区）等山间小河原。这些小河原，便是适合于当前采金条件的所在。因为：（1）这些山间小河，不像石渠大河原那样被深厚的泥沙覆盖着，把岩盘幽闭着，金矿不与人民见面。它是泥沙覆盖浅，并且河床在岩盘上，两岸有金苗露头，易于进行土法开采的。它们的情形正与色达的洛若和色尔巴相似。（2）这些河原上全是牧村，不是庄房，没有建筑物。采金可由河面掘进，分段翻土；采金后还原仍是河坝牧场，无害于牧业。(3) 这些河原海拔在 3900 米以下，在河谷内，温暖少霜冻，淘金后改造为梯田，可以栽培青稞和多种蔬菜，有利于改善牧区人民生活。纵不然，只用于栽培牧草，亦是发展牧业的好办法。我看，石渠县的采金事业一定会从此地开端。

扎曲穿山行约 30 多公里至草格塘，进入长须贡马地界，又是一个平原大草地。其沿扎曲干流的部分，东西横长 12 公里，相连两条纵列的支原长各 20 公里，宽度皆在 1 公里以上。色曲自此再进入一段山区，入故邓柯县界（今已并入石渠），折流向南，是为"上扎科"，还是造成了一些山间小河原。岔岔寺附近起，到郎多止，约 20 公里间，平原宽 2 公里左右，海拔 3800 米左右。这也是可以进行采金造田，发展农牧业之处。郎多以下全是农村分布的小河原，进行采金就不能如牧区采金之易了。

从巴颜喀拉古金山区流出的河，还有达曲、尼曲两条。这两条河在炉霍县会合，称为鲜曲，流过道孚入雅江县的雅砻江。达曲上源一段，有 100 公里在甘孜县北界，也有若干幽闭着的平原草场，与石渠县的平原相似。就中最大一个叫"大塘坝"（也作"达塘"），是斜长 50 公里的狭长平原。海拔 3800 米左右，还有南侧分支，长 30 公里的狭长平原相连。会合处的平原，宽三四公里，海拔 3823 米，是为有名的大塘坝，是甘孜县牧业中心。这个大平原，也是当前还难于进行采金的黄金蕴藏处。达曲经过一段色达县地面，重入甘孜县界，进入农村，再入炉霍县。这段河谷，自清末以来，沿流两岸都有采金的记载。

尼曲河上游，属色达西境；中游属甘孜东谷界，已经有河原农村。全流在山谷中，小河原多，大平原没有。但是有金可采的，尤其是各支流会口处的河原。

尼曲河与色柯的分水线为罗科马山脉，不是大山，只算一条夏季牧场的分水岭。过此便是色曲流域（洛若至色尔巴的河原）。

六、康北大断层海迹地带的金矿

从青海省的曲麻莱县起，至甘孜州道孚县的松林口止，曾产生过 1000 多里长的一个大断层。断层的南侧向上升而成几同直线的一条大山脉；北侧下降而成狭长的内陆湖。时间大约与喜马拉雅运动同时。或许还要早一点，在距今 300 万年左右。①

如此 300 万年内，断层带还发生过一次或多次的造山运动，使断层发生局部的升降，结果使断层海湖划分成未能连续的三大段。其西段为金沙江所袭夺（邓柯段）；中段为雅砻江所袭；东段为鲜水河所流过，势将由扎坝河完成袭夺，但尚未完成（道、炉段）。断层南山也发生过不大的变化。大约是最初东端高于西端，造成金沙江袭夺最早，其次是雅砻江的袭夺。但后来变为西端上升，东端下降，所以今天道孚海拔比甘孜低，甘孜海拔又比邓柯低。凡是察勘过康北地文的，不会反对这种判断。

这一大断层所造成的湖迹平原线，是西康北部主要的农业地带和主要的交通干线。未来的川边建设，只能以它为轴心。本节只谈它与黄金的关系。

总的说来：这个断层海与巴颜喀拉古金山始终平行，相距 150 公里左右。生成于古金山体崩解、流水搬运黄金正盛之时，阅 200 多万年。诸水搬运黄金流入断层湖内沉淀。其黄金储量之大可以想见。除金沙江与雅砻江先后搬运走部分沉淀层外（鲜水河未曾搬走沉淀层），绝大部分还保存于这狭长 500 多公里的湖迹土内。今以湖迹土面积为 500 平方公里，每平方公里每年沉金 1 两，陆续沉积 250 万年计，沉积金量当为 250 亿两，即 6200 余吨。若嫌这样说夸大了，只作 1/10 计算，亦为 6250 吨。金沙江与雅砻江流失黄金估为 1250 吨，减去此数，亦尚有 5000 吨。这应该是最保守的估计了。所有如此估计的大量黄金，现仍埋藏在这样一个湖迹土内。它为过去人民所未能涉想到，现在采金技术也难于采得出来，但是有理由采得出来。② 因此它将成为当前的勘探对象，和国营川边采金工业的重点，也必然是要结合改土造田和开发川边各种产业同时进行的。

以下分段探讨可以进行采金的地点。

（一）断层海西段——邓柯段

金沙江上游的通天河，流行于海拔 4000 米以上的大草原中。此草原在唐代为多弥国，是以地多黄金著名的。③ 它的北面昆仑山（通往柴达木的山道），正是古昆仑山的中段。其所分解出来的金粒，正该沉聚此部，所以古多弥牧部地多黄金。通天河流到曲麻莱县，忽转向东南流，以下的河水虽是弯曲行进，河谷却是笔直的。这

---

① 只是我个人依据地质、地文的实地观察作出的论断。尚缺乏科学验证。提了出来，希望抛砖引玉，能得到地质考察工作者的指正。
② 说在 1978 年内刊的拙作《采金刍议》。因为那只能是国家经营的大企业，还待经过长时间的勘探设计。现在只能是提出问题，促进勘探的阶段。
③ 多弥国见《唐书·西域传》。

就说明它是断层的遗迹。从玉树州穿过一段横切的山地，入四川邓柯故县界后，还有100公里长的山梁石阀，随时阻截，造成若干处小河原与真达、奔达等较大的河原。这些山间河原，断断续续，尽是黄金富集、流失不大的矿区，甚适于社队群众土法开采。

更生村以下，河谷逐步开展至邓柯故县治处约有35公里内的河谷最为开阔，河原大部宽至2公里，岔港歧流纷庞，可以估定它是最后的断层海停水之处，河原内沉金必多。但当前还未能开采，因为水大。这河原海拔只3350米左右，若能有法排水采金、改土造田，是金沙江上游人民最大的幸福。

邓村县治以下，江水与断层线分离了。其原因，应是由于另一造山运动，使雀儿山地区隆升，划断了这一断层，并带动邓柯以东地段的上升，迫江水逼近南山山麓流行。原来的断层线，与今邓柯、竹庆间的公路大道一致，经过札拉、尕黄、卡贡、洛须龙（玛鄂阿）、日阿、仲沙、郎吉岭（麻呷区）、热水塘（乔让）、札拉日、俄兹、仁青、冻中达，循娘布柯河谷逾浅岭入德格界，直指竹庆乡。娘布柯下游即俄兹河，原与金沙江为对口河。由于断层北侧的上升与金沙江水的南移，现在会合处在郎吉岭南50公里以外了（在札拉日与断层线分道）。如此古断层遗迹的河原，即上举的一串村落所在。它们不但久已离开江岸，并又已被向南的小流水分割开为若干小河原了。郎吉岭与俄兹河流域间有一个小分水岭，海拔高到4000米。[①] 从郎吉岭到邓柯故治之间20公里内，所有沿公路的小河原，都是古断层海沉金最多之处，尽管流失已多，保留部分仍然不少。郎吉岭是清末赵尔丰经边时采金最盛之地。但是现在这段残存河原竟再无人采金，是很不可解的。

俄兹河谷，即藏族英雄林·格萨尔的故都所在。这个由穷孩子崛起成为征服霍尔三部落的格萨王，与他拥有大量黄金的实力很有关系。格萨尔王传虽未曾说到他能采金。但他勃兴于邓柯金海地区，则是历史事实。这个金海地区，被些小河流划割分散，侵削河原，就会要暴露出许多砂金来，便只拾取地上暴露的金粒，也够造成它的富强了。

（二）断层海中段——德格、甘孜段

竹庆为德格县北部的一乡，以旧有竹庆寺驰名远近。那里是一个海拔4000米的大平原，并且是由沮洳海变成平原为时还不久的湖迹平原。其古时的湖水，已分为数道会合于协庆寺外，流入郎多的雅砻江去了。它的南方不远就是有名的"濯沁仓

---

① 参看航测十万分一缩尺地图的"9-47-124"与"125"两幅。

雍中夺吉"大雪峰群。康北黑教（苯波教）极盛时的喇嘛给它如此命名（意为生铁铸的卍字金刚杵）。说它是康北最大的护法神山。山的雪峰群，全高到5500米以上，支峰四出，像个卐字。[①] 这样的少年山岳，显然是康北断层出生以后才涌现出来的。可以推测，竹庆大平原就是这次造山运动从断层海底推升起来的。因而也可判断竹庆与其附近的平原蕴藏有黄金。现在邓柯与扎科的黄金都还未采，自亦不能说到开采这里的黄金来。

康藏公路最艰难的一段山路"雀儿山"，就是铁卍字大雪山的南支，即是古断层海的南山。公路通过的最高点4914米。其左右山体全在5000米以上。它一直延续至甘孜县南，与喀哇罗日大雪山衔接。铁卐字的东支"莽莫拉山"是康玉公路经过的山，是略高于4000米的浅岭。路旁有个莽莫海子，它与炉霍、朱倭乡的觉黎海子都为断层海的遗迹。[②] 康玉、康藏两条公路会合在麻尼根果（马尼干戈），是斜长40公里的一个平原草场，海拔3800米左右，是为德格玉隆区的最大草场。它显然是古断层海的遗迹。它的泥沙覆盖下的黄金应该很多。可惜当前也还无法采取，因为这是一个船形盆地，无法排水淘沙。这个平原的水，是通过20公里的重山鸟径流入雅砻江的。但公路只沿之开通4公里多，就另逾一小丘（松林口）沿着断层线进入甘孜大平原的西端了。

甘孜河原是长近50公里、宽到5公里、海拔3400米左右的大冲积平原。它是断层中段的主要部分。若还把绒坝岔河谷，与对口河西尼沟的湖迹河谷加入计算，就还该再加30公里以上，都是这段断层海的遗迹。扎曲河汇集石渠县众河流，穿过上、中、下三扎科山谷的70公里内，都有些小河原和农村。再从下扎科起进入峡谷，阅历20多公里内都是绝壁上开路。到与绒坝岔河会合后，才忽然开朗，一望无际了。甘孜县的这一大河原内的藏金，主要是古断层海沉积的。这个古海变成陆地后，雅砻江仍陆续搬运石渠等县的黄金来在此沉积。但是，雅砻江的流失量也很大。

流失的原因，似由于喀哇罗日的上升运动，造成了罗锅梁子这样划断了断层海的分水岭，同时造成喀哇罗日峰西侧的下陷，使厚积的断层海水通过这个陷槽，流入新龙盆地。山体的慢慢不断向上抬升和流水的不断刻削，水流很陡，刻削度大于抬升度，便成功为雅砻江袭夺了中段断层海，而与扎曲河通联为一。这可能是距今

---

① 这个代表佛法神秘的卐字，藏人称为"雍宗"，汉人呼为"万字"。"夺吉"，藏语是"金刚杵"，护法神的投掷武器。汉人呼作"降魔杵"。
② 雀儿山，藏名"错拉"，义为海子山。公路旁有个海子（湖）。地质家说它是冰川造成的，是合理的。莽莫拉公路旁也有个同样大小的海子（莽莫海子），与竹庆海子，有人也说是古冰川造成的，就不然了。我看它是古断层海上升后残存的湖迹，因为它正位于断层线上。这还可留待讨论。

几十万年内的事。现在这个袭夺口名叫"治呷格龙",约长 10 公里,两岸都是绝壁,好似甘孜南岸大雪山与喀哇罗日间发生的裂罅。北口与南口水位之差,将近于 100 米。①

雅砻江袭夺后的甘孜平原,受到了一定程度的破坏,流失了大量的泥土与其所挟的黄金。但保存的部分仍然很多。主要在距雅砻江较远之部,如平原西端的绒坝岔,东端的西尼沟、蒲玉隆和北侧的绒岔沟等处。甘孜县是藏传佛教寺庙势力最大的地区,过去无人采金。1979 年也只采得几两。1980 年夏,初经杨超书记亲赴康北督导后,当年群众采金就上升到 100 多两,次年又上升到 500 两。这都还只地表的群众采金。这就已经可以说明,这个断层海迹河原储金之富。

扎曲河虽从袭夺口流失了大量黄金,也从石渠与三扎科搬运来一些黄金,保存于现代甘孜河原里。因为袭夺上口还未达到古断层海的底部。扎曲通过这平流地段,其所搬运的金屑会要沉淀下来。即是说甘孜河原所流失黄金虽多,估计不过十分之三四,保存下来还当占十分之六七。这断不是每年采得几百两所能了结的。有可能在 20 世纪内就取出几万两。其群众采金不能取出的河原深藏部分,经过下世纪的勘探和采金船淘取,不知还会采出若干万两。

(三)**断层海东段——炉霍、道孚段**

喀哇罗日的上升运动,不仅造成了甘孜断层海水被雅砻所夺去,和升起了罗锅梁子,划断了道炉海与甘孜海的衔接,影响更大的,还在于它把炉霍断层海底的一大段推向北岸,使其成为一条狭谷,不得保存宽平河原的姿态。从朱倭到虾拉沱,约 50 公里间都受这一影响。它所造成的特殊现象是:

1. 原来的断层海底部,变为南山的斜面了,所含黄金与泥沙,倾落于河底流去。其有保存于南山斜面的小河坎坷处者,亦皆成为小金矿。例如根洛至根达的小河谷、雄吉岭(凶吉林寺名)小河、邓达龙巴(邓达沟)、厂龙沟、章谷故寺的小沟和陡热沟(两沟在炉霍城关左右)等小河。雄吉岭,是民国初年的著名金矿。而北来各小河的中上游则无金矿。

2. 朱倭以上到东谷的瓦拉达村 10 多公里间,河谷宽敞。说明那一段是达曲(东谷河)运积到断层海造成的支谷平原,未受喀哇罗日运动影响,故能保存湖迹平原的姿态。

---

① 喀哇罗日上升运动,大约与雀儿山同时。由于它们都是少年姿态的雪峰,所以作此判断。这个雪峰,孤峭而向西倾落,是造成甘孜海水外流原因。

3. 朱倭以下，达曲河的本身，随时亦有小河原生成。最大的一个在炉霍县治附近。那是达曲与尼曲两大河会合所造成的三角形平原。这些小平原，都有丰富的砂金埋藏，但不可能用土法取出。因为底层无法排水，上面又是农村与耕地。唯炉霍城关老街左右的一副土丘（比河原高200米之部）可以淘金，因为它们原是海底。

4. 达曲、尼曲会合后，称为鲜曲（一作谢曲），穿过塞塞龙的峡谷约3公里长，才进入虾拉沱河原。这河原最宽处达2公里，海拔只3000米，在炉霍境内长30公里，它才是古断层海的遗迹。古断层海要比今天宽几公里，水面也要高几百米。今天的塞塞龙梁子与炉霍东界的将军梁子，可能都在古断层海面之下。炉霍这一段，是这个断层地带的地震中心。这与喀哇罗日运动颇有关系。①

5. 将军梁子，是古代南北走向的一个地褶，应生成于断层海之前，虽经断层划断，仍具有横截的作用。它阻遏了仁达沟广大地面的水，使其汇向北流，入于这一断层湖，它也带来一些金屑。它又遏制了断层湖内的部分泥沙和黄金，不使其进入道孚河原。

6. 鲜曲穿过将军梁子大约10公里的狭谷后，进入了道孚河原。开头与北来的阿拉沟会合。在古代还是深海时，阿拉沟口是个洄流部分，所以泥沙中沉淀黄金最多。湖水降落后，这里成为一个民国以来历久未衰的淘金名地。②

道孚河原长50公里。最宽处在道孚城外，约宽3公里，分为河原沮洳地与河原台地两级。沮洳地即岔港纵横的"河坝"，长5公里，宽1公里，海拔2950米。有泻水口在铜佛山（海拔3143米）与虎山（海拔3717米）之间。泻口平流2公里后，地势实低，水流陡落。约10公里至瓦日区，地面下降50米，平均每公里低落5米。这是瓦日沟（查坝河）袭夺断层海行将完成的示像。其实它已经夺去100多米深的古断层海水了。原来的海面要淹到觉洛寺（角洛泛）以东10公里的葛卡村。所以这个河原的各级台地多可采金。但是最多量和最大块的黄金，必然沉埋在最低的沮洳河原内，若无法排水，便无法取出来。台地所有的金是有限的，它只能代表最先出水的边缘河原（上层河原）所抱持的金屑。大量金块都会随着湖面的降落而下沉到低处泥沙之内。

瓦日沟袭夺这个断层海的若干万年中，都只是一条由湖面流失的清浅细流，能

---

① 这段河谷，民国八年发生过一次大地震，1982年又发生一次大震，才隔10年，又发生一次地震。从前有时震中在甘孜界，有时在道孚界，总以在炉霍县治附近为多。显然是断层地震。
② 水由狭谷流到宽阔处，会发生扩展流动。扩散流向最纤远处，就会产生洄流。水洄流处，所挟金屑会大量下沉。

流失一些轻沙，流失不了重沙。所以这个断层海（湖）内的黄金不会流失多少。这是道炉段河原与甘孜段、邓柯段大大不同之处。

邓柯段、甘孜段接受黄金流入的面积大，被金沙江与雅砻江夺走的量也大。这个道炉段所接受达曲、尼曲两条河的搬运面积都小，搬运量自然也小，但是黄金几于无有流失，是最可贵的一点。

假如我们的科学技术，已能采出鲜曲河原的黄金，可能会与甘孜段与邓柯的金量相当。

好在袭夺口只有2公里的石阈了。若还我们能炸开这2公里的石梁，降低鲜曲水位10米，便是断层的底盘，能采出的黄金会有多少？纵然炸口浅了不能到达断层的岩盘，也可多花点钱，再炸深一段，放出鲜河水，做到露天开采；结合改土造田、排霜增产，保证康北的粮食供应与经济繁荣。所费虽大，收益也难估计。

以上只是按地理、历史条件作的估计，没有经过科学勘探，但可以相信：道炉河原的排水采金，必将在不太久的时期内实现。①

七、川边南部金源的理论

前西康省南部，康定、九龙、雅江、新龙、理塘、义敦、白玉、巴塘、得荣、乡城、稻城、泸定等12县及整个凉山州区，都算上川边地区的南部。康北大断层的南山，恰好就是康南与康北的分界线。康北加阿坝州为川边的北部，康南加凉山州为川边的南部。北部的草原地面多，山谷地带少；南部草原地面少，山谷地面多。草原地（海拔3000米以上）是藏族世代住居的地方，牧业为主，藏语通行；山谷区是汉族与羌、氐、僰、彝及其他多种少数民族杂居的地方，农业为主，汉语通行。黄金的储量，南北相当。

北部的黄金储藏与开采概况，上面已说了。下面论述南部的储藏与开采的概况。

南部的金源的成因与北部微有不同。北部金源主要出于巴颜喀拉地区。南部金源，则主要出于雅砻江左右地区。

按地理条件说，川边还是西藏岛的时候，新龙以南的雅砻江地区，是与西藏岛

---

① 传说：钻探队因钻头遇着大圆砾石滚转滑动，无法下钻，有停止钻探之议。窃以为：若还只为采出黄金而钻探，则暂时留金于地下，停止钻探亦可。若还为了建设川边和西藏，实现全面四化，则从四川通往西藏的道路非从这一断层地带开端不可。配合改土造田、发电开矿等建设，最为相宜。盖不只取得黄金而已。当前最要紧的是证实这里有无黄金埋藏。若谓圆砾妨碍钻探，则可以改用深井探法，或改到角洛汛部位钻探。那里也是断层海部位，距大河远，不会有多少圆砾埋藏。

间被海水隔开的另一块古陆,即康滇古陆。这个古陆的东侧,在元古代末期,沿今雅砻江北套(三垭、窝堡部分)的牦牛山脉而南,直到云南的楚雄、玉溪部位,都有明确的界线,表示其为海陆的分界线。线以东为滇东海槽,它淹着今西昌至昆明以东的地面;线以西为康滇古陆,北端可至新龙,南尽云南南境;西方无明白界限,依劳策意见应可抵巴塘以西。

进入古生代后,这块古陆向东南发展,包括了今日康定至昆明,和整个凉山州及云贵高原。泥盆纪以后才退缩为南北狭长的小古陆,仍未离开雅砻江中下游地带。① 这就等于说:新龙县以南的雅砻江流域,从元古代,通过整个古生代的2.85亿年的悠长岁月都是陆地②。中生代以后才渐渐浸没于海。未久又随云贵高原的上升(大约是侏罗纪初期,距今1.9亿年时),又复升起为川边高原。金沙江改从云南高原的北侧向东流入四川盆地,那时才产生了雅砻江这个支流。由于地面慢慢在上升,北高南低,水流湍激,刻削率高,遂成深谷。袭夺甘孜海后,与北部的扎曲连为一体,才有当前雅砻江的形貌。

这又等于说:康南部分,保存有元古代以来的古老地层的主要部分,又在于雅砻江左右的草原和山谷地区,包括今康定西部(木雅乡)、雅江、理塘、新龙、白玉、义敦、乡城、稻城、木里、九龙、盐源、盐边、渡口、冕宁、西昌、会理等县,都该是蕴藏有很多原生自然金块和其他矿脉伴生金的地方。草原区保存的原生金块(元古代喷生物)还多,山谷区保存的矿金也多,沿河谷台阶沙原则保存的是各种不同的砂金。

已发现的历史事实,正是如此。③ 康南的平原草场,在海拔4000米以上的只有理塘、毛垭、曲登至昌泰一线坝子,和其他一些较小的草地。它们是埋藏黄金较深的,也都没有积水,容易采取。其金主要是粒金,也有麸金,巨块金却还少见。这说明由于长久是古陆,元古界地层早已风化崩解,流失以去。即古生界地层,也难有存在的。现在岩盘上覆盖的沙土,也不能是远古几亿年崩解的沙土。其所埋藏的浅而易取的黄金,也不是元古界地层崩解的黄金,而只是古生代以来崩解的黄金。若如,迭曾发现雅砻江中下游的高岸河原内出现的巨块黄金,例如清末哇里金厂多次出现的巨块黄金,就必然是雅砻江左右这块古陆(以下省称"雅砻古陆",表示它

---

① 参看刘鸿允制《中国古地理图》。
② 古生代开始时间与持续时间依据1978年出版的《辞海:理科分册下》第229页《地质年代表》。
③ 以下论述,依据本人历年的考察,和总参谋部测绘局1967年航摄、调绘,1971年出版的十万分一缩尺地图。

指的康滇古陆的四川部分）崩解出来，不知何时被流水搬运到哇里来沉淀的。若还它不是元古代地层崩解出来的金块，就不可能有几斤重以至十斤重的金块。

以下略谈这些金源所在地的情况为验。

今天的新龙县与白玉县的界线上，有一条南北纵列的山脉，平均海拔5000米左右，年龄衰老，已平夷像一列馒头了。它是金沙江与雅砻江的分水脊。两侧白玉县一面有著名的昌台平原，是昔年瓦述长坦土司的牧地；东侧有阿色牛厂与通霄牛厂等高草原，是昔年瞻对土司的牧地，现属新龙县。昌台平原狭长50多公里，南半段海拔4000米，一称拿沱坝子（有纳夺寺，管上昌台）；北半段低一二百米，渐有农田，我1942年过此，已经有人淘金。其水穿过森林河谷，入金沙江。另有白玉河、麻绒河，亦发源此区，并行入金沙江。现白玉县采金即在此三水沿岸小平原间。说明昌台区是它们的金源所在。

昌台河上游是向北流的，有一支流叫吐根河（图根曲）从古洛牧场流出。古洛（古路）大平原，纵横10公里，海拔4200多米，有沮洳地。其水流入上昌台的纳夺河，但行政上隶属瞻对（新龙）。

古洛之北，瞻对界内，为阿色、通霄等高原牧场，海拔更高，平均4800米，有很多的海子。其水分汇于阿色沟、通霄河、雄龙溪，俱入雅砻江，都亦是上游为草场，中游为森林，下游为农村。中下游河原皆可淘金。

昌台、古洛之南为曲登坝子，海拔4400米，为热衣曲穿过的狭长平原，属理塘县。其河穿过一森林狭谷，转入龚坝（军坝）农村，入雅砻江。龚坝亦是产金河原。

曲登之西有章柯坝子，面积与曲登相当，海拔4100米。其水南流入巴塘县，为七村沟（巴曲）。其上游部分叫冷卡石，属义敦县。

曲登、章柯之南，为毛垭坝子，为康南高原顶部最大的平原草场，面积大于以上诸平原草场的总和，历史上是康南五个瓦述牧部的核心重地，有理塘长青春科尔寺，理塘县治依之设立。全坝子向西北斜长约30公里。县治在偏北边缘。自县治向南10公里至乌龙沟山口，正西10公里至喇嘛垭山口，西北至禾尼乡平原尽头20公里。整个坝子面积超过150平方公里，海拔平均4000米。理曲（理塘河）汇合坝内之水从帽盒山下的乌龙沟北口（3900米）穿山峡入于雄坝和莫拉石，入木里界，是为无量河，相对雅砻江言又称为小金河，凡沿流的河原平地，无不盛产黄金。其金源当然出于理塘坝子。

理塘坝子的南边，是一条东西横亘的山脉。最高峰帽盒山（汉名，取其形似），海拔高5064米。其左右诸山平均高在4500米左右。草原浅山，围绕着理塘坝子。

草山之外，又有如大朔草原、立敦草原、大河边草原、塔子坝草原等海拔3900米的中小型平原相联系，与曲登、昌台、通霄、古洛等平原，合成一个康南大金源区。其沙原内，应蕴蓄有元古地层崩解后的黄金。

毛垭大坝子内是蕴藏得最多的。这些坝子，大都是已经干燥了的，只极小部分地面还是半沮洳地，与康北的石渠河原相似。它们覆盖的泥沙究竟有好深？蕴藏的金量究竟有好多？尚须经过勘探才能决定。它们是康南的金源所在则是可定的。

雅砻江自袭夺甘孜断层海后，侵蚀力量强大，把原来康滇古陆北部的大面积地层搬运流失了。现在它的河床，已下降了2000多米，造成为"V"字形的深谷。它的左右各支流，更侵蚀了广大地面的地层，在"V"字形狭谷的上方造成"V"形杯状的断面。全流削去了的元古代地层应该有多少？其数量是难于估计的。可以估计在1/3以上。除很少一部分还留在各河原里之外，全都流入金沙江去了。但是就只说到它沿流河原台地内留下的黄金总量，也当是惊人的。只哇里一处就可能有百万。人民把雅砻江叫"大金河"绝非偶然。

康南金源区的西面的水皆流入于金沙江，金沙江于是多黄金。

八、隆达金厂的金源

理塘县的雄坝（海拔3705米），是个半农半牧的大草原，循公路上升至达登拉（海拔4481米），为理塘与稻城两县分界。南下大约40多公里，到桑堆平原。再30公里至稻城县治。这是一个自西北斜向东南，长达50公里的狭长平原。上坝、桑堆附近，最宽2公里，海拔3942米。下坝、稻城附近最宽2.5公里，海拔3710米左右。稻曲（稻城河）自此穿森林转入木里县界，折向南，合赤土河后，海拔下降到2500米以下。有断断续续的河原农村，一直排列到云南三江口入金沙江处。其支流赤土河与东义河（即隆达河），及一些较小支流皆自贡嘎岭雪山流出。沿流河原众多，农村更密。这些河原，近代都在淘金，说明稻城与贡嘎岭地区又是康南的另一金源所在。

东义河是从贡嘎岭大雪山西侧流出的。入木里县界与稻曲会合。它入木里后的这段，纵横百公里内，就是有名的隆达金厂。且维屏先生毕业于日本帝国大学，研习地质学。他曾受刘文辉之委，考察隆达金矿，著有《隆达金厂视察记》一文（载在1935年印行的《边事研究》第2卷4期）。兹节录其要点如下：

隆达金厂，地当稻城河与东义河交汇流入金沙江一段河谷。原属木里土司辖境。

清道光年间，即有云南商人在此开采。继由四川收回，时办时停，产金不旺，迄未引起注意。光绪二十七年以后，川、滇商人云集，采金区扩张到纵横百里地面。1914年春，遭匪洗劫，停厂。1916年，商民请西昌驻军张午岚部派军护厂，重新大规模经营，并扩大到躬斯、俄垭等地，一时产金极旺，5个月中采金竟达万两之多。木里土司眼红，调集人众驱逐金厂，杀会办王某，死者达千人，遂无人再敢前往开采。1932年，刘文辉诱杀木里土司，派兵进驻隆达沟，重办金厂，派心腹直接经营，招商开采，收取矿税，矿区分为隆达河流域的竹林坪、二台坪、树达、俄垭、克左桥、议事坪；东义河流域的躬斯、下塞口、上塞口、红锈台；冲天河流域的俄别、真吾、田坝、黑虎台；金沙江流域的四川坪以及抓子桥、紫洛岩等处，纵横达200公里。到1934年，全厂有矿商112人，矿工625人，年产金614.905两，课金82.193两。① 此后，逐年增长，极盛时矿工达3000人以上，年产金近万两。② 新中国成立后曾在原隆达金厂的冲天河上游河原开采，国营水洛金矿在其附近。

以上所谈川边南北两部金源地区，都是元古代古陆的遗体。元古代产金的特点为与石英相抱持的块金。因为它是与石英岩浆混存时喷出地壳表面来的。可是元古界地层大都沉没到海洋底部去了。其有因地壳运动而被掀起出陆的，亦都已覆盖有若干层后成的岩石。故巨块金在一般的矿山里很难得见。世界上发现巨大金块的地方，如澳洲和美国的加利弗尼亚，都只是元古界地层分解后，随沙土沉淀的砂金。

唯独我国的青藏高原，是元古代就已存在的古陆，并且历几亿年都是不为海水淹没的古陆；虽亦曾被海漫淹没，唯阅时不久，仍复出海为陆了。故蕴藏的巨大金块应多。现在只雅砻江南套的哇里台地发见了巨金块。其他许多沿江台地未开采，尚未发见巨块黄金。在雅砻江南北二套的地方，按理都应有发现大块黄金的希望。

九、康东地区的金源（伴生金的典型）

康定、九龙、泸定、丹巴4县与过去的乾宁县（现合并于道孚）及雅江县江水以东之地，皆清代明正土司和冷边、沈边两小土司辖地。清末称为"西泸"地区，民国以来曾被称为"康东"。康定县治，旧称打箭炉，为这一地区的政治、经济与文化中心。远在4亿年时，此区亦是康滇古陆的一部（志留纪开始），但地层变化

---

① 且维屏：《隆达金厂视察记》。
② 参见任乃强、任新建：《四川黄金开发》。

很大。

按谭锡畴、李春昱两氏《西康东部地质·矿产考察记》之说：康定折多山脉是太古界地层。郭达山脉，是二叠系地层，直接覆盖在元古界地层之上，又被地壳内火成岩运动掀出侏罗系地层以上而构成的。并制地图，表示这一大地褶，从丹巴县南急折向东去了，从而把大渡河谷分为两段（丹巴段与泸定段）。自此以西，是大面积的侏罗系地层，"南北延长，不尽其端。东西所及，往往广阔数百里"。又说各不同地层间，皆有显著的断层，估计"断层生成时代，当在第三纪，尤以中新世为宜"。这即是说：这次地壳运动发生在距今3000万年左右。木雅贡嘎岭雪山与折多、郭达山脉，就是在这次运动产生的，可以称作木雅贡嘎运动。

木雅贡嘎运动，使康东地区造成3个不同的产金地带：

1. 木雅乡金源区。自折多山脉以西，至雅砻江谷，北至乾宁，南至九龙。这是一片大草原。海拔3500米左右。有自北向南纵贯的一条河，名叫累曲，向西南流入雅砻江。它与泰宁河等流和本支流造成无数的河原（不是台地），所在皆有金沙可淘。自清末至今，淘金者几于没有间断过。就地文说，它是康南古陆的东部，元古界地层上覆盖着中生界地层，是与理塘地区同样的一个金源地区。不过海拔较低，历史发展不同而已。

2. 康定河谷金源区。折多山与郭达山，是木雅贡嘎北出并行的两条山脉。中间的夹谷，为康定城外的小河。它会合南北流来的山水，也造成了一些小河原，主要是二道桥、三道桥这一带的小河原。它们埋藏有相当数量的黄金，都只是金屑。这些金屑的来源，在郭达山一侧，属于黄铁矿脉金，风化后坠移来的。它们不属于元古代金源的同类，而与麻哈、隆达地区的小金为一类。

3. 大渡河金源区。丹巴、泸定河谷的高低台地，无不蕴藏有康北色达、壤塘、红原、阿坝、马尔康与大小金诸县搬运来的黄金，也有部分是银、铅、铜、铁等金属矿中的伴生金。它们被大渡河搬运到峨边以下的四川盆地内去了。亦有一小部分在古昔大渡河南流时，被搬运到冕宁、西昌的安宁河原沉淀，或被流入雅砻江。①

金属矿的伴生黄金，过去采金者是不注意的。现在全世界各国对于这类金源特别注意，甚至于有些国家主要依靠它来采金（例如苏联和加拿大）。我国的川边山谷

---

① 大渡河在相当近的一个地质年代，原是直向南流的。大约在第四纪某个时期才因乌拖地垒的产生把它迫向东流合青衣江入于岷江了。乌拖地垒北方的孟获城、南方的大桥和鱼池，显露出来冲积层非常明显，一见可识。过去由于地位偏僻，无人发觉，自公路经此通到冕宁、西昌后，才为人们看出。最先揭开这个谜底的是西昌技专第一任校长李书田。但是现在冕宁、西昌、德昌的安宁河原无人采金。

地区与云贵高原，过去把它委弃于铜、铅等矿产的废渣里。

康定郭达山西侧灯盏窝、偏崖子两处，有铜、铅、铁矿伴生金，在川边地区，不算最好金矿。但它受到开采很早。大约是乾隆金川用兵时，就有内地矿工到此发现、开采，采的只是脉矿分解后的浮砂，不久即废，故在高山绝壁间留下了灯盏窝之名。光绪年间，又才有矿商招工开采，时兴时废，由于距打箭炉甚近，所以名气不小。自清末以来，凡入康探矿者，莫不首先探视此地。兹录刘轼轮与谭、李二君的考察报告来作代表，把它作为川边山金生产的一个典型介绍出来。

刘轼轮《查勘灯盏窝金矿情形》（光绪三十四年）一文如下：

（一）厂地情形：出打箭炉北门，途沿江岸，颇平坦。十里逾二道桥，遂为阪路。又十里至灯盏窝山麓，地临一溪，名曰牛厂。自是逾溪陟山，狭经诘屈，碎石尤多。又十里至灯盏窝，施幕以居三日。此地高出海约万五千英尺，云雨不时，风尤凛厉。工役叠石为棚，约五十余所。每所可容四人至五人不等。

（二）矿脉情形：灯盏窝山，由石灰石构成。地势硗瘠，林木疏浅。山面露一石英苗，内含铁硫粒，成立方体，为数甚多。以空气及雨泽剥蚀之故，山石腐坏，土质因之染赤。采金者于此开掘。嗣经岩石覆陷，旧穴遂以充塞。现今之峒，由山面凿入，内分二支，并接山脉。峒内狭曲险峻，运送殊艰。采取山砂亦无引导，惟凭臆度而已。此石英苗中，既多含铁硫粒，而金屑乃蕴藏于铁硫粒之细隙中。矿苗露出之部，久与空气雨泽相融触，则石英与铁硫渐腐蚀成泥砂。而金质至强能抵抗腐化，故入土不生衣，虽石英及铁硫形质各变而金屑尚如旧，非唯不腐且更纯洁，易于淘取。金质尤重，雨水能移之而不能远，故其沉积于砂中至易。历久而积金益多，或可成丰富之矿。于此掘取矿砂而行淘汰之法，则砂泥去而金得矣。第空气及雨泽侵蚀矿苗之力，入地面只约三百英尺左右。较深之层未经腐变之石英、铁硫成为固质，而铁硫隙中含金甚少，如以机器采炼，则有费巨利微之忧。幸近地面已腐之矿砂遗积尚不少，如似良法选采，复精淘之，仍可获利。惜峒口太高，几无常流之水。若必借雨泽以资淘汰，殊难有济也。

（三）现时办法：淘砂取金，既得金则弃其砂。是名荒砂，积诸山半。求蝇头利者复取荒砂施以淘汰，至于再三。虽足征小民资生之途太狭，亦可见初次淘金之术固难也。其淘法：先倾矿砂于竹筛，加水摇之。其泥水下注流槽。槽系斜置。砂轻，故为水所漂去；金重，则沉槽横格中。移置木船，复淘以水。并加汞，使与金和合成膏状，则金与砂离矣。初次及再三次淘者并如此式。

（四）改良办法：先凿一峒，令宽且平以利运输。复依分层多掘支峒，俾增出砂之量。唯山上少水。而山麓有溪。须运矿至山麓以便淘汰。法，先制有槽之轮为滑车。沿轮槽县强勒之长绳。绳之两端各击木车，交互运矿。其从中峒口至山麓之路略加修饰，并设木轨以行木车；轮动则车循轨行，以运矿至山麓。若轮动过远，可以制轮机缓之。或其程过长，则多设一滑车运转。运下之矿，捣磨成粉，借牛厂水力淘之。导既淘之泥浆流经矿汞之铜板，则金与汞融和。蒸之即得金。但金屑或见蔽于杂质而难与汞接合，可以取此等泥沙入钾衰溶液中使金质消解，复以法提取之，则矿砂之金可以尽得。此法耗费无多，取效尤速，输运淘汰并省人力。惜表层石脉概经腐蚀，碎石既多，堕陷颇易；而此山濯濯，支柱无材；不唯有碍工作，忧虑伤人生命也。（按：此建议，并未获实行）

谭、李之《西康东部地质矿产志略》亦记有康定灯盏窝与偏岩子两处金矿情形（在民国十八年）。兹并录存，以便参证：

偏崖子，在康定东北二十余里，距三道桥十余里，道路崎岖，山岭陡峻。矿地所在，高不下四千公尺。旧峒有二处：一在下，曾经开采"久已废弃；一在上，尚有人选取旧出之砂，挖取新沙，下山淘洗。（上）但峒在绝壁之上，不易攀登，金夫之往取新沙者寥寥。两处矿床，均为矿脉，生于二叠纪灰岩层中。下脉沿层向而生，大致向东北西南延长，倾斜西北，斜度约五十度。脉仅露出一端，长短未悉。宽度极不一律，由数寸至尺余。深不知其底。但就矿脉产于灰岩中之惯性而言，常继续深入，不易间断。不过宽狭屡变，绝鲜一致耳。脉石多石英，兼有方解石，伴生矿物以褐铁矿为最多，呈棕赤色，由原生之黄铁矿变质而来。黄铁矿一部保存。次为方铅矿，散布于脉中。再次为黝铜矿，大部已变成孔雀石与蓝铜矿，少许与褐铁矿夹杂而生。金粒极微，不易察出，然原与黄铁矿同生于石英中无疑。黄铁矿既变为褐铁矿，质遂松软，铁质一部随水流去，呈多孔状；经时既久遂与石英变为松沙存积脉中，内含细微金粒；历来淘洗之沙即此石英、褐铁矿、金粒之混合沙也。上脉，因时间迫促未能往观。矿脉情形想无大差异。就现在淘洗之沙观察，含石英甚多，褐铁矿亦伙，亦仍为矿脉之养化带无疑。土人不就下脉取沙淘洗而不嫌攀登取沙于上脉者，或因上脉养化带之存留者较下脉多且高而金量稍富耳。按矿脉生成原理，矿物聚集惯性，自养化带以下，金量渐次减少，往往不足开采。故偏岩子之山金，似无大办价值。不过土人暇时上山取沙淘洗，得些许之金以图微利而已。

灯盏窝金矿，在康定东北约三十余里，距二道桥约二十余里。地点所在较偏崖子尤高数百米。道路虽崎岖难行，但盘旋而上，跂升较易。前清末季开采颇盛，光绪三十四年，赵尔丰为边务大臣，曾派刘轼轮到矿查勘，据云工役（或即金夫）二三百人，但产额未详，嗣后停工，迄未再采。旧采地点在山南坡。坑峒颇多，均沿矿脉向下挖采。工人住所遗迹犹存。闻取出之沙，或在附近淘洗，或往山下就沟淘洗。矿床亦为矿脉含于二叠纪石灰岩中，沿层向而生。脉向大致成东北—西南方向。就坑峒遗迹观察，延长约二百公尺，若断若续。脉露出于地表者，宽处约三尺，狭者数寸。深度无法考悉，或成深入不断之脉。脉石为石英及方解石。伴生矿物，褐铁矿极多，为黄铁矿变质而成；次为黝铜矿，一部变为孔雀石及蓝铜矿，方铅矿偶见之，量颇少。黄铁矿常生于矿脉附近之灰岩内。矿脉为养化带之一部。矿物变化、矿沙生成与偏崖子金矿毫无殊异。其含金不丰，无开采之价值者，亦相同也。

谭、李认为灯盏窝当作为铜矿开采，偏崖子当作为铅银矿开采。谓"养化带而下，当为硫化带，矿物加多，矿量当富"。他二人还勘察了丹巴农戈山铅银矿，与银厂沟、铜炉房、小崖铜铅银矿，九龙储龙沟铜矿。这些金属矿都在康东的山谷地区内。它们都含有一定伴生的金屑，与灯盏窝、偏崖子同为四川盆地金源之一。此矿，后来还经过多人勘察。勘察者虽多，其能详具图说者只此两篇。

大渡河谷，清代中叶曾经盛行开采铜矿，故至今居民还把它叫作铜河。其实，当时开采的铜矿，都含有金、银、铅、锌等多种金属。不过当时的矿工主要目的只是采铜，而把许多伴生的金属，委弃于荒砂，作为垃圾处理了（其他银、铅等矿亦然）。新中国成立以后，才开始注意到提取伴生金属的。重庆冶炼厂的提取伴生金，就是新中国成立以后的事。

十、雅砻江下游与金沙江河谷金矿

雅砻江自垭羊桥出九龙县入凉山州冕宁县界，第一个河原台地为窝堡乡洋房子台地。自此南流，其两岸高处有一连串的河原台地，人户稠密，旧为泸宁营驻防区（土名"儿斯营"，俗讹为"二四营"）。自此西逾锦屏山（海拔4193米）抵上流的雅砻江岸，皆今冕宁县锦屏乡地。其他在雅砻江套内，有如洲岛。沿江河原台地，皆属与三垭和哇里同级的金河遗迹。套内的锦屏山与套东的牦牛山脉内，又多有古生界、中生界地层掀起的露头，出产多种金属矿和石英脉金矿。但此区只曾有过采铜，无人采金。当是由于此区历为夷民所踞，非挟有军力捍卫即无法开矿。国家注重铜政则铜矿得开，未提倡采金则金矿郁闭故也。

雅砻江至泸宁营南流，通过一段狭窄河谷，其东岸高处有马头山等金矿。

李仲魁氏《矿产纪》文中，说到"紫打地金厂"云："亦产岩金，在光绪年间，曾多土著采取，后因夷人骚扰，卒以废弛。"查所言紫打地，即今之石棉县安顺场。所言产岩金处，即今之广金坪。所产系毒砂矿（砷化金属），非纯粹之石英脉金。近年曾经试采，由毒气重未易提取而罢。

渡口市当金沙、雅砻两大搬运黄金最多的河流会口，水势又颇平缓，其附近河原应为全川砂金聚积最多之地。但近三年中，发动群众采金所得甚微。若以与重庆市相较，重庆市占有的江岸短于渡口，地位只是长江与嘉陵江的尾砂沉淀部分，金量远不如渡口之多。然渡口市1979年所得金量（16两）尚不及重庆市的1/6，1981年略有上升，亦仅及重庆市的1/6。[①] 这就可以看出渡口市潜力之大。其采金量小之原因，可能是由于：（1）新兴工业城市，劳动力不足，从事采金人少。（2）采金缺乏经验，或兴趣不高。（3）只在沿江淘沙，未发展至两岸高处古河原找矿。自渡口以下，会理、会东、宁南、金阳、雷波、屏山等沿金沙江各县近年来群众采金皆无出色表现，大都远远不及四川盆地内一些淘取尾砂浮金的县市采得之多。

[①] 1979年，渡口市采金16两，重庆市是107.7两。1981年，渡口市8个月得51两，重庆市为303两多。重庆市采金的地理条件，远不如渡口市。

第三章 四川金矿地理的小结

一、四川的金矿地理分区

西康合并四川以后，省面积太大，各地区产金情况不同。就其金源性质、分布特点，总体上可分为三大地区。① 即：

1. 川边草原区，主要海拔为4000米左右的草原河滩部分。包括阿坝州的松潘和理县以北，康定的折多山以西，康南的稻城、定乡以北的广大部分。金矿多深埋在河床接近处，不易采出。这是四川采金发展最晚的一区。元古界地层分解的泥沙，覆盖到地壳凹陷部分，而成河原金矿的集中地区。由于覆盖层很厚，采取困难。现在绝大部分保持原封，仅仅极小部分的傍山小河原，由于刻削较深，覆盖层浅，金苗已经暴露，采取不甚吃力的部分，或已被开采，或正在采掘，或尚未发觉。其藏量巨大的金坑、金谷，已经钻勘确定者，现只漳腊一处。尚有数十倍于漳腊的地点，有待钻探测定。

2. 川边山谷区，在海拔1000—3000米之间。包括绵阳地区的青川、平武、北川三县，阿坝州的南坪和松潘县城以南的茂汶、黑水、理县、汶川、大小金和丹巴，甘孜州的康定东部与泸定、九龙、雅江、稻城、定乡、得荣、巴塘、白玉、德格的全部或大部，以及凉山州的全部，是一个多民族杂居、交通不便地区。其产金的河原，大都在现在河谷水面以上几百米，甚至1000多米高的冲积台地内。多有如哇里、隆达这样黄金富集的河原台地。这些地形分散的冲积台地金矿，过去已开采的，不到1/10。

---

① 这样三个地区的划分，对于四川河流上、中、下游的分段和黄金生产的方式有密切的关系。川边的河流，以草原区为上游，那是一个水流平缓，而黄金深藏于地下的矿区，以山谷急流部分为中游，金矿多在河岸较高之处；以比较平缓之部为下游，自沿河至岸山顶上皆有矿点。四川盆地内，则以川边山区为上游，入盆地后为中下游。

3. 四川红盆地，海拔绝大部分在 400—500 米之间。它是侏罗纪内海形成的大盆地。几于普遍覆盖着白垩系红土丘陵，故称四川红盆地。包括成都、重庆、自贡、温江、绵阳、南充、达县、万县、涪陵、江津、内江、宜宾、乐山、雅安等地市，所辖 100 多个县。盆地内并无金源。自川边草原区和山谷区注入盆地的河水搬运沉淀来的金屑，历来农民冬闲沿河淘取，年年都有，迄未穷竭。这是采金历史最早的一区，但未来希望不大。

二、四川当前尚难以开采的金区

就如像世界均知 2/3 地壳的海洋下面有大量黄金，而现在还无法取出一样。限于自然条件、交通条件、技术条件和社会经济条件，四川境内还有一些当前难以勘探准确，或者已知其富有藏金，还难以迅即开采的金区。这些潜藏有大量黄金而又短期内难以开发的金区，主要有：

1. 四川若尔盖、红原沮洳海，即黄河支流白河与黑河流经地面。北至郎木寺，东至若尔盖，南至红原西包括阿坝县东北的贾诺河区，面积约可 200 平方公里，即红军长征所经过的沮洳草地。大概地壳是个锅状岩盘，覆盖的土层相当厚。有些边缘部分接近于陆地，人畜可以通过。只是地下水量很大或许是有涌泉，或许是大积石山（阿尼玛靖大雪山）与黄河罅漏潴入此部的地下水。这些地下水，与地表覆盖层的压力发生冲突，常作涌泉上冲，破坏覆盖层而成沮洳状态。但因覆盖层厚，白河、黑河与贾诺河诸水，仍是从覆盖面上流行的。这些水道，纡回弯曲的程度，比蛇行的曲度更大十倍。

从柴达木沮洳海向东南至若尔盖沮洳海，断续斜长达 4000 里。我认为这是古昆仑山背斜北侧一个向斜地带。经过若干次地面升降后，形成几段内陆湖，再经亿万年的尘土覆盖后成为此状。这个地带雨量小、空气干燥，蒸发量大，水在逐年下落，只还未能完全成为陆地。就黄金生成的理论说，他们的水下岩盘上都应沉淀有大量的黄金，只憾在现还无法取得出来。若尔盖县治以东，红原县治以南，才没有这样的沮洳地了。

要取出若尔盖和红原县这些沮洳地下蕴藏的黄金，并非全无可能。首先是沮洳草原海拔比较高，平均 3400 米，比郎木寺白龙江上源段要高 300 米左右，容易排泄沮洳海内的水。其次是这里接近内地，公路四通，施工比较容易。又其次是此区草场好，牧民有排水造田种植牧草、发展牧业的要求。但也有很大一个问题，若还这个沮洳海的水是黄河水,那就不能放入白龙江;若还放入了白龙江,则会使黄河水量锐减,违反了南水北调的原则,而造成白龙江流域的水灾。若还要改造这块沮洳地而取出黄金,就必须有可靠的闸坝,控制流量。工程很大,勘探也不容易,仍然是今后半个世纪以内难于设想的。

2. 康北草原内的各大牧场平原。包括石渠至松潘横长800里,纵宽二三百里,海拔3800米至4500米的部分地面。全是平坦的冲积平原,水草美好,牧业发达,为藏族牧民的富乐地带。那些冲积平原,全是巴颜喀拉金山崩解后由流水搬运泥沙来填平了的。由于填入的年代悠久,泥沙靠本身的重力排除了下面的水成为坚实的泥土层,原经过它的河水也只能从它表面流过。经过这些平原上的流水,纡回曲折的程度高,且多岔流,故水草俱好,有许多繁荣的牧村住于其上。平原附近的丘陵也都不高大,缓斜起伏,长草也好,成为这些牧村的夏季牧场。牧民留下大平原来夏季长草,收割储蓄,冬季才徙牧场于平原草场来。其人现已一律编户,组成社队,各有地界,不许侵越。这些牧民,过着无怀氏、葛天氏时代的生活,还不知道栽培牧草,更从未涉想到采取地下埋藏的黄金。纵给他们说地下有金,也不相信。现在已经有了学校,学文化了。将来他们可能相信。

相信这些平原下面有黄金了,现在也不可能取得出。原因是:第一,这些金坑大都埋藏得很深,当前的技术还难于开采到它。第二,牧民们聚族而居于此平原内,已不知若干万代了。他们把平原草场认为是命根子,断不会允许因采金而破坏了他们的平原。所以牧民的社队不可能想望采金,外地工程师和资本家也莫能希望来此采金。纵然是社会主义国家企业,也暂时不能涉想在此采金。不过他们在将来不久,是会把黄金取出来的。那除非是世界需要黄金最迫切的时候,和我国完成四化建设,康区牧民文化知识已经很高的时候,与采金技术达到能够深入地下若干米和进行改造大自然的时候。

现在所能做到的,只能是在这区流水穿过的山区峡谷间,所造成的狭小河原部分进行社队采金。比如像前文说的洛若、宗柯、二楷那些小河原。这个地区的中段,色达、壤塘两县,还有很多山间河谷小平原。即如诸大平原草地附近的山谷间,也有不少这样可以采金的小河原,它们才是当前社队采金的适宜地点。

三、四川采金的特点

第一,从秦汉到现在,始终都是全国一个重点。值得注意的是:除清末开采的麻哈一个矿点是脉金外，其余采的全都只是砂金。按金源分布情形来看，不只过去2000年是如此，窃以为未来的几十年或几百年还会如此。这是四川与其他省区不同的一个特点。

第二，四川历史上采金技术，都是劳动人民，在摸索经验、发明创造中推动前进的。他们不知石英与黄金的地质科学，却能从石英砾所在去找金矿；不知道物质比重知识，却能创造出冲洗摇床的重选方法，今世还有许多人不知道水银能融合黄金，但2000年前他们就已经创造出来了用水银提金的方法。四川劳动人民在采淘砂金方面的创造发明尤其突出。

四、两点建议

第一，目前为了加速开发黄金，全国全川都在大力推行群众采金，并取得了显著的成绩。为了全面实现四个现代化，为了推动边区建设，为了开发边疆资源，对于富有砂金的川边和青藏大高原，仅仅发展群众采金是不够的。建议建设大中型机械化的国营金矿与广泛的群众采金相结合，两条腿走路。

第二，科学地勘探设计，是开展采金的基本条件。而了解其环境条件、地理特点、历史状况、开发沿革和社会人文，又是进行勘探设计必不可少的先决条件。现代跨学科研究的发展和信息资料的综合利用分析，为探索金源、寻找矿点提供了新的途径和方法，因此建议在金矿探索、勘测、设计中，要多学科综合分析研究，除地质、矿采等传统学科外，还要综合历史、地理、环境、社会、民族等学科，共同研究，方能集思广益、科学合理。鉴于砂金成矿的历史特性，在探寻砂金方面尤其应发挥历史地理学的作用。